Neue ordentliche Testamentsformen

Forum Unternehmens-, Steuer- und Bilanzrecht

Deutsche, europäische und internationale Rechtsfragen

Herausgegeben von Oliver Fehrenbacher / Michael Stöber

Band 5

PL ACADEMIC RESEARCH

Stephan Randt

Neue ordentliche Testamentsformen

PL ACADEMIC RESEARCH

Bibliografische Information der Deutschen Nationalbibliothek
Die Deutsche Nationalbibliothek verzeichnet diese Publikation
in der Deutschen Nationalbibliografie; detaillierte bibliografische
Daten sind im Internet über http://dnb.d-nb.de abrufbar.

ISSN 2366-293X
ISBN 978-3-631-73227-4 (Print)
E-ISBN 978-3-631-73706-4 (E-PDF)
E-ISBN 978-3-631-73707-1 (EPUB)
E-ISBN 978-3-631-73708-8 (MOBI)
DOI 10.3726/b12115

PL Academic Research ist ein Imprint der Peter Lang GmbH.

Peter Lang – Frankfurt am Main · Bern · Bruxelles · New York ·
Oxford · Warszawa · Wien

Diese Publikation wurde begutachtet.

www.peterlang.com

Vorwort

Das Gelingen einer Dissertation setzt eine gute fachliche Betreuung voraus. Professor Dr. Oliver Fehrenbacher, Universität Konstanz, hat die von der Juristischen Fakultät der Universität Konstanz im Frühjahr 2015 angenommene Dissertation angeregt und durchgehend betreut. Sein Interesse an dem Thema und seine treffsichere Kritik verbunden mit spannenden Vorschlägen waren deshalb der entscheidende Motor für das Gelingen der Arbeit. Ihm gebührt mein ganz besonderer Dank.

Professor Dr. Michael Stürner danke ich für die sofort übernommene ausführliche Zweitbegutachtung der Dissertation.

Meinen beiden Notarkollegen Dr. Andrea Stutz und Dr. Gerhard Sieß in Konstanz sage ich Dank für ihr Verständnis für meine zeitliche Beanspruchung.

Meiner Lebenspartnerin Karin Zeller danke ich für ihre Geduld und Rücksichtnahme.

Meinen Eltern verdanke ich mein Studium, das mir die Erstellung der Arbeit ermöglichte. Ihnen ist diese Arbeit aus Dankbarkeit gewidmet.

Überlingen, Mai 2017

Stephan Randt

Inhaltsverzeichnis

Abkürzungsverzeichnis xv

Literaturverzeichnis xvii

Erster Teil Einleitung zum Thema sowie Aufbau der Untersuchung 1

Zweiter Teil Erbrecht und Testament heute 7

§ 1 Erster Blick auf veränderte Lebenssituationen 9

A. Die Form im Lichte des Wandels 9

B. Die Form und der Gesetzgeber 10

§ 2 Abhängigkeit der Testamentsform vom Erbrecht 13

A. Einblick in heutige Verhältnisse 13

B. Gesellschaftspolitische Kritik an der Vererbung 16
- I. Die kostenmäßige Seite mangelhafter Testamente 16
- II. Die Kritik in der Gesellschaft 17
- III. Kritik in Wissenschaft und Lehre 18
- IV. Der Einfluss der Kritik auf Testamentsformen 20

§ 3 Stellung des Erbrechts in der Verfassung 23

A. Garantie des Rechts auf Vererbung 23

B. Testierfreiheit und Formvorschriften 25
- I. Die Testierfreiheit 25
- II. Die Testamentsformen im Blickwinkel der Testierfreiheit 28
  - 1. Eckpfeiler der Formausgestaltung 29
  - 2. Das verfassungsrechtliche Gebot zu Testamentsformen 31
- III. Die Testamentsform und ihre Kosten 32

C. Recht auf Erbnachweis 34
- I. Der Erbschein des BGB/FamFG 34
- II. Die Probleme der Erbscheinausstellung 37

III. Das Europäische Nachlasszeugnis ... 38
IV. Erbnachweis und Testamentsform ... 39

D. Reformen und deren Auswirkung auf Formen ... 41
I. Skizze der Reformen im deutschen Erbrecht ... 41
1. Das Erbrecht des Ehegatten ... 41
2. Das nichteheliche Kind und die Adoption ... 42
3. Die Lebenspartnerschaft ... 43
4. Das Pflichtteilsrecht ... 44
II. Bedeutende internationale Abkommen und Verordnungen ... 46
1. Das Haager Testamentsabkommen ... 46
2. Die EU-Erbrechtsverordnung (EU-ErbVO) ... 47
a) Das Erbstatut und das Errichtungsstatut ... 48
b) Die Bedeutung für die Testamentsform ... 52

E. Zusammenfassung des Ergebnisses ... 53

Dritter Teil Herausforderungen an das Testament ... 55

§ 1 Beziehungsverhältnis zwischen Inhalt und Form ... 57

§ 2 Das Nachlassvolumen in Deutschland ... 59

A. Das Volumen ... 59

B. Die Auswirkungen ... 61

§ 3 Herausforderungselemente nach Vorgaben ... 65

A. Willensunabhängige Vorgaben ... 65
I. Ökonomische und gesellschaftliche Herausforderungen ... 66
1. Die Lebens- und Wohlstandssituation ... 67
2. Ökonomische Bedürfnisse ... 69
3. Sozialstaatliche Erfordernisse ... 74
4. Die Bevölkerungsentwicklung ... 78
a) Auswirkungen der Altersstruktur ... 81
b) Zuwanderungsbedingte Veränderungen ... 84
II. EU-Erbrechtsverordnung und ihre Auswirkungen ... 87
1. Der gewöhnliche Aufenthalt und seine Folgen ... 87
2. Lebenspartnerschaft ... 90
3. Pflichtteilsrecht ... 91

4. Gemeinschaftliche Testamente ... 93
5. EU-ErbVO und neue Formen ... 96
III. Neues Zentrales Testamentsregister ... 97

B. Willensabhängige Vorgaben ... 98
I. Digitales Zeitalter ... 98
1. Das Dogma der Handschriftlichkeit ... 99
a) Veränderungen in den Aufzeichnungsgewohnheiten ... 99
b) Testierfähigkeit, Urheberschaft und Beweiserleichterungen ... 103
2. Digitaler Nachlass ... 106
II. Individualität und Generalisierung im Testament ... 108
1. Individualität im Rahmen gesetzlicher Gestaltungsmuster ... 108
a) Individuelle Elemente der Testamentserrichtung ... 109
b) Generalisierende Elemente durch gesetzliche Gestaltungsmuster ... 110
2. Gewandelte Familien-, Partnerschafts- und Lebenssituationen ... 115
a) Familie und Partnerschaften ... 116
b) Gewandelte Lebenssituationen ... 118

§ 4 Bewertung und Zusammenfassung der Erkenntnisse ... 121

Vierter Teil Die Leistungsbilanz der ordentlichen Testamentsformen ... 123

§ 1 Die ordentlichen Testamentsformen ... 125

A. Die ordentlichen Testamentsformen de lege lata ... 126
I. Das öffentliche Testament ... 127
II. Das holographische Testament ... 130

B. Rettungsinstrumentarien im Testamentsrecht ... 134
I. Normen des BGB ... 134
II. Ursachen und Folgerungen ... 135
III. Die Rettungsinstrumente im Überblick ... 136
IV. Die Auslegung und ihre formbedingten Grenzen ... 138
1. Methoden der Auslegung ... 139
2. Grenzen der Auslegung ... 140

§ 2 Leistungsbilanz der holographischen Testamentsform 145

A. Systematisierung der Fehlerquellen 146

B. Darstellung der echten und unechten Formfehler 147
I. Formelle echte Formfehler 147
II. Materielle unechte Formfehler 149

§ 3 Bedeutung des Befundes für neue Testamentsformen 151

A. Erkenntnisse zur Leistungsbilanz 151

B. Fehlermuster als Grundlage neuer Testamentsformen 152

§ 4 Zusammenführung der Leistungsergebnisse 155

Fünfter Teil Historische Verankerung der ordentlichen Testamentsformen 157

§ 1 Hemmnisse für neue ordentliche Testamentsformen 159

§ 2 Einblicke in die Entwicklungen vom römischen Recht bis zur Neuzeit 161

A. Römisches Recht 161
I. Zeugentestament und andere Formen 161
II. Zwischenergebnis zum römischen Recht 165

B. Einblicke vom frühen Mittelalter bis in die Neuzeit 165
I. Formen und Förmlichkeiten im Mittelalter 167
II. Auf dem Weg in die Neuzeit 172
III. Sammlung der Eindrücke vom frühen Mittelalter bis zur Neuzeit 177

§ 3 Entwicklungen zum und im deutschen BGB 179

A. Erste Entwürfe und die neuen ordentlichen Formen 180

B. Das Testamentsgesetz und Änderungen der Form 184

C. Zusammenfassung zu den Testamentsformen im BGB 185

§ 4 Bewertung der historischen Einblicke 187

Sechster Teil Ordentliche Testamentsformen außerhalb des BGB 191

§ 1 Zweck der Erhebungen und Auswahlkriterien 193

A. Auswahl der Länder 193

B. Kriterien der Länderzuordnung 194

§ 2 Die ausgewählten Länder in Formgruppen 197

A. Länder mit nur öffentlichem Testament 197

B. Länder mit nur privatschriftlichem Testament 200

C. Länder mit öffentlichem und privatem Testament 201

§ 3 Bewertung der Ergebnisse 205

A. Allographie – Maschinenschrift – Zeugenzuziehung 206

B. Dauerproblem gemeinschaftliches Testament 207

Siebter Teil Neue Testamentsformen 211

§ 1 Befund und Notwendigkeit 213

§ 2 Gegenwart und Zukunft von Formvorschriften 215

A. Die Formen aus bisheriger Sicht 215

B. Formen im neuen Licht 216
I. Ein Begründungsversuch der Form 217
II. Ergänzungen zum Zweck der Form 219

C. Überblick zu den Formtypen des BGB 221
I. Die Textform 222
II. Die Schriftform 223
III. Die öffentliche Beglaubigung 224
1. Prüfungspflichten bei der Unterschriftsbeglaubigung? 225
2. Herleitung einer Prüfungspflicht 226
3. Eingeschränkte Prüfungspflicht 229
IV. Die notarielle Beurkundung 230

D. Problemfeld ordentliche Testamentsformen 232

I. Besonderheiten bei Testamentsformen 233
II. Die Fehlbesetzung holographisches Testament 234
III. Neujustierung der ordentlichen Testamentsformen 236

§ 3 Neue Testamentsformen 239

A. Alternativen und Ergänzungen zu den Formen 240

B. Vorstellung der neuen Testamentsformen 242
I. Das Testament nach Mustertext 243
1. Hinführung zur Ausgestaltung 244
2. Der Inhalt 244
3. Die Vorteile und die Nachteile 246
II. Das prüfungsbegleitete Testament 249
1. Die Ausgestaltung 249
2. Die Vorteile und die Nachteile 251
3. Abgrenzung zum Zeugentestament 253
4. Streichungen, Nachträge und Verweisungen 254
III. Das gemeinschaftliche Testament und die neuen Formen 257
1. Lösung durch das Testament nach Mustertext 259
2. Lösung durch das prüfungsbegleitete Testament 260

C. Alte und neue Testamentsformen im Nebeneinander 261

D. Die Textvorschläge 262

§ 4 Zusammenstellung der Formenentwicklung 267

Achter Teil Die neuen Formen im Kostenrecht 269

§ 1 Einblick in die derzeitige Rechtslage 271

§ 2 Ausblick auf eine kostenrechtliche Einordnung 273

A. Kosten des Testaments nach Mustertext 273

B. Kosten des prüfungsbegleiteten Testaments 275

§ 3 Zusammenfassende Betrachtung 279

Neunter Teil Übersicht und Zusammenfassung 281

§ 1 Die Ergebnisse der Untersuchung 283

§ 2 Die Lösungen 287

Abkürzungsverzeichnis

a.A.	anderer Ansicht
AcP	Archiv für die civilistische Praxis (Band, Jahr, Seite)
a.F.	alte Fassung
BGH	Bundesgerichtshof
BVerfG	Bundesverfassungsgericht
BWNotZ	Zeitschrift für das Notariat in Baden-Württemberg
Bzgl.	bezüglich
Bzw.	beziehungsweise
DNotI-Report	Fachzeitschrift Deutsches Notarinstitut
DNotZ	Deutsche Notar-Zeitschrift
ENZ	Europäisches Nachlasszeugnis
EU-ErbVO	Europäische Erbrechtsverordnung
EuR	Europarecht Zeitschrift
FamRZ	Zeitschrift für das gesamte Familienrecht
Gem.	Gemäß
Ggf.	gegebenenfalls
h.L.	herrschende Lehre
h.M.	herrschende Meinung
Insb.	Insbesondere
IntErbRVG	Internationales Erbrechtsverfahrensgesetz v. 29.6.2015, BGBl I S. 1042
i.w.S.	im weiteren Sinne
JA	Zeitschrift Juristische Arbeitsblätter
Jahrh.	Jahrhundert
JR	Juristische Rundschau
JuS	Zeitschrift Juristische Schulung
JW	Zeitschrift Juristische Wochenschrift
JZ	Zeitschrift Juristen-Zeitung
Kom.	Kommentar
LG	Landgericht
m. E.	meines Erachtens
MittBayNot	Zeitschrift Mitteilungen des Bayerischen Notarvereins
m.w.N.	mit weiteren Nachweisen
NOTAR	Fachzeitschrift für die gesamte notarielle Praxis
NOTA BENE	Zeitschrift für das Notariat

NJW	Neue Juristische Wochenschrift
OLG	Oberlandesgericht
RNotZ	Rheinische Notar-Zeitschrift
RVaktuell	Amtliches Veröffentlichungsblatt der Deutschen Rentenversicherung (Fachzeitschrift)
S.	Seite
sog.	Sogenannt
usw.	und so weiter
v.	Von
z. B.	Zum Beispiel
ZEuP	Zeitschrift für Europäisches Privatrecht
ZEV	Zeitschrift für Erbrecht und Vermögensnachfolge
ZNotP	Zeitschrift für notarielle Praxis

Literaturverzeichnis

Alexander, Christian: *Verbraucherschutz. Lehrbuch.* Jena 2015.

Allmendinger, Jutta: „Entstaatlichung und soziale Sicherheit". In: Beckert, Erben in der Leistungsgesellschaft.

Amira, Karl von: *Grundriss des germanischen Rechts.* München 1913.

Armbrüster, Christian; Preuß, Nicola; Renner, Thomas: *Beurkundungsgesetz und Dienstordnung für Notarinnen und Notare. Kommentar.* 7. Auflage, Bonn 2015.

Auer, Marietta: „Eigentum, Familie, Erbrecht, drei Lehrstücke zur Bedeutung der Rechtsphilosophie im Privatrecht". *AcP* 216, 2016, S. 239(276).

Bark, Thomas: „Die Entstehung des BGB im Spiegel der bürgerlichen Rechtsgeschichte". *Kritische Justiz* 1973, S. 158(171).

Baumbach, Adolf et al.: *GmbHG Kurzkommentar.* 20. Auflage, Düsseldorf et al. 2013.

Beck, Heike von der: *Norminhalt und Formenstrenge im Recht der Nottestamente.* Berlin 1995.

Becker, Rolf: *Generationen und sozialer Wandel.* Dresden 1997.

Beckert, Jens: *Erben in der Leistungsgesellschaft.* Paris 2013.

—.: „Kommentar zur Rede von Mirabeau in der verfassunggebenden Nationalversammlung". In: Lettke, Erben und Vererben.

Bergquist et al.: *EU-Erbrechtsverordnung. Kommentar.* Stockholm et al. 2014.

Beumker, Angela: *Die Testamentsformen in Südafrika und ihre geschichtliche Entwicklung.* Münster 2000.

Beutgen, Monika: *Die Geschichte der Form des eigenhändigen Testaments.* Berlin 1992.

Bien, Walter; Hartl, Angela; Teubner, Markus: *Stieffamilien in Deutschland.* Opladen 2002.

Bonefeld, Walter; Wachter, Thomas: *Der Fachanwalt für Erbrecht.* 3. Auflage, München 2013.

Bork, Reinhard; Schäfer, Carsten: GmbHG Kommentar, 3. Auflage, Hamburg Mannheim 2015

Bormann, Jens: „Das zentrale Testamentsregister in der notariellen Praxis". *ZEV* 2011, S. 628(631).

Braun, Reiner: *Erben in Deutschlan. Volumen, Verteilung und Verwendung.* Hrsg. von empirica ag/Forschung und Beratung AG. Berlin 2011.

Bredemeyer, Dierk.: „Erbrechtliche Legitimation durch Erbschein, Europäisches Nachlasszeugnis, Testament oder Vollmacht“. *ZEV* 2016, S. 65(71).

Breitschmid, Peter: *Formvorschriften im Testament.* Zürich 1982.

Brunner, Heinrich: *Deutsche Rechtsgeschichte.* Bd. I. 2. Auflage, Leipzig 1906.

Brox, Hans: Der BGH und die Andeutungstheorie“. *JA* 1984, S. 549(557).

Bundesnotarkammer: *Elektronischer Rechtsverkehr im Notariat*, online verfügbar unter http://www.elrv.info/de/software/xnotar/XNotar GB.php; letzter Abruf 12.06.2016.

—.: *XNotar/ SigNotar*, online verfügbar unter http:www.elrv.info/de/software/technische-anforderungen.php; letzter Abruf 05.10.2017.

Bunte, Hermann-J.: *AGB-Banken und Sonderbedingungen. Kommentar.* 4. Auflage, München 2015.

Bundesministerium für Wirtschaft und Technologie: *Der Mittelstand in der Bundesrepublik Deutschland.* Dokumentation Nr. 561. Berlin 2007.

Burandt, Wolfgang; Rojahn, Dieter: *Kurzkommentar Erbrecht.* 2. Auflage, Hamburg/München 2014.

Burandt, Wolfgang; Eberhardt, Jan: *Beratung im Erbrecht.* 2. Auflage, Hamburg/Bremen 2006.

Burkart, Erich: „Das eigenhändige Testament nach § 2247 BGB – Seine Problematik und seine Zukunft“. In: *Festschrift für von Lübtow*, 1991.

Buschbaum, Markus; Simon, Ulrich: „Beantragung und Erteilung eines Europäischen Nachlasszeugnisses sowie Verwendung eines ausländischen Nachlasszeugnisses in Deutschland“. *Rechtspfleger* 2015, S. 444(448).

Castelli, André: „Italien: Bedeutung der EU-ErbVO“. *ZEV* 2014, S. 154(155).

Cobabus, Norbert: *Laizismus und Menschenrechte, ein missverstandener und umstrittener Gesellschaftsaspekt.* Rödermark 2013.

Coester, Michael: „Das Erbrecht registrierter Lebenspartner unter der EU-ErbVO“. *ZEV* 2013, S. 115(117).

Coing, Helmut: *Grundzüge der Rechtsphilosophie.* Wiesbaden 1949.

Conrad, Hermann: *Deutsche Rechtsgeschichte.* Bd. I: Frühzeit und Mittelalter. Lehrbuch. 2. Auflage, Bad Godesberg-Mehlem 2011.

Cording, Clemens: „Kriterien zur Feststellung der Testier(un)fähigkeit“. *ZEV* 2010, S. 115(121).

Cottier, Michelle: „Soziologisches Wissen in Debatten um die Reformbedürftigkeit des Erbrechts“. In: Dies. / Estermann / Wrase (Hrsg.): *Wie wirkt Recht?. Ausgewählte Beiträge.* Luzern 2008.

Damrau, Jürgen: *Praxiskommentar Erbrecht*. 3. Auflage, München/Düsseldorf/Mannheim 2014.

De Los Mozos, Javier: „Testamentsformen in der spanischen Rechtsgeschichte". In: Schmoeckel/Otte, Europäische Testamentsformen.

Descamps, Olivier: „Les formes testamentaires de l`époque médiévale jusqu´à la période présente en France". In: Schmoeckel/Otte, Europäische Testamentsformen.

Deusch, Florian: „Digitales Sterben: das Erbe im Web 2.0". *ZEV* 2014, S. 2(8).

—.: „Anmerkung zu LG Berlin". *ZEV* 2016, S. 194(195).

Diehn, Thomas: *Berechnungen zum neuen Gerichts- und Notarkostenrecht*. 2. Auflage, Hamburg 2013.

—.: *Bundesnotarordnung. Kommentar*. 1. Auflage, Hamburg 2014.

Durkheim, Émile: „Erbschaft als unverdientes Vermögen". In: Beckert, Erben in der Leistungsgesellschaft.

Di Fabio, Udo: „Form und Freiheit". *DNotZ* 2006, S. 342(350).

Dittrich, Lars: „Verfassungsrechtliche Vorgaben des Erbrechts". *ZEV* 2013, S. 14(20).

Döbele, Marion; Hubertus, Peter: *Ihr Kreuz ist die Schrift. Analphabetismus und Analphabetisierung in Deutschland*. Hrsg. vom Bundesverband Analphabetisierung e. V. Münster 2000.

Döbereiner, Christoph: „Aktuelle Entwicklungen zur EUErbVO in Frankreich". *ZEV* 2016, S. 490(495).

DUDEN: *Deutsches Universalwörterbuch*. 8. Auflage, Mannheim 2015.

Dutta, Anatol: „Entwicklungen im internationalen Familien- und Erbrecht der Europäischen Union bis Gogova". *ZEuP* 2016, S. 427(463).

Ebel, Wilhelm: *Recht und Form – Vom Stilwandel im deutschen Recht*. Tübingen 1975.

Ebenroth, Carsten Thomas: *Lehrbuch Erbrecht*. Flims 1992.

Egidy, Nicole; Volmer, Michael: „ErbVO und IntErbRVG in der Anwendung durch die Nachlassgerichte". *Rechtspfleger* 2015, S. 433(440).

Erler, Adalbert; Kaufmann, Ekkehard; Werkmüller, Dieter: *Handwörterbuch zur deutschen Rechtsgeschichte*. Bd. V. Berlin 1998.

Eule, Wolfgang: „Niederlande-Reform des Erbrechts". *ZEV* 2005, S. 156(157).

Everts, Arne: „Neue Perspektiven zur Pflichtteilsdämpfung aufgrund EU-ErbVO?". *ZEV* 2013, S. 124(127).

Eylmann, Horst; Vaasen, Hans-Dieter: *Bundesnotarordnung, Beurkundungsgesetz. Kommentar*. 4. Auflage, Emden/Kempen 2016.

Ferid, Murat et al.: *Internationales Erbrecht*. Loseblatt. 97. Auflage, München 2016.

Foerste, Ulrich: „Die Form des Testaments als Grenze seiner Auslegung". *DNotZ* 1993, S. 84(99).

Frank, Jan-Hendrik; Leithold, Steffen: „Die Ermittlung des anwendbaren Erbrechts im Deutsch/US-amerikanischen Erbfall nach der EU-ErbVO". *ZEV* 2014, S. 462(469).

Frank, Rainer; Helms, Tobias: *Lehrbuch des Erbrechts*. 6. Auflage, Marburg 2013.

—.: „Familiäre Solidarität im Unterhalts- und Erbrecht". *FamRZ* 2009, S. 649(656).

Frank, Susanne: „Erbrecht und Vermögensnachfolge". *MittBayNot* 2002, S. 163(164)

Friedrichs, Julia: „Erben, eine Klasse für sich". *Zeitmagazin* (11), 18.03.2015, S. 13(22).

—.: „Vermögensverteilung in Deutschland". *Spiegelonline*, 14.03.2015.

Fröhler, Oliver: „Der Gesetzentwurf zu Änderungen des nationalen Rechts zwecks Durchführung der EUErbVO und neue Erkenntnisse zur internationalen Zuständigkeit deutscher Nachlassgerichte im Erbscheinsverfahren". *BWNotZ* 2015, S. 47(54).

Führ, Thorsten: „Grundrechte und Testierfreiheit – ‚Preußen'-Beschluss und Pflichtteilsrecht". *MittBayNot* 2006, S. 461(468).

Gabbert, Dieter: „Die Aufrechnungsmöglichkeiten der Sozialleistungsträger mit Leistungsansprüchen der Versicherten". *RV aktuell* 7, 2008.

Ganter, Hans-Eberhard; Hertel, Christian; Wöstmann, Heinz: *Handbuch der Notarhaftung*. 3. Auflage, 2014.

Gehrlein, Markus; Ekkenga, Jens; Simon, Stefan: *GmbH Kommentar*. Lindau/Gießen/Köln 2012.

Gerhards, Andreas: „Ergänzende Testamentsauslegung und Formvorschriften". *JuS* 1994, S. 642(649).

Glaab, Manuela; Sesselmeier, Werner: *Experimentierfeld Deutschland? Reform-Strategien in der Sozialpolitik auf dem Prüfstand*. Bonn 2005.

Gloser, Stefan: „‚Digitale Erblasser' und ‚digitale Vorsorgefälle' – Herausforderungen der Online-Welt in der notariellen Praxis – Teil I". *MittBayNot* 2016, S. 12(19).

Görgens, Bernhard: *Die Bindung des Richters an das Gesetz und die Formerfordernisse des eigenhändigen Testaments*. Bochum 1976.

—.: „Überlegungen zur Weiterentwicklung des § 2247 BGB". *JR* 1979, S. 357(363).

Göttig, Triin; Liin, Urve: „Testamentsformen in den baltischen und nordischen Staaten. Vielfalt der Formen = größere Testierfreiheit?". In: Schmoeckel/Otte, Europäische Testamentsformen.

Groll, Klaus Michael; Steiner, Anton: *Praxis-Handbuch Erbrechtsberatung*. 4. Auflage, München 2015.

Grundmann, Stefan: „Favor Testamenti, Zu Formfreiheit und Formzwang bei privatschriftlichen Testamenten". *AcP* 187, 1987, S. 429(476).

Grziwotz, Herbert: „Erbscheinsverfahren neu geregelt". *FamRZ* 2016, S. 417(426).

—.: „Von Geliebtentestamenten und leichtfertigen Verzichten – Richterliche Kontrolle erbrechtlich relevanter Urkunden". *DNotZ* 2016, S. 732(744).

Grziwotz, Herbert; Heineman, Jörn: *Beurkundungsgesetz Kommentar*. 2. Auflage, Neumarkt/ Regen 2015.

Häcker, Birke: „Testamentsformen in England – unter besonderer Berücksichtigung ihrer historischen Entwicklung". In: Schmoeckel/Otte, Europäische Testamentsformen.

Haegele, Karl: *Das Privattestament*. 5. Auflage, Neuenstadt a.K. 1976.

Hähnchen, Susanne: *Rechtsgeschichte, von der römischen Antike bis zur Neuzeit*. 4. Auflage, Bielefeld 2012.

Hagen, Horst: „Die Form als ‚Schwester der Freiheit'". *DNotZ* 2010, S. 644(655).

Hahn, Erik: „Die gegenständlich beschränkte Erbeinsetzung". *ZEV* 2016, S. 360(363).

Hansert, Hans: „Erbschaft im Kontext familiärer Generationenbeziehungen". In: Lettke, Erben und Vererben.

Harke, Jan Dirk: *Römisches Recht*. Würzburg 2008.

Häsemeyer, Ludwig: *Die gesetzliche Form der Rechtsgeschäfte*. Göttingen 1971.

Haspl, Rüdiger: „Der Ersatzvermächtnisnehmer nach § 2069 BGB". *ZEV* 2013, S. 60(62).

Haug, Karl H.; Zimmermann, Stefan; Zimmermann, Christian: *Die Amtshaftung des Notars*. 3. Auflage, Köln 2011.

Hausmaninger, Herbert; Selb, Walter: *Römisches Privatrecht*. Wien 1997.

Hausmann, Rainer; Hohloch, Gerhard: *Handbuch des Erbrechts*. 2. Auflage, Konstanz/Freiburg 2010.

Heilfron, Edmund: *Deutsche Rechtsgeschichte*. 6. Auflage, Berlin 1905.

Heinemann, Jörn: „Mehr Sollen als Sein-zur Feststellung der Geschäfts- und Testierfähigkeit". *ZNotP* 2016, S. 170(172).

Henrich, Dieter: „Familienerbrecht und Testierfreiheit im europäischen Vergleich". *DNotZ* 2001, S. 441(452).

Hermann, Hans-Georg: „Holographisch, allographisch, nuncupativ: Zum Formprivileg beim Testamentum parentum inter liberos bis1900". In: Schmoeckel, Das holographische Testament.

Herrler, Sebastian: „Anmerkung zur Entscheidung des OLG Hamm vom 6.1.2011". *ZEV* 2011, S. 427(430).

Herzog, Stephanie: „Der digitale Nachlass ist in der Rechtswirklichkeit angekommen". *ErbR* 2016, S. 173(176).

Hippel, Fritz von: *Formalismus und Rechtsdogmatik*. Frankfurt/Main 1935.

Hoeren, Thomas: „Der Tod und die Internet-rechtlichen Fragen zur Verwendung von E-Mail und www.Acounts nach dem Tod des Inhabers". *NJW* 2005, S. 2113(2117).

Honsell, Heinrich: *Römisches Recht*. 7. Auflage, Salzburg/Zürich 2010.

Horn, Claus-Henrik; Kroiß, Ludwig; Seitz, Susanne: „Testamentsfälschung: Das Schriftgutachten im Erbscheinsverfahren". *ZEV* 2013, S. 24(29).

—.: „Testamentsgestaltung für Eltern von minderjährigen Kindern". *ZEV* 2013, S. 297(303).

Horstmann, Bernd: „Rechtsnachfolge von Todes wegen bei Sozialleistungen". *ZEV* 2013, S. 598(601).

Hosemann, Eike Götz: „Von den Bedenken gegen das Testieren ‚im stillen Kämmerlein'". *RNotZ* 2010, S. 520(529).

Hufen, Friedhelm: *Staatsrecht Teil II*. 5. Auflage, München 2016.

Hüßtege, Rainer; Mansel, Heinz-Peter: *BGB-Kommentar*. Bd. 6: EU-ErbVO. 2. Auflage, München/ Köln 2015.

Ivo, Malte: „Die Vererbung von Kommanditanteilen". *ZEV* 2006, S. 302(306).

—.: „Die Vererbung von GmbH-Geschäftsanteilen nach Inkrafttreten des MoMiG". *ZEV* 2009, S. 333(336).

Ivens, Michael: „Leitlinien der Unternehmensnachfolge: Die Vererbung von Einzelunternehmen". *ZEV* 2010, S. 462(464).

Jarass, Hans; Pieroth, Bodo: *Kommentar zum Grundgesetz*. 14. Auflage, München 2016.

Jauernig/Stürner: *Bürgerliches Gesetzbuch*. 16. Auflage, Freiburg et al. 2015.

Jhering, Rudolf von: Der Kampf um´s Recht, 4. Auflage, Wien 1874.

Kanzleiter, Rainer: „Das Berliner Testament, immer aktuell und fast immer ergänzungsbedürftig". *ZEV* 2014, S. 225(232).

—.: „Empfiehlt es sich, das privatschriftliche gemeinschaftliche Testament abzuschaffen?". *ZEV* 2011, S. 1(3).

—.: „Keine wechselbezüglichen Verfügungen in gemeinschaftlichen Testamenten nach der Ehescheidung!“. *ZEV* 2005, S. 181(184).

Kaser, Max; Knütel, Rolf: *Studienbuch Römisches Recht*. 20. Auflage, Bonn 2014.

Kegel, Gerhard: „Die lachenden Doppelerben: Erbfolge beim Versagen von Urkundspersonen“. In: *Festschrift für Werner Flume zum 70. Geburtstag*. Bd. I. Köln 1978.

Keim, Christopher: „Die Reform des Erb- und Verjährungsrechts und ihre Auswirkungen auf die Gestaltungspraxis“. *ZEV* 2008, S. 161(169).

—.: „Vermächtnisse zugunsten Minderjähriger: Schwierigkeiten und Lösungsmöglichkeiten“. *ZEV* 2011, S. 563(568).

—.: „Regelungen für den ‚gemeinsamen‘ und ‚gleichzeitigen‘ Tod im Ehegattentestament“. *ZEV* 2005, S. 10(14).

Kipp, Theodor; Coing, Helmut: *Lehrbuch des bürgerlichen Rechts*. 13. Auflage, Frankfurt/Main 1977.

KfW Bank: KfW Economic Research, *Demografie im Mittelstand,* Fokus Volkswirtschaft Nr. 92, Frankfurt am Main, 23.04.2015.

Kirchhof, Paul Isensee: *Handbuch des Staatsrechts*. Bd. IX. Heidelberg 1997.

Kirchner, Jens: „Schreiben analog, Schreiben digital – Wandel und Konstanz im Notarberuf durch IT“. *MittBayNot* 2015, S. 210(217).

Kleiter, Tobias: *Entscheidungskorrekturen mit unbestimmter Wertung durch die klassische römische Jurisprudenz*. München 2010.

Klingelhöffer, Hans: „Ist unser Erbrecht noch zeitgemäß?“. *ZEV* 2010, S. 385(388).

Klühs, Hannes: „Das sog. ‚Bedürftigentestament‘ und seine Alternativen – eine Bestandsaufnahme“. *ZEV* 2011, S. 15(18).

Kocher, Gernot: *Grundzüge der Privatrechtsentwicklung und der Geschichte der Rechtswissenschaft in Österreich*. 2. Auflage, Wien/Köln/Weimar 1997.

Köbl, Hans: „Die Bedeutung der Form im heutigen Recht“. *DNotZ* 1983, S. 207(226).

Kosmann, Marianne: „Erbmuster und Geschlechterverhältnisse im Wandel“. In: Lettke, Erben und Vererben.

Kroeschell, Karl: *Studien zum frühen und mittelalterlichen deutschen Recht*. Freiburg 1994.

Kroiß, Ludwig; Horn, Claus-Henrik; Solomon, Dennis: *Nachfolgerecht*. 9. Auflage, Traunstein/Düsseldorf/Passau 2014.

Kroll-Ludwigs, Kathrin: „Rechtswahl- und Gerichtsstandsvereinbarungen nach der Europäischen Erbrechtsverordnung“. *NOTAR* 2016, S. 75(85).

Krug, Walter: *Grenzenloses Erbrecht – Grenzen des Erbrechts. 27. Tagung der DACH in Luzern im September 2002. Bericht*. Köln 2004.

Kuchinke, Kurt; Lange, Heinrich: *Lehrbuch des Erbrechts*. 5. Auflage, Castell 2001.

Kutscher, Antonia: *Der digitale Nachlass*. Kiel 2015.

Lange, Andreas; Lettke, Frank: *Generationen und Familie*. Konstanz/München 2006.

Lange, Heinrich: „Bindung des Erblassers an seine Verfügungen". *NJW* 1963, S. 1571(1579).

Landsittel, Ralph; Rumland, Nadine: „Risiken gemeinschaftlicher Testamente für juristische Laien". *ZEV* 2012, S. 644(647).

Lehmann, Daniel: „Die Zukunft des deutschen gemeinschaftlichen Testaments in Europa". *ZEV* 2007, S. 193(198).

Lehmann, Daniel; Hahn, Rebecca: „Verfügungen von Todes wegen, ZEV-Report Zivilrecht". *ZEV* 2013, S. 577(580).

Leipold, Dieter: „Das Europäische Erbrecht und das deutsche gemeinschaftliche Testament". *ZEV* 2014, S. 139(144).

—.: *Erbrecht. Lehrbuch*. 20. Auflage, Freiburg 2014.

—.: *Bewährte oder problembeladene Rechtsnormen – eine quantitative Rechtsprechungsanalyse zum deutschen Erbrecht*, Freiburg 2010, online verfügbar unter http://www.jura.unifreiburg.de/institute/izpr2/downloads/dateienleipold/Quantitativerechtsprechungsanalyse; letzter Abruf 27.12.2015.

—.: „Wandlungen in den Grundlagen des Erbrechts?". *AcP* 180, 1980, S. 161(237).

Lemmerz, Anna-Luisa: *Die Patientenverfügung*. Hamburg 2013.

Lerch, Klaus: *Beurkundungsgesetz. Kommentar*. 5. Auflage, Frankfurt/Main 2016.

Lettke, Frank: *Erben und Vererben, Gestaltung und Regulation von Generationsbeziehungen*. Konstanz 2003.

Lieder, Jan; Berneith, Daniel: Anmerkungen zu LG Berlin, *FamRZ* 2016, S. 743(744).

Limmer, Peter et al.: *Würzburger Notarhandbuch*. 4. Auflage, Kempten et al. 2015.

Litzenburger, Wolfgang: „Das Bedürftigentestament – Erbfolgegestaltung zu Gunsten von Langzeitarbeitslosen (Hartz-IV-Empfängern)". *ZEV* 2009, S. 278(281).

Lobe, Adolf: *Zentralblatt für freiwillige Gerichtsbarkeit und Notariat*. Jahrgänge II., III., V. Leipzig 1902/1903/1905.

Ludyga, Hannes: „Vererben im betreuten Wohnen – Zur Bedeutung der ‚Landesheimgesetze' in der testamentarischen Gestaltungspraxis". *ZEV* 2014, S. 177(183).

Löhnig, Martin: *Erbrecht*. 2. Auflage, Konstanz 2010.

Lüscher, Kurt: „Erben und Vererben. Ein Schlüsselthema der Generationenforschung". In: Lettke, Erben und Vererben.

Lutter, Marcus; Hommelhoff, Peter: *GmbH-Gesetz. Kommentar*. 19. Auflage, Jena/Heidelberg/

Bielefeld 2016.

Majer, Christian: „Das deutsch-türkische Nachlassabkommen: ein Anachronismus". *ZEV* 2012, S. 182(186).

Malzer, Hans Michael: „Die öffentliche Beglaubigung". *DNotZ* 2000, S. 169(184).

Mangoldt, Hermann von; Klein, Friedrich; Streit, Christian: *Kommentar zum Grundgesetz: GG*, 6. Auflage, München 2010

Mankowski, Peter: „Formzwecke". *JZ* 2010, S. 662(670).

Martini, Mario: „Der digitale Nachlass und die Herausforderung postmortalen Persönlichkeitsschutzes im Internet". *JZ* 2012, S. 1145(1155).

Münchener Kommentar zum BGB: Bd. 1: Allgemeiner Teil. 7. Auflage, München 2015. Bd. 9: Erbrecht, 6. Auflage, München 2013. Bd. IPR I. 6. Auflage, München 2015.

Maunz-Dürig: *Grundgesetz Kommentar*. 76. Auflage, München 2016.

Meier-Kraut, Angela: „Zur Wiederverheiratungsklausel in gemeinschaftlichen Testamenten mit Einheitslösung". *NJW* 1992, S. 143(148).

Meier-Wehrsdorfer, Annett: „Aktuelle Fragen und Probleme des GmbH-Rechts". *NotBZ* 2012, S. 87(92).

Meister, Herbert: *Europäische Rechtslehre*. Bd. 1. 1. Auflage, Cala Llombards 2015.

Metternich, Gabriele: *Verfügungsverhalten von Erblassern*. Marburg 2010.

Mohr, Georg: *Rechtskultur*, online verfügbar unter http://www.unesco-phil.uni-bremen.de/Texte%20zur%20Vorlesung/Rechtskultur.pdf; letzter Abruf 02.04.2016.

Möller, Cosima: „Servituten im römischen Recht und in der Rechtsprechung des Reichsgerichts". In: Schmidt-Recla, Adrian / Schumann, Eva / Theisen, Frank (Hrsg.): *Sachsen im Spiegel des Rechts*. Köln/Weimar/Wien 2001.

Mugdan, Benno: *Die gesammelten Materialien zum Bürgerlichen Gesetzbuch für das Deutsche Reich*. Bd. 5. Berlin 1899.

Müller, Ingrid: *Migration in Deutschland und einigen anderen Ländern*. Arbeitsbericht Nr. 275. München 2005.

Müller-Bromley, Stephanie: „Die Abwicklung deutsch-portugiesischer Erbfälle unter Berücksichtigung des Entwurfs der EU-ErbVO". *ZEV* 2011, S. 120(124).

Muscheler, Karlheinz: „Das eigenhändige Testament – gestern, heute und morgen". *Successio. Schweizerische Zeitschrift für Erbrecht* 2014, S. 24(35).

Nipperdey, Hans Carl: *Lehrbuch bürgerlichen Rechts. Allgemeiner Teil.* 15. Auflage, Tübingen 1960.

Nordmeier, Carl Friedrich: „EU-ErbVO: Neues Kollisionsrecht für gemeinschaftliche Testamente". *ZEV* 2012, S. 513(519).

Odersky, Felix: „Die Anwendung der Erbrechtsverordnung in der notariellen Praxis ab August 2015". *NOTAR* 2015, S. 183(189).

—.: „Reformüberlegungen im Erbrecht". *MittBayNot* 2008, S. 2(7).

Olechowski, Thomas: *Rechtsgeschichte. Lehrbuch.* 3. Auflage, Wien 2010.

Olzen, Dirk: *Erbrecht. Lehrbuch.* 4. Auflage, Düsseldorf 2013.

Ott-Eulberg, Michael; Schebesta, Michael: *Praxishandbuch Erbrecht und Banken.* 2. Auflage, Mainz/Siegburg/Augsburg 2008.

Otte, Gerhard: „Das eigenhändige Testament als ordentliche Errichtungsform nach dem BGB – Gründe und Einwände". In: Schmoeckel/Otte, Europäische Testamentsformen.

Palandt: *Bürgerliches Gesetzbuch. Kurzkommentar.* 75. Auflage, Bad Dürkheim et al. 2016.

Paulus, Christoph: *Einführung in die Rechtsgeschichte der Antike*, online verfügbar unter http://paulus.rewi.hu-berlin.de/Site/Alte%20Homepage/Rechtsgeschichte%20WiSe08.pdf; letzter Abruf 19.03.2016.

Perkams, Guido: „Ergänzende Testamentsauslegung im Umfeld von § 2069 BGB". *ZEV* 2005, S. 510(512).

Pfeiffer, Thomas: „Das gemeinschaftliche Ehegattentestament – Konzept, Bindungsgrund und Bindungswirkungen". *FamRZ* 1993, S. 1266(1282).

Presse- und Informationsamt der Bundesregierung: *Unsere digitale Agenda für Deutschland.* Berlin 2015.

Prütting, Hanns; Wegen, Gerhard; Weinreich, Gerd: *BGB-Kommentar.* 11. Auflage, Köln/Stuttgart/Oldenburg 2016.

Ramm, Thilo: *Familienrecht; Verfassung, Geschichte, Reform. Ausgewählte Aufsätze.* Tübingen 1996.

Reh, R.: *Das Badische Landrecht*. Mannheim 1879.

Rehbein, H.; Reincke, O.: *Allgemeines Landrecht für die Preußischen Staaten.* II. Band, Theil I, 4. Auflage, Berlin 1889

Rehbein, Malte; Sahle, Patrick; Schaßan, Torsten: *Kodikologie und Paläographie im digitalen Zeitalter.* Norderstedt 2009.

Reibold, Friedrich; Seebach, Daniel; Dahlkamp, Christoph: *Praxis des Notariats.* 12. Auflage 2016.

Reich, Manfred: „Testamentsgestaltung zum Schutz des Familienheims vor dem sozialrechtlichen Zugriff". *ZEV* 2011, S. 639(642).

Reimann, Wolfgang; Bengel, Manfred; Mayer, Jörg: *Testament und Erbvertrag. Kommentar.* 6. Auflage, Regensburg/Fürth/Simbach 2015.

Reimann, Wolfgang: „Unternehmertestament und Gesellschaftsvertrag: Neue Risiken, neuer Gestaltungsbedarf". *ZEV* 2014, S. 521(526).

Reithmann, Christoph; Bracker, Ulrich: Bundesnotarordnung. Hrsg. von Ulrich Bracker. 9. Auflage, Weilheim 2011.

Reithmann, Christoph: „Kautelarjurisprudenz und Vorsorgende Rechtspflege". In: *Festschrift 125 Jahre Bayerisches Notariat.* Hrsg. vom Bayerischen Notarverein e. V.. München 1987.

Repken, Tilman: „Jus Commune". In: Haferkamp, Hans-Peter / Repken, Tilman (Hrsg.): *Usus modernus pandectarum.* Köln/Weimar/Wien 2007.

Roes, Sebastian: „Die Testamentsformen in den Niederlanden: Entstehung, Entwicklung, geltende Rechtslage". In: Schmoeckel/Otte, Europäische Testamentsformen.

Röhl, Christoph: „Erbrecht – Aktuelle Entwicklungen". *NOTAR* 2016, S. 239(252).

Rotenhan, Juliane von: *Frankfurter Testamentsstreitigkeiten am Reichskammergericht: Eine Untersuchung anhand der Gerichtsakten der höchstrichterlichen Spruchpraxis (1495–1806).* Frankfurt/Main 2015.

Rowedder, Heinz; Schmidt-Leithoff, Christian: *Gesetz betreffend die Gesellschaften mit beschränkter Haftung. Kommentar.* 5. Auflage, München 2013.

Ruby, Gerhard; Schindler, Andreas: „ZEV-Report Zivilrecht nach Jahr und Seite". *ZEV* 2014.

Röthel, Anne: „Ist unser Erbrecht noch zeitgemäß?". In: *Verhandlungen des 68. Deutschen Juristentages.* Bd. I: Gutachten. Berlin 2010.

—.: „Form und Privatautonomie: Blicke auf das eigenhändige Testament". In: Schmoeckel, Das holographische Testament.

—.: „Form und Freiheit der Patientenautonomie". *AcP* 211, 2011, S. 196(220).

Sachsen Gessaphe, Karl; August Prinz von: „Das eigenhändige Testament in Europa und Lateinamerika: eine riskante oder sichere Testamentsform?". In: Schmoeckel, Das holographische Testament.

Saenger, Ingo; Inhester, Michael: *GmbHG Handkommentar*. 2. Auflage, Münster/München 2013.

Salomon, Pascal: „Digitaler – Nachlass – Möglichkeiten der notariellen Vorsorge". *NotBZ* 2016, S. 324(331).

Sandkühler, Gerd; Arndt, Herbert; Lerch, Klaus: *Bundesnotarordnung Kommentar*. 8. Auflage, Frankfurt-Main/Münster 2016.

Schlüter, Wilfried: *Erbrecht Studienbuch*. 12. Auflage, Münster 1986.

Schlüter, Wilfried; Röthel, Anne: *Erbrecht Kurz-Lehrbuch*. 17. Auflage, Hamburg 2015.

Schmidt, Jan Peter: „Ausländische Vindikationslegate über im Inland belegene Immobilien". *ZEV* 2014, S. 133(139).

Schmidt, Eike; Brüggemeier, Gert: *Grundkurs Zivilrecht*. 7. Auflage, Bremen 2006.

Schmidt-Recla, Adrian: *Kalte oder warme Hand? Verfügungen von Todes wegen in Mittelalterlichen Referenzquellen*. Leipzig/Regensburg 2011.

Schmidts, Johanna: *Die Reform des Pflichtteilsrechts aus dem Blickwinkel des ordentlichen Pflichtteilsanspruchs und der Pflichtteilsentziehung*. München 2013.

Schmidt-Bleibtreu: *Kommentar zum Grundgesetz (GG)*. 12. Auflage, Berlin/Bonn 2010.

Schmitt, Gottfried von: *Entwurf eines Rechts der Erbfolge für das Deutsche Reich nebst dem Entwurf eines Einführungsgesetzes*. Vorlage des Redaktors Dr. von Schmitt. Hrsg. von der Kommission zur Ausarbeitung des Entwurfs eines bürgerlichen Gesetzbuchs. Berlin 1879.

Schmoeckel, Mathias: *Lehrbuch Erbrecht*. 3. Auflage, Bonn 2014.

—.: *Das holographische Testament. Erleichterung oder Hindernis für den Laien?*. (Schriften zum Notarrecht Bd. 41). Baden-Baden 2015.

—.: „Die Reichsnotariatsordnung von 1512. Entstehung und Würdigung". In: Schmoeckel/Schubert (Hrsg.): *Handbuch zur Geschichte des deutschen Notariats seit der Reichsnotariatsordnung von 1512*. 1. Auflage, Baden-Baden 2012.

Schmoeckel, Mathias; Otte, Gerhard: *Europäische Testamentsformen*. Bonn 2011.

Schneck, Ottmar: *Lexikon der Betriebswirtschaft*. 7. Auflage, Reutlingen 2007.

Scholz, Christopher: „Das holographische Testament – Erleichterung oder Hindernis für den Laien?". *Bonner Rechtsjournal* 1, 2014.

Schröder, Rainer: *Abschaffung oder Reform des Erbrechts*. Hagen 1980.

Schröder, Richard; Künßberg, Eberhard von: *Lehrbuch der deutschen Rechtsgeschichte*. 7. Auflage, Berlin/Leipzig 1932.

Schulte, Günther: *Art und Inhalt eröffneter Verfügungen von Todes wegen*. Gummersbach 1982.

Schulte, Karsten: „(Ver)Erben aus psychologischer Sicht. Einstellungen, Emotionen und Verhaltensabsichten von Erblassern". In: Lettke, Erben und Vererben.

Schulz, Gabriele: *Testamente des späten Mittelalters aus dem Mittelrheingebiet*. Mainz 1976.

Schwab, Dieter; Löhnig, Martin: *Einführung in das Zivilrecht. Kurzlehrbuch*. 20. Auflage, Regensburg 2016.

Seebach, Daniel: „Die Europäische Testamentsregisterverknüpfung". *Rechtspfleger* 2016, S. 317(320).

Seibel, Hans Dieter: „Problemlage und Schichtungssystem in der Sowjetunion". *Kölner Zeitschrift für Soziologie und Sozialpsychologie* 1976, online verfügbar unter http://www.hf.uni-koeln.de/data/eso/File/seibel/GuE20.pdf; letzter Abruf 20.01.2016.

Smid, Stefan: „Probleme bei der Auslegung letztwilliger 1987 Verfügungen". *JuS* 1987, S. 283(289).

Soergel: *Kommentar zum Bürgerlichen Gesetzbuch*. Bd. 22. 13. Auflage, Stuttgart 2003.

Spengler, Hans-Dieter: *Römisches Recht und europäische Rechtskultur*, online verfügbar unter http://www.kas.de/upload/dokumente/verlagspublikationen/Kulturelle_Eigenart/ kulturelle_eigenart_spengler.pdf; letzter Abruf 20.01.2016.

Springmann, Peter: „Behindertentestament: Verlust des Vermögensschutzes bei Erbteilsübertragung oder Erbauseinandersetzung?". *ZEV* 2014, S. 293(294).

Statistisches Bundesamt: DESTATIS, online verfügbar unter www.destatis.de/DE.

Staudinger: *Kommentar zum BGB. Einleitung zum BGB*. Berlin 1995. Buch 1: Allgemeiner Teil, Berlin 2012. Buch 5: Erbrecht, Berlin 2003.

Stein, Thomas: „Das aufschiebend bedingte Vermächtnis: Eine Möglichkeit zur mehrfachen Nutzung der Steuerfreibeträge und zur Steueroptimierung". *ZEV* 2011, S. 572(575).

Steiner, Anton: „Reform des österreichischen Erbrechts und ihre Auswirkungen auf die deutsche kautelarjuristische Praxis". *ZEV* 2016, S. 131(133).

—.: „Abschaffung des regulären mündlichen Testaments und Stärkung des gesetzlichen Ehegattenerbrechts". *ZEV* 2016, S. 157.

Steinmetz, Alexander; Löber, Jan; Garcia Alcazar, Rocio: „Die EU-ErbVO und ihre Anwendbarkeit im Mehrrechtsstaat Spanien". *ZEV* 2013, S. 535(539).

Stolleis, Michael: „Untertan – Bürger – Staatsbürger. Bemerkungen zur juristischen Terminologie im späten 18. Jahrhundert“. In: Vierhaus (Hrsg.): *Bürger und Bürgerlichkeit im Zeitalter der Aufklärung*. 1. Auflage, Heidelberg 1981.

Storz, Thomas: „Rechtsnatur des erbrechtlichen Auslegungsvertrags“. *ZEV* 2008, S. 353.

Strätz, Hans-Wolfgang: „Reform der gesetzlichen Erbfolge“. *DNotZ* 2001, S. 452(459).

—.: „Rechtspolitische Gesichtspunkte des gesetzlichen Erbrechts und Pflichtteilsrechts nach 100 Jahren BGB“. *FamRZ* 1998, S. 1553(1567).

Streifzug: *Streifzug durch das GNotKG*. Hrsg. von der Notarkasse München. Anstalt des öffentlichen Rechts, München. 11. Auflage, München 2015.

Stumpf, Cordula: „EG-Rechtssetzungskompetenzen im Erbrecht“. *EuR* 2007, S. 291(297).

—.: „Postscripta im eigenhändigen Testament“. *FamRZ* 1992, S. 1131(1138).

Stutz, Heidi: „Legitimität des Erbens“. In: Lettke, Erben und Vererben.

Süß, Rembert: *Erbrecht in Europa*. 3. Auflage, Estenfeld 2015.

Tanck, Manuel: *Erbrecht. Testamentsgestaltung/Vertragsgestaltung/Prozessführung*. Mannheim 2007.

Tersteegen, Jens: „Sozialhilferechtliche Verwertbarkeit von Vermögen bei Anordnung von Verwaltungstestamentsvollstreckung“. *ZEV* 2008, S. 121(124).

Vogels, Walter: „Das eigenhändige Testament nach dem Gesetz vom 31.07.1938“. *JW* 1938, S. 2161(2163).

Volmer, Michael: „Erbschein und ENZ nach der EuErbVO“. *NOTAR* 2016, S. 323(331).

Münch, Ingo von; Kunig, Philip: *Grundgesetz Kommentar*. 6. Auflage München 2012.

Münch, Ingo von: „Rechtskultur“. *NJW* 1993, S. 1673(1678).

Waldner, Wolfram: *Beurkundungsrecht für die notarielle Praxis*. Bayreuth 2007.

Walker, Wolf-Dietrich; Brox, Hans: *Erbrecht Lehrbuch*. 26. Auflage, Gießen 2014.

Weber, Johannes: „Ausgewählte Fragen der Testamentsgestaltung unter Geltung der Europäischen Erbrechtsverordnung“. *Notar* 2015, S. 296(306).

Weber, Klaus; Schwind, Heike: „Betriebsvermögensbegünstigungen gem. §§ 13a, 13b ErbStG als Umstrukturierungshindernis“. *ZEV* 2014, S. 408(413).

Wegener, Gunter: „Beschränkungen der Testierfreiheit in deutschen Stadtrechtsreformationen und Landrechten der Rezeptionszeit“. In: *Festschrift für Ulrich von Lübtow*. Berlin 1970.

Weiler, Simon: „Erbrecht und Verfassung“. *MittBayNot* 2006, S. 296/304.

Weingärtner, Helmut; Gassen, Dominik: *DONot für Notarinnen und Notare mit Praxisteil zum elektronischen Rechtsverkehr. Kommentar*. 12. Auflage, Dortmund 2013.

Weirich, Hans-Armin: *Erben und Vererben. Handbuch*. 4. Auflage, Ingelheim 1997.

Wetterling, Tilman: „Beeinträchtigung der Geschäfts-/Testierfähigkeit durch Medikamente, Alkohol oder Drogen". *ErbR* 2016, S. 179(182).

Windscheid, Bernhard: *Lehrbuch des Pandektenrechts*. Erster Band. 5. Auflage, Stuttgart/Leipzig 1879.

Winkler, Karl: *Kommentar Beurkundungsgesetz*. 17. Auflage, München 2013.

—.: „Urkunden in Vermerkform nach dem Beurkundungsgesetz". *DNotZ* 1971, S. 140(152).

Winkler von Mohrenfels, Peter: *Das neue internationale Scheidungsrecht (Rom III-VO)*, online verfügbar unter http://www.dmjv.de/PDFDoc/Vortrag von Mohrenfels.pdf; letzter Abruf 20.08.2015.

Wolf, Manfred; Neuner, Jörg: *Allgemeiner Teil des Bürgerlichen Rechts*. 10. Auflage, München 2012.

Wolf, Manfred; Gangel, Alfred: „Der nicht formgerecht erklärte Erblasserwille und die Auslegungsfähigkeit eindeutiger testamentarischer Verfügungen." *JUS* 1981, S. 663.

Zaczyk, Rainer: „Propria Manu – Rechtsphilosophische Bemerkungen zum eigenhändigen Testament".In: Schmoeckel, Das holographische Testament.

Zimmermann, Reinhard: „Testamentsformen: Willkür" oder Ausdruck einer Rechtskultur?". *Rabels Zeitschrift für ausländisches und internationales Privatrecht* 76, 2012, S. 471(507).

—.: „Kulturelle Prägung des Erbrechts?". *JZ* 2016, S. 321(332).

Zimmermann, Walter: *Erbrecht. Lehrbuch*. 2. Auflage, Passau 2007.

Zippelius, Reinhold: *Studienbuch Rechtsphilosophie*. 6. Auflage, Erlangen 2011.

Erster Teil
Einleitung zum Thema sowie Aufbau der Untersuchung

Das historisch gewachsene Erbrecht wurde erstmals durch die Kodifikation im Bürgerlichen Gesetzbuch (BGB) am 01. Januar 1900 einheitlich für das gesamte deutsche Reichsgebiet festgeschrieben. Gleichzeitig wurden damit die sog. ordentlichen Formen zur Testamentserrichtung – geregelt in § 2231 BGB – eingeführt, die somit seit nunmehr über 100 Jahren als scheinbar unerschütterliches Fundament der gewillkürten Erbfolge bestehen. Nach der Gründung der Bundesrepublik Deutschland wird mit dem Erlass des Grundgesetzes der Republik am 23. Mai 1949 über Art. 14 Abs. 1 GG diesem Erbrecht bis heute eine verfassungsrechtliche Bestandsgarantie gewährt[1].

Die gesellschaftlichen, politischen sowie rechtlichen Verhältnisse haben sich allerdings im Laufe der Zeit zum Teil drastisch verändert. Umso überraschender mutet es an, dass bis zum heutigen Tag keine Veranlassung gesehen wurde, die in die Jahre gekommenen ordentlichen Testamentsformen nachhaltig auf ihren Erfolg zu überprüfen und etwaigen neuen Gegebenheiten anzupassen.[2] Wenn also mit dieser Arbeit der Versuch unternommen werden soll, neue Testamentsformen herauszuarbeiten, die sowohl aus gesellschaftlicher Sicht als auch aus zivilrechtlicher Notwendigkeit nicht nur Akzeptanz erfahren sollen, sondern vielmehr eine Verbesserung der Rechtslage zur Vererbung darstellen möchten, erfordert dies eine Untersuchung,

1 Schlüter, Wilfried / Röthel, Anne: *Erbrecht Kurz-Lehrbuch*. 17. Auflage, Hamburg 2015, 1. Kap., § 3 Rn. 1.

2 Dazu Scholz, Christopher: „Das holographische Testament – Erleichterung oder Hindernis für den Laien?". *Bonner Rechtsjournal* 1, 2014, S. 94(96); nur zaghafte Ansätze zu Formergänzungen bei Burkart, Erich: „Das eigenhändige Testament nach § 2247 BGB – Seine Problematik und seine Zukunft". In: *Festschrift für von Lübtow*, 1991, S. 253(262).

die sich mit den künftigen Herausforderungen an das Erbrecht genauso befassen muss wie mit den bisherigen Fehlleistungen der ordentlichen Testamentsformen.

Bei der Entwicklung und Rechtfertigung neuer Testamentsformen müssen dabei unterschiedlichste Positionen berücksichtigt werden. Das bloße „Auswechseln“ der vorhandenen Testamentsformen durch andere Modelle würde nicht genügen, zumal hinsichtlich des holographischen Testaments noch dessen besondere Beliebtheit zu bedenken ist[3]. Die bereits angedeuteten erheblichen Veränderungen in der Gesellschaft, die zugenommene Technisierung und Digitalisierung, die inzwischen multikulturelle Situation der Bevölkerung sowie die Vermögensvermehrung und -verteilung[4] müssen genauso bedacht werden wie der historische Ursprung vorhandener Testamentsformen und die Einbindung heutiger Formen im internationalen Rechtsfeld. Die Untersuchung beschränkt sich dem Thema geschuldet auf die ordentlichen Testamentsformen und wird sich mit den Nottestamenten nur insoweit befassen, als dies im Zusammenhang mit der Darstellung neuer Formen unumgänglich ist[5].

In der Ausarbeitung wird zunächst im Zweiten Teil die heutige Bedeutung des Erbrechts und die Einstellung der Gesellschaft zur Vererbung untersucht. Sollten sich bereits hier starke Vorbehalte gegen eine Aufrechterhaltung des Vererbungsrechts im bisherigen Umfang ergeben, müsste dies auch bei der Entwicklung neuer Testamentsformen Berücksichtigung finden. Nachdem unser Rechtssystem vom Vorrang der Verfassung ausgeht und sich einfaches Recht stets am Grundgesetz messen lassen muss[6], ist auch zu prüfen, inwieweit ein verfassungsrechtlicher Schutz des Erbrechts besteht und in welchem Umfang sich übergeordnetes Recht auf die Testamentsformen auswirkt[7].

---

3 Weber in Damrau, Jürgen: *Praxiskommentar Erbrecht*. 3. Auflage, München/Düsseldorf/Mannheim 2014, § 2247 BGB Rn. 5.

4 So auch die Begründung zur EU-Erbrechtsverordnung v. 04.07.2012, Amtsblatt der Europäischen Union v. 27.07.2012, S. L201/107(L 201/109-Fn 23,24), in der ebenso auf die veränderten Verhältnisse und zunehmende Mobilität der Bürger zur Begründung der VO verwiesen wird.

5 Zu den Nottestamenten liegt im Übrigen bereits eine umfassende Ausarbeitung vor, vgl. die Dissertation von Beck, Heike von der: *Norminhalt und Formenstrenge im Recht der Nottestamente*. Berlin 1995.

6 Maunz-Dürig: *Grundgesetz Kommentar*. 76. Auflage, München 2016, Art. 20 Rn. 57 f.; Jarass in Jarass, Hans / Pieroth, Bodo: *Kommentar zum Grundgesetz*. 14. Auflage, München 2016, Art. 20 Rn. 32.

7 Die EU-Erbrechtsverordnung v. 04.07.2012 gibt hierzu ein anschauliches Beispiel, inwieweit inzwischen auch europäisches Recht Einfluss nimmt; auf die Verordnung wird im Dritten Teil § 3 A. näher eingegangen.

Nach der Bewertung der nicht geringen Kritik am Erbrecht soll im Dritten Teil dargestellt werden, was Vererbung heute für die Gesellschaft, aber auch für den einzelnen Erblasser bedeutet. Aus dieser Analyse können Rückschlüsse für die Ausgestaltung neuer Testamentsformen im Zeitalter der Digitalisierung gezogen werden. Es wird in diesem Teil das Testament hinsichtlich seiner inhaltlichen Bedeutung für volkswirtschaftliche Zusammenhänge und für familiäre Notwendigkeiten und Veränderungen zu untersuchen sein. Behandelt werden muss dabei gleichzeitig die durch die EU-Erbrechtsverordnung veränderte Anknüpfung beim Errichtungsstatut bzw. Erbstatut[8], die im Unterschied zu Art. 25 Abs. 1 EGBGB nunmehr erstmalig nicht auf das Heimatrecht des Erblassers, sondern für die Rechtsnachfolge von Todes wegen auf den gewöhnlichen Aufenthalt zum Todeszeitpunkt abstellt. Es ist zu fragen, ob es, vor allem mit Blick auf die gebräuchlichste Form des holographischen Testaments[9], anderer Formen für eine erfolgreiche Befriedigung der aktuellen sowie künftigen Herausforderungen bedarf.

Daran schließt sich im Vierten Teil eine Leistungsbilanz zu den derzeit im BGB vorhandenen ordentlichen Testamentsformen an. Daraus werden die Schwierigkeiten erkennbar, in denen sich der Erblasser inzwischen beim Recht der Vererbung im objektiven und subjektiven Sinne als Komplex zahlreicher Rechtsgrundsätze[10] befindet. Der Vierte Teil wird sich dabei mit den formellen echten und den materiellen unechten Formfehlern heutiger Testamente befassen. Zur Begründung neuer Testamentsformen ist es notwendig, insbesondere aus der Rechtsprechung eine Übersicht über die durch handschriftliche Testamente in der Rechtsanwendung verursachten Rechtsprobleme zu gewinnen. Anhand der Spiegelung dieser praktischen Leistungsdefizite vorhandener Formen kann festgestellt werden, in welchem Rahmen neue Testamentsformen überhaupt gerechtfertigt sind[11].

Die heutigen ordentlichen Testamentsformen bestehen im BGB seit über 100 Jahren und entwickelten sich im europäischen Rechtsgebiet schon sehr früh. Die Übernahme des holographischen Testaments ins BGB war dabei nicht selbstverständlich. Gleichwohl fügt sich diese Form noch heute oder vielleicht sogar

---

8 Thorn in Palandt: *Bürgerliches Gesetzbuch. Kurzkommentar*. 75. Auflage, Bad Dürkheim et al. 2016, Art. 25 EGBGB, Rn. 1.

9 Dazu Schulte, Günther: *Art und Inhalt eröffneter Verfügungen von Todes wegen*. Gummersbach 1982, S. 31 m.w.N.

10 So auch Weidlich in Palandt, KurzKom. BGB, Einleitung vor § 1922, Rn. 2, 3.

11 Generell zum angesprochenen Verhältnismäßigkeitsgrundsatz im Zivilrecht Axel Hopfauf in Schmidt-Bleibtreu: *Kommentar zum Grundgesetz (GG)*. 12. Auflage, Berlin/Bonn 2010, Einleitung Rn. 132.

gerade heute ohne Probleme in ein rechtsstaatliches Rechtssystem wie das der Bundesrepublik Deutschland ein und stellt in unserem Zivilrecht somit keinen Fremdkörper dar. Wenn man gleichwohl neue Testamentsformen, die unweigerlich in Konkurrenz zum holographischen Testament stehen würden, vorstellen möchte und diese für ein zeitgemäßes Erbrecht sogar für erforderlich hält, ist deshalb ein Überblick über die Entstehungsgeschichte mit besonderem Blick auf das holographische Testament unumgänglich. Die Darstellung hierzu im Fünften Teil soll nachweisen, dass diese inzwischen in die Jahre gekommene Testamentsform entwicklungsgeschichtlich wichtig und konsequent war, andererseits aber zu keiner Zeit eine Änderungen einschränkende Regelung zu den Testamentsformen dargestellt hat[12]. Eine Einführung neuer Testamentsformen wäre damit nicht als Bruch im Testamentsrecht, sondern als eine notwendige zeitgemäße Fortentwicklung der Testamentsformen des BGB zu sehen.

Da sich das Erbrecht der Länder dieser Erde teilweise unterschiedlich entwickelt hat, andererseits auch das deutsche Erbrecht international in seiner Anwendung eingebunden ist, interessiert im Sechsten Teil ein internationaler auszugsweiser Ländervergleich. Von besonderer Bedeutung ist dabei, ob andere Länder andere für das heutige Rechtsleben geeignetere Testamentsformen anbieten, aber auch, ob eine vorherrschende Form zur Testamentserrichtung vorhanden ist, die es erfordert, bei einer Reform berücksichtigt zu werden[13].

Ohne Zweifel erweist es sich als unvermeidbar, dass neue Testamentsformen schon aus Beweisgründen heraus in eine irgendwie gestaltete Niederschrift führen müssen[14]. Insofern soll im Siebten Teil zunächst ein Überblick über die im BGB bestehenden Formen und deren neue Entwicklungen verschafft werden. Neue Testamentsformen müssen sich in diesem Rahmen für neue Zwecke öffnen. Immerhin hat im Bereich der Übermittlung eines Schriftstücks das sog. digitale Zeitalter durch die elektronische Urkunde bzw. Urkundenübermittlung zum Handelsregister bzw. zum elektronischen Grundbuch bereits gesetzliche Aufnahme

12 Ähnlich Schmidts, Johanna: *Die Reform des Pflichtteilsrechts aus dem Blickwinkel des ordentlichen Pflichtteilsanspruchs und der Pflichtteilsentziehung*. München 2013, S. 40 ff., die zu der Frage, in welchem Rahmen sich eine Reform des Pflichtteilsrechts überhaupt bewegen kann, auch auf die historische Perspektive eingeht.

13 Vgl. dazu Röthel, Anne: „Ist unser Erbrecht noch zeitgemäß?“. In: *Verhandlungen des 68. Deutschen Juristentages*. Bd. I: Gutachten. Berlin 2010, A13(A64).

14 Ausgenommen sog. Nottestamente, vgl. §§ 2249 bis 2251 BGB; dazu die ausführliche Darstellung bei Beck, Norminhalt und Formenstrenge im Recht der Nottestamente.

gefunden[15]. Hier hat also eine neue Form der Übermittlung nach heutigem Stand der Technik Einzug in das Formenrecht gehalten. Die nächsten großen Schritte in dieser Richtung werden die Einführung des sog. elektronischen Schriftverkehrs in Gerichtsverfahren[16] sowie die Verwahrung der notariellen Urkunden statt in Papierform nur noch in elektronischer Form sein[17]. Die Abhandlung soll an dieser Stelle zeigen, inwieweit aus diesem Rechtsumfeld Erkenntnisse und Anregungen zur Gestaltung neuer Testamentsformen zu gewinnen sind.

Im Siebten Teil werden sodann die neuen Testamentsformen vorgestellt. Dabei wird eine Bewertung dieser neuen Formen im Hinblick auf die in der Untersuchung herausgearbeiteten Erkenntnisse und Herausforderungen vorgenommen. Die neuen Formen müssen sich auch mit den Besonderheiten gemeinschaftlicher Testamente lösungsorientiert befassen[18].

Neue Testamentsformen, die nur unter Zuhilfenahme fachlich geschulter Berufsträger anwendbar sind, verursachen zusätzliche Kosten, die beim privatschriftlichen Testament nicht entstehen. Dies muss berücksichtigt werden, da gerade beim holographischen Testament der Kosteneinsparungseffekt als tragender Beweggrund für diese Form gesehen wird[19]. Insofern wird sich der Achte Teil mit der kostenrechtlichen Auswirkung der gefundenen neuen Formen befassen. Dabei sollen Ansätze dargestellt werden, die eine akzeptable kostenrechtliche Lösung für die Beteiligten bringen können.

Die Untersuchung schließt ab mit dem Neunten Teil. In diesem letzten Teil der Abhandlung werden die gefundenen Ergebnisse zusammengeführt. Außerdem erfolgt eine abschließende Bewertung der Lösungen zu der These „neue ordentliche Testamentsformen".

---

15 Für das Grundbuchwesen vgl. §§ 135 ff. GBO, für das Handelsregister vgl. §§ 8 ff. HGB, hierzu auch Ausführungen zur elektronischen notariellen Urkunde in Bundesnotarkammer, online verfügbar unter http://www.bnotk.de/Notar/Urkunde/Elektronisch.php.

16 Änderungen beim Zugang zum elektronischen Rechtsverkehr ab 01.01.2016, online verfügbar unter http://www.egvp.de/rechtlicheGrundlagen/allgemeine Grundlagen/index.php, sowie Grundlage im „Gesetz zur Anpassung der Formvorschriften des Privatrechts u. anderer Vorschriften an den modernen Rechtsgeschäftsverkehr", BGBl. Teil I 2001, S. 1541 ff.

17 Dieser Bereich ist augenblicklich erst in der Erforschung.

18 Dazu auch der Bericht von Scholz, Das holographische Testament, S. 94(96).

19 Weber in Damrau, Praxiskom. ErbR, § 2247 BGB Rn. 2; Mayer in Soergel: *Kommentar zum Bürgerlichen Gesetzbuch*. Bd. 22. 13. Auflage, Stuttgart 2003, § 2231 Rn. 6.

Zweiter Teil
Erbrecht und Testament heute

Der Bundesgerichtshof hat sich in seinem Beschluss vom 27.02.2008 eigentlich mit der Erbunwürdigkeit bei Geltendmachung einer unechten Testamentsurkunde befasst[1]. Ersichtlich ging es in dem Rechtsstreit aber auch um die Frage der Echtheit der Unterschrift des Erblassers und um den Versuch, mit einer besonderen Konstruktion, nämlich der Bestätigung durch Zeugen, die aber bei der eigentlichen Unterschriftsleistung unter das Testament nicht zugegen waren, ein holographisches Testament zu retten[2].

Die Entscheidung des Oberlandesgerichts Brandenburg vom 12.03.2008 betraf primär Schadensersatzansprüche aus §§ 823 Abs. 2, 2259 BGB[3]. Bei dieser Gelegenheit befasste sich das Urteil zugleich mit der Feststellung, dass derjenige, der schuldhaft ein in seinem Besitz befindliches Schriftstück, welches als Testament erkennbar ist, nicht bei dem Nachlassgericht nach § 2259 BGB einreicht, zum Schadensersatz wegen Testamentsunterdrückung verpflichtet sein kann.

Die Entscheidung des Oberlandesgerichts Bamberg vom 17.12.2007 hatte über die Gültigkeit der Zuwendung eines Geldvermächtnisses in einem handschriftlichen Testament zu befinden[4]. Es entbrannte ein Streit um die Auslegung des handschriftlichen Vermächtnisses und seine weitere Gültigkeit, nachdem sich die dem Vermächtnis zugrundeliegenden Verhältnisse nachhaltig verändert hatten.

---

1 BGH, *ZEV* 2008, S. 193.

2 Das Adjektiv *holographisch* kommt aus dem Griechischen und bedeutet *schreiben;* in der Rechtssprache steht es für eigenhändiges Schreiben, DUDEN: Deutsches Universalwörterbuch. 8. Auflage, Mannheim 2015. Das holographische Testament wird auch als Privattestament oder privatschriftliches Testament bezeichnet, vgl. Weber in Damrau, Praxiskom. ErbR, § 2247 Rn. 1.

3 OLG Brandenburg, *ZEV* 2008, S. 287.

4 OLG Bamberg, *ZEV* 2008, S. 389.

Alle drei soeben aufgeführten zeitlich nahe beisammen liegenden Gerichtsentscheidungen haben gemeinsam, dass sie sich mit einem holographischen, also eigenhändig geschriebenen Testament auseinandersetzen mussten. Sie scheinen zu bestätigen, was als allgemein bekannt angesehen werden kann, dass immer wieder Probleme verschiedenster Art besonders bei der holographischen Testamentsform die Gerichte beschäftigen[5]. Somit liegt es nahe, sich sogleich auf das Pro und Contra dieser Form zu stürzen[6]. Testamentsformenrecht steht jedoch in Akzessorietät zum Erbrecht. Deshalb ist zunächst die Situation und Akzeptanz des Erbrechts als solches in der heutigen Gesellschaft zu überprüfen; soweit Erbrecht mit seiner Rechtsfolge der Vererbung Kritik oder gar Ablehnung erfährt, kann dies auf neue Testamentsformen nicht ohne Einfluss sein.

5 Ausführlich dazu schon Burkart, Das eigenhändige Testament, S. 253 ff.

6 Dies erfolgt üblicherweise in nahezu allen Erörterungen zu Testamentsformen, wie die in der Untersuchung nachfolgend noch angegebenen Fundstellen belegen werden.

§ 1 Erster Blick auf veränderte Lebenssituationen

Wären die soeben zitierten Rechtsprobleme im holographischen Testament durch eine neue Testamentsform vermeidbar gewesen und wie könnte eine solche neue Testamentsform ausgestaltet sein?[7] Aus dieser Fragestellung wird sogleich ersichtlich, dass es sich bei der Entwicklung und Überprüfung neuer Testamentsformen nicht, wie man zunächst vordergründig vermuten könnte, um reine Formaländerungen nach dem Prinzip „tausche handschriftliche Form gegen notarielle Beurkundungspflicht aller Testamente“ handeln darf. Der Zweck neuer Testamentsformen muss seine Begründung haben in dem inhaltsorientierten Ziel, dem beim Erblasser vorhandenen Testierwillen besser als bisher zum testamentarischen Erfolg zu verhelfen[8].

A. Die Form im Lichte des Wandels

Die Form ist also aus heutiger Sicht mehr als eine reine Äußerlichkeit, die wie ein Ritual nur die stets gleichbleibende Einhaltung gewisser Rechtsbegründungsakte vorgeben und sichern soll[9]. Auch dürfen sich die Testamentsformen nicht auf die Herstellung der rein äußeren Gültigkeit des niedergeschriebenen Wortlauts in der Testamentsurkunde beschränken. Sie müssen vielmehr im Bereich der Errichtung von Testamenten äußerlich sowie *inhaltlich* unterstützen, so dass der in der Verfügung von Todes wegen niedergelegte Wortlaut formell wirksam dem tatsächlich vom Erblasser materiell Gewollten entspricht[10]. Der Form der Errichtung kommt damit besonders im testamentarischen Bereich die Aufgabe zu, für die erfolgreiche Umsetzung des Testierwillens des Erblassers zu sorgen[11]. Beim holographischen Testament scheinen jedoch Zweifel angebracht, ob es dieser

---

7 Die Arbeit klammert dabei außerordentliche Testamentsformen wie Nottestamente nach §§ 2249 ff. BGB, Konsulartestamente nach § 10 KonsG aus; dazu Weber in Damrau, Praxiskom. ErbR, § 2231 Rn. 16 f.; Beck, Norminhalt und Formenstrenge im Recht der Nottestamente, mit Reformvorschlägen zu Nottestamenten.

8 Dazu auch Burkart, Das eigenhändige Testament, S. 258 f.

9 *Ritual* hier zu verstehen nach DUDEN als wiederholtes, immer gleichbleibendes Vorgehen nach einer festgelegten Ordnung.

10 So auch Foerste, Ulrich: „Die Form des Testaments als Grenze seiner Auslegung“. *DNotZ* 1993, S. 84 ff.

11 Dazu näher im Siebten Teil.

besonderen Anforderung heute noch genügt, denn der Erblasser ist bei dieser Testamentsform der „privaten" Errichtung allein auf sich selbst gestellt[12]. Hierin liegt die wesentliche immer wieder kritisierte Gefahr des privatschriftlichen (holographischen) Testaments.

Das handschriftliche Testament deshalb aber einfach durch neue Testamentsformen auszuwechseln, erscheint gleichwohl vermessen oder vielleicht sogar überzogen. Das holographische Testament hat sich nämlich fest in das Denkschema aller, die sich mit der Testamentserrichtung beruflich oder privat befassen müssen, eingefügt. Es überwiegt zahlenmäßig bei weitem das notarielle Testament, gleichgültig ob als Einzeltestament oder als gemeinschaftliches Testament[13], ohne dass die hohe Fehlerquote bzgl. formaler oder inhaltlicher Fehler daran irgendetwas geändert haben könnte[14].

Aus diesem Grund darf ungeachtet der Bedeutung dieser Testamentsform die Rechtsentwicklung von Testamentsformen nicht stehen bleiben, quasi in den bisherigen Testamentsformen aus reiner Tradition heraus verharren. Auch hier gilt kritisch zu beobachten, dass lang bestehende institutionelle Regelungen nur allzu gern allein aufgrund ihres *langen Bestandes* bewahrt werden, obgleich effizientere oder erfolgreichere Alternativen zu fordern sind[15]. Bekannte Institutionen entwickeln aus der Tradition heraus gern eine Art Bestandsschutz, der trotz aller Kritik an ihnen über alle gesellschaftlichen oder politischen Fortentwicklungen erhaben scheint.

B. Die Form und der Gesetzgeber

Besonders für das Erbrecht muss man sich bewusst machen, dass zur Zeit der Einführung der heutigen Testamentsformen andere äußere Lebensumstände und innere Lebenseinstellungen herrschten[16], auf die in dieser Arbeit noch einzugehen

---

12 Also ohne fachliche Beratung, ausgenommen er zieht einen Vertreter der rechtsanwaltlichen Berufe oder einen Notar hinzu.

13 Olzen, Dirk: *Erbrecht. Lehrbuch.* 4. Auflage, Düsseldorf 2013, § 1 Rn. 5.

14 Olzen, Lehrb. Erbrecht, § 1 Rn. 5.

15 Dazu Beckert, Jens: *Erben in der Leistungsgesellschaft.* Paris 2013, S. 119, der darauf verweist, dass dieses Argument von Politikwissenschaftlern aufgegriffen worden ist, die „auf die Bedeutung der Pfadabhängigkeit bei der Erklärung institutioneller Kontinuität hinweisen".

16 Beispiel für neueste Diskussionen zum Testament bei Scholz, Das holographische Testament, S. 94 f.: 2014 veranstaltete das Rheinische Institut für Notarrecht der Universität Bonn ihre Tagung zum Thema „das privatschriftliche – holographische – Testament". Dort wurde im Ergebnis für das handschriftliche Testament plädiert, da es

ist[17]. Davon waren auch die Verfasser der Normen zum Testamentsrecht des BGB nicht frei.

Im gesetzgebenden Parlament unseres Staates hat jedoch inzwischen ein Generationenwechsel stattgefunden. Die dort zur Entscheidung über die Gesetzgebung berufenen Politiker entstammen zunehmend den Generationen, die in der sog. digitalen Welt unter neuen Lebens- und Familienformen aufgewachsen sind. Sie werden deshalb mehr denn je ein gewandeltes Verhältnis zur Form des Testaments und zum Inhalt der gewillkürten Erbfolge entwickeln und weniger Verständnis aufbringen für den anhaltenden Befund fehlerhafter, weil nicht digital oder technisch überprüft errichteter Testamente. Die computerorientierte digital aufgestellte Leistungsgesellschaft, die somit inzwischen beim Gesetzgeber angekommen ist, ist aufgrund der eingeführten digitalen Technik auf eine automatisierte Fehlervermeidung eingestellt[18]. Das kann im Ergebnis dazu führen, dass bei fehlender Anpassung der zu Fehlern verleitenden Testamentsformen de lege lata[19] die neue politische Generation nicht die Form des Testaments anzweifeln könnte, sondern zur Fehlervorbeugung über Beschränkungen für den Testierer nachdenken könnte wie z. B. ein ärztliches Attest über die Testierfähigkeit des Erblassers oder betreuungsgerichtliche Maßnahmen zur Testamentserrichtung[20], wobei die verfassungsrechtlichen Schranken hier nicht weiter vertieft werden sollen. Derartigen hier angedeuteten einschneidenden Entwicklungen sollte jedenfalls durch neue zeitgemäße Testamentsformen zuvorgekommen werden.

---

auch und gerade in der digitalen Welt in feierlicher Form den Testierwillen besonders verdeutliche.

17 Dazu Dritter Teil.

18 Dies lässt sich bereits belegen anhand der PC-Schreibprogramme, die mit ihrer Rechtschreibkorrektur und Ausdruckkorrektur automatisch Fehler vermeiden helfen, ohne dass es besonderer Vorkenntnisse oder Aktionen des Anwenders bedarf.

19 Wozu wie bereits ausgeführt vorrangig das holographische Testament zählt.

20 Dass solche Bestrebungen nicht völlig haltlos sind, belegt die bereits seit 2013 geführte Diskussion über die Einführung von Fahrtauglichkeitsprüfungen zum PKW für Senioren, dazu Dobrick im Deutschlandfunk am 06.04.2013, online verfügbar unter http://www.deutschlandfunk.de/senioren-am-steuer.724.e3.html?dram:articleid=242723; letzter Abruf 17.07.2016.

§ 2 Abhängigkeit der Testamentsform vom Erbrecht

Seit Bestehen des BGB haben dessen Bücher Eins bis Vier bereits zahlreiche Veränderungen erfahren, sei es aufgrund praktischer Anwendungserfahrung, als ergänzende Einfügungen in das Gesetz[21] oder zur Anpassung an veränderte Lebensformen[22]. Nur das fünfte Buch zur normativen Regelung des Erbrechts hat mit wenigen Ausnahmen, die aber keine grundlegenden Neuerungen erbrachten, keine tief greifenden Veränderungen[23] erhalten.

A. Einblick in heutige Verhältnisse

Die Kritik an den Rechtsvorschriften des Erbrechts beschränkte sich vornehmlich auf einzelne wenige Rechtsbereiche wie zum Beispiel in jüngster Zeit auf den des Pflichtteilsrechts[24]. Umfangreiche Reformen zu grundlegenden Bereichen des Erbrechts wie die gesetzliche Erbfolge, der Umfang oder die Ausgestaltung des Pflichtteilsrechts oder eben zur Form der Errichtung einer Verfügung von Todes wegen fanden hingegen nicht statt. Überwiegender Meinung zufolge wird das Erbrecht des BGB für gelungen gehalten, so dass grundsätzliche Änderungen oder Reformen im Erbrecht einschließlich seinem Bereich der Formvorschriften[25] nicht für erforderlich gehalten werden[26].

Dabei betrifft die durch das Erbrecht des BGB zu regelnde Materie durchaus einen Lebensbereich, der Veränderungen ausgesetzt ist. Dies belegt schon der Zuwachs der Erbstreitigkeiten, der häufig seine Ursache nicht in Formmängeln des Testaments, sondern gerade in den Auslegungsschwierigkeiten des eigenhändigen Testaments findet[27], die durch Änderungen der Lebenseinstellung des einzelnen oder des Rechtsverständnisses in der Gesellschaft bedingt sind.

---

21 Als Beispiel von vielen sei hier verwiesen auf die Einfügung des Rechts zu den Allgemeinen Geschäftsbedingungen in das BGB durch das Schuldrechtsmodernisierungsgesetz v. 26.11.2001, BGBl. Teil I 2001, S. 3137.

22 Hierzu zum Beispiel Gesetz zur Änderung des Unterhaltsrechts v. 21.12.2007, BGBl. Teil I 2001, S. 3189.

23 Röthel, Ist unser Erbrecht noch zeitgemäß?, A13ff.

24 Dazu Schmidts, Die Reform des Pflichtteilsrechts, S. 265 ff.

25 Zum Bereich der Testamentsformen vgl. Scholz, Das holographische Testament, S. 96.

26 Röthel, Ist unser Erbrecht noch zeitgemäß?, A13(A64).

27 Weber in Damrau, Praxiskom. ErbR, § 2247Rn. 1; Ebenroth, Carsten Thomas: *Lehrbuch Erbrecht.* Flims 1992, § 1 Rn. 2.

Zu diesem Themenkomplex gehören auch die heute vorzufindenden Lebensformen, die sich seit Bestehen des BGB zum Teil erheblich geändert haben. Es sind neue Lebensformen entstanden wie die offen gelebte nichteheliche Lebensgemeinschaft, die Begründung einer Familie ohne Verheiratung der Eltern, das Zusammenfinden einer Patchwork-Familie[28], die Aufnahme einer Lebenspartnerschaft gleichgeschlechtlicher Partner[29]. Das Vorhandensein eines nichtehelichen Kindes wird heute nicht mehr als Makel angesehen, der erbrechtlich zur Nichtberücksichtigung dieses Kindes bei erforderlicher Testamentsauslegung, wer nach dem Testament als Abkömmling anzusehen ist, führen muss[30]. Das Erbrecht darf sich diesem fortschreitenden Prozess familiärer Wandlungen nicht verschließen[31], zumal besonders über das Erbrecht verbindlich manifestiert wird, wer zur Familie gehört und wer nicht[32]. Im Umkehrschluss beweist gerade die Vererbung unabhängig von der rechtlichen Struktur der einzelnen Formen des Zusammenlebens (Ehe, Patchwork-Familie, Lebensabschnittspartnerschaft, BGB-Gesellschaft der Lebenspartner, Lebenspartnerschaft nach LPartG usw.) die Stärke der Beziehung zwischen den Hinterbliebenen und dem Erblasser[33]. Da in den genannten Lebenssituationen oft nicht die gesetzliche Erbfolge gelten soll oder zumindest nicht nur die gesetzlichen Erben zum Zuge kommen sollen, drückt sich darin die heutige Bedeutung des Testaments und seiner Form als ein in seiner Einzigartigkeit besonderes Mitteilungselement[34] der gelebten Beziehungssituation

---

28 Nach Lettke, Frank (Hrsg.): *Erben und Vererben, Gestaltung und Regulation von Generationsbeziehungen*. Konstanz 2003, S. 177, Fn. 22, liegt eine Patchwork-Familie vor, wenn zu den Stiefkindern noch gemeinsame Kinder hinzukommen.

29 Cottier, Michelle: „Soziologisches Wissen in Debatten um die Reformbedürftigkeit des Erbrechts". In: Dies. / Estermann/ Wrase (Hrsg.): *Wie wirkt Recht?. Ausgewählte Beiträge*. Luzern 2008, S. 203(207); vgl. auch dazu Bpb Bundeszentrale für politische Bildung, Newsletter zum 26.09.2012, online verfügbar unter http://www.bpb.de/nachschlagen/zahlen-und-fakten/soziale-situation-in-deutschland/61532/bevoelkerungsentwicklung.

30 Hierzu Edenhofer in Palandt, KurzKom. BGB, § 1924 Rn. 7, nach dem die familienrechtlichen Reformen seit 1957 sich stets durch sich selbst erbrechtlich auswirkten, ohne im Erbrecht einer ergänzenden Regelung unterworfen worden zu sein.

31 So auch Hufen, Friedhelm: *Staatsrecht Teil II*. 5. Auflage, München 2016, § 38 Rn. 58.

32 So zu recht Lüscher, Kurt: „Erben und Vererben. Ein Schlüsselthema der Generationenforschung". In: Lettke, Erben und Vererben, S. 125(128).

33 Lettke, Erben und Vererben, S. 157(162).

34 Lettke, Erben und Vererben, S. 157(167), formuliert, dass Testamente terminale oder endgültige Kommunikationen zwischen dem Erblasser und seinen Erben sind.

aus[35]. Das Testament ist damit mehr als nur reines Schriftstück der Vermögensübertragung. Sein Inhalt definiert den Familienkreis über den Tod hinaus.

Parallel zu diesen Beobachtungen zu den Veränderungen der Lebensformen in der Gesellschaft haben sich auch die inneren Motive des Erblassers und deren Akzeptanz bei den Erben in vielem verändert. Das Streben nach eigener individueller Lebensform, nach Aufbau und Erhaltung von eigenem nennenswerten Vermögen und seiner Weitergabe an frei auszuwählende Dritte für den Todesfall in nicht zwingend vorgegebener Ausgestaltung prägen mehr denn je die heutige Erblassergeneration[36]. Wer in der modernen Leistungsgesellschaft lebt, erwartet in seinem privaten Umfeld so viel Freiheit und gleichzeitig so viel Unterstützungsleistung zu deren Verwirklichung wie möglich[37]. Rechtliche Vorgaben oder Beschränkungen werden somit eher abgelehnt und als Einschränkung der individuellen Privatautonomie sowie Handlungsfreiheit empfunden. So wundert es in diesem Zusammenhang nicht, dass ausgehend von dieser freiheitlichen Grundeinstellung mehrheitlich und unabhängig von der eigenen Lebenssituation neuerdings die Gleichstellung von Ehepartnern und nichtehelichen Lebensabschnittspartnern als gesetzlicher Erbe Befürwortung findet[38].

Unabhängig von all diesen in heutiger Zeit aufkommenden Besonderheiten zur Testamentserrichtung bleibt außerdem zu bedenken, dass seit Einführung des holographischen Testaments im BGB immer noch Fehlvorstellungen des Erblassers über die rechtliche Bedeutung im Testament gewählter Rechtsbegriffe zu beklagen sind[39]. Will unser Rechtsstaat jedoch das Recht auf Vererbung garantieren[40], kann sich das Gesetz auch vor diesem aufgezeigten Problem insbesondere beim holographischen Testament nicht länger verschließen. Der Erblasser hat

---

35 Scholz, Das holographische Testament, S. 95, stellt in diesem Zusammenhang ausdrücklich fest, dass gerade in einer digitalen Welt ein handschriftliches Dokument Ausdruck einer feierlichen Erklärung sei, mit der der Testierwille besonders deutlich werde.

36 Hierzu nähere Ausführungen im Dritten Teil § 3 B.

37 In diese Richtung auch Röthel, Ist unser Erbrecht noch zeitgemäß?, A13(A28f.).

38 Cottier, Soziologisches Wissen, S. 216; siehe auch die Entwicklung in Österreich im Sechsten Teil § 2 C.

39 Dazu Weber in Damrau, Praxiskom. ErbR, § 2247 BGB Rn. 1; Röthel, Ist unser Erbrecht noch zeitgemäß?, A13(A29). Dies betrifft, um nur einige Beispiele aus der kautelarjuristischen Praxis zu benennen, Fehlvorstellungen über die Erforderlichkeit quotaler Erbeinsetzung bei mehreren Miterben, über die Unterschiede zwischen Erbeinsetzung und Vermächtnisnehmerschaft, über die Bedeutung von Vor- und Nacherbschaft oder über die Wirkung wechselbezüglicher Verfügungen bei gemeinschaftlichem Ehegattentestament.

40 Hierzu sogleich in § 3 dieses Teils.

aufgrund seiner Vererbungsverantwortlichkeit einen Anspruch auf Gewährleistung eines Testiererfolges[41]. Die oben aufgeführten Beobachtungen in Verbindung mit rechtlichen Fehlinterpretationen des Erblassers gefährden aber gerade diesen Testiererfolg, indem der Erblasser bei einer fachlich unbeobachteten Testamentserrichtung quasi sich selbst überlassen bleibt.

B. Gesellschaftspolitische Kritik an der Vererbung

Unter A. wurden Schwächen und Gefahren bei den bestehenden Testamentsformen[42], insbesondere der des holographischen Testaments, aufgezeigt. Durch eine beachtliche Zahl an Gerichtsverfahren oder außergerichtlichen Streitschlichtungsverfahren wurde und wird nach wie vor versucht, diese Schwächen der privaten Testamentsform des § 2247 BGB zu kompensieren, also wegen Formfehlern oder inhaltlichen Fehlern eigentlich zur Unwirksamkeit verurteilte handschriftliche Testament noch zu retten[43].

I. Die kostenmäßige Seite mangelhafter Testamente

Durch erforderliche nachlassgerichtliche Verfahren entstehen auch bei der öffentlichen Hand erhebliche Kosten zu Lasten des Staatshaushaltes und damit zu Lasten der Allgemeinheit. Dabei ist allgemein bekannt, dass die vom Rechtssuchenden verursachten Gerichtskosten nicht annähernd die bei einem Rechtsstreit über die Erteilung eines Erbscheins verursachten Gerichtskosten abdecken, da diese gem. § 40 GNotKG grundsätzlich unabhängig vom Umfang des Verfahrens (man denke an umfangreiche Beweiserhebungen durch Zeugenvernehmungen, Sachverständige, mehrere Gerichtssitzungen) erhoben werden. Der Staat kommt

41 Ebenso Röthel, Ist unser Erbrecht noch zeitgemäß?, A13(A28) mit ihrer Aussage „die Achtung der ideellen und personalen Erbbedeutungen erfordert rechtliche Regeln, die die Intentionalität von Testierentscheidungen garantieren".

42 Schulte, Art und Inhalt eröffneter Verfügungen, S. 31; aufgrund seiner Erhebungen zum Amtsgerichtsbezirk Köln, Stand, 1975, ist davon auszugehen, dass das holographische Testament etwa dreimal so viel wie das notarielle Testament als Testamentsform gewählt wird. Hinweis auch bei Weber in Damrau, Praxiskom. ErbR, § 2247 Rn. 5.

43 Dazu näher im Vierten Teil § 1. Das verursacht erhebliche Kosten auf Seiten der Rechtsbeteiligten, sei es durch Verfahrenskosten oder Kosten des Rechtsbeistands, aber auch durch Kosten wegen vorläufig oder teilweise über Jahre nicht auseinandersetzbare Nachlässe. Guthaben bei Banken müssen nahezu ertragslos ruhen, Mietobjekte können nicht oder nur durch kostenintensive Räumung und Lagerung anders genutzt werden, Nachlassgüter verfallen, weil keiner für deren Pflege und Erhaltung verantwortlich ist, gerichtlich bestellte Nachlasspfleger müssen den Nachlass betreuen.

somit zum Teil für die Kosten mangelhafter Testamente über das Nachlassverfahren auf.

Damit stellt sich für diese Untersuchung die Frage, ob die Allgemeinheit gerade in Anbetracht der zunehmenden Zahl der Erbfälle, dabei zum Teil mit erheblichen Nachlasswerten[44], weiterhin überhaupt bereit ist und ob ihr überdies zugemutet werden kann, derartige vielfach durch fehlerhafte Testierung verursachte Probleme[45] auszugleichen und die dadurch verursachten Kosten teilweise zu übernehmen, um am Ende des Rechtsstreits doch nur Wenigen zu einem Erbe zu verhelfen.

II. Die Kritik in der Gesellschaft

Eine erste Antwort auf die soeben aufgeworfene Frage gibt die heutige Einstellung der Gesellschaft zum Erbrecht. Dazu fällt zunächst eine allgemein zunehmende kritische Einstellung zum Vererben auf[46]. So wird in der breiten Öffentlichkeit inzwischen thematisiert, dass – wie bereits dargestellt wurde – in Deutschland in den nächsten Jahren und vielleicht Jahrzehnten erhebliches Vermögen durch Vererbung übertragen wird, dabei allerdings unter ungleicher Verteilung und schon gar nicht quer durch alle Bevölkerungsschichten[47]. Die Kritik entspringt dem Ansatz, dass ein Erbe auf der einen Seite zunehmend wichtiger denn je sei zur Erlangung und Alterssicherung eines guten Lebensstandards[48], auf der anderen Seite aber durch die ungleiche Verteilung der Erbschaften nur ein kleinerer Teil entsprechend Hoffnung auf eine derartige wirtschaftliche Unterstützung kraft Erbfolge habe. Es sei deshalb die Fragestellung berechtigt, ob, wenn doch Erbschaften für die heutige Generation so entscheidend seien, die privilegierte „Erbengemeinschaft" nicht ungerecht, unpassend bzw. undemokratisch sei[49].

---

44 Siehe Dritter Teil § 2.

45 Scholz, Das holographische Testament, S. 94.

46 Dazu Friedrichs, Julia: „Erben, eine Klasse für sich". *Zeitmagazin* (11), 18.03.2015, S. 13(22); Diskussion im Polit-Magazin von Günther Jauch unter dem Thema der Sendung v. 17.05.2015 „Verändert das große Erben Deutschland?", im ZDF, online verfügbar unter http://web.de/magazine/politik/politische-talkshows/guenther-jauch-veraendert-grosse-erben-deutschland.

47 Braun, Reiner: *Erben in Deutschland. Volumen, Verteilung und Verwendung*. Hrsg. von empirica ag/Forschung und Beratung AG. Berlin 2011, S. 726.

48 Siehe Friedrichs, Julia: „Vermögensverteilung in Deutschland". *Spiegelonline*,14.03.2015, S. 1 f.; zum Teil hinterfragend dazu Zimmermann, Reinhard: „Kulturelle Prägung des Erbrechts?". *JZ* 2016, S. 321(327).

49 Friedrichs, Erben, eine Klasse für sich, S. 13(16).

Sie schüre zudem Unruhe zwischen den Erbenden, die sich gleichwohl in ihrer Erbenrolle wegen ihres wirtschaftlichen Erbvorteils nicht uneingeschränkt wohl fühlten, und den Nichterbenden, die sich ungerechtfertigt sozial benachteiligt vorkommen. Zum Teil wird schon diskutiert, ob durch die zu erwartende Vererbungsmenge eine Veränderung in Deutschland im Sinne einer Spaltung der Gesellschaft zwischen Erbe und Nichterbe zu erwarten sei[50]. Offensichtlich hat also in Deutschland unter dem Eindruck der wachsenden Zahl stattlicher Erbfälle eine allgemeine gesellschaftspolitische Diskussion eingesetzt, die der Vererbung durchaus kritisch gegenübersteht[51].

III. Kritik in Wissenschaft und Lehre

Eine weitere Antwort auf die unter I. aufgeworfene Frage gibt die Wissenschaft, in der die Diskussion über das Vererbungsrecht ebenfalls nicht beendet ist. So werden Bedenken dagegen geäußert, Erblassern durch gewillkürte Erbfolge allein aufgrund Ausschöpfung der Testierfreiheit[52] *postmortale Beherrschungsmacht*[53] auf die Entscheidungsgewalt ihrer Gesamtrechtsnachfolger zu ermöglichen. Man denke dabei zum Beispiel an vom Erblasser häufig verfügte enge testamentarische Regelungen zur Fortführung seines Unternehmens. In der Wissenschaft wird zum Teil auch vertreten, dass durch die Vererbung eine ungerechte Vermögensverteilung entgegen dem herrschenden Prinzip in der Leistungsgesellschaft der

---

50 Jauch unter FN 46.

51 Diese kritische Haltung auf breiter Basis *innerhalb der Bevölkerung* ist nicht neu. So wurde schon im Rahmen der Schaffung des code civil 1804 in Frankreich eine generelle Ablehnung der freien Vererbung geäußert. Beckert, Jens: „Kommentar zur Rede von Mirabeau in der verfassunggebenden Nationalversammlung". In: Lettke, Erben und Vererben, S. 23(25), zitiert dazu den Juristen Maximilien Robespierre. Etwas milder wurde vertreten, dass eine Vererbung der Wahrung der Rechts-, Familien- und Staatsruhe zu dienen habe und deshalb eine Vererbung außerhalb der unmittelbaren Nachfahren der direkten Linie allenfalls noch zu 1/10 zu rechtfertigen sei. Mit großer Sicherheit entspringen diese kritischen Meinungen zwar der Abschaffung des Sondererbrechts des Adels im Rahmen der französischen Revolution. Sie haben aber gleichwohl im französischen Erbrecht dazu geführt, dass bis heute ein bestimmter Anteil des Nachlasses für bestimmte Familienangehörige nicht der freien Verfügungsgewalt des Erblassers unterfällt. Vgl. auch Riguetti, Rede über die Gleichheit der Teilung bei Erbfolgen, in Lettke, Erben und Vererben, S. 21.

52 Siehe sogleich in diesem Teil unter § 3 B.

53 Beckert, Erben in der Leistungsgesellschaft, S. 40; Reimann in Reimann, Wolfgang / Bengel, Manfred /Mayer, Jörg: *Testament und Erbvertrag. Kommentar*. 6. Auflage, Regensburg/Fürth/Simbach 2015, Syst. A Rn. 58.

Belohnung von Leistung perpetuiert wird[54]. Dem Erbrecht fehle es insbesondere an der zur Leistungsgesellschaft gehörenden Leistungsorientierung, wenn dem Erben bestimmte Vermögen oder sonstige Privilegien zukommen würden allein wegen seiner Zugehörigkeit zu einer sozial besser gestellten Familie[55].

Zum Teil wird sogar die Legitimität des Erbens in Frage gestellt. Zwar sei anzuerkennen, wird argumentiert, dass der Erblasser grundsätzlich frei über die Weitergabe seines Vermögens bestimmen könne, jedoch verletze dies auf der anderen Seite ein Prinzip des Liberalismus, nämlich das der Startchancengleichheit[56]. So betrachtet lässt sich dem Erbrecht durchaus die Gefahr unterstellen, im Extremfall zu einer wirtschaftlichen Lähmung zu führen, hat doch der Erbe bei hinreichend ererbtem Vermögen gar keine Veranlassung mehr zu weiterer Leistungsanstrengung[57].

Andere wollen die Existenzberechtigung der Vererbung zwar nicht grundsätzlich in Frage stellen. Sie verlangen aber, dass sich die Vererbung der Entwicklung der aktuellen Familienrealitäten besser stellen muss[58]. Dabei wird Kritik an dem Festhalten des Erbrechts an den traditionellen Familienformen geübt und gefordert, das moderne Erbrecht müsse sich der Fortentwicklung der Formen des Zusammenlebens wie eingetragene gleichgeschlechtliche Lebenspartnerschaft, Lebenspartnerschaft ohne Trauschein, Patchwork-Familie, Stiefkinderfamilie

---

54 Dazu Auer, Marietta: „Eigentum, Familie, Erbrecht, drei Lehrstücke zur Bedeutung der Rechtsphilosophie im Privatrecht". *AcP* 216, 2016, S. 239(272), mit rechtsphilosophischen Betrachtungen zum Für und Wider des Erbrechts in der sich entwickelnden Gesellschaft.

55 In diesem Sinne Beckert, Erben in der Leistungsgesellschaft, S. 19(24).

56 So Stutz, Heidi: „Legitimität des Erbens". In: Lettke, Erben und Vererben, S. 75; nach Schneck, Ottmar: *Lexikon der Betriebswirtschaft*. 7. Auflage, Reutlingen 2007, S. 589, sei Leistung zu verstehen als Ergebnis menschlichen Arbeitens, das individuell durch die Leistungsbereitschaft und -fähigkeit des Arbeitenden und durch situationsbedingte betriebliche und außerbetriebliche Einflüsse gebildet wird.

57 Ebenso Beckert, Erben in der Leistungsgesellschaft, S. 49, der deshalb von einem anstrengungslosen Wohlstand ohne marktgerechte Risikoverteilung spricht.

58 Dazu Cottier, Soziologisches Wissen, S. 203; a.A. zumindest hinsichtlich einer Gleichstellung zwischen Ehepartnern und Lebenspartnern im Pflichtteilsrecht mit dem Hinweis, dies gehöre nicht zu den tradierten Kernelementen des deutschen Erbrechts, Schmidts, Die Reform des Pflichtteilsrechts, S. 71. Die ablehnende Haltung Schmidts geht indes fehl, da der Gesetzgeber mit der Aufnahme der Lebenspartner in die gesetzliche Erbfolge die Lebenspartnerschaft selbst zum weiteren Kernelement des Erbrechts erhoben hat.

usw. besser anpassen[59]. Gleichzeitig wird darauf hingewiesen, wie mangelhaft das Wissen des Einzelnen dabei überhaupt über die Regelungen des geltenden Erbrechts ist[60]. Darin kommt das Verlangen nach entsprechender Anpassung der gesetzlichen Erbfolge, wenn nicht sogar der Wunsch nach neuen den Erblasser besser beratenden oder betreuenden Testamentsformen zum Ausdruck.

IV. Der Einfluss der Kritik auf Testamentsformen

Im Ergebnis lässt sich sowohl in der Wissenschaft als auch in der Gesellschaft beachtenswerte Kritik an der gesetzlichen Vererbung feststellen. Ist somit das Recht auf Vererbung in seiner bisherigen Form schon überholt und stellt sich damit die Frage nach neuen Testamentsformen erst gar nicht mehr?

Diese Frage scheint nach den bisherigen Ausführungen durchaus berechtigt. Formal unterstützt wird sie noch dadurch, dass das Erbrecht weder in der Allgemeinen Erklärung der Menschenrechte der Vereinten Nationen[61] noch in der Europäischen Menschenrechtskonvention[62] überhaupt aufgeführt wird, woraus zu schließen ist, dass es durch diese internationalen Normen nicht ausdrücklich geschützt wird[63].

Tatsächlich ist das Erbrecht in unserer Gesellschaft und in unserem Rechtssystem jedoch fest verankert. Dies folgt schon allein daraus, dass in Art. 14 GG neben dem Eigentum auch *das Erbrecht* ausdrücklich aufgeführt wird, so dass das Erbrecht in unserem nationalen Verfassungsrecht als Grundrecht ausgestaltet wurde. Dem Erbrecht wird eine Sicherungsfunktion zugesprochen, die „zur

---

59 Siehe Cottier, Soziologisches Wissen, S. 203(216). Kritisch ist dazu anzumerken, dass es kautelarjuristisch gesehen schwierig sein dürfte festzustellen, ab wann man von einer festen erbrechtlich zu würdigenden Lebenspartnerschaft auszugehen hat (zu erstaunlichen Neuerungen in Österreich siehe Sechster Teil der Untersuchung).

60 Cottier, Soziologisches Wissen. S. 203(217).

61 Resolution der Generalversammlung der Vereinten Nationen v. 10.12.1948, Allgemeine Erklärung der Menschenrechte, mit den Artikeln 1 bis 30; aus Art. 17 „Schutz von Eigentum und Schutz vor dessen Beraubung“ und Art. 25 „Recht auf Lebensstandard“ kann man zwar auf einen gewissen Vermögensschutz schließen, jedoch wird das Recht auf Erbschaft in diesen Artikeln nicht ausdrücklich erwähnt.

62 Konvention zum Schutz der Menschenrechte und Grundfreiheiten (Konvention Nr. 005 des Europarats) v. 04.11.1950, Stand 01.06.2010 gem. Protokoll 14; im sog. Zusatzprotokoll zur Konvention v. 20.03.1952, Paris, wird zwar in Artikel 1 der Schutz des Eigentums mit dem Recht auf Achtung des Eigentums definiert; eine ausdrückliche Verbürgung oder Erwähnung des Erbrechts sieht die Konvention jedoch nicht vor.

63 Dazu Hufen, Staatsrecht Teil II, § 39 Rn. 63.

sozialen Akzeptanz des Leistungsprinzips beiträgt“[64]. Letztlich muss in einem Rechtsstaat, der das Prinzip der Leistungsgesellschaft erhält und schützt, ein Recht auf Vererbung existieren. Die Zuweisung des privat durch Leistung erworbenen Vermögens an die nachfolgenden Generationen muss gewährleistet sein, um den Antrieb des Individuums zur Vermögensbildung aufrechtzuerhalten[65].

Ist dann für die These „neue Testamentsformen“ die mehr denn je aufkeimende Kritik am Recht der Vererbung unbeachtlich?

Die Nachlassbearbeitung der eintretenden Erbfälle, die schon aufgrund der oben dargestellten Zuwächse der Erbschaften bei den Nachlassgerichten zunehmen wird, erfordert die Bereitstellung einer großzügig ausgestatteten Nachlassgerichtsbarkeit, sei es durch Personal oder durch Material bei einem verhältnismäßig kostengünstigen Erbscheinsverfahren. Dazu kommen noch die Kosten der erbrechtlichen Rechtsstreitigkeiten in der ordentlichen Gerichtsbarkeit, die ebenfalls durch die Gerichtsgebühren nicht abgedeckt werden. Außerdem führt eine zunehmende Vererbung zu einer höheren Arbeitsauslastung der Gerichte, was zu Lasten anderer Gerichtsabteilungen der freiwilligen oder ordentlichen Gerichtsbarkeit gehen wird.

Weiterhin muss man davon ausgehen, dass sowohl das soeben festgestellte Empfinden einer Ungleichbehandlung im Feld der Vererbung als auch ein in diesem Zusammenhang stehendes Neidgefühl erbmäßig Außenstehender auf die durch Erbschaft Begünstigten die Möglichkeiten einer weiteren gerichtlichen Aufklärung des wahren Testierwillens des Erblassers erheblich verschlechtern werden. Es ist aufgrund der dargestellten einsetzenden Einstellungsänderung zum Erbrecht mit zunehmender Beeinflussung von Zeugen, Desinteresse von Zeugen bei der Auslegung von unklaren Testamenten oder Neigung zur Kaufbarkeit von gefälligen Zeugenaussagen zu rechnen, was erhebliche Gefahren bei der Auslegung unklarer oder verfehlter Testamente mit sich bringt.

Schließlich wird die durch Steigerung des allgemeinen Lebensstandards zunehmende Bedeutung einer Erbschaft den einzelnen Erben zu größerer Streitbereitschaft um seine durch ein mangelhaftes Testament gefährdete Erbschaft veranlassen. Die Verfahren werden sich also durch mangelhafte Testamente häufen und zeitlich verlängern. Erschwerend für die öffentliche Hand kommt hinzu, dass das Rechtsmittel der Beschwerde gegen erstinstanzliche Entschei-

---

64 So Allmendinger, Jutta: „Entstaatlichung und soziale Sicherheit“. In: Beckert, Erben in der Leistungsgesellschaft, S. 68 f., wobei die Autorin aber auch widersprüchliche Folgen des Erbrechts im Sinne der weiter oben dargestellten kritischen Stimmen einräumt.

65 So Kirchhof in Kirchhof, Paul / Isensee: *Handbuch des Staatsrechts*. Bd. IX. Heidelberg 1997, § 221 Rn. 177.

dungen des Nachlassgerichts nach §§ 58 ff. FamFG vor dem Oberlandesgericht als zweite Tatsacheninstanz verhandelt wird, was einen zusätzlichen Kosten- und Belastungsfaktor für die öffentliche Justiz darstellt.

Weiterhin ist zu berücksichtigen, dass durch zunehmende Zuwanderung viele Testamente künftig von Nichtmuttersprachlern errichtet werden. Zunehmende Rechtsstreitigkeiten zur Testamentsauslegung und dabei mögliche Fehlinterpretationen zum Testament des Fremdsprachlers werden damit zu befürchten sein.

Aufgrund der zunehmenden Kritik an der Vererbung aus den genannten Gründen ist zu befürchten, dass eine kritische Gesellschaft künftig weniger bereit sein wird, die mit der Vererbung verbundenen dargestellten Streitigkeiten auf Kosten des Staates und damit der Allgemeinheit im bisherigen Umfang weiter hinzunehmen. Dies könnte z. B. zu einer Einschränkung oder Verkürzung der gerichtlichen Verfahren oder Rechtsbehelfsmöglichkeiten sowie zur erheblichen Anhebung der Verfahrensgebühren führen. Das wiederum ginge im Ergebnis zu Lasten der Testierfreiheit, was zu vermeiden wäre.

Geht man somit davon aus, dass ein erheblicher Teil[66] der o.a. Probleme bei der holographischen Testamentsform entstehen, kann nach alledem das künftige Erbrecht sich nicht davor verschließen, nach Formalternativen zu forschen, die fehlerfreie, nachlassgerichtlich schneller umsetzbare und schließlich auch kostengünstigere Testamente ermöglichen. Die Ausarbeitung neuer Testamentsformen kann somit die dargestellte gesellschaftliche Kritik am Erbrecht entschärfen und zur Vermeidung von dadurch verursachten Einschränkungen des Erbrechts beitragen.

---

66 Foerste, Die Form des Testaments, S. 84 f. und 99. Siehe dazu Vierter Teil § 2.

§ 3 Stellung des Erbrechts in der Verfassung

Im vorangegangenen Abschnitt wurden der gesellschaftliche Wandel und die zugleich zunehmend aufkommende Kritik an der Vererbung herausgearbeitet und damit eine erste Begründung für neue Testamentsformen formuliert. Im weiteren Verlauf der Untersuchung soll nun der Frage nachgegangen werden, inwieweit das Recht der Vererbung im geltenden Recht geschützt ist und ob sich aus diesem Schutz Grenzen für die Ausgestaltung neuer Testamentsformen ergeben.

A. Garantie des Rechts auf Vererbung

Weder in der Allgemeinen Erklärung der Menschenrechte der Vereinten Nationen[67] noch in der Europäischen Menschenrechtskonvention[68] werden das Erbrecht oder der Schutz der Testierfreiheit als besonderes Rechtsgut erwähnt. Das Nichtaufführen des Erbrechts in diesen Konventionen muss jedoch nicht gegen die Existenz eines höherrangigen Schutzes des Erbrechts sprechen. Aufgrund der Mitgliedschaft Deutschlands in der UN und in der Europäischen Union sind wegen Art. 25 GG[69] bzw. Art. 46 der Europäischen Konvention zum Schutz der Menschenrechte und Grundfreiheiten[70] zwar deren Normen zu beachten. Dies

---

67 Siehe Resolution der Generalversammlung der Vereinten Nationen v. 10.12.1948, 217 A (III), Allgemeine Erklärung der Menschenrechte, dort insbesondere die einschlägigen Art. 17 und 25, die vom Schutz des Eigentums und Recht auf Erhaltung des Lebensstandards handeln; vgl. zum ganzen auch Hufen, Staatsrechtsrecht Teil II, § 39 Rn. 63.

68 Europäische Konvention zum Schutz der Menschenrechte und Grundfreiheiten in der Fassung des am 01.06.2010 in Kraft getretenen Protokoll 14 (SEV Nr. 194), dort unter Zusatzprotokoll zur Konvention (Paris, 20.III.1952), Art. 1 Schutz des Eigentums, der nur vom Schutz des Eigentums spricht.

69 Streinz in Mangoldt/Klein/Starck, Kommentar zum Grundgesetz: GG, Art. 25 GG Rn. 12, wonach wegen der sog. Völkerrechtsklausel die Regeln des Völkerrechts Bestandteil des deutschen Bundesrechts sind und den Gesetzen vorgehen.

70 Komplizierter verhält sich dies mit der Europäischen Konvention zum Schutz der Menschenrechte und Grundfreiheiten. Diese erhält ihre Einwirkung auf das nationale Recht der Bundesrepublik Deutschland durch die Verpflichtung der europäischen Staaten, die Menschenrechte und Grundfreiheiten im eigenen Hoheitsgebiet anzuerkennen. Die Bindung der Bundesrepublik Deutschland an die Konvention erfolgt dabei über deren Art. 46, nach dem Deutschland als Vertragspartei das endgültige Urteil des Europäischen Gerichtshofs für Menschenrechte zu beachten hat und diese Umsetzung wiederum über den Europarat überwacht wird. Die Menschenrechtskon-

soll jedoch nicht bedeuten, dass damit nicht auch weitere nicht in diesen internationalen Normen genannte Rechte wie das Erbrecht unter einen über dem einfachen Gesetz stehenden Schutz gestellt werden können.

Hierzu haben sich die Väter des Grundgesetzes entschieden, indem sie in Art. 14 Abs. 1 GG ausdrücklich neben dem Eigentum die Gewährleistung des Erbrechts als Grundrecht ausgestaltet haben. Nach Auffassung des Bundesverfassungsgerichtes[71] folgt aus der besonderen Aufführung des Erbrechts neben dem Eigentum in Art. 14 GG eine Erstreckung des grundrechtlich gewährleisteten Eigentumsschutzes und der Verfügungsgewalt darüber über den Tod hinaus[72]. Das Erbrecht als solches ist danach als Fortsetzung des Eigentumsschutzes, die ohne besondere Erwähnung im Grundgesetz wohl in Frage zu stellen wäre, verfassungsrechtlich zumindest in Deutschland garantiert[73]. Indem im Grundgesetz Eigentum und Erbrecht in demselben Grundrecht nebeneinandergestellt werden, verdeutlicht sich die verfassungsrechtliche Garantie des Vererbungsrechts als Wesensbestandteil der privaten Vermögensordnung[74]. Im Unterschied noch zu den Regelungen in der Weimarer Reichsverfassung[75] wird also im Grundgesetz das Erbrecht unmittelbar durch die Verfassung als Grundrecht ausgestaltet und ist damit nicht von den Vorgaben des bürgerlichen Rechts abhängig. Dieses Grundrecht auf Erbrecht beinhaltet quasi einen Schutzauftrag[76] zugunsten des Individuums auf Erhalt des Vererbungsrechts und damit eine Institutsgarantie.

---

vention stellt damit kein über dem GG stehendes unmittelbares Recht dar, da sie im Rang eines einfachen Gesetzes steht (siehe Bekanntmachung der internationalen Norm in BGBl. 2002 II S. 1054 am 17.05.2002).

71 BVerfGE 2005, 332(348).

72 Ebenso Schmidts, Die Reform des Pflichtteilsrechts, S. 53.

73 Dies verkennt zumindest für den Geltungsbereich des GG Durkheim, Émile: „Erbschaft als unverdientes Vermögen". In: Beckert, Erben in der Leistungsgesellschaft, S. 80, wenn er eine Beschränkung des Erbrechts als solche nicht als Angriff auf das individuelle Eigentum sieht, sondern dieses als mit dem Individuum beginnend und mit ihm im Todesfall endend ansieht, und daraus das Recht der Gesellschaft folgert, die Übertragung des Eigentums nach dem Todesfall in beliebiger Weise regeln zu können.

74 Bryde in Münch, Ingo von / Kunig, Philip: *Grundgesetz Kommentar*. 6. Auflage München 2012, Art. 14 Rn. 42, m.w.N.

75 Die Verfassung des Deutschen Reiches v. 11. August 1919, Reichsgesetzblatt 1919, S. 1383 ff., dort geregelt in Artikel 153 Gewährleistung des Eigentums durch die Verfassung und in Artikel 154 Gewährleistung des Erbrechts nach Maßgabe des bürgerlichen Rechts.

76 Jarass/Pieroth, GG-Kommentar, Art. 14 Rn. 101; Hufen, Staatsrecht Teil II, § 38 Rn. 58.

Darüber kann sich folglich auch die bereits oben unter § 2 B. dargestellte Kritik[77] an der Vererbung nicht einfach hinwegsetzen. Das Erbrecht gehört mit zu den geschützten Strukturvorgaben der privatrechtlich orientierten Vermögensverteilung nach dem Grundgesetz[78].

Im Ergebnis ist durch die Institutsgarantie[79] das Recht auf Vererbung als solches verfassungsrechtlich gesichert[80]. Durch und in welcher Form die Vererbung stattfindet und im Rahmen welcher Ausgestaltungsoptionen, ist damit jedoch nicht festgelegt. Es besteht Einigkeit darin, dass durch Art. 14 Abs. 1 Satz 2 GG zum Ausdruck kommt, dass der Gesetzgeber in der gesetzlichen *Ausgestaltung* des Erbrechts nahezu frei ist, soweit er nicht die tragenden Prinzipien dieses Rechts, die da wären die Privaterbfolge, die Testierfreiheit und das Familienerbrecht, verletzt[81].

B. Testierfreiheit und Formvorschriften

Es stellt sich die Frage, welche Verpflichtungen, aber auch Grenzen dem Erbrecht durch die Verfassung vorgegeben werden, ob insbesondere aus dem Grundgesetz unabänderliche Bedingungen zum Inhalt der Vererbung oder zur Testamentsform zu entnehmen sind.

I. Die Testierfreiheit

Die Testierfreiheit als Recht des Individuums, über sein Eigentum nach seinem Ableben beliebig frei verfügen zu können, wird in unserer rechtsstaatlichen Ordnung als ein selbstverständliches Recht gesehen. Dabei ist – kritisch betrachtet – in der Testierfreiheit eine postmortale Beherrschungsmacht des Erblassers zu erkennen, bis zur Grenze des Unzumutbaren in die Entscheidungs- und damit Verfügungsfreiheit des Rechtsnachfolgers im Erbgut eingreifen zu können[82]. So sind aus der notariellen und rechtsanwaltlichen Praxis genügend Fälle bekannt, in

---

77 In Zweiter Teil.

78 So auch Kirchhof in Kirchhof/Isensee, Handbuch des Staatsrechts, Bd. IX, § 221 Rn. 177, der davon spricht, dass das Recht der letztwilligen Verfügung die Wirtschaftsgüter entsprechend der Strukturvorgabe des Art. 14 GG in privater Hand belässt.

79 BVerfGE 67, 329(340 f.).

80 Ebenso Jarass in Jarass/Pieroth, GG-Kommentar, zu Art. 14 Rn. 101.

81 Dazu Hausmann, Rainer / Hohloch, Gerhard: *Handbuch des Erbrechts*. 2. Auflage, Konstanz/Freiburg 2010, C.II., Rn. 35.

82 Beckert, Erben in der Leistungsgesellschaft, S. 40.

denen der Erblasser durch gewillkürte Erbfolge sein Erbgut so vererben möchte, dass darüber später nicht weiter verfügt werden darf.

Die Testierfreiheit als unmittelbarer Bestandteil des verfassungsrechtlich garantierten Erbrechts[83] bezieht sich jedoch sowohl auf die Rechtsposition des Erblassers, indem sie die Freiheit des Erblassers zur Bestimmung der Vererbung seines Vermögens schützt[84], als auch auf die Rechtsstellung des Erben zum Schutz seiner Freiheitssphäre vor schikanöser Fremdbestimmung durch den Erblasser[85].

Davon ausgehend sieht das Bundesverfassungsgericht die Testierfreiheit an als eine Befugnis des Erblassers, zu seinen Lebzeiten durch Verfügung von Todes wegen von der gesetzlichen Erbfolge abzugehen und einen abweichenden Übergang des Vermögens nach seinen Vorstellungen festzulegen, wobei die Grenze grundsätzlich nur in der wertmäßigen Erhaltung des Pflichtteils des zur engsten Familie gehörenden gesetzlichen Erben besteht[86]. Dabei setzt das Grundgesetz für die Ausnutzung der Testierfreiheit eine testamentarische Gestaltungsmöglichkeit des Erblassers voraus, die frei von Einflüssen Dritter sein soll, damit also Selbstbestimmung und Eigenverantwortlichkeit[87] unterstützt, und die den Erblasser auch hinsichtlich der *Form der Verfügung* von Todes wegen nicht behindern oder überfordern darf. Daraus erweist sich, dass schon aus der durch Art. 14 GG garantierten Testierfreiheit[88] heraus der Gesetzgeber verpflichtet ist, für den Erblasser geeignete Testamentsformen zur Verfügung zu stellen[89].

---

83 Siehe BVerfGE 58, 377(398); dazu auch Weiler, Simon: „Erbrecht und Verfassung". *MittBayNot* 2006, S. 296 ff.

84 BVerfGE 99, 341(350).

85 Röthel, Ist unser Erbrecht noch zeitgemäß?, A13(A 23).

86 BVerfGE 99, 341(351). In einem weiteren Beschluss v. 25.03.2009, *ZEV* 2009, S. 390, macht das Gericht nochmals deutlich, dass der verfassungsrechtlich geschützte Erbanspruch des Erben abhängig ist von der testamentarischen Ausgestaltung durch den Erblasser. Da der Erblasser bestimmt, ob und mit welchen Beschränkungen eine Person sein Erbe wird, kann der bedachte Erbe grundrechtlichen Schutz nur im Umfang dieser testamentarischen Verfügung beanspruchen.

87 So BVerfGE 99, 341(351).

88 Reimann in Reimann/Bengel/Mayer, Testament und Erbvertrag, Syst.A, Rn. 56, leitet den Schutz eher aus Art. 2 Abs. 1 GG als Teil der verfassungsrechtlich verbürgten Privatautonomie ab.

89 BVerfG in BVerfGE 67, 329(341), wonach es zwar dem Gesetzgeber überlassen ist, Inhalt und Schranken des Erbrechts zu bestimmen, er aber gezwungen ist, dafür Formen der Testamentserrichtung zur Verfügung zu stellen, die jedem testierfähigen Erblasser die Möglichkeit der Bestimmung gewährleisten; siehe ferner Hufen, Staatsrecht Teil II, § 38 Rn. 59.

Nach bereits oben dargestellter herrschender Auslegung der Testierfreiheit ist zugleich der Schutz[90] des Erbenden vor der Testiermacht des Erblassers zu gewährleisten[91]. In diesen Zusammenhang des Erbenschutzes gehört das Urteil des Bundesgerichtshofs[92] zur Frage der Sittenwidrigkeit des sog. Geliebten-Testaments. Bei dieser Entscheidung verweist der Bundesgerichtshof im Ergebnis zwar auf die verfassungsrechtlich verbürgte Testierfreiheit, nimmt dann jedoch im Rahmen der §§ 134, 138 BGB eine Abwägung zwischen der Testiermacht des Erblassers einerseits und dem Schutz des Erben vor unsittlichen und damit willkürlicher Ausnutzung dieser Macht andererseits ohne weiteren Bezug zu den *verfassungsrechtlichen* Grenzen der Testierfreiheit vor[93]. Tatsächlich bewegt sich der Bundesgerichtshof mit seiner Entscheidung aber im Bereich der Testierfreiheit, deren Umfang wie Grenzen – wie bereits dargestellt – aus der Verfassung selbst heraus und *nur aus dieser* zu definieren sind[94].

---

90 Auch Jarass in Jarass/Pieroth, GG-Kommentar, Art. 14 Rn. 101, spricht von einem Schutzauftrag zugunsten des Individuums, der im Grundrecht auf das Erbrecht enthalten sei.

91 Ebenso Röthel, Ist unser Erbrecht noch zeitgemäß?, A13(A29); zu weitgehend aber Ebenroth, Lehrbuch Erbrecht, § 1 IV Rn. 48, nach dem die Testierfreiheit auf dem Vertrauen in das Gerechtigkeitsstreben des Einzelnen basiert. Testierfreiheit definiert sich nach hier vertretener Auffassung jedoch in dem Schutz der Erbenden vor willkürlichen Verfügungen des Erblassers, die eben nicht auf Gerechtigkeitsstreben beruhen.

92 BGHZ 53, 369. Zur grundsätzlichen Aktualität dieser Rechtsprechung und Kritik daran, vgl. Grziwotz, Herbert. „Von Geliebtentestamenten und leichtfertigen Verzichten – Richterliche Kontrolle erbrechtlich relevanter Urkunden". *DNotZ* 2016, S. 732 f.

93 BGHZ 53, 369(375); der BGH stellt in seiner Entscheidung zunächst fest, dass in der Regel Ehe und Verwandtschaft gegenüber der Testierfreiheit zurückzutreten haben. Entscheidender Grund für die Sittenwidrigkeit und damit Unwirksamkeit einer Verfügung von Todes wegen liegt sonach in der unredlichen Gesinnung des Erblassers, wie sie in dem Rechtsgeschäft selbst zum Ausdruck kommt. Damit setzt der BGH das subjektive Motiv des Erblassers der Testierfreiheit als Grenze zum Schutz des Erben gegenüber. Dabei stellt das Gericht jedoch nahezu ausschließlich auf die Grundsätze der Rechtsgeschäftslehre ab, indem es für die Sittenwidrigkeit einer letztwilligen Verfügung als *Rechtsgeschäft* auf den sich aus Inhalt, Beweggrund und Zweck ergebenden Gesamtcharakter des Rechtsgeschäfts abstellt.

94 Ebenso Bryde in Münch/Kunig, GG-Kom., zu Art. 14, Rn. 44, der deshalb zu Recht die Entscheidung des BGH mit der Feststellung kritisiert, dass die Überprüfung des sog. Geliebten-Testaments nur im Lichte des § 138 BGB erfolgte und damit verfassungswidrig war, weil in ihr die Einwirkung des Art. 14 GG nicht bedacht wurde.

II. Die Testamentsformen im Blickwinkel der Testierfreiheit

Die Normen des BGB müssen sich hinsichtlich Testamentsform und Inhalt der Vererbung nach der Testierfreiheit des Art. 14 Absatz 1 GG ausrichten[95]. Dabei ist der Gesetzgeber aufgefordert, wie sich schon aus dem Wortlaut des Art. 14 Absatz 1 Satz 2 GG ergibt, unter Beachtung der grundrechtlich geschützten Rechte Inhalt und Schranken zu bestimmen[96]. Eingriffe in die verfassungsrechtlich geschützte Testierfreiheit sind somit nur möglich zum Schutz der Verfassungsgüter des Bürgers[97].

Der Gesetzgeber hat derartige zulässige Eingriffe bereits in unterschiedlichen Bereichen vorgenommen und damit die Testierfreiheit beschränkt[98]. Diese Eingriffe belegen zugleich den gesellschaftlichen Einfluss auf das Rechtsinstitut der Testierfreiheit. Es sind die Veränderungen in der Gesellschaft, die dazu führen, dass sich Einstellungen oder Empfindungen zu Merkmalen, die für das Erbrecht prägend sind, wandeln, was wiederum auch Einfluss nimmt auf die wesensbestimmenden Merkmale des Instituts der Testierfreiheit[99]. Damit sind die verfassungs-

---

95 So auch Bryde in Münch/Kunig, GG-Kom., zu Art. 14, Rn. 44. Diese auch in dieser Untersuchung vertretene Auffassung steht im Einklang mit der von der h.M. heute vertretenen mittelbaren Drittwirkung der Grundrechte, auch wenn diese die Grundrechte primär nur im Rahmen der Generalklauseln als Ausdruck unserer Wertordnung beachten möchte. Die gesetzlichen Möglichkeiten zur Umsetzung des Erblasserwillens durch Verfügung von Todes wegen, die erst nach seinem Tod Wirksamkeit entfalten kann, ist jedoch von solcher Bedeutung, dass hier der verfassungsrechtliche Schutz der Testierfreiheit zu berücksichtigen ist. Vgl. zur Drittwirkung der Grundrechte auch die Darstellung bei Schmoeckel, Mathias: *Lehrbuch Erbrecht*. 3. Auflage, Bonn 2014, § 18 S. 81 f.

96 Hufen, Staatsrecht Teil II, § 38 Rn. 61.

97 Hufen, Staatsrecht Teil II, § 38 Rn. 61. Nach Mager in Münch/Kunig, GG-Kom., zu-Art, 4 Rn. 50, wäre es deshalb im Rahmen der Schutzvorschriften der Art. 4 Abs. 1, 14 Abs. 1 GG z. B. möglich, ein Testament, welches eine Sekte oder deren Mitglied als Erbe bestimmt, für unwirksam zu befinden.

98 Als Beispiele lassen sich nennen auf Seiten der Erben die Bestimmungen zum Schutz von Mindesterbbeteiligungen naher Familienangehöriger über das Pflichtteilsrecht in §§ 2303 ff. BGB, die erbrechtliche Gleichstellung von Adoptivkindern in §§ 1754 ff. BGB und von nichtehelichen Kindern durch Wegfall der §§ 1589 Absatz 2 a.F., 1934 a und b a.F. BGB, auf Seiten des Erblassers die Bestimmungen in § 2077 BGB bei Auflösung der Ehe des Erblassers oder die zur Anfechtung nach §§ 2078 ff. BGB oder jene nach § 14 HeimG zur Vermeidung von Beeinflussungen der Heimbewohner bei Erbeinsetzungen.

99 Schmidts, Die Reform des Pflichtteilsrechts, S. 59, verdeutlicht dies mit ihrer Kritik an der stark historisch angelegten Auslegung des Bundesverfassungsgerichts in seiner Entscheidung v. 19.04.2005 zur verfassungsrechtlichen Verankerung des Pflichtteilsrechts, vgl. BVerfGE 112, 332.

rechtlich zulässigen Grenzen der Testierfreiheit nicht starr, sondern lassen eine Fortentwicklung zu[100], die auch die Änderung vorhandener bzw. die Entwicklung neuer Testamentsformen fordern kann. Das einfache Recht kann sich dem nicht verschließen[101]. Aus dem Schutzgut der Testierfreiheit heraus kann man von der Form der letztwilligen Verfügung sogar erwarten, dass sie in jeder durch gesellschaftlichen Wandel veränderten Lebenssituation eine frei bestimmte letztwillige Verfügung des Testierers ermöglicht[102].

1. *Eckpfeiler der Formausgestaltung*

Die Grundstrukturen und Grundelemente des Erbrechts stehen nicht im freien Belieben des einfachen Gesetzgebers[103]. Diesem ist es allerdings gestattet, bei der näheren Ausgestaltung der Testierfreiheit Formvorschriften und Gültigkeitsanforderungen zu erstellen[104]. Dem Gesetzgeber wird dabei ein großzügiger Spielraum eingeräumt. So ist er nicht gezwungen, gleichsam *jede mögliche Testamentsform* für den Testierenden bereitstellen zu müssen. Aus der Testierfreiheit und damit aus dem Grundgesetz heraus lässt sich somit auch keine verfassungsrechtliche Bestandsgarantie für die heute vorhandenen beiden ordentlichen Testamentsformen herleiten. Dies gilt gerade auch für die verbreitete Form des holographischen Testaments[105].

Maßstab für die gesetzgeberische Entscheidung zu der oder den bereitgestellten Testamentsformen darf allein die Unterstützung der Realisierbarkeit der Testierfreiheit sein. Die Testamentsformen sollen sich somit weniger als Eingriff

---

100 Anschauliches Beispiel für einen gesellschaftlichen Wertewandel im Erbrecht ist die historische *Rede über die Gleichheit der Teilung bei Erbfolgen* von H.-G. Riquetti, Comte de Mirabeau, 1790, in Lettke, Erben und Vererben, S. 21; in dieser Rede vor dem franz. Parlament tritt Riquetti für ein unentziehbares Erbrecht der Erben auf- und absteigender Linie zu 9/10 Anteil ein und hält alles andere zur Aufrechterhaltung der Familien- und Staatsruhe für zu verbieten. Auf der Grundlage dieser Aussagen verbunden zum Teil mit römischrechtlichen Vorstellungen hat sich bis heute im romanischen Rechtskreis das stark ausgeprägte materielle (Not)Erbrecht der nahen Angehörigen erhalten; dazu Lange in Kuchinke, Kurt / Lange, Heinrich: *Lehrbuch des Erbrechts*. 5. Auflage, Castell 2001, § 1 III 7.

101 Ebenso Schmidts, Die Reform des Pflichtteilsrechts, S. 59 m.w.N.

102 Röthel, Ist unser Erbrecht noch zeitgemäß?, A13(A22), vertritt hierzu, dass nur eine gewisse privatautonome Qualität der Testierung ein Abweichen von der gesetzlichen Erbfolge rechtfertigen kann.

103 Papier in Maunz-Dürig, GG-Kommentar, zu Art. 14 Rn. 300.

104 Papier in Maunz-Dürig, GG-Kommentar, zu Art. 14 Rn. 303.

105 So zu Recht Schlüter, Wilfried: *Erbrecht Studienbuch*. 12. Auflage, Münster 1986, S. 101.

in diese[106], sondern mehr als notwendiges *Werkzeug* zur Ausübung der Testierfreiheit erweisen. Die Formgebote im Bereich der gewillkürten Erbfolge kanalisieren dann quasi nur den rechtsstaatlich garantierten Anspruch des Erblassers in Richtung Testamentserrichtung[107].

Das Bundesverfassungsgericht[108] bestätigt diese Ansicht, indem das Gericht zur Konkretisierung des Prinzips dem Gesetzgeber aufgibt, Vorschriften über die ausschließliche Zulassung bestimmter Testamentsformen zu erlassen. Nach dem Bundesverfassungsgericht steht damit fest, dass der Gesetzgeber im Bereich der Formen zur Testamentserrichtung nicht nur diese erlassen kann, sondern sie aus dem Rechtsprinzip der Testierfreiheit heraus sogar errichten muss. Bei diesen Formen muss der Gesetzgeber darum besorgt sein, entsprechend den gesellschaftlich vorhandenen Lebenssituationen und Personengruppen keine Benachteiligung einzelner zu bewirken[109].

Dem ist zu folgen. Nach dem Verständnis unserer Verfassung sind Testamentsformen nicht nur zuzulassen, sondern zur Verwirklichung der nach dem GG verbürgten Testierfreiheit sogar unerlässlich. Aufgrund der inzwischen unterschiedlichen Lebensformen und Lebenssituationen einzelner und von Personengruppen erfordert dies aber die Bereitstellung unterschiedlicher Testamentsformen[110]. Bei deren Ausgestaltung verbleibt dem Gesetzgeber ein weiter Spielraum, der dem Erblasser zwar zwischen vom Gesetz zur Verfügung gestellten Formtypen freies Wahlrecht ermöglichen muss, andererseits jedoch einen Numerus clausus[111] der Testamentsformen als Begrenzung der Wahlfreiheit durchaus gestattet[112]. Diese Begrenzung darf allerdings nicht zu einer Ausgrenzung be-

---

106 Insofern anders Röthel, Ist unser Erbrecht noch zeitgemäß?, A13(A62), wenn sie von Formgeboten als erklärungspflichtigen *Eingriffen in die Testierfreiheit* spricht.

107 Hufen, Staatsrecht Teil II, § 38 Rn. 60.

108 BVerfG in BVerfGE 99, 341(352).

109 Vgl. BVerfGE 99, 341(352), das in seiner Entscheidung insbesondere die gesetzgeberische Sorge um die Gleichbehandlung der Testierer dafür einsetzt, um formbedingte Nachteile für Behinderte zu beseitigen.

110 Vgl. Löhnig, Martin: *Erbrecht*. 2. Auflage, Konstanz 2010, Teil 1, 1. Kap., Rn. 1.

111 Olzen, Lehrb. Erbrecht, 3. Kap., § 1 Rn. 208.

112 Reimann in Reimann/Bengel/Mayer, Testament und Erbvertrag, Teil A, Rn. 57, sieht zu Recht eine Begründung für die Begrenzung der Typenwahl darin, dass Verfügungen von Todes wegen nach Eintritt des Erbfalls unmittelbare Drittwirkung nach außen entfalten wie zum Beispiel durch Wechsel der Rechtsträgerschaft auf den oder die Erben oder durch Begründung einer Erbenhaftung.

stimmter Personengruppen führen oder zur Errichtung nahezu unüberwindbarer Hindernisse oder Hemmnisse für die Testamentserrichtung[113].

2. *Das verfassungsrechtliche Gebot zu Testamentsformen*

Im Ergebnis ist festzuhalten, dass die Verfassung im Rahmen der Bestimmung von Inhalt und Grenzen des Erbrechts nach Art. 14 Abs. 1 GG auf der Grundlage der Garantie der Testierfreiheit die Einrichtung und Einhaltung bestimmter Testamentsformen verlangt[114]. Ist damit jeder Person im Rahmen der gesetzlich vorgegebenen Formtypen die Möglichkeit eröffnet[115], eine Verfügung von Todes wegen zu errichten, stellen die Formen zur Testamentserrichtung dann keinen Eingriff in die Testierfreiheit dar[116]. Das bedeutet allerdings nicht, dass das Gesetz quasi jede körperliche oder mechanisch-technische Möglichkeit zur Errichtung eines Testaments der Form nach anbieten und damit zulassen muss[117]. Es bedeutet aber auch nicht, dass über die Verfassung und die durch sie geschützte Testierfreiheit die derzeitige gesetzliche Formenauswahl nach §§ 2231 ff. BGB in ihrem Bestand garantiert und damit unabänderlich ist[118]. Die Testamentsformen als

---

113 Nochmals BVErfGE 99, 341 ff.; so hat es das Bundesverfassungsgericht für einen Verstoß gegen die verfassungsrechtlich garantierte Testierfreiheit und gegen den allgemeinen Gleichheitssatz erachtet, wenn Behinderte durch gesetzliche Formvorgaben zur Testamentserrichtung benachteiligt werden; siehe ferner Reimann in Reimann/Bengel/ Mayer, Testament und Erbvertrag, Teil A, Rn. 69.

114 Vgl. BVErfGE 99, 341(352), nach dem der Gesetzgeber für unterschiedliche Situationen und Personengruppen jeweils eigene Testamentsformen schaffen kann, solange und soweit er bei der Gestaltung der Formvorschriften für eine Gleichbehandlung sorgt.

115 Ob schon aus der in Art. 14 Abs. 2 GG geforderten Sozialpflichtigkeit des Eigentums auch gefordert werden kann, dass bei Ausgestaltung des Erbrechts das Sozialstaatsprinzip beachtet werden muss, und dies damit auch Auswirkungen auf die Formenwahl des Gesetzgebers hat, ist fraglich, vgl. dazu Bryde in Münch/Kunig, GG Kommentar, Art. 14 Rn. 42.

116 Hufen, Staatesrecht Teil II, § 38 Rn. 60, indem Formen letztlich der Rechtsstaatlichkeit dienen, konkretisieren sie die Ausübung des Erbrechts; abweichend Röthel, Ist unser Erbrecht noch zeitgemäß?, A13(A62), die Formgebote als Eingriffe klassifiziert.

117 Schlüter, Erbrecht Lehrbuch, § 16 I.1., S. 101.

118 Ebenso Papier in Maunz-Dürig, GG-Kommentar, Art. 14 GG Rn. 300; Hausmann/ Hohloch, Handbuch des Erbrechts, Kap. 1, Teil C II Rn. 35, dieser sieht durch Art. 14 GG nicht das Erbrecht in seiner derzeitigen Ausgestaltung garantiert, sondern nur deren tragende Prinzipien als da wären die Privaterbfolge, die Testierfreiheit und das Familienerbrecht.

solche gehören nicht zu den unabänderlichen Kernelementen deutschen Erbrechts[119].

Damit ist es legitim, dass schon allein wegen des Wandels in der Gesellschaft und den weiteren auf das Individuum bezogenen Veränderungen[120] das Angebot vorhandener Testamentsformen auf seine Zeitgemäßheit überprüft wird[121]. Folglich finden auch zu Recht Diskussionen und Erörterungen über die Existenzberechtigung des holographischen Testaments statt[122]. Auch das Gesetz selbst liefert Beispiele dafür, wie der gesellschaftliche Wandel und die damit einhergehenden Veränderungen in der Anschauung Einfluss auf die Ausgestaltung des Erbrechts genommen haben, so z. B. beim gesetzlichen Erbrecht des nichtehelichen Kindes oder beim Pflichtteilsrecht in § 2325 BGB oder jüngst beim länderübergreifenden Erbstatut nach dem Recht der EU-Erbrechtsverordnung Nr. 650/2012 vom 04. Juli 2012. In diesen Bereichen des Erbrechts hat der Gesetzgeber auf die veränderte Einstellung in der Bevölkerung reagiert und das bestehende Erbrecht angepasst.

III. Die Testamentsform und ihre Kosten

Dürfen neue Testamentsformen aus verfassungsrechtlicher Sicht beim Erblasser auch zu einer finanziellen (Mehr)Belastung führen, wenn sie z. B. die Einbindung gebührenpflichtiger Dienstleistungen wie der von Notaren oder Rechtsanwälten vorschreiben?

Diese Frage scheint sich schon allein daraus zu beantworten, dass nach geltendem Recht des § 2353 BGB von einem für den Erben grundsätzlich erforderlichen Erbnachweis ausgegangen wird, der unvermeidbar eine Tätigkeit des zuständigen Nachlassgerichts voraussetzt[123]. Diese Tätigkeit ist gebührenpflichtig

---

119 Papier in Maunz-Dürig, GG-Kommentar, Art. 14 Rn. 300 und 303.

120 Dazu näher im Dritten Teil § 3 S. 63 ff. dieser Untersuchung.

121 Schmidts, Die Reform des Pflichtteilsrechts, S. 59, die ebenfalls auf den Einfluss, den der Wandel der gesellschaftlichen Anschauungen auf wesensbestimmende Merkmale eines Rechtsinstituts haben kann, hinweist.

122 Vgl. Burkhart, S. 253 ff; Foerste, Die Form des Testaments, S. 84 ff.; Tagung des Rheinischen Instituts für Notarrecht der Universität Bonn am 31.01.2014, in Scholz, Das holographische Testament, S. 102 ff. Für einen Verzicht auf das holographische Testament Görgens, Bernhard: „Überlegungen zur Weiterentwicklung des § 2247 BGB". *JR* 1979, S. 357 ff.

123 Uricher in Damrau, Praxiskom. Erbrecht, vor §§ 2353 ff., Rn. 1; Weidlich in Palandt, KurzKom. BGB, § 2353, Rn. 2; Stürner in Jauernig/Stürner: *Bürgerliches Gesetzbuch.* 16. Auflage, Freiburg et al. 2015, § 2353 Rn. 1.

nach dem Gerichts- und Notarkostengesetz (GNotKG) vom 23.07.2013[124]. In der Regel wird diese Gebührenlast für den Erben deutlich günstiger bei Vorliegen eines notariellen den Erben ausweisenden Testaments oder Erbvertrages, da dann zum Nachweis der Erbenrechte die Vorlage der mit Eröffnungsprotokoll des Nachlassgerichtes versehenen notariellen Urkunde genügt[125]. Der so vergünstigte Erbnachweis entlastet kostenmäßig den Erben, wohingegen die mit Gebühren belastete Testamentserrichtung den Erblasser belasten würde. Da jedoch Erblasser wie Erben gleichermaßen durch das verfassungsmäßig garantierte Erbrecht geschützt werden[126], kann es hierauf nicht ankommen. Letztlich mindert nämlich die Gebührenbelastung beim Erblasser den Nachlass. Zu Recht wird hierzu in der herrschenden Meinung vertreten, dass die Erbrechtsgarantie nach Art. 14 Abs. 1 GG nicht das Recht umfasst, das Vermögen *unvermindert*, also ohne kostenmäßige oder steuerliche Belastung auf Dritte vererben zu können[127]. Dieser Ansatz lässt sich unmittelbar auf eine etwaige Gebührenrelevanz neuer Testamentsformen übertragen, zumindest dann, wenn die Gebühren im erträglichen Verhältnis zum zu vererbenden Nachlass stehen. Das bedeutet, dass neue Testamentsformen Gebühren durch zuzuziehende Berufsträger bei der Testamentserrichtung verursachen dürfen, jedenfalls dann, wenn ein Gebührenrahmen möglich ist, der sozialverträglich und im angemessenen Verhältnis zur Bedeutung des Nachlasses steht[128]. Jedenfalls steht das Verfassungsrecht der grundsätzlichen Einführung

---

124 Eine Festgebühr von 100,00 Euro fällt zunächst bei einer Verfügung von Todes wegen aus § 34 GNotKG i.V.m. Anlage 1 Kostenverzeichnis Nr. 12101 an für die Eröffnung der Verfügung. Für die Erteilung eines Erbscheins entsteht eine volle und damit deutlich höhere Gebühr nach § 34 GNotKG i.V.m. Anlage 1 Kostenverzeichnis Nr. 12210 aus dem Wert des Nachlasses zum Zeitpunkt des Erbfalls, der sich nach § 40 Abs. 1 GNotKG ermittelt.

125 Weidlich in Palandt, KurzKom. BGB, § 2353, Rn. 76.

126 Schmoeckel, Erbrecht, § 18, S. 80, beschreibt das damit, dass die durch die Verfassung geschützte Erbfreiheit auch das Recht des Erben gewährleistet, die ihm zugedachte Erbschaft empfangen zu können. Tanck in Damrau, Praxiskom. ErbR, § 1922 Rn. 7, formuliert mit Verweis auf eine Entscheidung des BVerfG, dass die verfassungsrechtliche Garantie auch das Recht des Erben, Vermögen durch die Erbfolge zu erwerben, umfasst.

127 Dazu Papier in Maunz-Dürig, GG-Kommentar, Art. 14 GG Rn. 298 m.w.N.

128 Röthel, Ist unser Erbrecht noch zeitgemäß?, A13(A64 f.) empfiehlt u. a. als Anreiz zur Errichtung gebührenpflichtiger öffentlicher Testamente die Einführung einer aufwandsorientierten und damit angehobenen Kostenberechnung für das Erbscheinsverfahren bei Vorliegen holographischer Testamente. Im Übrigen zur Gebührengestaltung bei neuen Formen im Achten Teil dieser Untersuchung, S. 266.

gebührenpflichtiger neuer Testamentsformen nicht entgegen, selbst wenn dabei aufgrund der erforderlichen Typenbeschränkung der Testamentsformen nur noch gebührenpflichtige Formen verbleiben würden[129].

C. Recht auf Erbnachweis

Wie im vorhergehenden Abschnitt ausgeführt wurde, ist durch die Verfassung nicht nur der Erblasser geschützt, sondern als weiteres Schutzgut der Erbrechtsgarantie des Art. 14 Abs. 1 Satz 1 GG auch die Erbaussicht des Erben[130]. Sein Nachweis als Erbe muss nach dem Erbfall gesichert sein.

I. Der Erbschein des BGB/FamFG

Das Gesetz bedient sich in erster Linie methodisch der Einrichtung eines amtlichen vom Nachlassgericht auszustellenden Erbzeugnisses[131]. Dieses Zeugnis, im deutschen Gesetz im Unterschied zur EU-Erbrechtsverordnung[132] als Erbschein

---

129 Ausgehend davon, dass die vom Gesetz bereitgestellten Formen der Testamentserrichtung abschließend sind, vgl. dazu Olzen, Lehrb. Erbrecht, 3. Kap., § 1 Rn. 208, der in diesem Zusammenhang vom abschließenden Typenzwang spricht. Reimann in Reimann/Bengel/Mayer, Testament und Erbvertrag, Teil A Rn. 57 begründet diesen Typenzwang zutreffend damit, dass durch die Verfügung von Todes wegen unmittelbare Rechtswirkungen gegenüber Dritten herbeigeführt werden wie Rechtsträgerschaft über den Nachlass oder Haftungsverantwortung mit dem Nachlass beim Erben. Freilich kann dies nicht die alleinige Begründung für einen Typenzwang sein; zu denken ist neben weiteren Begründungen schon allein an das Erfordernis der Rechtssicherheit bei Eintritt des Nachlassfalles, die bei einer Nichtbeschränkung der Formenwahl der letztwilligen Verfügung nicht mehr vorhanden wäre.

130 Olzen, Lehrb. Erbrecht, 1. Kap., § 5 Rn. 54.

131 Nach BGH, *ZNotP* 2016, S. 107 ff., genügt je nach Einzelfall für den Erbnachweis sogar eine bgl. Ablichtung des eigenhändigen Testaments mit Eröffnungsprotokoll; a.A. Röhl, Christoph: „Erbrecht – Aktuelle Entwicklungen". *NOTAR* 2016, S. 239(243); Bredemeyer, Dierk: „Erbrechtliche Legitimation durch Erbschein, Europäisches Nachlasszeugnis, Testament oder Vollmacht". *ZEV* 2016, S. 65 und 322; vgl. im Übrigen Uricher in Damrau, Praxiskom. ErbR, Vorbem. zu §§ 2353 ff. BGB, Rn. 1.

132 Vgl. Verordnung(EU) Nr. 650/2012 des Europäischen Parlaments und des Rates v. 04. Juli 2012, dort Art. 62, durch den das Europäische *Nachlasszeugnis* eingeführt wurde neben dem nach Art. 62 Absatz 3 Satz 1 verbleibenden innerstaatlichen Schriftstück zum Erbnachweis, dem Erbschein des BGB bzw. nunmehr des FamFG §§ 352 ff. Das FamFG hat quasi inhaltsgleich die Vorschriften der §§ 2353 ff. BGB übernommen (zum ENZ der EU-ErbVO in Zweiter Teil, S. 37 f.).

bezeichnet, schützt das Erbrecht des Erben, indem es Art und Umfang des jeweiligen Erbteils nach außen gegenüber jedem Dritten dokumentiert[133]. Der Rechtserwerb *selbst* gründet sich materiell rechtlich nicht auf den Erbschein, sondern folgt aus der Grundnorm des § 1922 BGB, die den unmittelbaren Wechsel des Rechtsinhabers aufgrund Todesfalls – sei es durch Berufung des Erben kraft letztwilliger Verfügung des Erblassers oder nach gesetzlicher Erbfolge – nur für den Erben anerkennt[134]. Der Erbschein bezeugt also nur die Erbenstellung und deren etwaige Beschränkungen, eine Gestaltungswirkung im Sinne einer Änderung der materiellen Rechtslage hat er hingegen nicht[135].

Der Erbschein als amtliches Zeugnis des Nachlassgerichtes kennt dabei verschiedene Arten[136] wie, um hier nur die wichtigsten zu nennen, den Alleinerbschein im Unterschied zum gemeinschaftlichen Erbschein bei mehreren Erben, den Teilerbschein als Ausweis lediglich über den Erbteil eines von mehreren Miterben oder den gegenständlich beschränkten Erbschein für im Inland befindliche Nachlassobjekte eines ausländischen Erblassers[137]. Allen Typen kommt eine Legitimations- und Schutzwirkung zu[138], die sich darin äußern soll, dass der Schuldner mit befreiender Wirkung nur an den im Erbschein ausgewiesenen Erben leisten

---

133 Seiler in Burandt, Wolfgang / Rojahn, Dieter: *Kurzkommentar Erbrecht*. 2. Auflage, Hamburg/München 2014, zu § 2353 Rn. 1.

134 Ein unmittelbarer Rechtserwerb anderer Personen als den Erben kennt das BGB nicht, wie sich auch aus den Normen des BGB zum Vermächtnis ergibt, dort insb. aus § 2174 BGB. Gerade diese Abgrenzung wird auf europarechtlicher Ebene künftig mehr denn je von Bedeutung sein, gibt Art. 63 EU-ErbVO v. 27.07.2012 doch auch Vermächtnisnehmern mit *unmittelbarer Berechtigung am Nachlass*, will heißen mit unmittelbarem Rechtserwerb, über Art. 65 Abs. 1 EU-ErbVO ein Recht auf Ausweisung ihres Rechtes am Nachlass in dem Europäischen Nachlasszeugnis.

135 Seiler in Burandt/Rojahn, Kurzkom. ErbR, zu § 2353 Rn. 3. Aus diesem Grunde werden auch der Erbschaftskäufer und der Erbteilserwerber zwar durch Übertragung der entsprechenden Nachlassposition deren Rechtsinhaber, aber nicht Erben des Erblassers, vgl. Tanck in Damrau, PraxisKom. Erbrecht, § 1922 Rn. 4 m.w.N., und können deshalb nicht im Erbschein (nachträglich) ausgewiesen werden, dazu Weidlich in Palandt, KurzKom. BGB, zu § 2371 BGB Rn. 4.

136 Vgl. für viele die Zusammenstellung bei Uricher in Damrau, Praxiskom. ErbR, Vorb. zu §§ 2353 ff., Rn. 2 bis 4.

137 Die Bedeutung des gegenständlich beschränkten Erbscheins mag in Zukunft etwas abnehmen, wenn sich die Ausstellung eines Europäischen Nachlasszeugnisses durchsetzen sollte, das nach Art. 63 Abs. 1 EU-ErbVO gerade für die Verwendung in einem anderen Mitgliedstaat als Nachweis der Erbenrechtsstellung dienen soll; dazu näher in diesem Teil unter § 3 D.

138 Seiler in Burandt/Rojahn, Kurzkom. ErbR, zu § 2353 Rn. 6.

kann[139], der Erbe dadurch dem Grundbuchamt oder Handelsregister gegenüber als Rechtsträger nachgewiesen ist und das Gesetz in §§ 2366 f. BGB Schutzvorschriften bei Rechtsgeschäften bzw. Verfügungen mit dem Erbscheinserben zu Gunsten des gutgläubigen Dritten vorsieht[140].

Dabei erfordert die Ausstellung des Erbscheins in allen Varianten regelmäßig die Überzeugung des Nachlassgerichts von der vom Erben behaupteten Rechtsstellung als Rechtsnachfolger des Erblassers. Dazu gehören als wesentliche Entscheidungsgrundlagen der Nachweis des letzten gewöhnlichen Aufenthaltes des Erblassers zu seinem Todeszeitpunkt[141], bei gesetzlicher Erbfolge der Nachweis der entsprechend erforderlichen Verwandtschaft, bei gewillkürter Erbfolge die Überzeugung des Gerichtes von der Testierfähigkeit des Erblassers bei Testamentserrichtung sowie von der Echtheit (Urheberschaft) der Verfügung von Todes wegen und die aus dem Text der Urkunde ableitbare Einsetzung des Erben. Konkret hat der Erbe nach dem neu eingeführten § 352 FamFG, der den § 2354 BGB ersetzt, drei neue Pflichtangaben im Erbscheinsantrag zu machen, als da wären die Angabe des letzten gewöhnlichen Aufenthalts des Erblassers und seiner Staatsangehörigkeit zum Todeszeitpunkt (§ 352 Abs. 1 Nr. 2 FamFG), die Mitteilung, dass er das Erbe angenommen hat (§ 352 Abs. 1 Nr. 7 FamFG), und die Quote

---

139 Vgl. früheren Nr. 5 der Allgemeinen Geschäftsbedingungen der Banken und Sparkassen, dargestellt bei Bunte, Hermann-J.: *AGB-Banken und Sonderbedingungen. Kommentar*. 4. Auflage, München 2015. Nachdem der BGH, DNotZ 2014, S. 53, die dem Muster von Nr. 5 Abs. 1 AGB-Sparkassen nachgebildete Klausel im Rechtsverkehr mit Verbrauchern gem. § 307 Abs. 1, Abs. 2 Nr. 1 BGB für unwirksam ansah, wurde Nr. 5 AGB Banken 2014 verbessert, vgl. Bredemeyer, Erbrechtliche Legitimation, S. 65 ff.

140 Stürner in Jauernig/Stürner, BGB Kom., § 2366 Rn. 2. Da beim dem Erbschein vergleichbaren Europäischen Nachlasszeugnis bereits grob fahrlässige Unkenntnis von dessen Unrichtigkeit schadet, geht im Unterschied zum innerstaatlichen Erbschein der Schutz des Gutgläubigen weniger weit, vgl. Leipold in Münchener Kommentar zum BGB. Bd. 9: Erbrecht. 6. Auflage, München 2013, Einl. Rn. 98 [fortlaufend abgekürzt als MöKo BGB; Anm. d. Verf.].

141 Nach hierzu ergangener Reform durch die EU-ErbVO kommt es de lege lata nun nicht mehr auf die letzte Staatsangehörigkeit des Erblassers an, sondern für die Rechtsnachfolge von Todes wegen nach ihm gem. Kapitel III Art. 21 EU-ErbVO bzw. Art. 25 EGBGB, der wiederum auf Kapitel III der EU-ErbVO verweist, nur noch auf den letzten gewöhnlichen Aufenthalt des Erblassers. Lediglich durch Rechtswahl in seiner Verfügung von Todes wegen kann der Erblasser eingreifen und wieder das Prinzip der Staatsangehörigkeit für die Rechtsnachfolge nach ihm eröffnen, vgl. Art. 22 Abs. 1 Satz 1, 2 EU-ErbVO.

seines Erbanteils (§352 Abs. 1 Nr. 8 FamFG)[142]. Das Nachlassgericht nimmt seine Feststellungen, da das Verfahren zur freiwilligen Gerichtsbarkeit nach FamFG gehört, nach den Regeln des Freibeweises ohne Bindung an feste Beweisregeln vor[143] und hat nach § 342 Abs. 1 FamFG in Verbindung mit § 26 FamFG die zur Feststellung entscheidungsrelevanten Tatsachen von Amts wegen zu ermitteln.

II. Die Probleme der Erbscheinausstellung

Gerade diese Ermittlung verursacht nicht nur wegen der zunehmenden Zahl der Nachlassfälle[144] eine größere Belastung der Gerichte, sondern auch wegen der sonstigen gesellschaftlichen Veränderungen (Zunahme der älteren Erblasser, Demenzfälle, Änderung der familiären Strukturen usw.)[145]. Durch Einführung der EU-ErbVO und die dadurch eingetretenen Änderungen im für den Erbfall anwendbaren Recht mögen zwar auf den ersten Blick Erleichterungen für Erbfälle nach Ausländern entstanden sein. In der Mehrzahl der Nachlassfälle der ausländischen Erblasser darf das deutsche Nachlassgericht nämlich jetzt deutsches Erbrecht anwenden, was zu einer erheblichen Verfahrenserleichterung führen wird[146]. Andererseits hat sich der EU-Gesetzgeber jedoch nicht dazu durchringen können oder wollen, die Kriterien für die Bestimmung des letzten und damit relevanten Aufenthaltsortes des Erblassers festzulegen[147]. Es ist zu erwarten, dass damit die genannte Entlastung durch eine Mehrbelastung bei den vom Nach-

142 Odersky, Felix: „Die Anwendung der Erbrechtsverordnung in der notariellen Praxis ab August 2015". *NOTAR* 2015, S. 183(188). Eine Erleichterung für den gemeinschaftlichen Erbschein gewährt jetzt allerdings § 352a Abs. 2 FamFG.

143 Dazu Schlüter/Röthel, ErbR Kurzlehrbuch, 5. Kap., § 30, S. 258.

144 Dazu später Dritter Teil.

145 Ausführungen dazu unter Dritter Teil.

146 Odersky, Anwendung der ERbVO in der notariellen Praxis, S. 183.

147 Jedenfalls ist in Kapitel I Art. 3 EU-ErbVO „Begriffsbestimmungen" eine Definition des gewöhnlichen Aufenthalts nicht aufgenommen worden. Allein aus Absätzen 23 und 24 zu den Erwägungsgründen der Verordnung lässt sich grob herleiten, welche Gesichtspunkte zur Feststellung des letzten gewöhnlichen Aufenthaltsortes tragend sein sollen. Allerdings nützt es dem Rechtsanwender wenig, wenn die Verordnung selbst in Satz 1, 4 des Absatzes 24 darauf verweist, dass sich komplexe Fälle ergeben können, die damit in ihrer Beurteilung schwierig sein werden. Zu denken wäre an Fälle des regelmäßigen Wechsels des wohlhabenden Ruheständlers zwischen Sommer- und Winterwohnsitz, des rein im Ausland Berufstätigen mit ständig wechselndem Wohnsitzstaat oder an den Erblasser, der erst und nur wegen der Pflege im Pflegeheim und dann nur kurz im Ausland Aufenthalt nimmt, ohne dort nennenswertes Vermögen zu hinterlassen.

lassgericht zu treffenden Aufenthaltsermittlungen nahezu kompensiert wird, da dieser letzte gewöhnliche Aufenthaltsort wandelbar ist[148].

III. Das Europäische Nachlasszeugnis

Diese vielschichtigen Probleme stellen sich natürlich genauso für die Ausstellung des in Kapitel VI Art. 62 ff EU-ErbVO eingerichteten Europäischen Nachlasszeugnisses. Der Ausstellung des Zeugnisses, das ähnlich wie der deutsche Erbschein zum Nachweis des Erbrechtes dient, allerdings über den möglichen Inhalt des deutschen Erbscheins hinaus auch zu weiteren Nachweisen[149] ausgestellt werden darf, liegt nämlich ebenfalls eine Amtsermittlung des Nachlassgerichts nach den Grundsätzen des Rechts der freiwilligen Gerichtsbarkeit zugrunde, vgl. Art. 66 Abs. 1 Satz 2 EU-ErbVO[150]. Nach Art. 67 EU-ErbVO gestattet die Verordnung die Ausstellung des Zeugnisses erst, wenn der zu bescheinigende Sachverhalt feststeht. Im Unterschied zum deutschen Erbschein ist das Europäische Nachlassverzeichnis antragsmäßig primär dazu bestimmt, die erbrechtliche Stellung in einem anderen Land als dem Ausstellungsland nachzuweisen[151]. Auch wenn der innerstaatliche Erbschein des FamFG beibehalten bleibt[152], kann das Europäische

148 Dabei können auch die Angaben zum Errichtungsort im Testament oder gar Ausführungen des Erblassers dazu im Testament nicht zwingend weiterhelfen. Eine Ausnahme mag gelten für den schmalen Anwendungsbereich des Art. 21 Abs. 2 EU-ErbVO, wenn man zu der Gesamtheit der Umstände, die das Aufenthaltsprinzip durchbrechen können und eine offensichtlich engere Verbindung des Erblassers zu einem anderen Staat belegen, auch etwaige Angaben des Erblassers dazu in seinem Testament rechnen möchte. Es bleibt abzuwarten, ob dies auch gerichtsfest sein wird.

149 Das Zeugnis dient zur Verwendung durch Erben oder Vermächtnisnehmer oder Testamentsvollstrecker bzw. Nachlassverwalter. Zum Streitstand gerade zum Problem des im ENZ ausgewiesenen dinglichen Vermächtnisses und seiner Umsetzung im deutschen Recht, vgl. Volmer, Michael: „Erbschein und ENZ nach der EuErbVO". *NOTAR* 2016, S. 323(324).

150 Gleichwohl bestehen Unterschiede zum deutschen Erbschein: während im Erbscheinsverfahren das weitere Ziel der Amtsermittlung die Berücksichtigung/Findung von Ergebnissen bei Antragskonflikten ist, hat das Verfahren zum ENZ gem. Art. 67 Eu-ErbVO keine Streitentscheidung herzustellen und gelangt im Rahmen widerstreitender Anträge nur zur Versagung des ENZ, was übrigens auch für die höhere Instanz gilt; wie hier Volmer, Erbschein und ENZ, S. 323(325); dazu auch Buschbaum/ Simon, Beantragung und Erteilung eines Europäischen Nachlasszeugnisses sowie Verwendung eines ausländischen Nachlasszeugnisses, *Rechtspfleger* 2015, 444.

151 Siehe Leipold in MüKo, BGB – Erbrecht, Einl. Rn. 95.

152 Gem. Art. 62 Abs. 3 Satz 1 EU-ErbVO.

Nachlasszeugnis im Unterschied zum deutschen Erbschein mit seiner Begrenzung auf das Inland aber *gleichzeitig* im Inland, also in dem Staat seiner Ausstellung, seine Wirkungen entfalten[153].

IV. Erbnachweis und Testamentsform

In Anbetracht der dargestellten Schwierigkeiten, die heute bei der Ausstellung des innerstaatlichen Erbscheins bzw. künftig bei der Erteilung des neu geschaffenen Europäischen Nachlasszeugnisses zu erwarten sind[154] und obwohl der EU-Gesetzgeber mit der Einführung des gewöhnlichen Aufenthaltsortes bzw. dem Weglassen von Erbquoten im Erbnachweis[155] die Rechtslage vereinfachen bzw. erleichtern wollte, stellt sich auch aus dieser Sicht die Frage, ob nicht ergänzend zu diesen Rechtsentwicklungen neue Testamentsformen erforderlich sind. Mit neuen Formen könnten möglicherweise Probleme wie die der Feststellung der Testierfähigkeit, der Frage des auf die Rechtsnachfolge anzuwendenden Rechts gem. gewöhnlichem Aufenthaltsort oder durch Rechtswahl[156], Auslegungsfragen

---

153 Leipold in MüKo, BGB – Erbrecht, Einl. Rn. 95; vgl. auch Art. 62 Abs. 3 Satz 2 in Verbindung mit Art. 69 Abs. 2 bis 5 EU-ErbVO.

154 Lediglich das Vereinigte Königreich Großbritannien und Irland sowie Dänemark haben die Annahme der EU-ErbVO abgelehnt und sind damit nicht an diese gebunden, vgl. Abs. 82 und 83 der Gründe der EU-ErbVO. Das bedeutet allerdings nicht, dass z. B. der britische Staatsbürger mit gewöhnlichem Aufenthalt in Deutschland nicht gleichwohl nach Art. 21 Abs. 1 EU-ErbVO nach deutschem Erbrecht beerbt wird, sofern er keine Rechtswahl nach seiner Staatsbürgerschaft verfügt hat.

155 Eine Vereinfachung wird lediglich dadurch zu erwarten sein, dass gem. § 352 a Abs. 2 FamFG auf eine in der Vergangenheit oft mit erheblichem Rechtsstreit verbundene Angabe der Erbteile im Erbschein nunmehr verzichtet werden kann, wenn alle Antragsteller und damit im Ergebnis *alle Erben* darauf verzichten. Diese Vereinfachung wird sich wohl nur auf die wenigen Fälle beschränken, die schon bei alter Rechtslage streitlos entschieden werden konnten. Damit bleibt auch hierzu die Forderung gegenüber neuen Testamentsformen bestehen, durch diese den typischen Fehler des fachunkundigen Erblassers, nämlich den der Unterlassung der Bestimmung der dem einzelnen Miterben zugedachten Erbteile, zu verhindern. Leider ist dieser Fehler in nicht unerheblicher Zahl ausschließlich in holographischen Testamenten vorzufinden.

156 Man denke nur daran, dass der Erblasser mangels ausreichender Rechtskenntnisse zur EU-ErbVO und mangels fachlicher Beratung in seinem Testament die Rechtsnachfolge von Todes wegen durch Rechtswahl einem Staat unterstellt, zu dem er weder gewöhnlichen Aufenthalt zum Todeszeitpunkt noch jemals eine Staatsbürgerschaft unterhielt. Ob es dann noch dem Schutz der Testierfreiheit entspricht, den Erbfall „einfach“ dem Recht des gewöhnlichen Aufenthalts zu unterstellen mit

aufgrund anderer fremdländischer Herkunfts-Kultur hinsichtlich der im Testament getroffenen Wortwahl bis hin zu dem deutschen „Sonderproblem" der Bindungswirkung von Verfügungen im gemeinschaftlichen Testament erheblich verringert, wenn nicht sogar verhindert werden. Dies gilt zumindest dann, wenn diese neuen Formen unabdingbar eine fachliche Information des Erblassers bei seiner Testamentserrichtung vorsehen würden.

Nach h.M. wird das gerichtlich eröffnete öffentliche Testament fast ausnahmslos als rechtlich ausreichender Nachweis über das angefallene Erbrecht des oder der Erben angesehen[157]. Dies gilt sowohl für den Bereich der Banken und Sparkassen[158] als auch für die übrigen nachweiserheblichen Rechtsbereiche wie zum Beispiel für das Handelsregister oder das Grundbuchwesen, das Verfahren nach der Schiffsregisterordnung oder nach dem Gesetz über Rechte an Luftfahrzeugen[159]. Die h.M. hält es abgesehen von den Anforderungen in den soeben genannten Registerbereichen aber auch für ausreichend, wenn der Erbe sein Recht in anderer geeigneter Form als durch Erbschein oder öffentliches Testament nachweist[160]. Dies wird überwiegend damit begründet, dass der Erbe ein *berechtigtes Interesse* an einer möglichst raschen und kostengünstigen Abwicklung seines Nachlassfalles hat.

Bei der Vorstellung neuer Testamentsformen sollte dieser von der Rechtsprechung und Literatur vertretenen Möglichkeit der Nachweiserleichterung nachgekommen werden. Es ist deshalb nicht nur eine Verbesserung der formellen und materiellen Klarheit und damit der Wirksamkeit von Testamenten durch neue Testamentsformen anzustreben, sondern auch für den Bereich des Erbnachweises eine Form vorzustellen, die gleichzeitig zu einem schnellen, dabei aber kostengünstigen Erbnachweis führen kann[161].

Als erwünschter Nebeneffekt entlastet dies zudem die Gerichtsbarkeit und schafft dadurch mehr Zeit und Raum für die nachlassgerichtlichen Verfahren in unvermeidbar komplizierten Nachlassverfahren.

---

möglicherweise stark differierenden Rechtsfolgen zu dem vom Erblasser vermeintlich gewählten Erbrecht, erscheint doch sehr zweifelhaft und unbefriedigend.

157 BGH, *DNotZ* 2006, S. 300; ebenso Ott-Eulberg, Michael / Schebesta, Michael: *Praxishandbuch Erbrecht und Banken*. 2. Auflage, Mainz/Siegburg/Augsburg 2008, S. 5 Rn. 3; Szalai, S. 370 f.

158 Dazu bereits in diesem Teil.

159 Dazu Uricher in Damrau, Praxiskom. ErbR, Vorb. Zu §§ 2353 ff. BGB, Rn. 6; Weidlich in Palandt, Kurzkom. BGB, § 2353, Rn. 65 f.

160 BGH, *ZNotP* 2016, S. 107; BGH, *DNotZ* 2014, S. 53 m.w.N. aus der Literatur.

161 Vgl. auch DNotI-Report 9/2015 vom Mai 2015, aus der Gutachtenpraxis, S. 65 f.

D. Reformen und deren Auswirkung auf Formen

Mit der in der Literatur überwiegend vertretenen Meinung[162] kann man zwar vertreten, dass das Erbrecht nicht gerade von umfassenden Reformen geprägt ist. Gleichwohl kann man das Erbrecht aber nicht als resistent gegenüber Reformvorhaben bezeichnen, sondern durchaus, und das ist im Zusammenhang mit dieser Untersuchung von Bedeutung, als in der Lage, sich gesellschaftlichem Wandel und neuen Herausforderungen zu stellen und darauf zu reagieren.

I. Skizze der Reformen im deutschen Erbrecht

Die nachfolgend skizzierten Reformen belegen die vorgenannte Aussage und zeigen dabei zugleich, wie das Rechtsgebiet der Vererbung gerade durch die durchgeführten Reformen zum Teil erheblich komplizierter für den Testamentsinhalt geworden ist[163].

1. Das Erbrecht des Ehegatten

Das Ehegatten-Erbrecht nach § 1931 BGB ist als sog. Sondererbrecht[164] ausgestaltet[165]. Dabei ist das Ehegattenerbrecht mit der Gleichstellung von Mann und Frau[166] in seiner heutigen Ausgestaltung der Erhöhung des Ehegattenerbteils erst

---

162 Frank, Rainer / Helms, Tobias: *Lehrbuch des Erbrechts*. 6. Auflage, Marburg 2013, § 1 Rn. 1, die zu Recht ausführen, dass anders als in den ersten vier Büchern des BGB im fünften Buch „Erbrecht“ grundsätzlich keine einschneidenden Reformen stattgefunden hätten. Ebenso Zimmermann, Reinhard: „Testamentsformen: Willkür“ oder Ausdruck einer Rechtskultur?“. *Rabels Zeitschrift für ausländisches und internationales Privatrecht* 76, 2012, S. 471(474), der im Erbrecht national wie international eine nicht dynamische Materie im „Dornröschenschlaf“ sieht.

163 Wichtige Reformen und Änderungen im Erbrecht vor der Gründung der Bundesrepublik Deutschland werden, soweit sie für die vorliegende Ausarbeitung von Bedeutung sind, im Rahmen des historischen Abrisses im Fünften Teil dargestellt.

164 Tanck in Damrau, Praxiskom. ErbR, § 1931 Rn. 1.

165 Im sog. germanischen Erbrecht war zumindest ein von selbst anfallendes, gleichsam durch Heirat garantiertes Erbe der Ehefrau nicht vorgesehen, vgl. die Ausführungen dazu bei Kroeschell, Karl: *Studien zum frühen und mittelalterlichen deutschen Recht*. Freiburg 1994, S. 35 ff., und bei Amira, Karl von: *Grundriss des germanischen Rechts*. München 1913, S. 173; Änderungen erfuhr dies erst zum Mittelalter hin, vgl. dazu Schmidt-Recla, Adrian: *Kalte oder warme Hand? Verfügungen von Todes wegen in Mittelalterlichen Referenzquellen*. Leipzig/Regensburg 2011, S. 525 m.w.N.

166 Beckert, Erben in der Leistungsgesellschaft, S. 33, bezeichnet richtigerweise die erbrechtliche Gleichstellung von Mann und Frau als eine Fortsetzung des Modernisierungsprozesses im gesetzlichen Erbrecht.

durch die Reformen des Gesetzgebers nach dem Gleichberechtigungsgesetz mit Wirkung zum 01.07.1958[167] und durch die Einführung des gesetzlichen Güterstands der Zugewinngemeinschaft begründet worden[168]. In der Kautelarjurisprudenz ist dabei festzustellen, dass der Rechtslaie zwar in den meisten Fällen von der richtigen „Gesamterbquote" bei im gesetzlichen Güterstand Verheirateten ausgeht, ihm allerdings die hierzu notwendige Berechnungsgrundlage des § 1371 Abs. 1 BGB unbekannt ist. Bei vereinbartem Güterstand der Gütertrennung führt dies nicht selten zu der Fehlvorstellung, der Ehegattenerbteil bliebe unverändert gleich hoch wie bei einer Zugewinngemeinschaft. Hierin zeigt sich bereits, wie eine vom Ansatz her berechtigte Reform Auswirkungen auf das Testierverhalten haben kann; will nämlich der Erblasser trotz vereinbarter Gütertrennung den Ehegattenerbteil in Höhe gesetzlicher Güterstand belassen, muss er wissen, dass es dazu einer gewillkürten Erbregelung durch Testament bedarf.

2. *Das nichteheliche Kind und die Adoption*

Durch Entscheidung des Bundesverfassungsgerichts wurde dem Gesetzgeber sehr drastisch aufgegeben, den Wandel der Stellung des nichtehelichen Kindes in der modernen Gesellschaft der Bundesrepublik Deutschland auch im Erbrecht des Nichtehelichen umzusetzen[169]. Erst diese Entscheidung des Bundesverfassungsgerichtes veranlasste den Gesetzgeber das Nichtehelichengesetz vom 19.08.1969[170] zu erlassen, welches den Erbersatzanspruch der §§ 1934 a bis c BGB für die Erbfälle nach dem 01.07.1970 sowie den Anspruch auf vorzeitigen Erbausgleich nach § 1934 d BGB einführte. Die vollständige Gleichstellung des nichtehelichen Kindes[171] kam erst durch die Wiedervereinigung 1990 zum Durchbruch[172].

167 BGBl. 1957 I S. 609; zur Entwicklung des Gesetzes, vgl. Ramm, Thilo: *Familienrecht. Verfassung, Geschichte, Reform. Ausgewählte Aufsätze.* Tübingen 1996, S. 3 zu Fn 7.

168 Olzen, Lehrb. Erbrecht, 1. Kap., § 4 B.II. m.w.N.

169 BVerfGE 25, 167: „Erfüllt der Gesetzgeber den ihm nach Art. 6 Abs. 5 GG erteilten Auftrag zur Reform des Unehelichenrechts [...] nicht bis zum Ende der 5. Legislaturperiode des Bundestags, so ist der Wille der Verfassung soweit wie möglich durch die Rechtsprechung zu verwirklichen."

170 BGBl. 1969 I S. 1243.

171 Zur Darstellung der Entwicklung auch Schlüter, Erbrecht Lehrbuch, § 9 II.3.b); Olzen, Lehrb. Erbrecht, § 4 Rn. 36.

172 Die ehemalige DDR hatte im § 365 Abs. 1 Satz 1 Zivilgesetzbuch DDR v. 19.06.1975 alle Kinder des Erblassers als Erben 1. Ordnung rechtlich gleichgestellt. Nach Art. 235 § 1 S. 2 EGBGB galt nun diese Gleichstellung trotz Aufhebung des ZGB DDR mit Einigungsvertrag v. 31.08.1990, BGBL. II, S. 889, fort. Zur Beseitigung dieser

Die Reform zum Erbrecht des nichtehelichen Kindes erfordert damit ebenfalls Fachkenntnisse des Testierers, die dieser bei Einführung der holographischen Testamentsform 1900 mangels Erbanspruch des Nichtehelichen nicht haben musste.

Die Adoption minderjähriger Kinder führt seit der Reform durch das Adoptionsgesetz von 1976[173] zur vollen rechtlichen und damit auch erbrechtlichen Gleichstellung. Diese Volladoption war das erklärte Ziel der Reform. Die Rechtslage der heutigen Volladoption scheint weitestgehend bekannt mit einer Ausnahme, die Adoption Volljähriger. Dem Rechtslaien ist der Unterschied zur Volladoption Minderjähriger nicht so vertraut, als dass es nicht doch immer wieder zu unerwarteten Ergebnissen bei Eintritt des Erbfalles in diesen Konstellationen kommt[174]. Auch ist vielen Erblassern nicht bewusst, dass die übliche testamentarische Einsetzung der Abkömmlinge des eigenen leiblichen Kindes als Ersatzerben sich auch auf die von diesem Kind adoptierten Kinder erstreckt, soweit mangels Rechtskenntnissen keine Einschränkung verfügt wurde[175]. Ein weiteres Mal kann sich also eine dem Grunde nach berechtigte Reform als neuzeitliche Falle bei Testamentserrichtung erweisen, die es bei Inkrafttreten des Erbrechts des BGB noch nicht gab.

3. *Die Lebenspartnerschaft*

Zu den Reformen, die aus besonderer Rücksichtnahme auf die geänderten Lebensverhältnisse innerhalb der Gesellschaft durchgeführt worden sind[176], gehört ohne Zweifel auch das Lebenspartnerschaftsgesetz[177]. Es ist dadurch die sog. erb-

---

Ungleichbehandlung in neuen und alten Bundesländern wurde über eine zunächst eingesetzte Kommission mit dem Erbrechtsgleichstellungsgesetz v. 16.12.1997, BGBl. I, S. 2968, am 01.04.1998 durch Streichung der §§ 1934 a ff. BGB eine völlige Gleichstellung der nichtehelichen Kinder bundesweit herbeigeführt. Zu den dabei festgelegten sachlich und ergebnismäßig sehr fraglichen Übergangsvorschriften, vgl. Olzen, Lehrb. Erbrecht, § 4 Rn. 42.

173 BGBl. 1976 I, S. 1749.

174 Vgl. Schlüter/Röthel, ErbR Kurzlehrbuch, § 8 Rn. 9 f. Nach § 1770 BGB erstrecken sich die Wirkungen der Adoption Volljähriger bzw. nach Volljährigenrecht nicht auf die Verwandten des Annehmenden. Da die Verwandtschaft zur biologischen Ursprungsfamilie bestehen bleibt, bestehen damit zu dieser weiterhin erbrechtliche Beziehungen.

175 Dazu Seiler/Rudolf in Damrau, Praxiskom. ErbR, § 2068 Rn. 5 f.

176 Hierzu bereits Beckert, Erben in der Leistungsgesellschaft, S. 33.

177 LPartG v. 16.02.2000, BGBl. 2001, I S. 266, in Kraft getreten am 01.08.2001. Nach langen Diskussionen in Politik und Gesellschaft ist mit der Einführung des Rechtsinstituts der Lebenspartnerschaft durch das LPartG zwischen zwei gleichgeschlecht-

rechtliche Lösung des Zugewinnausgleichs auch für den Lebenspartner eröffnet worden[178]. Schließlich besteht im Rahmen der nahezu[179] vollen Gleichstellung mit der Ehe auch die Möglichkeit, der Form nach ein gemeinschaftliches Testament zu errichten[180]. Allgemein wird nicht ausreichend bekannt sein, dass über das LPartG eine Vererbung des Nachlasses bei Tod eines *Lebenspartners* an dessen Partner erfolgen kann, der den Nachlass an seine Blutsverwandten weitervererbt. Dies kann von Fall zu Fall dem Willen des Erblassers widersprechen. Auch hier haben wir es also mit einer der „modernen Zeit" geschuldeten Reform zu tun, die bei Schaffung des BGB und der noch heute darauf beruhenden Formvorschriften nicht einmal im Ansatz vorstellbar war, die aber gerade deswegen eine beratende Betreuung des heutigen Erblassers bei Testamentsabfassung erfordern kann[181].

4. *Das Pflichtteilsrecht*

Das Pflichtteilsrecht fand von Anfang an Aufnahme im BGB, war doch dem Gesetzgeber die Bedeutung des Erbrechts der allernächsten Verwandten und damit der engsten Familienmitglieder schon aus der Historie heraus bewusst[182]. Das darf indes nicht darüber hinwegtäuschen, dass weiterhin eine Diskussion in Politik, Rechtswissenschaft und Bevölkerung über die Existenzberechtigung des Pflichtteils geführt wird[183]. Auch hierin verdeutlicht sich der Werte- und Einstellungs-

---

lichen Partnern/Partnerinnen eine Lebens- und Rechtssituation geschaffen worden, die weitestgehend der Ehe angepasst ist, dazu Schlüter/Röthel, ErbR Kurzlehrbuch, § 11Rn. 1 ff.

178 Leipold in MüKo, BGB – Erbrecht, zu § 1931 Rn. 54.

179 Im Unterschied zu § 1932 BGB, der für den Voraus des Ehegatten immer dessen Stellung als Erbe postuliert, ist dies nach dem ausdrücklichen Wortlaut des § 10 Abs. 1 S. 3 LPartG nicht erforderlich, so hinterfragend jedenfalls Seiler in Damrau, Praxiskom. ErbR, § 1932 Rn. 6. Aus dem Kontext muss aber wohl geschlossen werden, dass der Gesetzgeber hier nur ungenau war und auch wie bei § 1932 BGB stets eine Erbenstellung des Lebenspartners vorausgesetzt hat.

180 Olzen, Lehrb. Erbrecht, § 4 Rn. 44.

181 Noch fortschrittlicher ist inzwischen Österreich mit der Einführung eines außerordentlichen gesetzl. Erbrechts des/der Lebensgefährten(tin), dazu Steiner, Anton: „Reform des österreichischen Erbrechts und ihre Auswirkungen auf die deutsche kautelarjuristische Praxis". *ZEV* 2016, S. 131.

182 Bryde in Münch/Kunig, GG-Kom., zu Art. 14 GG Rn. 45; Schmidts, Die Reform des Pflichtteilsrechts, S. 17 f. und S. 26 ff.; zum Verfassungsschutz bei Weidlich in Palandt, KurzKom. BGB, § 2303 Rn. 4 m.w.N.

183 Cottier, Soziologisches Wissen, S. 208 f.; Schmidts, Die Reform des Pflichtteilsrechts, S. 71.

wandel in der Bevölkerung und beim Rechtsanwender, der in alle Bereiche des Rechts, so auch in das Erbrecht ausstrahlt und im Ergebnis häufig einfließt. Unabhängig davon, welche Position man zum materiellen Pflichtteilsrecht einnimmt, ist für die vorliegende Untersuchung die Feststellung von Bedeutung, dass in der Bevölkerung sowohl bei Befürwortern als auch bei Gegnern des Pflichtteilsrechts oft Fehlvorstellungen über den Kreis der Pflichtteilsberechtigten[184] und zum Pflichtteilsergänzungsrecht bestehen. Dies mag vor allem an der für den Rechtslaien zum Teil schwierigen normativen Ausgestaltung des Pflichtteilsrechts liegen. So erschließt sich z. B. für den Rechtslaien bei lebzeitigen Zuwendungen des Erblassers an den Pflichtteilsberechtigten aus der Bestimmung des § 2315 Abs. 1 BGB nicht unmittelbar, dass die Anrechnungsbestimmung auf den Pflichtteil spätestens bei Ausführung der Zuwendung getroffen werden muss und eine Nachholung, insbesondere wie häufig durch Verfügung im Testament, nicht möglich bzw. zweckverfehlt ist[185]. Auch sind dem Rechtslaien die Bestimmungen der Pflichtteilsergänzung und der Beginn ihrer Ausschlussfrist meist unbekannt[186]. Durch die erste nennenswerte Reform[187] zum Pflichtteilsrecht nach dem Gesetz zur Änderung des Erb- und Verjährungsrechts vom 24. September 2009[188] hat sich diese Rechtslage nicht geändert[189]. Für die Arbeit ist somit festzuhalten, dass mit der Reform die eingangs dargestellten Problembereiche nicht gelöst wurden. Als Ergebnis dieser Ausführungen zur Reform des Pflichtteilsrechts bleibt festzustellen, dass auch hier ein erhöhter Beratungsbedarf für den testierenden Erblasser besteht.

---

184 Häufig wird ein Pflichtteilsrecht der Geschwister vermutet.

185 So h.M., für viele vgl. Weidlich in Palandt, Kurzkom. BGB, § 2315 Rn. 3; ausgenommen hierüber wird durch notariellen teilweisen Pflichtteilsverzicht zwischen Pfichtteilsberechtigtem und Erblasser eine Vereinbarung getroffen.

186 Dazu Lange in MüKo, BGB, zu § 2325 BGB Rn. 1 ff.

187 Schmidts, Die Reform des Pflichtteilsrechts, S. 2.

188 BGBl. 2009 I S. 3142.

189 Indem zwar an der zeitlichen Zehnjahres-Schranke festgehalten wird, der anzurechnende Wert der Schenkung aber innerhalb jedes weiteren Jahres vor dem Erbfall um je 10 % gekürzt wird, § 2325 Abs. 3 *Satz 1* BGB n. F. Ein Vergleich zum Prinzip der aus dem Ertragssteuerrecht bekannten Absetzung für Abnutzung (kurz AfA), vgl. § 6 Abs. 1 Nr. 1 EStG, drängt sich förmlich auf. Vgl. auch Leipold in MüKo, BGB – Erbrecht, Einl. Rn. 56, und zu § 2057 a BGB, Einl. Rn. 58; Röthel, Ist unser Erbrecht noch zeitgemäß?, A13(56 ff.).

II. Bedeutende internationale Abkommen und Verordnungen

Beispiele dafür, dass sich auch im Erbrecht die Internationalisierung[190] mit Veränderungen zu der Situation, die die Gründungsväter des BGB noch vorfanden, mehr und mehr durchsetzt, geben insbesondere das Übereinkommen über das auf die Form letztwilliger Verfügungen anzuwendende Recht vom 5. Oktober 1961 (kurz Haager Testamentsabkommen vom 05.10.1961)[191] und die erst seit 17. August 2015 anzuwendende neue Verordnung (EU) Nr. 650/2012 vom 4. Juli 2012 über die Zuständigkeit, das anzuwendende Recht, die Anerkennung und Vollstreckung von Entscheidungen und die Annahme und Vollstreckung öffentlicher Urkunden in Erbsachen sowie zur Einführung eines Europäischen Nachlasszeugnisses (nachfolgend EU-ErbVO)[192]. Beide Normenkomplexe sollen an dieser Stelle nicht in allen Einzelheiten dargestellt werden. Sie sind jedoch insoweit zu berücksichtigen, als sie den Bereich der Testamentsformen betreffen.

1. Das Haager Testamentsabkommen

Das Haager Testamentsabkommen ist Grundlage der Regelungen in Art. 26 EGBGB a. F., insbesondere des Absatzes 1, gewesen. Es sollte der Öffnung der Grenzen und der damit größeren Bereisungssituation im Geschäfts- wie im Privatleben Rechnung getragen werden und die Wirksamkeit eines Testamentes der Form nach nicht mehr davon abhängen, an welchem Ort unter Berücksichtigung der jeweiligen örtlichen Formvorschriften, der individuellen Kenntnisse der Formvorschriften seines Heimatstaates, der Wohnsitznahme oder des gewöhnlichen Aufenthaltsortes der Erblasser seine Verfügung von Todes wegen errichtet hat[193]. Im Ergebnis verhalf das Haager Testamentsabkommen vielen

190 Leipold in MüKo, BGB – Erbrecht, Einl. Rn. 60; Krug, Walter: *Grenzenloses Erbrecht – Grenzen des Erbrechts. 27. Tagung der DACH in Luzern im September 2002. Bericht.* Köln 2004, S. 279, konstatiert ebenfalls, Erbrechtsfälle mit Auslandsberührung werden in Zukunft immer häufiger werden.

191 BGBl. 1965 II S. 1144 mit Bekanntgabe über das Inkrafttreten am 29.12.1965, BGBl. II S. 11; im Unterschied zur EU-ErbrechtsVO fallen unter das Abkommen nur Testamente und deren Widerruf.

192 Siehe Amtsblatt der Europäischen Union v. 27.07.2012 L 201 S. 107.

193 Weber in Damrau, Praxiskom. ErbR, § 2247 Rn. 79; der Begriff der Formgültigkeit ist durch das Abkommen unter Art. 5 und dem folgend Art. 26 Abs. 3 EGBGB a. F. insoweit erweitert worden, als zu den Formvorschriften auch solche Normen zählen, die Regelungen zum Alter, zur Staatsangehörigkeit oder zu sonstigen Begrenzungen in der Person des Testierers beinhalten, im BGB also die §§ 2233, 2247 Abs. 4. Im Übrigen definieren aber die genannten Normen des Abkommens bzw. EGBGB

ansonsten formunwirksamen Testamenten zur Rechtswirksamkeit[194], wenn auch empirische Feststellungen darüber letztlich fehlen[195].

2. *Die EU-Erbrechtsverordnung (EU-ErbVO)*

Wesentlich weitreichendere Rechtsfolgen zum Bereich des internationalen Erbrechts bringt nun die neue EU-ErbVO[196]. Einzelne Änderungen im BGB wurden erforderlich, um Widersprüche zwischen nationalem BGB und EU-ErbVO auszuschließen. Die Einführung des IntErbRVG war zudem notwendig geworden für die Ausstellung, Berichtigung, Änderung und den Widerruf des neu auf europäischer Ebene eingeführten Europäischen Nachlasszeugnisses[197]. Für diese Untersuchung bringt die EU-ErbVO folgende interessante Neuerungen:

---

nicht näher, welche Vorschriften sie als zur *Form* einer Verfügung von Todes wegen gehörend zählen.

194 So Krug, Grenzenloses Erbrecht, S. 281.

195 Ein Beispiel mag dies belegen: de lege lata ist ein mit PC geschriebenes holographisches Testament formunwirksam. Hatte der Erblasser aber sein Testament an einem Ort verfasst, an dem diese Form zulässig war (z. B. im Staat New York unter Zuziehung zweier Zeugen mit deren Unterschriften am Schluss), ist nach Art. 1 Abs. 1a Haager Testamentsabkommen und dem folgend nach Art. 26 Abs. 1 Nr. 2 EGBGB a. F. sein Testament formwirksam und auch in Deutschland anzuerkennen. Über derartige Fälle wird keine Statistik des Nachlassgerichtes oder von dritter Seite geführt.

196 Sie hat zunächst bewirkt, dass die Formalvorschriften zur örtlichen Zuständigkeit des Nachlassgerichtes sowie zum Verfahren auf Erteilung eines Erbscheins aus dem Buch 5, Abschnitt 8, des BGB unter teilweiser inhaltlicher Änderung in das Gesetz über das Verfahren in Familiensachen und in Angelegenheiten der freiwilligen Gerichtsbarkeit übernommen wurden, vgl. §§ 343, 344, 352 bis 354 FamFG, und erstmalig ein Internationales Erbrechtsverfahrensgesetz (IntErbRVG) erlassen wurde. Das neue IntErbRVG umfasst neben seinen Bestimmungen zum ENZ noch die Zuständigkeitsvorschriften für streitige Verfahren sowie Durchführungsvorschriften für Anerkennung und Vollstreckung von Entscheidungen in Erbsachen im grenzüberschreitenden Rechtsverkehr, vgl. Egidy, Nicole / Volmer, Michael: „ErbVO und IntErbRVG in der Anwendung durch die Nachlassgerichte". *Rechtspfleger* 2015, S. 433 ff.. Dieser erweiterte Regelungsbereich soll hier nicht behandelt werden, vgl. dazu näher Grziwotz, Herbert: „Erbscheinsverfahren neu geregelt". *FamRZ* 2016, S. 417 ff.

197 Leipold in MüKo, BGB – Erbrecht, Einl. Rn. 60, ist zwar darin beizupflichten, dass unter Berufung auf die nachfolgend zitierte Entscheidung des BVerfG v. 30.06.2009 das Europäische Recht de lege lata und ferenda nicht eine Vollharmonisierung des Erbrechts erzwingen kann. Die hier genannten vom nationalen deutschen Gesetzge-

die Anknüpfung des Erbstatuts und Errichtungsstatuts an den gewöhnlichen Aufenthalt, die Möglichkeit der Rechtswahl zu beidem, die Einführung des Europäischen Nachlasszeugnisses (ENZ) und den antragsmäßigen Verzicht auf Erbquoten im nachlassgerichtlichen Erbnachweis.

a) *Das Erbstatut und das Errichtungsstatut*

Noch bis vor kurzem richtete sich das Erbstatut in Deutschland gem. Art. 25 Abs. 1 EGBGB a. F. nach der Staatsangehörigkeit des Erblassers zum Zeitpunkt seines Todes. Da dies länderübergreifend gesehen von Staat zu Staat zum Teil unterschiedlich geregelt war, konnte es zu einer sog. Nachlassspaltung kommen[198]. Das EU-Recht bringt nun grundsätzlich[199] den Wechsel vom Staatsangehörigkeitsprinzip zum Prinzip des gewöhnlichen Aufenthalts[200]. Allerdings gilt diese

ber wegen der EU-ErbVO aufgelegten Gesetzesänderungen und -anpassungen sind jedoch nach hier vertretener Auffassung noch im Einklang mit den vom BVerfG festgestellten Grenzen zu sehen. Nach der Entscheidung des BVerfG v. 30.06.2009, *NJW* 2009, S. 2267(2274) zum Vertrag von Lissabon (dt. RatifikationsG) darf die EU auf der Grundlage der Union souveräner Staaten nämlich nicht in der Form verwirklicht werden, dass den einzelnen Mitgliedsstaaten kein ausreichender Raum zu ihrer politischen Gestaltung der wirtschaftlichen, kulturellen oder sozialen Lebensverhältnisse mehr verbleibt. Zu diesen geschützten Räumen gehören nach dem BVerfG auch der grundrechtlich relevante Bereich der Familienverhältnisse i.w.S.. Es spricht vieles dafür, hierzu auch das Erbrecht zu zählen. Soweit jedoch zur Regelung grenzüberschreitender Sachverhalte notwendig, und dazu trägt m. E. die EU-ErbVO bei, dürften jedoch keine Bedenken gegen die Verfassungsmäßigkeit der im Text genannten Bestimmungen bestehen.

198 Beispiel: Ein in Deutschland lebender Deutscher wurde hinsichtlich seines in Deutschland befindlichen gesamten Nachlasses nach deutschem Erbrecht, hinsichtlich seiner in der Bretagne/Frankreich liegenden Villa nach französischem Recht und wegen seines beweglichen Vermögens in der französischen Villa wieder nach deutschem Recht beerbt. Hintergrund waren die zum Teil erheblich unterschiedlichen Anknüpfungspunkte für das zur Anwendung kommende Erbrecht, vgl. Krug, Grenzenloses Erbrecht, S. 286 f.

199 Soweit nicht ein Fall der Vorbehaltsklausel des Art. 30 EU-ErbVO vorliegt; dazu Thron in Palandt, KurzKom. BGB, Art. 30 Rn. 1 m.w.N.; Dutta in MüKo, BGB, Art. 30 Rn. 4 ff.

200 Siehe Leipold in MüKo, BGB – Erbrecht, Einl. Rn. 84. Unabhängig von Sachgründen, die für diese Anknüpfung sprechen könnten, liegt diese auch „im Trend" der EU. Schon bei Schaffung der Verordnung (EU) Nr. 1259/2010 (Rom III-VO) v. 29.12.2010, ABl. L 343/10, hat der EU-Gesetzgeber in Art. 8 der Norm das Scheidungs- und Trennungsstatut primär von dem gewöhnlichen Aufenthalt der Ehegat-

Vereinfachungsregelung nicht für Dänemark, Irland und das Vereinigte Königreich[201].

Bedauerlicherweise haben jedoch weder der EU-Verordnungsgeber noch der nationale Gesetzgeber eine Definition zur Feststellung des *gewöhnlichen Aufenthaltes* der Verordnung oder dem Gesetz beigefügt[202]. Dies ist bedauerlich, da der gewöhnliche Aufenthalt sowohl für die Zuständigkeit des Gerichts als auch für das Erbstatut entscheidend ist[203].

Nach Art. 22, 24 Abs. 2 EU-ErbVO hat der Erblasser allerdings die Möglichkeit, das Erbstatut/Errichtungsstatut durch Rechtswahl zu bestimmen[204]. Diese Mög-

---

ten und erst in zweiter Folge von deren Staatsangehörigkeit abhängig gemacht. Dazu Winkler von Mohrenfels, Peter: *Das neue internationale Scheidungsrecht (Rom III-VO)*, S. 1(7), online verfügbar unter http://www.dmjv.de/PDFDoc/Vortrag von Mohrenfels.pdf; letzter Abruf 20.08.2015.

201 Odersky, Anwendung der ERbVO in der notariellen Praxis, S. 183; die genannten Mitgliedstaaten haben ihre Teilnahme an der Verordnung abgelehnt und gelten deshalb wohl bzgl. der VO als Drittstaaten. Allerdings greift die Regelung gleichwohl einseitig auf deutscher Seite, da die Anknüpfung an den gewöhnlichen Aufenthalt aus Sicht der Teilnehmerstaaten weltweit gilt, also auch für Drittstaatler mit Nachlass innerhalb der EU und ebenso für einen EU-Bürger mit letztem gewöhnlichen Aufenthalt in Drittstaaten, vgl. Egidy/Volmer, ErbVO und IntErbRVG in der Anwendung, S. 433.

202 Siehe Fröhler, Oliver: „Der Gesetzentwurf zu Änderungen des nationalen Rechts zwecks Durchführung der EUErbVO und neue Erkenntnisse zur internationalen Zuständigkeit deutscher Nachlassgerichte im Erbscheinsverfahren". *BWNotZ* 2015, S. 47 ff. Der Verordnungsgeber hat sich im Unterschied zu Art. 3 EU-ErbVO, in dem er Begriffsbestimmungen formuliert, darauf beschränkt, unter Ziffern (23) und (24) der Erwägungsgründe zu der Verordnung nur Anhaltspunkte zur Feststellung des gewöhnlichen Aufenthalts zu geben.

203 Eine gute Zusammenstellung zu den Kriterien zum gewöhnlichen Aufenthalt findet sich bei Egidy/Volmer, ErbVO und IntErbRVG in der Anwendung, S. 433(438). Zum Begriff auch Lagarde in Bergquist et al.: *EU-Erbrechtsverordnung. Kommentar.* Stockholm et al. 2014, zu Art. 21 Rn. 6.

204 Gem. Art. 4 EU-ErbVO wirkt sich diese Rechtswahl zunächst nicht auf die Gerichtszuständigkeit aus. Um jedoch das Ziel der Verordnung den *Gleichlauf von Zuständigkeit und anwendbarem Recht* zu gewährleisten, vgl. Odersky in Bergquist et al., EU-ErbRVO Kom., zu Art. 4 Rn. 4, gewährt die EU-ErbVO gleich mehrere alternative Möglichkeiten in Art. 5 bis 7. Dazu ferner Odersky, Anwendung der ERbVO in der notariellen Praxis, S. 183 f. Die Rechtswahl setzt keine aktuelle Auslandsberührung voraus, vgl. Looschelders in Hüßtege, Rainer / Mansel, Heinz-Peter: *BGB-Kommentar.* Bd. 6: EU-ErbVO. 2. Auflage, München/ Köln 2015, Art. 1 EU-ErbVO Rn. 4.

lichkeit der Rechtswahl ist grundsätzlich zu begrüßen, da durch sie Rechtsunsicherheiten zum gewöhnlichen Aufenthalt vermieden werden können[205], zumal dieses Optionsrecht nach Art. 25 EGBGB n. F. durch Verweis auf Kapitel III der Verordnung, wozu auch Art. 22 EU-ErbVO gehört, auch für die innerstaatliche Rechtswahl gilt[206].

Die Rechtswahl muss zwingend durch *schriftliche* Verfügung von Todes wegen vorgenommen werden, wie sich aus dem Wortlaut des Art. 22 Abs. 2, 24 Abs. 2 EU-ErbVO nicht unmittelbar erschließt[207]. Zunächst irritierend ist die Formulierung, die Rechtswahl muss sich „ausdrücklich" aus der Erklärung in der Verfügung ergeben oder „sich aus den Bestimmungen einer solchen Verfügung ergeben". Sollte hiermit gemeint sein, dass sich die Rechtswahl verbindlich auch aus einer Einbeziehung der übrigen Bestimmungen der Verfügung von Todes wegen ergeben können soll? Dies wird man wohl annehmen müssen, wenn man die Erwägungsgründe unter (39) der EU-ErbVO berücksichtigt[208], nach denen auch die Bezugnahme auf spezifische Bestimmungen des Rechts des Staates, dem der Erblasser angehört, oder die Erwähnung des Rechts dieses Staates als Rechtswahl genügen soll.

Die EU-ErbVO bringt als weiteres Novum das Europäische Nachlasszeugnis (ENZ), dem der europäische Gesetzgeber immerhin in Kapitel VI der Verordnung 11 umfangreiche Bestimmungen gewidmet hat. In Erwägungsgrund (67) der Verordnung wird sogleich die Begründung für das ENZ mitgeliefert[209]. Die Begründung verweist auf die notwendig gewordenen Beschleunigungseffekte

205 Vgl. die Beispiele bei Lagarde in Bergquist et al., EU-ErbRVO Kom., zu Art. 21 Rn. 11.

206 Beispielsweise kann der in Deutschland lebende Ausländer so das Erbrecht seines Heimatlandes, dessen Staatsbürgerschaft er nie aufgegeben hat, wählen. Zur Wahl steht dabei nach Art. 22 Abs. 1 EU-ERbVO allerdings nur das (Erb-)Recht des Staates, dem der Erblasser entweder zum Zeitpunkt der Wahlausübung oder im Zeitpunkt seines Todes angehört, Lagarde in Bergquist et al., EU-ErbRVO Kom., zu Art. 22 Rn. 4; Martiny in Prütting, Hanns / Wegen, Gerhard / Weinreich, Gerd: *BGB-Kommentar.* 11. Auflage, Köln/Stuttgart/Oldenburg 2016, Art. 22 EU-ERbVO Rn. 3. Siehe auch die Erwägungsgründe (38) der EU-ErbrechtsVO.

207 Wie hier Lagarde in Bergquist et al., EU-ErbRVO Kom., zu Art. 22 Rn. 10.

208 Nicht eindeutig hier Lagarde in Bergquist et al., EU-ErbRVO Kom., zu Art. 22 Rn. 11; wie hier aber Looschelders in Hüßtege/Mansel, BGB Kom., Bd. 6, Art. 22 EU-ErbVO Rn. 27.

209 Erben, Vermächtnisnehmer, Testamentsvollstrecker und Nachlassverwalter sollen danach die Möglichkeit erhalten, zügig, unkompliziert sowie einfach ihre Rechte und Befugnisse in einem anderen Mitgliedstaat nachzuweisen.

im Erbnachweis, was noch später als mögliche Begründung auch für neue Testamentsformen zu bewerten sein wird[210].

Was die Frage der Formgültigkeit der schriftlichen Verfügung von Todes wegen anbelangt, findet Art. 27 EU-ErbVO Anwendung, der die Regelungen des Haager Übereinkommens vom 15. Oktober 1961 aufgenommen hat[211]. Durch Reform des Art. 26 EGBGB n. F. ist diese Rechtslage nach der EU-ErbVO auch für die Beurteilung der Formwirksamkeit nach innerstaatlichem Recht übernommen worden, was zwingend ist, sollen doch innerstaatlicher Erschein und ENZ für denselben Erbfall inhaltlich übereinstimmen.

In nationaler Umsetzung der Vorgaben der EU-ErbVO ist der deutsche Gesetzgeber mit der Einführung des sog. quotenlosen Erbscheins[212] sogar noch einen zusätzlichen von der europäischen Verordnung nicht veranlassten Schritt[213] weitergegangen. Künftig kann also auf die Angabe von Erbteilen im gemeinschaftlichen Erbschein verzichtet werden, wenn alle Antragsteller in dem Antrag auf deren Ausweisung verzichten[214].

---

210 Das Zeugnis, das im Status grundsätzlich unserem inländischen Erschein gleich kommt, geht über diesen hinaus, indem es sowohl im Ausland als auch im Inland verwendet werden darf. Andererseits sind im Unterschied zum deutschen Erbschein die begl. Abschriften des ENZ für den Rechtsverkehr maßgeblich, vgl. Volmer, Erbschein und ENZ, S. 323 ff., die aber grundsätzlich nur mit beschränkter Gültigkeitsdauer von sechs Monaten ausgestattet bleiben, vgl. Art. 70 Abs. 3 EU-ErbVO. Der EU-Gesetzgeber will damit vermeiden, dass die international eingesetzte begl. Abschrift des ENZ, so sie fehler- oder lückenhafte Nachweise enthält, nicht unbegrenzt verwendet werden kann, vgl. Reinhartz in Bergquist et al., EU-ErbVO Kom., zu Art. 70 Rn. 6 f. Der Erbe kann in dem Mitgliedstaat der Belegenheit eines Nachlassgegenstandes statt oder neben dem ENZ ein innerstaatliches Zeugnis ohne Gültigkeitsbefristung der Abschrift beantragen, was wohl aus Art. 62 Abs. 3 S. 1 der VO zu entnehmen ist. Dadurch besteht jedoch die Gefahr, dass bei einem Nebeneinander von ENZ und innerstaatlichem Zeugnis unterschiedliche Nachweise vorliegen könnten, was in der Praxis noch zu lösen ist; wie hier Odersky, Anwendung der ERbVO in der notariellen Praxis, S. 183(187); ferner Weidlich in Palandt, KurzKom. BGB, S. 53(62).

211 Allerdings mit dem geringen Unterschied der Anwendung nur für *schriftliche* Verfügungen.

212 Vgl. § 352a Abs. 2 Satz 2 FamFG.

213 Egidy/Volmer, ErbVO und IntErbRVG in der Anwendung, S. 433 f.

214 Der Antrag ist nur entsprechend von *Antragstellern des Erbscheins* zu stellen, so dass die Miterben, die keinen eigenen (Mit)Antrag gestellt haben, nicht ausdrücklich zum Verzicht angehört werden müssen. Ebenso auch Egidy/Volmer, ErbVO und IntErbRVG in der Anwendung, S. 435.

b) Die Bedeutung für die Testamentsform

Die soeben dargestellte umfangreiche europäische Verordnung ist auch für die Entwicklung etwaiger neuer Testamentsformen von Bedeutung.

Der mögliche Verzicht auf die Feststellung und Ausweisung von Erbquoten im gemeinschaftlichen Erbschein lässt zunächst erwarten, dass damit zahlreiche Nachlassverfahren abgekürzt und schneller abgeschlossen werden können[215]. Tatsächlich aber werden im Testament nicht ausgewiesene Erbquoten der einzelnen Miterben[216] zumeist im Anhörungsverfahren des Nachlassgerichtes 1. Instanz streitfrei gelöst. Bedeutend schwieriger verhält es sich hingegen mit der Frage der rechtlichen Einordnung der Beteiligten eines eben genannten Testaments dann, wenn darüber gestritten wird, ob jeder mit Einzelgegenständen Bedachte *Miterbe* oder nur *Vermächtnisnehmer* sein soll. Hier greift die Erleichterung des § 352a Abs. 2 Satz 2 FamFG nicht ein, so dass es hierzu weiterhin auf die richtige Formulierung im Testament ankommen wird.

Der Wechsel in der Bestimmung des Erbstatuts von der Staatsangehörigkeit zum gewöhnlichen Aufenthalt ist zwar ein richtiger Schritt. Jedoch mangels klarer für den Rechtslaien erkennbarer Kriterien seiner Festlegung, insbesondere bei häufigem oder beruflich wie privat geplantem Standortwechsel, und der dadurch zu erwartenden Unsicherheit in der Einordnung sowie wegen der an die Staatsangehörigkeit geknüpften Möglichkeit der Rechtswahl des Erbstatuts, gebunden an eine schriftliche Verfügung von Todes wegen mit eindeutig zum Ausdruck kommender Rechtswahl, eröffnet sich ein zusätzliches Schwierigkeitsfeld für den fachlich unberatenen Erblasser. Dieser wird die aufgezeigten rechtlichen Vorgaben zum Erbstatut sowie die Voraussetzungen seiner Rechtswahl häufig nicht überschauen oder nicht richtig einschätzen können. Auch kann nicht ausgeschlossen werden, dass in Ermangelung einer ausdrücklichen Rechtswahl neue Rechtsstreitigkeiten über deren konkludente Ausübung durch Bezugnahme auf ausländische Rechtsvorschriften im Testament entstehen werden[217].

Zudem wird in Zukunft wegen des grundsätzlichen Prinzips nach der EU-ErbVO des Gleichlaufs von internationaler Zuständigkeit und anwendbarem

215 So wohl auch Egidy/Volmer, ErbVO und IntErbRVG in der Anwendung, S. 433 ff.

216 Das Problem wird oft durch eine testamentarische Einsetzung der Miterben unmittelbar auf Einzelobjekte des Nachlasses ausgelöst, die dann in prozentuale Anteile am Gesamtnachlass vom Gericht umgerechnet werden müssen.

217 Dazu Dutta in MüKo, BGB, Art. 22 Rn. 13 f. Streiterheblich kann dies insb. sein für die Gültigkeitsfrage zu Pflichtteilsrechten (im Königreich England oder USA gibt es keine Pflichtteilsrechte).

materiellen Erbrecht[218] häufiger damit zu rechnen sein, dass sich im Rahmen eines Verfahrens auf Ausstellung eines ENZ das international zuständige Nachlassgericht mit der Testamentsauslegung unter Anwendung ausländischen Erbrechts befassen muss.

In der Gesamtschau[219] sind damit eindeutige Testamente mehr denn je von Nöten, denn der rechtlich unbewanderte Laie ist mit den soeben dargestellten Vorgaben der EU-ErbVO überfordert[220]. Die Gefahr zusätzlicher Fehler wird besonders bei holographischer Testamentsform auftreten, was ein weiteres Mal für die Auflegung neuer Testamentsformen spricht.

E. Zusammenfassung des Ergebnisses

Das Für und Wider neuer Testamentsformen kann nicht allein aus deren Ausgestaltung heraus geführt werden, sondern setzt zunächst eine weiter geltende Akzeptanz der Vererbung in der Gesellschaft voraus. Zur Aufrechterhaltung der Akzeptanz gehört auch, dass Formen mehr als bisher für die wirksame inhaltliche Umsetzung des Testierwillens verantwortlich sein müssen.

Insoweit ist beachtlich, dass sich die Lebensumstände des einzelnen in der Gesellschaft seit Einführung des BGB zum Teil erheblich gewandelt haben, besonders im Bereich der Steigerung des Lebensalters, der Veränderung der Lebensformen in Familie und Partnerschaft, in der Zunahme der Bürger mit Migrationshintergrund. Daraus ergeben sich zusätzliche Gefahrenträger bei der Vererbung durch

---

218 Odersky in Bergquist et al., EU-ErbRVO Kom., zu Art. 4 EU-ErbVO Rn. 4; Dutta, Anatol: „Entwicklungen im internationalen Familien- und Erbrecht der Europäischen Union bis Gogova". *ZEuP* 2016, S. 427(435), weist zu Recht auf das Streben der EU hin, im internationalen Erb- und Familienrecht einen Gleichlauf von forum und ius zu erreichen.

219 Weitere Ausführungen zur EU-ErbVO auch in Dritter Teil, § 3 A. II.

220 Die Herausforderungen an den Laien werden künftig noch gesteigert werden durch die am 24.06.2016 verabschiedete Verordnung (EU) 2016/1103, die als Ehegüterrechtsverordnung für alle teilnehmenden Mitgliedstaaten ab dem 29.01.2019 die vermögensrechtlichen Regelungen und Güterkollisionen zwischen Ehegatten aufgrund Ehe und deren Auflösung regelt. Da die Verordnung erst erlassen wurde und ihr Einfluss auf Testamente eher untergeordnet sein wird, da aus deutscher Sicht der Regelungsgrundsatz der Unwandelbarkeit des Güterstatuts übernommen wurde, soll im Rahmen dieser Arbeit auf diese Norm nicht näher eingegangen werden; vgl. im Übrigen zur Verordnung DNotI-Report 2016, S. 109 ff. Ob im Übrigen damit auch das Rechtsproblem des § 1371 BGB (Zugewinnausgleich durch Erhöhung der gesetzlichen Ehegatten-Erbquote) gelöst ist, wird sich noch erweisen, vgl. dazu Nordmeier in Hüßtege/Mansel, BGB Kom., Bd. 6, Art. 68 EU-ErbVO Rn. 20.

Fragen zur Testierfähigkeit, zur inhaltlich richtigen Textformulierung oder zur Begrenzung des Testierwillens, was zu einer höheren Belastung der Gesellschaft und der Gerichte durch Rechtsstreitigkeiten führen wird.

Gleichzeitig oder vielleicht gerade deshalb stellt unsere moderne Gesellschaft aufgrund ihrer Leistungsorientierung zunehmend kritische Fragen zur Legitimität der Vererbung. Nährboden für weitere Kritik wird die aufgezeigte Gefahr zunehmender für Staat und Gesellschaft kostenintensiver Gerichtsstreitigkeiten sein, zumal in diesen Verfahren immer nur wenige durch ein ansehnliches Erbe begünstigt werden. Dies kann sich sogar hinderlich auf die künftige Gesetzgebung zum Erbrecht auswirken.

Nach heutiger Verfassung erfährt das Erbrecht über Art. 14 GG eine Institutsgarantie, die sich ganz besonders in der Testierfreiheit äußert. Diese schützt Erblasser wie Erben und darf in ihrer Wahrnehmung durch Testamentsformen nicht behindert werden. Dabei sind jedoch die Grenzen der Gestaltungsmöglichkeiten zur Ausübung der Testierfreiheit nach der Verfassung nicht starr, sondern lassen durchaus Fortentwicklungen zu. Maßstab für neue Testamentsformen muss stets die Unterstützung der Realisierbarkeit der Testierfreiheit sein. Eine Kosten- oder Gebührenfreiheit bei neuen Testamentsformen verlangt die Verfassung dabei nicht.

Neue Formen sollten auch Erleichterungen im Bereich des Erbnachweises erbringen, insbesondere im Hinblick auf das mit der EU-ErbVO neu eingeführte Europäische Nachlasszeugnis. Dabei ist zu berücksichtigen, dass schon jetzt das in öffentlicher Form errichtete Testament im Inland als Erbnachweis akzeptiert werden kann.

Weitere Reformen im nationalen Erbrecht wie zum Ehegattenerbrecht, Recht des nichtehelichen Kindes oder zur Lebenspartnerschaft sowie Reformen im internationalen Bereich durch die EU-ErbVO bringen ungeachtet ihrer Rechtsvorteile neue zum Teil bisher unbekannte Gefahren für die formelle und materielle Ausgestaltung des Testaments. Daraus ergeben sich weitere Gesichtspunkte, die gegen die bisherigen Formen, insbesondere gegen das holographische Testament, und für die Schaffung neuer Testamentsformen sprechen.

Dritter Teil
Herausforderungen an das Testament

Die Ausführungen im vorhergehenden Teil der Untersuchung haben die verfassungsrechtliche Institutsgarantie des Rechts auf Vererbung und seiner Formen belegt und dabei gleichzeitig erste Eindrücke zu gegenwärtigen und künftigen Problemfeldern des Erbrechts vermittelt, die auf die Testamentserrichtung und deren Formen ausstrahlen. Im diesem Teil der Untersuchung sollen nun die inhaltlichen Herausforderungen an die Testierung weiter konkretisiert werden.

§ 1 Beziehungsverhältnis zwischen Inhalt und Form

Aus den bisherigen Erkenntnissen in dieser Arbeit lässt sich fordern, dass über die vom Gesetzgeber zugelassenen Testamentsformen mehr als bisher formellen und inhaltlichen Fehlern vorgebeugt werden sollte und dementsprechend Testamentsformen dazu geeignet sein müssten. Spiegelbildlich kann man daraus schließen, Anforderungen aus Inhalt und Zweck[1] der letztwilligen Verfügung beeinflussen deren Form[2] oder verkürzt formuliert: *der Inhalt bestimmt die Form*[3].

Die kritische Hinterfragung des vom Gesetz de lege lata vorgegebenen Angebots an ordentlichen Testamentsformen[4] ist deshalb nicht nur eine Frage nach deren äußerer Form mit dem vornehmlichen Ziel der Beweissicherung der Urheberschaft des Testierers[5]. Der Form kommt vielmehr eine weitere wichtige

---

1 Kuchinke/Lange, Lehrb. Erbrecht, § 1 II., stellt hierzu fest, dass die breite Streuung größeren Vermögens ein größeres Bedürfnis nach Planung der Erbfolge hervorruft, um das Erbvermögen dem erstrebten Zweck sicher zuzuführen.

2 Dazu auch Zaczyk, Rainer: „Propria Manu – Rechtsphilosophische Bemerkungen zum eigenhändigen Testament". In: Schmoeckel, Das holographische Testament, S. 22(29). Ein deutliches Beispiel für diese These ist die Form der Beurkundung des Grundstückskaufvertrages nach § 311 b BGB; die Vertragsparteien streben ein für sie wichtiges Rechtsgeschäft, nämlich Verkauf von Grundeigentum an (nicht ohne Grund bei heutigen Währungsrisiken oft „Betongold" genannt). Wegen der Bedeutung müssen beide Seiten geschützt werden vor unüberlegten Vereinbarungen, Übereilungen, formalen Fehlern und Verhandlungslücken. Der Gesetzgeber sieht diesen Schutz gewährleistet durch die *Form* der Beurkundung, vgl. Grüneberg in Palandt, KurzKom. BGB, § 311 b Rn. 2 m.w.N. Siehe auch Gerhards, Andreas: „Ergänzende Testamentsauslegung und Formvorschriften". *JuS* 1994, S. 642(646), der dem Zweck der Formvorschriften im Erbrecht zusätzlich noch den Schutz vor Verfälschungen, Abgrenzung vom bloßen Testamentsentwurf und Streitvermeidung zuschreibt.

3 In diese Richtung Zaczyk, Rechtsphilosophische Bemerkungen zum eigenhändigen Testament, S. 22(30), der formuliert, dass Inhalt und Form nicht im Gegensatz stehen, sondern in einer Wechselwirkung zueinander.

4 Die sog. außerordentlichen Testamentsformen sind nicht Gegenstand der Untersuchung und werden hier nur berücksichtigt, wie dies für diese Arbeit erforderlich ist. Zu den Nottestamenten siehe Beck, Norminhalt und Formenstrenge der Nottestamente.

5 In diese Richtung wohl auch Röthel, Ist unser Erbrecht noch zeitgemäß?, A13(A64), die jedoch gerade aus diesem Grunde die Einführung abgestufter Formerfordernisse ablehnt.

Aufgabe zu. Die Form sollte in Anbetracht der zunehmenden äußeren und inhaltlichen Herausforderungen, denen der Erblasser in der modernen Leistungsgesellschaft mehr denn je ausgesetzt ist, die Gewähr für die Übereinstimmung von Testierwillen und Testamentswortlaut leisten und dies dabei im Einklang mit dem Recht[6]. Welches sind nun aber heute die inhaltlichen Herausforderungen an das Testament[7] und wie können diese über die Testamentsformen Beachtung finden?

Die Antwort auf die Frage ist im rechtssoziologischen Bereich zu finden, auch wenn rechtssoziologische Untersuchungen im Erbrecht kaum bzw. nur in bescheidenem Maße vorliegen[8]. Dabei ist besonders zu beobachten, was sich gesellschaftlich[9], aber auch individuell beim Erblasser verändert hat, welche Herausforderungen sich im Laufe der Zeit manifestiert haben und welche sich gerade neu entwickeln[10].

---

6 Kuchinke/Lange, Lehrb. Erbrecht, § 2 V. 6.

7 Lüscher, Erben und Vererben, S. 125(129), formuliert, dass die Aktualität des Erbens bedingt ist durch die Herausforderungen, die der Wandel partnerschaftlicher oder familialer Lebensformen heute mit sich bringt.

8 Ebenso Leipold in MüKo, BGB – Erbrecht, Einl. Rn. 61.

9 Zimmermann, Testamentsformen, S. 471(476), weist zu Recht darauf hin, dass bestimmte soziale und wirtschaftliche Faktoren in den letzten Jahrzehnten zu einem Funktionswandel des Erbrechts geführt haben.

10 Siehe Klingelhöffer, Hans: „Ist unser Erbrecht noch zeitgemäß?". *ZEV* 2010, S. 385; Röthel, Ist unser Erbrecht noch zeitgemäß?, A13(A26 f.); Lüscher, Erben und Vererben, S. 125(129).

§ 2 Das Nachlassvolumen in Deutschland

Die Bundesrepublik Deutschland zählt zu den wirtschaftlich stärksten Industrienationen der Welt, was sich nach letzten Hochrechnungen für 2016 bestätigen wird, wenn auch ab dann mit langsam fallender Tendenz bis zum Jahr 2060[11].

A. Das Volumen

Wurde noch für 2002 mit einem jährlichen Erbschaftsvolumen von ca. 150 Milliarden Euro gerechnet, dass sich nur auf ungefähr die Hälfte aller Deutschen verteilen sollte[12], so wurde bereits für 2010 von einer Erhöhung dieses Volumens auf rund 220 Milliarden Euro ausgegangen[13]. Erhärtet wurden diese Schätzungen durch einen Report einer Marktforschung[14], der für 2011 von einem Volumen von 231 Milliarden Euro (!) ausging. In der Tendenz wird man wohl ein Erbschaftsvolumen von 2015 bis 2020 mit ca. insgesamt 2,6 Billionen Euro erwarten können[15]. Auffallend ist dabei die sehr ungleiche Verteilung des Erbvermögens[16]. Die genannten Schätzungen sind allerdings nur statistische Volumenparameter, die über die genaue Verteilung des Erbwohlstands nichts aussagen[17]. Es darf je-

11 Vgl. dpa: *G7/Faktencheck Stand 06.06.2015*, online verfügbarunter http://www.focus.de/finanzen/news/wirtschaftsticker/g7-faktencheck-sind-in-der-g7-noch-die-groessten-industrienationen_id_4732392.html; letzte Abfrage 22.08.2015.

12 Hansert, Hans: „Erbschaft im Kontext familiärer Generationenbeziehungen". In Lettke, Erben und Vererben, S. 143.

13 Frank/Helms, Lehrb. Erbrecht, § 1 Rn. 1; zu beachten ist, dass es sich nur um Schätzungen handeln kann, da selbst die Finanzverwaltung hierzu keine hinreichend aussagekräftigen Statistiken wegen der Unvollständigkeit der Erbschaftssteueranmeldungen und hinsichtlich der veranlagten Fälle wegen vieler steuerfreier Fälle aufgrund Erbschaftsteuerfreibetrag führen kann.

14 Vgl. Marktforschung.de: *BBE-Report zu 2011*, Mitteilung 16.11.2011, online verfügbar unter http://www.marktforschung.de/nachrichten/martforschung/bbe-report-bis-2025-werden-mehr-als-45-billionen-euro-vererbt/; letzter Abruf 24.08.2015.

15 Dazu auch Schmoeckel, Erbrecht, S. 24.

16 Schmoeckel, Erbrecht, S. 24.

17 Es wird davon ausgegangen, dass nur knapp die *Hälfte aller Haushalte* in der Bundesrepublik Deutschland von diesem durch Todesfall zukommenden Vermögen profitieren werden, vgl. Marktforschung de, *BBE-Report zu 2011*, online verfügbar. Bei diesen Haushalten soll in 2/3 der Erbfälle im Durchschnitt „nur" eine Erbmasse nach Abzug der Erblasserschulden von max. 260.000 Euro auf den oder die Erben zufallen.

doch bezweifelt werden, dass sehr viele Staatsbürger von Erbschaften profitieren werden[18]. Zumindest wird die Mengenverteilung der Erbschaften sehr ungleich verlaufen[19]. Dabei fällt auf, dass bereits besser gestellte Haushalte auch eine höhere Wahrscheinlichkeit auf ein besseres zu erwartendes Erbe haben[20]. Das ist für diese Untersuchung nicht wegen der etwaigen Benachteiligungen anderer Bevölkerungsgruppen oder -schichten interessant, sondern weil es die Vermutung bestätigt, dass künftig in zunehmender Zahl höherwertige Nachlässe vererbt werden[21]. Gerade aber bei höherwertigen Nachlässen besteht die Neigung des Erblassers, hinsichtlich des vorhandenen großen Erbguts über eine Testamentserrichtung zur gewillkürten Erbschaft zu greifen.

Bemerkenswert dabei ist, dass z. B. in den Veranlagungszeiträumen zur Erbschaft- und Schenkungsteuer 2007 bis 2013 laut Statistik des Statistischen Bundesamts[22] in Deutschland nur jährlich ein Anteil von im Durchschnitt 16 Millionen Euro des Erbschaftsvolumens überhaupt erbschaftsteuerpflichtig war[23]. Bei diesen nach Abzug der Freibeträge noch verbleibenden erbschaftsteuerpflichtigen Vermögenszuflüssen bildete dann der Erwerb von 10.000 bis 50.000 Euro die größte erbschaftsteuerpflichtige Gruppe, so dass – da es sich im Erbschaftsteuerrecht um abzuziehende Freibeträge handelt – im Ergebnis nur eine relativ geringe Besteuerung des Erbvolumens festzustellen ist.

All diese Eckdaten lassen die Annahme zu, dass in den kommenden Jahren nicht nur ein erhebliches Gesamtvermögen mit steigender Tendenz vererbt wird, sondern dass dieses auch ohne nennenswerte erbschaftsteuerliche Belastung bzw. Abschöpfung bei den Begünstigten vererbt wird, dabei jedoch gleichzeitig unter einer sehr ungleichen Verteilung. Diese Ungleichverteilung des Erbvermögens

---

Verglichen mit dem durchschnittlichen Brutto-Jahresarbeitslohn eines kinderlosen Arbeitnehmers in Deutschland 2014 von 31.981,00 Euro (statista. Online verfügbar unter http://de.statista.com/statistik/daten/studie/164047/umfrage/jahresarbeitslohn-in-deutschland-seit-1960; letzte Abfrage 03.09.2015) handelt es sich aber immer noch um einen Vermögensanfall des achtfachen Jahresbruttogehalts.

18 So aber Hansert, Erbschaft im Kontext familiärer Generationenbeziehungen, S. 143.

19 Vgl. Handelsblatt, Fn 71, in dieser Untersuchung.

20 Ebenso Röthel, Ist unser Erbrecht noch zeitgemäß?, A13(A14 unter Fn 12).

21 Zum Ganzen Schulte, Art und Inhalt eröffneter Verfügungen, S. 59 ff.

22 Statistisches Bundesamt in DESTATIS, Finanzen und Steuern, Erbschaft- und Schenkungsteuer, online verfügbar unter www.destatis.de/DE/Publikationen/Thematisch/FinanzenSteuern/Steuern/ErbschaftSchenkungsteuer/pdf-StatistischesBundesamt 2014.

23 Hierbei gilt als steuerpflichtiger Erwerb die Bereicherung des Erwerbers, soweit sie nicht steuerfrei ist, siehe § 10 ErbStG.

kann sich in der weiteren Generationenerbfolge nicht auflösen oder nivellieren, sondern wird von Erbgeneration zu Erbgeneration perpetuiert werden[24].

An dieser Stelle kann also festgehalten werden, dass ein gewaltiges Erbvolumen über das Erbrecht abzuwickeln sein wird. Es ist mit einem Erbfall in vielen Haushalten zu rechnen und dort dann selbst bei einem Erbanfall in Erbengemeinschaften noch zu einem Nachlasswert, der für den einzelnen Begünstigten im Vergleich zum Durchschnittsbruttoeinkommen eines Arbeitnehmers beachtlich ist und in den meisten Fällen zudem erbschaftsteuerfrei anfällt. Aus der Sicht des Durchschnittsbürgers handelt es sich damit selbst bei sog. kleinen Nachlässen immer noch um merkliche Vermögenszuwächse. Daraus lässt sich für diese Arbeit die wichtige Schlussfolgerung ziehen, dass Erben bei gewillkürter Erbfolge ein zum Erfolg führendes Testament erwarten oder anders ausgedrückt, Unwirksamkeitsgründe des Testaments nicht ohne Rechtsstreit hinnehmen werden.

B. Die Auswirkungen

Die in dieser Größenordnung in der Bevölkerung[25] noch nie dagewesene Dimension des Erbvolumens und sein Zerfall in viele Erbschaften werden die Zahl der abzuwickelnden Nachlassfälle deutlich erhöhen, woraus zu folgern ist, dass auch die Fälle gewillkürter Erbfolge[26] deutlich zunehmen werden. Schon die bisher in dieser Untersuchung gewonnenen Erkenntnisse lassen aber bezweifeln, dass die nach dem Gesetz zur Verfügung stehenden zwei ordentlichen Testamentsformen diesen Anforderungen noch genügen werden. Die zunehmende Zahl der Erblasser wird kaum akzeptieren, ihren Nachlass *nur* entweder über das wegen der Gebühren teurere öffentliche Testament oder über das zwar kostenfreie, dafür

24 Das ist deshalb hervorzuheben, weil historisch gesehen Erbreformen immer auf Gesellschaftsreformen zielten mit dem Zweck, soziale Ungleichgewichte, die durch besondere Standesprivilegien, Privilegien des Adels usw. entstanden waren, zu beseitigen, dazu bereits Beckert, Erben in der Leistungsgesellschaft, S. 19 f.

25 Das im Bereich der Kirche schon seit Jahrhunderten angehäufte und weiter „vererbte" Vermögen ist beachtlich, aber hier nicht berücksichtigt, da es nicht von natürlicher Person vererbt wird. Nach *Zeit Online,* 18.02.2015, online verfügbar unter http://www.zeit.de/gesellschaft/2015-02/katholische-kirche-erzbistum-koeln-vermoegen; letzter Abruf 06.09.2015, und der dort wiedergegebenen Vorlage des Erzbistums Köln als das wohl reichste Bistum Deutschlands belief sich dessen Vermögen im Jahr 2013 auf 3,35 Milliarden Euro, u. a. angelegt in Wertpapieren und Immobilienanteilen.

26 Selbst wenn sie zahlenmäßig weiterhin weniger bleiben werden als eine Vererbung nach gesetzlicher Erbfolge, vgl. Weber in Damrau, Praxiskom. ErbR, zu § 2247 Rn. 4 f.; Röthel, Ist unser Erbrecht noch zeitgemäß?, A13(A63).

aber wegen der Gefahr von Form- oder Inhaltsfehlern unsichere holographische Testament regeln zu können[27]. Hinzukommend wird mehr denn je das Verständnis dafür fehlen, bei Wiedergabe lediglich der gesetzlichen Erbfolge oder einer gegenseitigen Alleinerbeinsetzung im Testament, was nicht selten vorkommt[28], im Falle der holographischen Form der Errichtung vielfach einen gebührenpflichtigen Erbschein zu benötigen[29] bzw. bei öffentlicher Errichtung, diesen Erbschein zwar nicht zu benötigen, dafür aber je nach Nachlasswert erhebliche Notargebühren für die Testamentsabfassung entrichten zu müssen. Derartige Kritik zur Begründung neuer Testamentsformen bedarf allerdings einer zukunftsorientierten Überprüfung, die in diesem Teil weiter verfolgt werden soll, und einer Abfrage der bisherigen Leistungsbilanz der Formen de lege lata, die der Vierte Teil der Untersuchung bringen wird.

Aus Sicht der Nachlassgerichtsbarkeit entsteht jedenfalls durch das anwachsende Erbvolumen ein zu erwartender deutlicher Bearbeitungszuwachs und Erledigungsstau bei den Nachlassgerichten[30], der sich zudem noch durch die Internationalisierung der Vererbung und die zahlenmäßig zunehmenden Nachlassverfahren mit Europäischem Nachlasszeugnis verstärken wird[31]. Während eine nachlassgerichtliche Bewältigung des wachsenden Erbvolumens bei vorhandenen öffentlichen Testamenten wegen Vermeidung eines Erbscheinverfahrens noch zu erwarten sein wird, birgt hingegen das holographische Testament als derzeit einzige Formalternative die Gefahr des zunehmenden Bearbeitungsstaus und der Verfahrensstreckung in sich[32]. Dies liegt daran, dass Rechtsmängel weit überwiegend im Bereich der handschriftlichen Testamente auftreten[33], was regelmäßig zu einer größeren Verfahrensdauer bei Gericht führt[34]. Zukünftig werden noch

---

27 Schon Röthel, Ist unser Erbrecht noch zeitgemäß?, A13(A62), spricht in diesem Zusammenhang vom *Verständnis* von Formgeboten als erklärungspflichtige Eingriffe in die Testierfreiheit und weist damit zu Recht auf das Rechtfertigungserfordernis von Formgeboten hin.

28 Vgl. Metternich, Gabriele: *Verfügungsverhalten von Erblassern*. Marburg 2010, S. 64 ff.

29 Dazu bereits in Zweiter Teil, § 3 C.

30 Dieser wird noch verstärkt werden durch den Personalabbau in der Justiz aufgrund abnehmender Bewerber für die Richterlaufbahn, vgl. Anzeige des OLG Hamm im Stellenmarkt *NJW* 6, 2015.

31 Lagarde in Bergquist et al., EU-ErbRVO Kom., Einl. Rn. 5.

32 Kritisch zur Verfahrensdauer auch BGH, *ZNotP* 2016, S. 105(109).

33 Burkart in MüKo, BGB, § 2231 Rn. 12 ff.

34 Leipold in MüKo, BGB, § 2084 Rn. 1 ff.

die durch die Reform zum Erbstatut nach der EU-ErbVO bereits beschriebenen komplizierten Rechtsfragen im Nachlassverfahren zu lösen sein[35].

Bei der Ausarbeitung neuer Testamentsformen muss deshalb ein Anliegen sein, diese gerade bei einem holographischen Testament auftretenden Schwierigkeiten im Hinblick auf das stark wachsende Erbvolumen zu verhindern oder abzuschwächen. Effektive Formalternativen dienen so aufgrund des zu erwartenden steigenden Erbvolumens nicht nur dem Erblasser und den Erben, sondern auch der Vermeidung eines rechtlich und gesellschaftspolitisch nicht zu vertretenden Verfahrensstaus bei den Nachlassgerichten[36].

---

35 Dies kann seinen Grund haben z. B. in der inhaltlichen Abfassung des handschriftlichen Testaments auf Grundlage eines anderen Rechts als das, das nach Art. 21 EU-ErbVO beim Todesfall zur Anwendung kommt (Mallorca-Rentner u. ä.), oder in unzulässiger Ausübung einer Rechtswahl nach Art. 22 EU-ErbVO (unwirksame Wahl des Rechts des früheren Wohnsitzes) oder im Problem der Feststellung des gewöhnlichen Aufenthaltes zum Todeszeitpunkt (Berufspendler, Wohnsitztourismus). Dazu schon S. 6 f. dieser Untersuchung.

36 Aus der Tendenz zum Personalabbau bei den Bundesländern und Stadtstaaten ist nicht davon auszugehen, dass die Justiz die angedeuteten Verfahrensprobleme durch entsprechende Personalaufstockung und Gerichtsausstattung verhindern wird.

§ 3 Herausforderungselemente nach Vorgaben

Ausgehend von der bereits aufgestellten These, der Inhalt des Testaments bestimmt seine Form[37], wird zunächst untersucht, ob die nach geltendem Recht vorhandene Dualität der ordentlichen Testamentsformen sowohl nach heutiger gesellschaftlicher Situation als auch nach den individuellen Vorstellungen und Motiven des Erblassers noch für die Umsetzung der gewillkürten Erbfolge genügt[38]. Deshalb soll sich dieser Teil der Untersuchung darauf konzentrieren, gerade die Herausforderungen herauszustellen, die sich seit Einführung der vorhandenen ordentlichen Testamentsformen verstärkt haben oder künftig entwickeln werden. Es geht jedoch nicht um bloße Kritik am holographischen Testament[39], sondern vielmehr um die den heutigen äußeren und inneren Lebensumständen nach zeitgemäße Anpassung solcher Testamentsformen. Dabei ist eine teilweise Überschneidung der nachfolgenden Befunde im Bereich der willensunabhängigen äußeren Umstände (nachfolgend A.) mit denen im Bereich der willensabhängigen inneren Umstände (nachfolgend B.) durchaus zu erwarten, besteht doch eine wechselseitige Abhängigkeit zwischen gesellschaftlich-ökonomischen Vorgaben und dem willentlich individuellen Verfügungsverhalten des Erblassers.

A. Willensunabhängige Vorgaben

Die Untersuchung der aus der Gesellschaft und der Ökonomie kommenden neuen oder verstärkten Herausforderungen bedingt für die Entwicklung neuer Testamentsformen[40] die nachfolgende weitere Untergruppierung[41].

---

37 Siehe Dritter Teil, § 1.

38 Zu diesem Zusammenhang auch Zaczyk, Rechtsphilosophische Bemerkungen zum eigenhändigen Testament, S. 22(29), wenn er ausführt, *Formvorschriften des Testaments* schränken nicht die Testierfreiheit ein, sondern „formen vielmehr die notwendige Gestalt“ des Testaments und sind deshalb „darauf zu befragen, ob sie im Dienst dieses Zurechnungszusammenhangs stehen“.

39 Vgl. die umfangreichen Erörterungen in Schmoeckel, Das holographische Testament, S. 16 ff.

40 Hierauf verweist auch Klingelhöffer, Ist unser Erbrecht noch zeitgemäß?, S. 385 ff.

41 Auch Zimmermann, Testamentsformen, S. 472(476), unterstellt, dass bestimmte soziale oder wirtschaftliche Faktoren, die zu einem Funktionswandel des Erbrechts geführt haben, zu unterscheiden sind.

I. Ökonomische und gesellschaftliche Herausforderungen

Die erbrechtlichen Rahmenbedingungen werden durch das Grundgesetz vorgegeben[42]. Sie beruhen auf den überlieferten, aber auch auf den sich weiter entwickelnden Wertvorstellungen unserer Gesellschaft und deren Einstellung zum Erbrecht[43]. Dabei ist als unvermeidbar hinzunehmen, dass im Erbrecht die Vorstellungen der Gesellschaft, die des einzelnen Erblassers und die der Erbbegünstigten[44] immer wieder Wandlungen unterzogen sind. Als Beispiel mag die Einstellung der Gesellschaft zum Pflichtteilsrecht des BGB dienen[45], dessen Existenzberechtigung schon vielfach aus verschiedensten Gründen gesellschaftskritisch hinterfragt wurde, das sich jedoch augenblicklich nach höchstrichterlichen Entscheidungen des Bundesverfassungsgerichts und des Bundesgerichtshofes als (noch) institutionell gesichert sehen darf[46]. Dennoch ist nicht auszuschließen, dass ein Wandel der Einstellung zum Pflichtteilsrecht schließlich zu einer Abschwächung dieses Rechtes führen kann[47].

Somit kann nicht vermieden werden, dass die nach heutigem Befund festzustellenden Testamentsinhalte, die neue Testamentsformen erfordern, gerade in einer hoch technisierten und damit schnell agierenden Leistungsgesellschaft bald schon wieder durch gesellschaftlichen Wandel überholt sind und neue Formen deshalb noch nicht einmal das beachtliche „Alter" des holographischen Testaments nach BGB erreichen werden[48]. Formen dürfen sich gleichwohl einem nachhaltigen Wandel in der Gesellschaft nicht von vornherein verschließen, wenn sie

42 So auch Kuchinke/Lange, Lehrb. Erbrecht, § 1 II.

43 Kuchinke/Lange, Lehrb. Erbrecht, § 1 II, ist nicht eindeutig, wenn er vertritt, dass die Rahmenbedingungen auf rechtlich abgesicherten Wertvorstellungen beruhen, jedoch nicht auf soziologischen Befunden. Gerade die Soziologie und deren Befunde begreifen sich jedoch als Erkenntnis des Zusammenlebens der Menschen in der Gesellschaft, der Entwicklung der Gesellschaft und deren Lebensformen und wirken deshalb im modernen Rechtsstaat auf die Gesetzgebung ein. Wie hier Cottier, Soziologisches Wissen, S. 211 ff.

44 Als Erbbegünstigte deswegen bezeichnet, weil der Begriff *Erben* hier zu eng wäre; es können durch Testament auch Vermächtnisnehmer erbrechtlich begünstigt sein.

45 Dazu Cottier, Soziologisches Wissen, S. 209 m.w.N.

46 BVerfG Zerb 2005, 169; BGH, *NJW* 1990, S. 911; Riedel in Damrau, Praxiskom. ErbR, Vorbem. zu §§ 2303 ff. BGB Rn. 12 f.

47 Ein weiterer Beleg für den Einfluss gesellschaftlichen Wandels ist die geänderte Gesetzeslage zum Erbrecht des nichtehelichen Kindes, dem vordringlich eine zunehmende bzw. mehrheitliche Akzeptanz des nichtehelichen Kindes in der Gesellschaft vorausging.

48 Zur historischen Entwicklung des Testaments siehe Fünfter Teil.

als vom Gesetz vorgegebene Testamentsformen ihre gesellschaftliche Akzeptanz erfahren möchten[49]. Nach hier vertretener Auffassung kann somit eine Anpassung oder Neuentwicklung von Testamentsformen wegen veränderter Verhältnisse[50], so diese nachhaltig sind und sich im Rahmen der geltenden Verfassung bewegen, zur Verwirklichung der Testierfreiheit vielmehr geradezu geboten sein[51].

1. Die Lebens- und Wohlstandssituation

Aus gesellschaftlicher Sicht treten als relevant erscheinende Veränderungen besonders hervor die allgemeine Wohlstandssteigerung, die auch das oben unter § 2 A. aufgezeigte Erbvolumen in erster Linie begründet, ferner der Ausbau des Sozialstaats in seiner heutigen Ausprägung, die vollständige Gleichstellung nichtehelicher Kinder sowie gleichgeschlechtlicher Lebenspartner nach LPartG, die zunehmende Überalterung der Bevölkerung und die durch Ab- und Zuwanderung bedingte Vermischung der Völker mit ihren zum Teil unterschiedlichen Kulturen[52]. Gesetzliche Berücksichtigung haben bisher nur der Bereich der vollständigen Gleichstellung der nichtehelichen Kinder (durch Wegfall des § 1934a BGB) sowie der Gleichstellung der Lebenspartner (durch Einführung des Erbrechts nach § 10 LPartG) gefunden.

Allein schon der zunehmende Wohlstand in der Gesellschaft berührt allerdings die Entscheidungsfindung des Erblassers, der nun ausgeprägter *nach seinem Willen* vererben möchte. War bei Einführung der ordentlichen Testamentsformen im BGB bis in die Zeiten des wirtschaftlichen Aufschwungs in Deutschland[53] die

---

49 Röthel, Ist unser Erbrecht noch zeitgemäß?, A13(A62), weist dabei auf einen rechtspolitischen Trend zur Erleichterung der ordentlichen Testamentsformen hin und formuliert zutreffend weiter, „dies entspricht dem Verständnis von Formgeboten als *erklärungspflichtigen* Eingriffen in die Testierfreiheit". Kritisch zur Anpassungsfähigkeit des Erbrechts aber Beckert, Erben in der Leistungsgesellschaft, S. 87 ff.

50 Man denke nur an die bereits angelaufene Diskussion zum gesetzlichen Erbrecht des Längerlebenden einer nichtehelichen Lebensgemeinschaft, vgl. Leipold in MüKo, BGB - Erbrecht, Einl. Rn. 56.

51 Kuchinke/Lange, Lehrb. Erbrecht, § 2 V. 6; hierzu bereits Zweiter Teil § 3.

52 Ähnlich Lettke in Lange, Andreas / Lettke, Frank: *Generationen und Familie.* Konstanz/München 2006, S. 104. Die von Lettke zu Recht in diesem Zusammenhang noch angeführten demographischen Veränderungen werden im nachfolgenden Abschnitt betrachtet.

53 Das westdeutsche „Wirtschaftswunder" nahm seinen Anfang wohl Ende 1951/Anfang 1952 und entwickelte sich mit dem Programm der sozialen Marktwirtschaft schnell aufwärts.

Erbschaft vor allem zur Daseinssicherung der Familie vorbestimmt und insoweit unerlässlich, hat die Erbschaft diese Bedeutung in zunehmendem Maße und damit ihre Wichtigkeit als reine Existenzsicherung verloren. Die individuellen Motive des Erblassers zur Wahl der gewillkürten Erbfolge sind dadurch vielfältiger[54] geworden als bei Verabschiedung des BGB[55].

An dieser Stelle interessiert zunächst die Bedeutung einer *formwirksamen* gewillkürten Vererbung aus gesellschaftlicher und ökonomischer Sicht. Ein Zusammenhang mit der Testamentsform mag zunächst verwundern[56]. Es wurde jedoch bereits die Verankerung des Erbrechts und der daraus resultierenden Testierfreiheit[57] aus Art. 14 Abs. 1 GG entnommen. Dabei wurde das Erbrecht als nach dem Tod des Eigentümers weitergeleitetes Eigentum festgestellt. Insofern ist das Erbrecht auch eingebunden in Art. 14 Abs. 2 GG, der mit seinem Inhalt „Eigentum verpflichtet. Sein Gebrauch soll zugleich dem Wohle der Allgemeinheit dienen" den Bezug des Erbrechts und der Vererbung zur Gesellschaft und ihrer Ökonomie bestätigt[58]. Vererbung hat damit über die durch die Testierfreiheit geschützten Interessen des Erblassers hinaus auch etwas mit der Verantwortung für Gesellschaft und Wirtschaft zu tun[59]. Dabei müssen die im nachfolgenden Abschnitt dargestellten wirtschaftlichen und gesellschaftlichen Herausforderungen

---

54 Soweit es hierbei um die Untersuchung der *individuellen* aus der Testierfreiheit entspringenden Motive des einzelnen Erblassers, aber auch um die Bedeutung des Vererbens für die Familie und andere Formen des Zusammenlebens aus heutiger Sicht geht, wird darauf noch im folgenden Abschnitt B. einzugehen sein. Siehe auch Frank, Susanne, Erbrecht und Vermögensnachfolge, *MittBayNot* 2002, 163.

55 So auch Lettke in Lange/Lettke, Generationen und Familie, S. 104.

56 In den bisherigen Untersuchungen, Symposien usw. zu Testamentsformen wurde, soweit ersichtlich, dieser gesellschaftliche bzw. wirtschaftliche Aspekt bisher nicht weiter vertieft, vgl. dazu z. B. die Ausführungen in Schmoeckel, Das holographische Testament, S. 16 ff.

57 Siehe Zweiter Teil § 3 B.

58 Dazu Papier in Maunz-Dürig, GG-Kommentar, Bd. II, Rn. 295–306, nach dem das Erbrecht als Mittel eigenverantworteter Lebensführung das Privateigentum nicht mit dem Tod des Erblassers untergehen lässt, sondern vielmehr als Bestandteil der Eigentumsgarantie nach dem Tod aufrecht erhält und fortsetzt. Die für das Eigentum geltenden Beschränkungen müssen dann aber auch, wenn das Erbrecht als weiter bestehen bleibendes Eigentumsrecht angesehen wird, für die Vererbung gelten, weshalb dann auch die Verfassungsgrundsätze des Art. 14 Abs. 2 GG greifen.

59 Zimmermann, Testamentsformen, S. 471(476). Ob man darin gleich, wie Zimmermann unterstellt, einen Funktionswandel des Erbrechts sehen muss, kann allerdings bezweifelt werden. Die Bedeutung des Erbrechts für den Bereich der Volkswirtschaft und in sowie aus der Gesellschaft heraus hat sich nur für diese Bereiche verstärkt, ohne

immer unter Berücksichtigung der zunehmenden Erbvolumina gesehen werden[60].

2. *Ökonomische Bedürfnisse*

Die wirtschaftliche Bedeutung des rechtswirksamen Testaments[61] soll am Beispiel der Klein- und Mittelstandsunternehmen, insbesondere der Familienunternehmen, als eine wichtige Säule des wirtschaftlichen Mittelstandes in Deutschland veranschaulicht werden[62].

Familienunternehmen besitzen als volkswirtschaftlich bedeutende Mittelstandsunternehmen in Deutschland einen besonderen Stellenwert für die deutsche Wirtschaft[63]. In Erhebungen des Bundesministeriums für Wirtschaft und Technologie im Jahre 2007[64] wurde für die fünf folgenden Jahre eine jährliche Firmennachfolge für etwa 71.000 Familienunternehmen mit insgesamt ca. 678.000 Beschäftigten angenommen[65]. Dabei wurde weiter davon ausgegangen, dass eine Weitergabe zu 44 % an Familienmitglieder erfolgt. Alternativ zur innerfamiliären

---

dass sich die Primärfunktion des Erbrechts auf Weitergabe aufgebauten Vermögens an nachfolgende Generationen gewandelt haben muss.

60 Insofern ist die Anmerkung Röthels, Ist unser Erbrecht noch zeitgemäß?, S. 13, zu der geringen Bedeutung des gestiegenen Erbvolumens für die Regelungsaufgabe des Erbrechts durchaus kritisch zu hinterfragen.

61 Beck, Formenstrenge im Recht der Nottestamente, S. 51, weist ebenfalls auf die bedeutsame Funktion der Formerfordernisse der ordentlichen Testamente für das Wirtschaftsleben hin.

62 Familienunternehmen in diesem Sinne sind mittelständische Unternehmen, die keinen Größengrenzen unterliegen und deren typisches Merkmal die Einheit von Eigentum und Firmenleitung sind, damit also die Kontrolle des Unternehmens beim Eigentümer bzw. seiner Familie liegt, vgl. Bundesministerium für Wirtschaft und Technologie: *Der Mittelstand in der Bundesrepublik Deutschland.* Dokumentation Nr. 561. Berlin 2007, S. 1(10).

63 Beckert, Erben in der Leistungsgesellschaft, S. 51, weist zu Recht darauf hin, dass zwar mit Einführung der Kapitalgesellschaften im Wirtschaftsleben durch die Trennung der Unternehmensführung vom Eigentümer der durch Übertragung bzw. Vererbung erfolgende Eigentumswechsel am Unternehmen problemlos geworden ist. Dies gelte aber nur, soweit er sich im Bereich der Kapitalgesellschaften bewegt. Bedeutung hat er hingegen weiterhin für Familienunternehmen, weshalb die Mittelstandsindustrie dem Bereich der testamentarischen Vererbung eine große Bedeutung beimisst.

64 Bundesministerium für Wirtschaft und Technologie, Der Mittelstand, S. 1(39).

65 Schon aufgrund der zunehmenden Überalterung der Gesellschaft ist davon auszugehen, dass sich diese Situation auch für die Zeit ab 2013 nicht verändert haben wird.

Nachfolge geht das Familienunternehmen entweder an ein anderes Unternehmen oder an einen leitenden Mitarbeiter in dem Unternehmen selbst[66].

Besonders in der Altersstruktur in den Familienunternehmen liegt die Begründung für die zu erwartenden Unternehmensnachfolgen[67]. Dies bewirkt nach allgemeiner Erfahrung in der Kautelarjurisprudenz nicht nur Fälle der lebzeitigen Unternehmensübergabe, sondern ebenso Rechtsnachfolgen durch Vererbung des Familienunternehmens[68]. Es ist offensichtlich, dass es sich hierbei um eine neue Herausforderung für das Erbrecht handelt, die von besonderem Gewicht für die Volkswirtschaft und damit für die moderne Gesellschaft ist[69]. Belegt wird dies zusätzlich durch die inzwischen aufgehobene komplizierte Besteuerung von Firmenvermögen bei Schenkung bzw. Vererbung eines Unternehmens, die nach den bisher geltenden Normen des ErbStG aus ökonomischer wie auch arbeitsmarktorientierter Sicht eine schonungsvolle Besteuerung des Gesamtrechtsnachfolgers vorgesehen hatte[70].

Aus ebengenannten steuerlichen Gründen[71] ist aber die (Erb-)Nachfolge in ein Familienunternehmen auch erheblich komplizierter geworden[72], als dies

---

66 Gleichwohl müssen immerhin noch 8 %der für eine Betriebsnachfolge geeigneten Familienunternehmen geschlossen werden, da kein Nachfolger gefunden wurde oder die Unternehmensnachfolge schlecht oder fehlerhaft geregelt wurde, vgl. Bundesministerium für Wirtschaft und Technologie, Der Mittelstand, S. 1(39).

67 KfW Economic Research, *Demografie im Mittelstand*, Fokus Volkswirtschaft Nr. 92, S. 1, geht davon aus, dass über 1,3 Mio. Firmeninhaber bereits 55 Jahre oder älter sind.

68 Vgl. KfW Economic Research, Demografie im Mittelstand, S. 1(5), wonach bis zum Jahr 2017 von der Planung eines Unternehmensübergangs bei 580.000 Mittelständlern gerechnet wird.

69 Nach Allmendinger, Entstaatlichung und soziale Sicherheit, S. 67, spielt die private Vermögensvermehrung besonders für kleine und mittelständige Unternehmen eine wichtige wirtschaftliche Rolle.

70 Keine Regelung im ErbStG schien so kompliziert und unverständlich wie die der Besteuerung von vererbtem Betriebsvermögen nach den Vorschriften der vom BVerfG inzwischen aufgehobenen §§ 13a, 13b ErbStG. Der Gesetzgeber wollte im Interesse der Erhaltung des Unternehmens und der damit verbundenen Arbeitsplätze eine weitgehende Steuerverschonung erreichen, vgl. BVerfGE 138, 136(179). Dazu auch Weber, Klaus / Schwind, Heike: „Betriebsvermögensbegünstigungen gem. §§ 13a, 13b ErbStG als Umstrukturierungshindernis“. *ZEV* 2014, S. 408 und 413.

71 Man denke nur an die zum Teil komplizierten Nachfolgeklauseln in Gesellschaftsverträgen einer Personen- oder Kapitalgesellschaft, dazu auch Tanck in Damrau, Praxiskom. ErbR, § 1922 Rn. 35 m.w.N.

72 Ausführlich dazu Reimann, Wolfgang: „Unternehmertestament und Gesellschaftsvertrag: Neue Risiken, neuer Gestaltungsbedarf“. *ZEV* 2014, S. 521 ff.

bei Einführung des Erbrechts nach BGB noch der Fall war[73]. Es ist zwar zu vermuten[74], dass die größere Zahl der Fälle des Übergangs eines Familienunternehmens auf Gesamtrechtsnachfolger zu Lebzeiten des Unternehmers erfolgt. Gleichwohl wird eine nicht unerhebliche Zahl von Mittelstandsunternehmen aufgrund unerwarteter Todes- oder Krisenfälle durch Erbfolge übertragen[75]. Der Übergang eines Unternehmens durch Vererbung erfordert somit wegen seiner wirtschaftlichen Bedeutung[76] bei gleichgelagerter Kompliziertheit wie bei der Übertragung zu Lebzeiten des Unternehmers[77] eine beratende Betreuung des Unternehmers bei Abfassung des Testaments, die bisher nur das öffentliche Testament leisten kann[78]. Letztere Form wird jedoch vielfach schon aus Furcht vor den durch beachtliche Unternehmenswerte begründeten hohen Notar- oder

73 Ein erbmäßig relativ problemfreier Vermögenstransfer ist allenfalls für den Bereich der Kapitalgesellschaften des Aktienrechts oder große GmbHs vorstellbar, da bei diesen in der Regel eine Trennung zwischen dem Gesellschaftskapital der Anleger und der das operative Geschäft leitenden Geschäftsführung vorliegt, dazu Beckert, Erben in der Leistungsgesellschaft, S. 199.

74 Exakte belastbare Untersuchungen dazu liegen leider nicht vor.

75 Laut Abfrage beim Deutscher Industrie- und Handelskammertag am 06.10.2015 werden jedes Jahr immerhin rund 27.000 Unternehmen vererbt, vgl. DIHK online verfügbar unter http://www.dihk.de/themenfelder/recht-steuern/steuern/weitere-steuerarten/erbschaftsteuer/faq-erbschaftsteuer/frage-2.

76 Die wirtschaftliche Bedeutung bezieht sich hier auf die Volkswirtschaft einschließlich Fortbestand der Arbeitsplätze des Unternehmens, nicht jedoch auf die erbschaftsteuerlichen Einnahmen des Fiskus. Letztgenannte beliefen sich z. B. im Jahr 2011 auf ca. 4,25 Milliarden Euro, dazu Olzen, Lehrb. Erbrecht, 1. Kap., § 1 Rn. 2.

77 Die lebzeitige Unternehmensübertragung erfordert vielfach eine notarielle Beurkundung, sei es wegen Mitübertragung von Grundeigentum im Betriebsvermögen nach § 311 b BGB, vgl. Grüneberg in Palandt, KurzKom. BGB, § 311 b Rn. 26 ff., oder wegen Abtretung von Geschäftsanteilen nach § 15 Abs. 3, 4 GmbHG. Hierdurch wird die rechtliche Beratung und Herbeiführung des rechtsgeschäftlichen Erfolges durch den Notar sichergestellt, vgl. § 17 BeurkG.

78 Das Erfordernis des sicheren, aber auch schnellen Erbnachweises ergibt sich auch aus Folgendem: Nach der Neugestaltung von § 16 Abs. 1 GmbHG durch das Gesetz zur Modernisierung des Gesellschaftsrechts und zur Abschaffung von Missbräuchen v. 23.10.2008, BGBl. I S. 2026, kann der Erbe seine Gesellschafterposition und -rechte erst durchsetzen, wenn er als neuer Gesellschafter in der zum Handelsregister aufgenommenen Gesellschafterliste vermerkt ist. Der Geschäftsführer nimmt die dazu erforderliche Anmeldung beim Register aber erst vor (§ 40 Abs. 1 S. 2 GmbHG), wenn ihm der eindeutige Erbanfall beim Erben nachgewiesen ist. Zu weiteren Beispielen aus der Praxis vgl. die Ausführungen bei Reimann, Unternehmertestament und Gesellschaftsvertrag, S. 521 ff.

Rechtsanwaltsgebühren nicht gewählt. Das Testament wird dann rechtlich unberaten holographisch errichtet und birgt damit eine große Gefahr inhaltlicher Fehler in sich. Hinzukommen nach Eintritt des Erbfalls häufig Rechtsstreitigkeiten wegen Zweifeln an der Urheberschaft des eigenhändigen Testaments, wegen der Testierfähigkeit des Erblassers oder wegen der Wortwahl im Testament, die zu einer schwierigen Auslegung der Verfügung zwingt[79]. Im Ergebnis ist dadurch eine wirtschaftlich schnelle und für die weitere Existenz des Unternehmens dringend erforderliche Rechtsnachfolge von Todes wegen zeitlich hinausgeschoben und erschwert, was zu wirtschaftlichem Schaden[80] für die Beteiligten und die Volkswirtschaft führen kann.

Die dargestellte Unternehmensnachfolge in Klein- bzw. Familienunternehmen von Todes wegen verdeutlicht somit exemplarisch, wie ökonomisch wichtig gerade in einer Leistungsgesellschaft[81] das streitfreie, sichere, dabei über jeden Auslegungszweifel stehende Testament und damit auch dessen Form geworden sind[82].

Zudem würden neue Testamentsformen, die zu einer streitfreien schnellen Erbenfeststellung führen, auch den schützenswerten Wirtschaftsinteressen der Vertragspartner sowie der Gläubiger des Erblassers dienen. Nicht nur die Erben haben Interesse daran, möglichst schnell Klarheit über ihre erbrechtliche Position zu erhalten und danach ihre wirtschaftlichen Dispositionen auszurichten. Auch etwaige Vertragspartner des Erblassers müssen alsbald wissen, wie es nach seinem Tod weitergeht. Gläubiger des Erblassers – seine Nachlassgläubiger – erwarten ebenfalls von der Rechtsordnung eine sichere und möglichst schnelle Feststellung der Erbfolge zur Geltendmachung ihrer Ansprüche[83]. Die gesamte Erbenhaftung

---

79 Weitere Ausführungen dazu im Vierten Teil § 1 B.

80 Dazu näher Ivo, Malte: „Die Vererbung von GmbH-Geschäftsanteilen nach Inkrafttreten des MoMiG". *ZEV* 2009, S. 333 ff.

81 Dass die Vererbung und die dazu bereitgestellten Formen auch in anderer politischer Gesellschaftsform von Bedeutung sind, hat schon Kuchinke/Lange, Lehrb. Erbrecht, § 1 I 3, am Beispiel des sowjetischen kommunistischen Systems dargestellt. Nachdem zu Zeiten der Sowjetunion durch Dekret v. 27.04.1918 erst das Erbrecht als missbilligter Garant von Privateigentum abgeschafft wurde, wurde es später in der Sowjetunion wieder eingeführt aus der Erkenntnis heraus, dass Erben und Vererben einem Grundverständnis der Menschen entspringt. Ferner dazu Seibel, Hans Dieter: „Problemlage und Schichtungssystem in der Sowjetunion". *Kölner Zeitschrift für Soziologie und Sozialpsychologie* 1976, S. 1 ff., online verfügbar unter http://www.hf.uni-koeln.de/data/eso/File/seibel/GuE20.pdf; letzter Abruf 20.01.2016.

82 Allmendinger, Entstaatlichung und soziale Sicherheit, S. 67.

83 Beck, Norminhalt und Formenstrenge im Recht der Nottestamente, S. 51.

des BGB setzt schließlich erst nach Feststellung der Erbenstellung ein[84]. Das Geschäftsleben, aber auch der private Leistungs- und Geschäftsverkehr dürfen hier nicht unnötig behindert werden[85].

Es ist fraglich, ob die derzeit vorhandenen zwei ordentlichen Testamentsformen dem noch genügen können. Vielmehr sind für das heutige schnelllebige Wirtschaftsleben effektivere Formen erforderlich, die Zweifel an der Testierfähigkeit des Erblassers, der bis zu seinem Tode unternehmerisch tätig war, oder an der Urheberschaft bzw. Eigenhändigkeit seines Testaments sowie an dessen Inhalt nahezu ausschließen können[86]. Es wird unvermeidbar sein, eine Testamentsform zu entwickeln, die zumindest einen gewissen Beistand[87] für den Erblasser bei der Testamentserrichtung vorsieht[88]. Dabei ist an eine Form zu denken, die in einfach gelagerten Fällen, aber auch für den Fall einer zunächst nur vorläufigen vorsorgenden Testamentserrichtung vor einer eigentlich angestrebten lebzeitigen Unternehmensübergabe[89] die Errichtung eines kostengünstigen Testaments unter fachlichem Beistand ermöglicht[90] und den Unternehmer insoweit nicht nur an das öffentliche Testament verweist.

---

84 Weidlich in Palandt, KurzKom. BGB, Einf vor § 1967 Rn. 1 m.w.N.

85 Der Beschluss des OLG Stuttgart, *ZEV* 2012, S. 318, verdeutlicht dies einmal mehr: die Anmeldung zum Handelsregister durch den Erben als Rechtsnachfolger erfordert einen Nachweis durch entsprechende öffentliche Urkunde. Dazu bedarf es entweder eines Erbscheins oder gemäß derzeitigen Testamentsformen eines notariellen Testaments zusammen mit der Niederschrift über dessen Eröffnung, sofern sich daraus *in hinreichender Deutlichkeit* die Erbfolge erschließt.

86 So wohl auch Schmoeckel, Das holographische Testament, S. 16(19), der dort hinsichtlich der Vererbung im Rahmen der Marktwirtschaft auf den verantwortlichen Umgang mit dem Vermögen hinweist.

87 Auch Schmoeckel, Das holographische Testament, S. 16 f., merkt zutreffend an, dass ohne juristischen Beistand formulierte Testamente häufig Fehler oder Lücken aufweisen.

88 Olzen, Lehrb. Erbrecht, 1. Kap., § 1 Rn. 4, weist darauf hin, dass nach der Praxis eine geordnete Hinterlassenschaft nicht allzu häufig ist, zahlreiche Erbstreitigkeiten hervorruft und nicht unerhebliche Nachlassteile deshalb für Justiz bzw. Anwaltschaft verbraucht werden.

89 Der Unternehmer kann zum Beispiel aus steuerlichen Gründen noch nicht in der Lage sein, sein Unternehmen auf den angestrebten Rechtsnachfolger zu übergeben. Zur Sicherheit, falls ihm vorher etwas zustoßen sollte, möchte er aber ein formmäßig und inhaltlich wirksames Testament errichten.

90 Auch Ivo, Malte: „Die Vererbung von Kommanditanteilen". *ZEV* 2006, S. 302, rät zur umfassenden Aufklärung über den Gesellschaftsvertrag und seine Folgen bei Testamentserrichtung.

Dies spricht zugleich gegen die auf den ersten Blick naheliegende These, die Problemlage bei gewillkürter Erbfolge im Unternehmensbereich bestünde allein im holographischen Testament und würde bereits durch die ersatzlose Aufhebung dieser Form zu lösen sein[91]. Die bei *ersatzloser* Abschaffung der Form des holographischen Testaments dann nur noch bestehende Form des öffentlichen Testaments würde vermutlich wenig Akzeptanz in der Unternehmerschaft erfahren[92], so dass ein dadurch zu befürchtender Rückgang der Testierung für die Wirtschaft und die Gesellschaft inakzeptable Situationen in der Unternehmensvererbung bewirken könnte[93].

3. *Sozialstaatliche Erfordernisse*

Der Ausbau des Sozialstaates seit Bestehen der Bundesrepublik Deutschland hat in vielen Fällen Einfluss auf das Testierverhalten des Erblassers genommen[94]. Das liegt unter anderem daran, dass für die Altersversorgung, aber auch für die Krankenversorgung einschließlich Unterstützung kranker bzw. behinderter Nachkommen wegen gesetzlicher Unterstützungsansprüchen sowie schließlich für die Ausbildung wegen der vielfach kostenfreien Ausbildungsangebote das Erbe seine

---

91 Vgl. dazu Weber in Damrau, Praxiskom. ErbR, § 2247 Rn. 1 ff.

92 Röthel, Ist unser Erbrecht noch zeitgemäß?, A13(A62), weist in diesem Zusammenhang zu Recht auf den rechtspolitischen Trend hin, der auf eine Erleichterung der ordentlichen Testamentsformen und nicht auf deren Erschwerung hinweist.

93 Nur von untergeordneter Bedeutung ist allerdings die fiskalische Seite der Vererbung. Die Besteuerung ist formunabhängig und wird in ihrem Volumen durch Formänderungen beim Testament nicht berührt. Für das Jahr 2011 belief sich das Erbschaftsteueraufkommen auf insgesamt 4,25 Milliarden Euro, wobei wegen der hohen steuerlichen Freibeträge gem. ErbStG nur ein relativ geringer Anteil unter die Erbschaftsteuerpflicht fiel, vgl. Olzen, Lehrb. Erbrecht, 1. Kap., § 1 Rn. 2. Auch Beckert, Erben in der Leistungsgesellschaft, S. 16, stellt für 2011 fest, dass es lediglich 225 steuerpflichtige Erwerbe mit einem beachtlichen Vermögenswert von über 5 Millionen Euro gab.

94 Meier-Wehrsdorfer, Annett: „Aktuelle Fragen und Probleme des GmbH-Rechts". *NotBZ* 2012, S. 87, weist in diesem Zusammenhang auf das am 13.01.2012 abgehaltene Kolloqium des Instituts f. Notarrecht an der Universität Jena zu dem Themenkomplex der aus insolvenz- oder sozialrechtlicher Sicht richtigen Gestaltung einer Verfügung von Todes wegen bei Überschuldung oder Bedürftigkeit des Wunscherben hin.

Bedeutung als finanziell notwendige Unterstützung verloren hat[95]. Diese Situation kann sich jedoch durch die demographische Entwicklung schnell wieder ändern[96].

Unstreitig ist jedenfalls, dass diese durch den Sozialstaat gewährten umfangreichen Leistungen zu Lebzeiten des Erblassers an diesen oder an *dessen gesetzliche Erben*[97] einen zu Beginn des 20. Jahrhunderts noch recht unbekannten Problembereich für die Vererbung geschaffen haben[98]: Der Erblasser, der seinen Nachlass einem vom Sozialstaat unterstützten Erben weitervererben möchte[99], will nämlich

---

95 Hier mag eine Veränderung in schlechten wirtschaftlichen Zeiten sowie bedingt durch die Veränderung der Altersstruktur der deutschen Bevölkerung am ehesten vorstellbar sein, vgl. dazu bereits Zweiter Teil § 2 A. S. 24. Da aufgrund verwaltungspraktischer Vorgaben im Übrigen alle Geldansprüche des Erblassers mit seinem Tod erlöschen, vgl. § 59 Satz 2 SGB I, ist hier nicht näher auf die Vererbung derartiger Ansprüche auf Geldleistungen einzugehen. Zwar richtet sich die Vererbung dieser bereits zum Todeszeitpunkt des Berechtigten z. B. durch Verwaltungsakt festgestellten Ansprüche (siehe §§ 31 ff. SGB X) nach § 58 SGB I nach den allgemeinen Normen der §§ 1922 ff. BGB; jedoch wird hier eine gewillkürte Vererbung an Dritte nur ausnahmsweise in Betracht kommen, da sich nach §§ 56 f. SGB I in den meisten Fällen ein Übergang des Sozialleistungsanspruchs außerhalb des erbrechtlichen Nachlasses ohnehin nur auf gemeinsam im Haushalt Lebende ergeben wird. Dazu Horstmann, Bernd: „Rechtsnachfolge von Todes wegen bei Sozialleistungen". *ZEV* 2013, S. 598 f.

96 Vgl. Schmoeckel, Erbrecht, § 2, S. 23 f.

97 Hierzu LSG Baden-Württemberg, *ZEV* 2011, S. 662.

98 Zu untersuchen ist im Rahmen dieser Untersuchung nur die Situation von Sozialleistungen an den Erben. Der Erblasser selbst wird nämlich, so er Nachlass zu vererben hat, grundsätzlich keine rückerstattungspflichtigen Sozialleistungen zu seinen Lebzeiten empfangen haben. Eine Ausnahme wäre denkbar bei Leistungen nach Hartz IV gem. SGB II, wenn der Erblasser Sozialleistungen trotz z. B. PKW-Eigentums oder eigengenutztem Wohneigentum empfangen hat, weil diese nach § 12 Abs. 2, 3 Nrn. 2, 4 SGB II als verwertungsgeschütztes Vermögen bis zu einem angemessenen Wert unberücksichtigt geblieben sind und diese dann vererbt werden. Auch für den Erbfall nach demjenigen, der bis zu seinem Tod Sozialhilfe empfangen hat, stellt sich die erbmäßige Problematik nicht in der Vererbung und den dazu erforderlichen Formen bei gewillkürter Erbfolge, sondern in der Frage der Befreiung des Erben aus der Haftung auf Kostenersatz nach § 103 Abs. 1, 2 SGB XII. Zum Verhältnis der Sozialhilfe zu Gestaltungen durch Behindertentestament vgl. auch OVG Münster, *ZEV* 2009, S. 402.

99 Beispiele zur Gestaltung bei Reich, Manfred: „Testamentsgestaltung zum Schutz des Familienheims vor dem sozialrechtlichen Zugriff". *ZEV* 2011, S. 639(642). Zum Bedürftigentestament auch Litzenburger, Wolfgang: „Das Bedürftigentestament – Erbfolgegestaltung zu Gunsten von Langzeitarbeitslosen (Hartz-IV-Empfängern)". *ZEV* 2009, S. 278 ff., der nicht befreite Vorerbschaft in Kombination mit Verwaltungsvoll-

seinen Nachlass nicht durch irgendwelche Rückerstattungsansprüche des Sozialträgers belastet sehen oder durch seine Erbschaft Leistungsausschlüsse[100] oder Aufrechnungsmöglichkeiten[101] des Sozialträgers zu Lasten des Erben begründen. Es entspricht in solchen Fällen überwiegend dem Testierwillen des Erblassers, unter Vermeidung dieser Nachteile ungeschmälert[102] an gesetzliche Verwandte zu vererben[103].

Diese nur auszugsweise dargestellten Vorgaben aus dem Umfeld des Sozialrechts umschreiben eine weitere sich nach Inkrafttreten des BGB entwickelnde Herausforderung für die Vererbung. In sozialstaatlichen Leistungen an den gesetzlichen Erben kann ein weiteres Motiv des Erblassers für seine Testamentsausgestaltung gesehen werden, dass je nach weiterer Entwicklung des Sozialstaates und der Finanzkraft des Sozialträgers zunehmendes Gewicht bekommen

---

streckung beim Vorerben empfiehlt, wobei die Person des Testamentsvollstreckers der Vorerbe bestimmen können soll. Hierin liegt bei rein gewillkürter Erbeinsetzung keine Sittenwidrigkeit, so BSG, DNotI-Report 2015, S. 166. Ferner dazu Tersteegen, Jens: „Sozialhilferechtliche Verwertbarkeit von Vermögen bei Anordnung von Verwaltungstestamentsvollstreckung“. *ZEV* 2008, S. 121 ff.

100 Vgl. dazu das interessante Urteil des LSG Niedersachsen-Bremen, *ZEV* 2012, S. 683, wegen weiterer Hilfsbedürftigkeit eines Miterben nach § 7 Abs. 1 S. 1 Nr. 3,9, § 12 Abs. 3 Nr. 4 SGB II trotz geerbtem Anteil an einem Hausgrundstück. Kritisch Grziwotz, Von Geliebtentestamenten und leichtfertigen Verzichten, S. 732 ff.

101 Dazu Gabbert, Dieter: „Die Aufrechnungsmöglichkeiten der Sozialleistungsträger mit Leistungsansprüchen der Versicherten“. *RV aktuell* 7, 2008, S. 192 f.

102 Man mag dieses Testierverhalten bei erster Betrachtung als nicht schützenswert erachten und deshalb zunächst als Sachargument für neue Testamentsformen zur Unterstützung des Testierenden verwerfen wollen. Wie schnell diese Betrachtung allerdings in Schieflage geraten kann, belegt der Verweis auf das allgemein als nicht sittenwidrig anerkannte Behindertentestament des Erblassers. Dazu aufschlussreich LG Essen, *ZEV* 2016, S. 324; Ellenberger in Palandt, KurzKom. BGB, § 138 BGB Rn. 50a m.w.N.

103 Ergänzend zur Testamentserrichtung wird häufig noch ein Pflichtteilsverzicht des pflichtteilsberechtigten Sozialleistungsempfängers erklärt. Darin ist kein sittenwidriges Rechtsgeschäft oder ein unzulässiger Vertrag zu Lasten des Sozialträgers zu sehen, vgl. Sozialgericht Stuttgart, *ZEV* 2013, S. 99. Dazu ferner OLG Köln, *ZEV* 2010, S. 85, nach dem ein lebzeitiger Pflichtteilsverzicht des behinderten Sozialleistungsempfängers bei einem darauf abgestimmten Behindertentestament, das Erstattungsansprüche des Sozialträgers ausschließen soll, nicht zu dessen Sittenwidrigkeit führt. Anders kann sich die Rechtslage darstellen bei Ausschlagung eines durchaus werthaltigen Erbes durch den Sozialleistungsempfänger, dazu OLG Hamm, *ZEV* 2009, S. 471.

kann. Schon der Umfang des Sozialgesetzbuchs[104] mit seiner Aufgliederung in zwölf Bücher verdeutlicht genug, dass für diesen Bereich die Umsetzung des Testierwillens durch gewillkürte Erbfolge für den Rechtslaien vielfach unmöglich ist und die Gefahr besteht, dass er seinen eigentlichen Intentionen zuwider testieren wird[105].

Es ist somit – wie im vorherigen Teil der Untersuchung gefordert – zumindest eine fachliche Begleitung des Erblassers unvermeidbar[106], soll der Erbfall nicht aufgrund formeller oder materieller Fehler unnötig verzögert werden oder der wahre Testierwille unberücksichtigt bleiben[107]. Aus sozialstaatlichen Wohltaten an gesetzliche Erben ergeben sich somit weitere Herausforderungen[108] an das moderne Vererbungsrecht, die eine finanziell tragbare begleitende Unterstützung gerade auch für den nicht so wohlhabenden Erblasser bei Testamentserrichtung erfordern. Hierzu bedarf es dann aber neuer Testamentsformen.

---

104 Sozialgesetzbuch Buch I bis XII (SGB I bis XII), zuletzt geändert durch Verordnung v. 14.10.2014, BGBl. I S. 1618.

105 Vgl. Ellenberger in Palandt, KurzKom. BGB, § 138 BGB Rn. 50a.

106 Zur schwierigen Abfassung des Testaments, mit dem vor dem Zugriff des Sozialträgers geschütztes Schonvermögen im Nachlass begründet werden soll, vgl. Springmann, Peter: „Behindertentestament: Verlust des Vermögensschutzes bei Erbteilsübertragung oder Erbauseinandersetzung?". *ZEV* 2014, S. 293 f.

107 Zur Grenze wegen Sittenwidrigkeit aus sozialrechtlicher Sicht vgl. SG Dortmund, *ZEV* 2010, S. 54.

108 Springmann, Behindertentestament, S. 293, stellt diese Herausforderungen anschaulich am Beispiel des Behindertentestaments dar. Zu dem Spannungsverhältnis zwischen Erbrecht und Sozialrecht unter Hinweis darauf, dass zivilrechtlich wirksame Gestaltungen sozialrechtlich eine andere Bewertung erfahren können, vgl. Ruby, Gerhard / Schindler, Andreas: „ZEV-Report Zivilrecht nach Jahr und Seite". *ZEV* 2014, S. 353 ff., und zur Darstellung des Meinungsstreits dieselben: „ZEV-Report Zivilrecht". *ZEV* 2013, S. 381, sowie Klühs, Hannes: „Das sog. ‚Bedürftigentestament' und seine Alternativen – eine Bestandsaufnahme". *ZEV* 2011, S. 15, m.w.N. Die Darstellungen dort belegen deutlich die Notwendigkeit der fachlichen Beratung bei der Testamentserrichtung; ferner SG Dortmund, *ZEV* 2010, S. 54, das beim sog Bedürftigentestament dessen Sittenwidrigkeit für möglich erachtet und deshalb zumindest für den Leistungsempfänger von Grundsicherung nach SGB II es für zumutbar ansieht, dass dieser gegen ein derartiges Testament rechtlich z. B. durch Anfechtung vorgeht. Das Gericht folgert dies aus der gesetzlichen Pflicht des Leistungsempfängers, alle Möglichkeiten zur Beendigung oder Minderung seiner Bedürftigkeit ausschöpfen zu müssen.

4. *Die Bevölkerungsentwicklung*

Aus gesellschaftlicher Sicht müssen als auf das Testierverhalten Einfluss nehmende Faktoren auch die Bevölkerungsentwicklung und die Altersstruktur berücksichtigt und hier deshalb noch näher betrachtet werden.

Die fast schon als dramatisch[109] zu bezeichnende Veränderung in der Struktur der Bevölkerung in Deutschland und damit der künftigen Erbschaftsprotagonisten zeichnet sich aus durch eine anhaltend niedrige Geburtenziffer.[110] Das statistische Bundesamt hat hierzu in seiner 13. koordinierten Bevölkerungsvorausberechnung[111] mehrere Varianten durchgerechnet. Im Ergebnis wird mit einem Einpendeln des Anteils der unter 20-Jährigen an der Bevölkerung bis 2060 auf dem Niveau von 16 %gerechnet[112]. Hinzu kommt die steigende durchschnittliche Lebenserwartung. Allein zwischen 1976 und 2008 ist diese bei Männern von 68 Lebensjahren auf 77 und bei Frauen von 73 Lebensjahren auf 82 und damit jeweils um 9 Jahre gestiegen[113]. Es ist zu erwarten, dass die Lebenserwartung

---

109 Ebenso Lettke, Erben und Vererben, S. 104.

110 So reduzierte sich seit 1960 der Anteil der unter 20-Jährigen an der Bevölkerung bis zum Jahre 2010 von 28,4 % Bevölkerungsanteil um 10 % auf geringe 18,4 %, siehe Bundeszentrale für politische Bildung, Veröffentlichung 26.09.2012, online verfügbar unter http://www.bpb.de/nachschlagen/zahlen-undfakten/soziale-situation-in-deutschalnd/61541/altersstruktur; letzter Abruf 03.10.2015.

111 Statistisches Bundesamt, 13. koordinierte Bevölkerungsvorausberechnung zur Bevölkerung Deutschlands bis 2060, online verfügbar unter https://www.destatis.de/DE/Publikationen/Thematisch/Bevoelkerung/VorausberechnungBevoelkerung/BevoelkerungDeutschland2060Presse5124204159004.pdf; letzter Abruf 04.10.2015. Bemerkenswert ist, dass bei dieser Schätzung das Bundesamt in seinen Varianten von einer jährlichen Zuwanderungsquote zwischen 100.000 und 200.000 Personen pro Jahr mit fallender Tendenz ausgeht, S. 5. Die außenpolitische Situation hat diese Annahme in 2015/2016 als falsch erwiesen. Durch die politischen Verhältnisse im Nahen Osten, vornehmlich in Syrien, aber auch wegen Einwanderungen aus dem nahen Balkan und Afrika sind zum Stand 01.07.2016 in 2016 bereits 479.620 Asylanträge gestellt worden, wobei aufgrund der hohen Zuwanderung aus Krisengebieten und der Schwierigkeiten bei der Ersterfassung der Zuwanderungen damit zu rechnen ist, dass diese Zahlen noch weit übertroffen werden (vgl. http://de.statisca.com/statistik/daten/studie/76095/umfrage/asylantraege-insgesamt-in-deutsschland-seit-1995/)

112 Statistisches Bundesamt, 13. koordinierte Bevölkerungsvorausberechnung zur Bevölkerung Deutschlands bis 2060, S. 1 (6), online verfügbar unter https://www.destatis.de/DE/Publikationen/Thematisch/Bevoelkerung/VorausberechnungBevoelkerung/BevoelkerungDeutschland2060Presse5124204159004.pdf.

113 Frank/Helms, Lehrb. Erbrecht, § 1 Rn. 1.

weiter steigen wird[114]. Dabei ist die stärkste Bevölkerungsgruppe bei Männern und Frauen die der 48- bis 50-Jährigen.

Diese Änderung in der Zusammensetzung der Bevölkerung bekommt ihre besondere Bedeutung durch die Folge, dass mit dem Rückgang der jugendlichen Bevölkerung gegenläufig eine Zunahme der älteren Bevölkerung sowie eine Abnahme der Bevölkerung im Erwerbsalter verbunden sind[115]. Das führt dazu, dass sich das zahlenmäßige Verhältnis der möglichen Bezieher von Altersrenten und ähnlicher Versorgungen zu denjenigen, die diese Leistungsbezüge erwirtschaften, verschlechtern wird. Diese Entwicklung ist unvermeidbar vor dem Hintergrund der dargestellten steigenden Lebenserwartung[116].

Gleichzeitig nimmt die Zahl der Ausländer bzw. Bewohner mit Migrationshintergrund[117] kontinuierlich zu und hat 2015 einen unerwarteten neuen Höhepunkt

---

114 Dabei liegt in Deutschland die Sterberate noch immer über der Geburtenrate, vgl. Statistisches Bundesamt, 11. Koordinierte Bevölkerungsvorausberechnung, Bericht, Statistisches Bundesamt, Wiesbaden, Grundlage des Berichts die am 07.11.2006 vom Statistischen Bundesamt veröffentlichten Daten, online verfügbar unter https://www.destatis.de/DE/Presseservice/Presse/Pressekonferenzen/2006/Bevoelkerungsentwicklung/Annahmen_und_Ergebnisse.pdf.

115 Bestand 2013 die Bevölkerung noch zu 61 % aus den 20- bis unter 65-Jährigen, wird sich dies im Laufe der nächsten Jahrzehnte voraussichtlich auf etwa 52 %vermindern. Entsprechend wird auch der Anteil der Bevölkerung im Erwerbsalter stark abnehmen und der Anteil der älteren Bevölkerung weiter zunehmen, vgl. Statistisches Bundesamt, 13. koordinierte Bevölkerungsvorausberechnung zur Bevölkerung-Deutschlands bis 2060, S. 1(6), online verfügbar unter https://www.destatis.de/DE/Publikationen/Thematisch/Bevoelkerung/VorausberechnungBevoelkerung/BevoelkerungDeutschland2060Presse5124204159004.pdf.

116 Nach Vorausberechnungen wird in Deutschland die Zahl der über 80-Jährigen zwischen 2011 und 2050 von 4,3 Millionen auf 10,2 Millionen (!) steigen, so dass 2050 jeder Siebte 80 Jahre und älter sein wird, siehe Bundeszentrale für politische Bildung, Veröffentlichung 26.09.2012, online verfügbar unter http://www.bpb.de/nachschlagen/zahlen-undfakten/soziale-situation-in-deutschland/61541/altersstruktur; letzter Abruf 03.10.2015, dort unter Bevölkerungsentwicklung und Altersstruktur.

117 Nach dem Statistischen Bundesamt, online verfügbar unter https://www.destatis.de/DE/ZahlenFakten/GesellschaftStaat/Bevoelkerung/Migrationintegration/Migrationshintergrund/Aktuell.html; letzter Abruf 03.10.2015, ist zu unterscheiden zwischen Bevölkerung mit Migrationshintergrund im engeren Sinne und solchem im weiteren Sinne. Zur Bevölkerung im erst genannten Sinne zählen grundsätzlich Zugewanderte und alle in Deutschland geborenen Ausländer/innen sowie Deutsche mit Migrationshintergrund, die seit Geburt deutsche Staatsbürgerschaft besitzen und mit ihren Eltern in einem Haushalt leben, zur Bevölkerung mit Migrationshinter-

durch Krisengebiete vor allem im Nahen Osten, aber ebenso durch zahlreiche sogenannte Wirtschaftsflüchtlinge erfahren[118]. Dadurch, dass die Zahl der Ausländer schneller gestiegen ist als die der Gesamtbevölkerung, hat sich der Anteil der Bewohner mit Migrationshintergrund an der Gesamtbevölkerung deutlich erhöht[119]. Neben der Erscheinung, dass sich auch in der Bevölkerungsgruppe der Ausländer die Altersstruktur in Richtung merklicher Anstieg der über 60-Jährigen erheblich verändert hat, ist das dauerhafte Verbleiben vieler ausländischer Familien in Deutschland festzustellen[120].

Diese Zahlen und Erhebungen zur Entwicklung der Zusammensetzung der Bevölkerung in Deutschland sind auch für das Testierverhalten und seine dazu vorzusehenden neuen Testamentsformen von Bedeutung. Es geht um die Auswirkungen der zunehmenden Überalterung einerseits und um die sozial-kulturellen Veränderungen durch Zuwanderung andererseits.

---

grund im weiteren Sinne zählen zusätzlich Deutsche mit Migrationshintergrund, die ihre deutsche Staatsbürgerschaft seit Geburt besitzen, aber mit ihren Eltern nicht im selben Haushalt leben.

118 Für viele aus der Berichterstattung SPIEGELonlinePolitik: Asyl: *Weniger registrierte Flüchtlinge vom Balkan und mehr aus Syrien*, 01.10.2015, online verfügbar unter http://www.spiegel.de/politik/deutschland/asylbewerber-zahl-der-balkan-fluechtlinge-sinkt-a-1055701.html.

119 Bundeszentrale für politische Bildung, Veröffentlichung 28.11.2012, online verfügbar unter http://www.bpb.de/nachschlagen/zahlen-undfakten/soziale-situation-in-deutschland/61622/auslaendische-bevoelkerung; letzter Abruf 03.10.2015.

120 Nach Bundeszentrale für politische Bildung, Veröffentlichung 28.11.2012, online verfügbar unter http://www.bpb.de/nachschlagen/zahlen-undfakten/soziale-situation-in-deutschland/61622/auslaendische-bevoelkerung; letzter Abruf 03.10.2015, stieg der Anteil der über 60-Jährigen von 1970 zu 3,1 % auf inzwischen ca. 15 %. Augenblicklich sind die meisten Zuwanderungen noch aus der Europäischen Union zu verzeichnen, wobei die Zuwanderungen aus den seit 2004 beigetretenen EU-Mitgliedstaaten (besonders aus Polen, Rumänien, Bulgarien) die deutlich stärkste Gruppe bilden. Die größten Gruppen außerhalb des EU-Raumes stellen die USA, Türkei sowie China und Russland, vgl. Bundeszentrale für politische Bildung, Veröffentlichung 18.01.2013, online verfügbar unter http://www.bpb.de/nachschlagen/zahlen-undfakten/soziale-situation-in-deutschland/153474/themengrafik-wanderung. Hier kann es in nächster Zeit eine starke Veränderung in Richtung Zuwanderung aus dem Nahen Osten geben, vornehmlich aus Syrien und dem Irak, was zu einer Veränderung vorgenannter Erhebungen führen kann.

a) *Auswirkungen der Altersstruktur*

Dieser demographische Wandel ist für das Testamentsrecht in zweierlei Hinsicht von Bedeutung. Zum einen führt die längere Lebensdauer dazu, dass Erblasser aufgrund des längeren Lebensalters und dadurch sich ändernder Lebenssituationen häufiger als in der Vergangenheit und besonders im höheren Alter ihr Testament ändern werden. Dies birgt bei holographischer Testamentsform die Gefahr in sich, dass die Streitfälle über die Testierfähigkeit des Erblassers sowie über die inhaltliche Auslegung des altersbedingt missverständlichen Testaments zunehmen werden.

Mit der gestiegenen Lebenserwartung tritt zudem nicht nur eine Verschiebung des Erbzeitpunkts und damit des Vermögensanfalls bei den Erben ein. Der spätere Eintritt des Erbfalls bewirkt vielfach auch eine Vermögensmehrung beim Erblasser (soweit kein besonderer Pflegefall eintritt, sinkt in der Regel der Finanzbedarf mit zunehmendem Alter). Dies kann sich allerdings dann umkehren, sobald die altersmäßige Versorgung durch Rente und dergleichen künftig wegen leerer Kassen der gesetzlichen oder vertraglichen Versorgungsträger nicht mehr in dem Umfang wie bisher durch diese geleistet wird oder wenn der Erblasser zum durch Rente oder Pflegeversicherung nicht genügend abgedeckten Pflegefall wird; der Erblasser wird dann zunehmend auf sein angespartes Kapital zurückgreifen müssen. Hieraus ergeben sich folgende Einflüsse auf die Testamentserrichtung:

Eine Testamentserrichtung erfolgt, was in der Praxis zu beobachten ist[121], oft erst im fortgeschrittenen Alter sowie im Verlaufe eines längeren Lebens durch wiederholte Testamentsabänderung im Alter[122]. Damit findet zunehmend eine Testamentserrichtung in einem Lebensabschnitt statt, in dem aufgrund altersbedingter Einsichtsdefizite (z. B. Demenz oder Alzheimererkrankung) Wirksamkeitsprobleme wegen möglicher Testierunfähigkeit entstehen können, über deren Vorliegen anschließend vor Gericht mit kostenintensiven Gutachten durch die Erben umfangreich und den Erblasser entblößend prozessiert wird, sofern wie beim privatschriftlichen Testament keine Feststellung über die Testierfähigkeit des Erblassers bei Testamentserrichtung erfolgt ist[123].

Auch kann das fortgeschrittene Alter zum Verlust der Einsichtsfähigkeit in solche vernünftigen Lösungen führen, die der Erblasser normalerweise bei noch voll vorhandener Einsichtsfähigkeit für sein Testament verfügt hätte. Dies ist

---

121 Schulte, Art und Inhalt eröffneter Verfügungen, S. 68.

122 Röthel, Ist unser Erbrecht noch zeitgemäß?, A13(A16).

123 Dazu Wetterling, Tilman: „Beeinträchtigung der Geschäfts-/Testierfähigkeit durch Medikamente, Alkohol oder Drogen". *ErbR* 2016, S. 179 ff.

nicht zwingend mit mangelnder Testierfähigkeit gleichzusetzen, sondern bedeutet allein, dass der Erblasser ohne fremde neutrale Hilfe altersbedingt nicht mehr intellektuell in der Lage sein kann, seinen wahren Testierwillen zu erkennen und im Testament eindeutig wiederzugeben[124].

Schließlich besteht bei privatschriftlicher eigenhändiger Testamentserrichtung unter zunehmendem Alter bedingt durch Schwächung der Durchsetzungskraft bzw. physischen Stärke oder zunehmenden Verlust der geistigen Flexibilität die Gefahr der stärkeren Beeinflussung des Erblassers durch Dritte. Auch hier ist es Aufgabe, um nicht zu sagen Pflicht des Testamentsrechts, den Erblasser vor solcher Machtausübung Dritter zu schützen[125], was bei der Form des holographischen Testaments nicht gewährleistet sein kann.

Bedingt durch die höhere Lebenserwartung wird sich auch die Phase der *gemeinsamen* Lebensspanne zwischen den Generationen analog dazu verlängern. Hierdurch werden die Beziehungen der Generationen und deren soziale Kontakte untereinander anspruchsvoller und damit anfälliger[126]. Diese Situation bewirkt, dass die sowieso schon bestehende Neigung mancher Erblasser, ein Testament mit zunehmendem Alter noch einmal ändern zu wollen, tendenziell zunehmen wird[127]. Die dadurch initiierten Mehrfachtestierungen erfolgen dann in dem bereits dargestellten problematischen Lebensabschnitt, in dem die geistige Einsichtsfähigkeit vom Erblasser unerkannt abgenommen hat[128] oder die eigene motorische

---

124 Zum sog. Fassadenphänomen vgl. Heinemann, Jörn: „Mehr Sollen als Sein-zur Feststellung der Geschäfts- und Testierfähigkeit". *ZNotP* 2016, S. 170 f.

125 Hierzu Röthel, Ist unser Erbrecht noch zeitgemäß?, A13(A29).

126 Ähnlich schon Beckert, Erben in der Leistungsgesellschaft, S. 202.

127 Dazu schon Röthel, Ist unser Erbrecht noch zeitgemäß?, A13(A17). Die Ursache dieser Mehrfachtestierung sind unterschiedlichster Art wie zum Beispiel erneute Testamentserrichtung aus Enttäuschung über den Wunscherben, Neutestierung wegen Belohnung hilfsbereiter Dritter im Alter, Veränderungen in den Lebensansprüchen des Erblassers oder in der Vermögenslage der Erben, neue Testierung wegen eigennütziger unüberwindbarer Einflussnahme bisher nicht als Erben vorgesehener Verwandter.

128 Weber in Damrau, Praxiskom. ErbR, § 2229 Rn. 2 ff. Siehe auch Deutsche Alzheimer Gesellschaft: *Das Wichtigste 1 Die Häufigkeit von Demenzerkrankungen*, S. 1, online verfügbar unter https://www.deutschealzheimer.de/fileadmin/alz/pdf/factsheets/infoblatt1_haeufigkeit_demenzerkrankungen_dalzg.pdf, wonach in Deutschland gegenwärtig 1,5 Mio Demenzkranke leben. Jedes Jahr wird mit einem Zuwachs von mehr als 300.000 Neuerkrankungen gerechnet. Unter Zugrundlegung der Vorausberechnungen zur Bevölkerungsentwicklung wird mit einer zahlenmäßigen Zunahme der Erkrankten von mehr als 100 pro Tag gerechnet.

Handlungsfähigkeit nachhaltig zurückgegangen ist[129]. Betroffen hiervon ist wieder primär das private Testament, das dann nach dem Erbanfall oft zeitlich wie auch finanziell intensiv geführte Rechtsstreite über die Testierfähigkeit provoziert[130].

Der altersbedingte motorische Verfall erfordert also eine zunehmende Hilfestellung für den Erblasser, was gerade bei eigenhändiger Testamentsform schnell zu unzulässigen Hilfestellungen und im Extremfall zu unwirksamen Fremdeinwirkungen bis zur Nichteigenhändigkeit führen kann[131]. Die Form des handschriftlichen eigenhändigen Testaments bewirkt auf diesem Feld jedenfalls in keiner Weise ein Mehr an Rechtssicherheit, sondern verlagert die aufgezeigten Probleme durch ihre anonyme beratungsfreie und damit relativ formfreie Ausführung auf Lösungsversuche erst nach dem Tod des Erblassers. Dies wirkt in heutiger Zeit, in der die Tendenz dahin geht, den Umfang der Sicherungsmechanismen zu rechtsgeschäftlichen Vorgängen eher zu erweitern oder zu verbessern[132], als systemfremd. Sicherlich unterscheidet sich die Testamentserrichtung von den angesprochenen Sicherungsmechanismen anderer Rechtsgebiete insoweit, als die Schutz- und Warnfunktion dort durch sofortige Information der am Rechtsgeschäft Beteiligten über das vorzunehmende bzw. vorgenommene Rechtsgeschäft erzielt wird[133]. Eine diesem System gleichkommende sofortige Bekanntgabe des Testaments nach seiner Errichtung an die Begünstigten zum Schutz vor Streit über Form- oder Inhaltsfehler verbietet sich jedoch aus dem Selbstverständnis des Testaments[134].

---

129 Röthel, Ist unser Erbrecht noch zeitgemäß?, A13(A16 f.); allgemein zur Testierfähigkeit Stürner in Jauernig/Stürner, BGB Kom., § 2229 Rn. 5 f.

130 Siehe Cording, Clemens: „Kriterien zur Feststellung der Testier(un)fähigkeit". *ZEV* 2010, S. 115 ff.

131 Rechtsprechung dazu unter Vierter Teil § 2 B.

132 Man denke beispielhaft nur an das Recht der Allgemeinen Geschäftsbedingungen, §§ 305 ff. BGB, an das Recht der Fernabsatzverträge, §§ 312 b ff. BGB, der Verbraucherdarlehensverträge, §§ 488 ff. BGB, aber auch an Vorschriften außerhalb des BGB wie § 17Abs. 2a BeurkG.

133 Beispiele aus anderen Rechtsgebieten wären: § 17Abs. 2a BeurkG, der die Zurverfügungstellung des beabsichtigten Vertragstextes an den zu schützenden Verbraucher vor wirksamer Beurkundung des Vertrages ausdrücklich vorschreibt; die Unterrichtung des Verbrauchers nach § 312 c BGB; auch der Verbraucherschutz nach dem Recht der Allgemeinen Geschäftsbedingungen hinsichtlich Informationspflicht gem. § 305 Abs. 2 Nr. 2 BGB. Dazu Grüneberg in Palandt, KurzKom. BGB, Überbl. vor § 305 Rn. 9, spricht deshalb auch von einem „hohen Schutzniveau"; zum Verbraucherschutz ferner Stadler in Jauernig/Stürner, BGB Kom., § 305 Rn. 1.

134 Sachsen Gessaphe, Karl August Prinz von: „Das eigenhändige Testament in Europa und Lateinamerika: eine riskante oder sichere Testamentsform?". In: Schmoeckel,

Wäre es somit aufgrund der der dargestellten Entwicklung nicht an der Zeit, schon bei Testamentserrichtung einen Schutz vor formeller Formunwirksamkeit der Verfügung von Todes wegen einzurichten?

Neue Testamentsformen könnten dieser Aufgabe „Schutz vor Formfehlern oder Problemen zur Testierfähigkeit" nachkommen und dadurch mehr Rechtssicherheit bewirken. Dieser Schutz muss dabei einerseits kostengünstiger und unkomplizierter als beim öffentlichen Testament erfolgen. Er wird aber andererseits nur unter fachlicher Aufsicht oder Hilfestellung realisiert werden können[135].

b) Zuwanderungsbedingte Veränderungen

Weiterer Einfluss auf das Erbverhalten kommt der Migration zu. Diese Internationalisierung gehört wie die Entwicklung neuer Kommunikationsformen zu den neuen gesellschaftspolitischen Herausforderungen unserer Zeit[136], die die Rechtsordnung zum Teil mit einem fremden Begriffsverständnis konfrontieren und damit zu zusätzlichen Auslegungsproblemen des holographischen Testaments führen können. Die stärker werdende Einwanderung nach Deutschland oder Auswanderung aus Deutschland, sei es aus Gründen des endgültigen Verbleibs in Deutschland oder aus privaten oder beruflichen Gründen nur für einen längeren Zeitraum[137], unterstützt deshalb das Verlangen nach neuen Testamentsformen.

Im Rahmen seiner internationalen Aufstellung und damit einhergehenden Grenzöffnung befindet sich Deutschland seit geraumer Zeit in einer anderen bevölkerungsmäßigen Strukturierung, als man sich dieses zur Zeit des Inkrafttretens des BGB überhaupt vorstellen konnte. Der Ausländeranteil an der Gesamtbevölkerung ist stetig gestiegen[138]. Dadurch ergeben sich immer mehr sprachlich

---

Das holographische Testament, S. 88, weist in diesem Zusammenhang zu Recht auf den Vorzug der Geheimhaltung des Testaments hin.

135 Schmoeckel, Das holographische Testament, S. 16 ff., regt ebenfalls an, darüber nachzudenken, ob nicht grundsätzlich eine juristische Beratung Voraussetzung für ein Testament sein müsste.

136 Vgl. hierzu Lettke, Erben und Vererben, S. 263(269).

137 Relevant ist ein Zeitraum, der zumindest nach den Bestimmungen der EU-ErbVO zur Begründung des gewöhnlichen Aufenthalts in Deutschland führt, vgl. Odersky in Bergquist et al., EU-ErbVO Kom., Art. 4 Rn. 9–11.

138 Vgl. Müller, Ingrid: *Migration in Deutschland und einigen anderen Ländern*. Arbeitsbericht Nr. 275. München 2005, S. 1(10). Danach bewegte sich der Anteil von Menschen mit ausländischer Staatsbürgerschaft noch bis 1951 unter 1 % und stieg dann beginnend 1973 mit 6,4 % auf Jahreswerte von ca. 8,1–8,9 %. Belastbare Zahlen zum Stand 2015 mit der enormen Zuwanderung vor allem aus dem Nahen Osten liegen noch nicht vor. Der Ansatz von 8,9 % dürfte jedoch deutlich überschritten werden.

und kulturell bedingte Veränderungen[139], die sich auf den ersten Blick nicht unmittelbar auf die vorhandenen Testamentsformen auszuwirken scheinen. Dieser Eindruck wäre jedoch falsch, wie sich aus Folgendem ergibt[140]:

Die ausländische Zuwanderung wirkt sich besonders auf den Inhalt der errichteten Verfügungen von Todes wegen aus. Die Art der Ausformulierung und die dabei für uns oft fremde Wortwahl, beides durch unterschiedliche kulturelle Hintergründe bedingt, lassen Unterschiede zwischen dem vom Muttersprachler und dem vom ausländischen Zuwanderer formulierten Testamentstext erwarten. Verständlicherweise formuliert der *nicht in seiner Muttersprache* testierende Ausländer in einer Wortwahl, die seiner Heimatsprache entspringt und dadurch nach unseren sprachlichen Gebräuchen keine Eindeutigkeit der Aussage ergeben kann oder gelegentlich sogar zu einer anderen Bedeutung des gewählten Begriffes führen wird. Dabei ist aufgrund nachlassgerichtlicher Erfahrung davon auszugehen, dass der Ausländer regelmäßig nicht in seiner Muttersprache, sondern in deutscher Sprache testieren wird[141]. Damit besteht die Gefahr, dass der Ausländer aufgrund muttersprachlich veranlasster Wortwahl in einer Ausdrucksweise testiert, die seinen wahren Testierwillen nach deutschem Sprachverständnis verfälscht oder zumindest missverständlich wiedergibt.

Das Testament des Fremdsprachlers gelangt so bei deutschem Erbstatut[142] in den Anwendungsbereich des § 2084 BGB[143]. Um die missglückte Ausformulierung zu retten, verweist das deutsche Recht den durch das Testament möglicherweise Begünstigten auf die Anwendung der erfolgversprechenden Auslegung, die letztlich im Streitfall durch das Gericht vorzunehmen ist. Die Auslegung des in Deutschland errichteten Testaments folgt dabei grundsätzlich gemäß dem Errich-

139 Röthel, Ist unser Erbrecht noch zeitgemäß?, A13(A17) umschreibt es in ihrem Gutachten mit tiefgreifenden Veränderungen infolge des zunehmenden Anteils von Ausländern an der deutschen Wohnbevölkerung.

140 Hinsichtlich der Form des Testaments werden sich auch in Zukunft nicht alle Probleme allein durch die großzügigen Normen des Haager Übereinkommens v. 05. Oktober 1961, der darauf ergangenen Vorschriften des Art. 26 EGBGB oder aufgrund der neuen Vorschriften der EU-ErbVO lösen lassen. Bzgl. EU-ErbVO siehe Lagarde in Bergquist et al., EU-ErbVO Kom., Art. 27 Rn. 1 ff.

141 Obgleich das holographische Testament ihm die Niederschrift in seiner Muttersprache gestattet, vgl. Weber in Damrau, Praxiskom. ErbR, § 2247 Rn. 32; Weidlich in Palandt, KurzKom. BGB, § 2247 Rn. 9.

142 Thorn in Palandt, KurzKom. BGB, Art. 21 EuErbVO Rn. 3.

143 Zu § 2084 Seiler-Schopp/Rudolf in Damrau, Praxiskom. ErbR, § 2084 Rn. 4 ff.; Stürner in Jauernig/Stürner, BGB Kom., § 2084 Rn. 2.

tungsstatut der Art. 24 Abs. 1, 26 Abs. 1 d) EU-ErbVO nach deutschem Recht[144], denn das Errichtungsstatut folgt dem hypothetischen Erbrecht des Erblassers zum Zeitpunkt der Testamentserrichtung des Erblassers, das wiederum bestimmt wird nach dem gewöhnlichen Aufenthalt bei Testamentsabfassung. Eine Ausnahme sieht das Gesetz für das Errichtungsstatut allein bei einer Rechtswahl der Staatsangehörigkeit als Anknüpfung vor[145]. Es ergibt sich damit in zahlreichen Fällen die Notwendigkeit der Auslegung eines Testaments nach den Auslegungsgrundsätzen unserer Rechtsordnung[146] bzw. nach fremdem Recht nur, so man in den gewählten Ausdrücken noch eine Rechtswahl nach Heimatrecht sehen darf[147]. Dies wird in der Testamentsauslegung zu nicht unerheblichen Schwierigkeiten und zeitlichen Verzögerungen führen.

Verstärkt wird dieser Problembereich durch die Einbeziehung von Nachlasswerten des Ausländers, die sich in seinem Heimat- bzw. Herkunftsland befinden, wenn es sich dabei um Länder handelt, die nicht der EU-ErbVO unterliegen[148]. Das Gericht wird hier besonders Wert darauf legen müssen, dass seine Entscheidung im Interesse der von der EU-ErbVO angestrebten Einheitlichkeit des Rechts Akzeptanz im Drittstaat erfährt.[149]

Welche Schlussfolgerungen ergeben sich also aus diesen Einblicken in die zunehmende Migration nach Deutschland? Auch hier gilt es, mit neuen Testamentsformen eine unkomplizierte und Kosten verträgliche Assistenz zu schaffen, die es den stetig mehr werdenden unter unser Recht fallenden Ausländern ermöglicht, ihre Vererbungsmotive eindeutig darzulegen, um diese formell sowie materiell wirksam in ihrem in Deutschland errichteten Testament niederzulegen.

---

144 Leipold in MüKo, BGB, § 2084 Rn. 5 m.w.N.; ausnahmsweise können bei Handeln unter falschem Recht materiellrechtlich auch Rechtsgrundsätze einer fremden Rechtsordnung mit herangezogen werden, dazu BGH, *NJW* 2004, S. 3558; Thorn in Palandt, KurzKom. BGB, Art. 26 EuErbVO Rn. 1.

145 Die Ausnahmevorschrift der Art. 21 Abs. 2 / 24 Abs. 2 EU-ErbVO, wonach das Erbstatut/Errichtungsstatut ausnahmsweise nicht durch den gewöhnlichen Aufenthalt bestimmt wird, wird wohl nur in den wenigsten Fällen eingreifen. So auch Lagarde in Bergquist et al., EU-ErbVO Kom., Art. 21 Rn. 14.

146 Dazu näher in Vierter Teil § 1 B.

147 Dazu bereits Zweiter Teil § 3 D.

148 Drittländer außerhalb der EU sowie das Vereinigte Königreich, Irland sowie Dänemark, vgl. Erwägungsgründe (82) und (83) zur EU-ErbVO.

149 Unberührt davon haben die Parteien das Recht, für derartiges Vermögen die Abkoppelung des Verfahrens zu beantragen, Art. 12 Abs. 1 EU-ErbVO; dazu Odersky in Bergquist et al., EU-ErbVO Kom., Art. 12 Rn. 2 ff.

II. EU-Erbrechtsverordnung und ihre Auswirkungen

Die Verordnung Nr. 650/2012 vom 4. Juli 2012 über die Zuständigkeit, das anwendbare Recht, die Anerkennung und Vollstreckung von Entscheidungen und die Annahme und Vollstreckung öffentlicher Urkunden in Erbsachen sowie zur Einführung eines Europäischen Nachlasszeugnisses[150] wird für das internationale europäische Privatrecht gern als Meilenstein[151] der neuen Rechtsentwicklung gesehen. Sie ist am 16.08.2012 in Kraft getreten und findet nun unmittelbare Anwendung auf die Erbfolge nach natürlichen Personen, die nach dem 16.08.2015 verstorben sind[152]. Ergänzend hat der deutsche Gesetzgeber das Gesetz zum Internationalen Privatrecht und zur Änderung von Vorschriften zum Erbschein sowie zur Änderung sonstiger Vorschriften vom 29.05.2015[153] verkündet.

Im Grundsatz ist die lang erwartete Abstimmung der europäischen Mitgliedstaaten im Erbrecht zu begrüßen. Allerdings führt sie zu neuen besonderen Problemen, denen sich der Erblasser ausgesetzt sieht und die an dieser Stelle darzustellen sind. Die Ausführungen müssen dabei allerdings dem Thema der Untersuchung folgend auf die für die Entwicklung neuer Testamentsformen besonders interessanten Fragestellungen[154] beschränkt bleiben[155].

1. *Der gewöhnliche Aufenthalt und seine Folgen*

Die wohl bedeutendste Neuerung durch die EU-ErbVO ist die Regelung in Art. 21 Abs. 1, wonach sich das anwendbare Recht (Erbstatut bzw. Errichtungsstatut) grundsätzlich nach dem gewöhnlichen Aufenthalt des Erblassers bestimmt. Das Erbstatut ist wegen etwaiger Standortveränderungen des Erblassers bis zu seinem Tod wandelbar[156]. Anders verhält es sich mit dem sog. Errichtungsstatut (Zulässigkeit und materielle Wirksamkeit einer Verfügung von Todes wegen), das sich gem. Art. 24 Abs. 1 EU-ErbVO unwandelbar gibt und nach dem gegenwärtigen

---

150 Amtsblatt der Europäischen Union v. 27.07.2012 L 201/107–134.

151 So Lagarde in Bergquist et al., EU-ErbVO Kom., Einleitung Rn. 1.

152 DNotI-Report 2015, S. 113.

153 Dazu näher schon Zweiter Teil § 3 D.

154 So soll hier nicht näher eingegangen werden auf das unter ausländischem Erbstatut anerkannte unmittelbar dinglich wirkende Vermächtnis und dessen „Anpassung“ an das deutsche Sachenrecht, dazu Volmer, Erbschein und ENZ, S. 323 f.

155 Vgl. auch zu den zahlreichen aufgeworfenen neuen Rechtsfragen Dutta in MüKo, BGB, Bd. 10, insb. zu Art. 22 bis 24 EU-ErbVO.

156 Vgl. bezüglich der Gerichtszuständigkeit KG Berlin, *FamRZ* 2016, S. 1203; zur Wandelbarkeit allgemein Dutta in MüKo, BGB, Bd. 10, vor Art. 20 Rn. 10.

gewöhnlichen Aufenthalt im Zeitpunkt der Testamentserrichtung des Erblassers bestimmt wird[157]. Um für den Laien die Rechtslage noch komplizierter werden zu lassen, normiert Art. 25 EU-ErbVO für Erbverträge ein besonderes Erbvertragsstatut[158], das entgegen seinem Wortlaut nach wohl h.M. ebenso für gemeinschaftliche Testamente mit wechselbezüglichen Verfügungen Anwendung finden soll[159], normiert Art. 26 EU-ErbVO, was zur materiellen Wirksamkeit nach Art. 24 und 25 der Verordnung gehört[160], und regelt Art. 27 EU-ErbVO schließlich die reine Formwirksamkeit einer schriftlichen Verfügung von Todes wegen[161].

Der privat eigenhändig testierende Erblasser, der in vielen Fällen noch nicht einmal die EU-ErbVO kennen wird, geschweige denn über nähere Rechtskenntnisse zu diesen neuen Bestimmungen verfügt und somit dazu kein Rechtsbewusstsein besitzt, ist durch diesen Normenplural überfordert. Dabei können ihn die rechtlichen Wirkungen der EU-ErbVO in der äußeren und inneren Gestaltung seines Testamentes unmittelbar betreffen[162].

---

157 Zum Teil wird auch vom sog. hypothetischen Erbstatut gesprochen, vgl. DNotI-Report 2015, S. 113 f.; Looschelders in Hüßtege/Mansel, BGB Kom., Bd. 6, Art 22 EU-ErbVO Rn. 7.

158 DNotI-Report 2015, S. 117, Art. 25 EU-ErbVO betrifft Zulässigkeit, materielle Wirksamkeit und Bindungswirkungen des Erbvertrags.

159 So Lagarde in Bergquist et al., EU-ErbVO Kom., Art. 25 Rn. 1; Dutta in MüKo, BGB, Art. 25 EU-ErbVO Rn. 2; zum Meinungsstand auch Martiny in Prütting/Wegen/Weinreich, BGB-Kom., Art 24 Rn. 2 f. Dies folgt nach wohl h.M. aus der Definition in Art. 3 Abs. 1 b) EU-ErbVO. wonach unter „‚Erbvertrag' eine Vereinbarung, einschließlich einer Vereinbarung aufgrund gegenseitiger Testamente, die [...] Rechte am [...] Nachlass oder künftigen Nachlässen einer oder mehrerer an dieser Vereinbarung beteiligter Personen begründet [...]", zu verstehen ist.

160 Dazu gehört u.a. nach Art. 26 Abs. 1 d) die Auslegung der Verfügung, vgl. Lagarde in Bergquist et al., EU-ErbVO Kom., Art. 26 Rn. 6. Es verwundert, dass nach bisheriger Kommentierung noch nicht problematisiert wurde, wie die Auslegung der Verfügung orientiert am Errichtungsstatut im Verhältnis zum möglicherweise durch Wandel des letzten gewöhnlichen Aufenthalts nach anderem Erbrecht gehenden Erbstatut steht.

161 Dutta in MüKo, BGB, Bd. 10, vor Art. 20 Rn. 13, weist zu Recht darauf hin, dass Art. 27 EU-ErbVO eine Auffangnorm ist, die nicht eingreift, wenn das insoweit vorgehende Haager Übereinkommen v. 05.10.1961, Übernahme für Deutschland durch Gesetz BGBl. 1965 II S. 1144, im den Erbfall betreffenden Mitgliedstaat gilt. Das Haager Übereinkommen hat somit für die Frage der Formwirksamkeit von Testament bzw. gemeinschaftlichem Testament Vorrang vor Art. 27 EU-ErbVO, ebenso Lagarde in Bergquist et al., EU-ErbVO Kom., Art. 27 Rn. 1.

162 Vgl. dazu Weber, Johannes: „Ausgewählte Fragen der Testamentsgestaltung unter Geltung der Europäischen Erbrechtsverordnung". *Notar* 2015, S. 296 f. Ein Beispiel mag

Es ist ohne Zweifel zu begrüßen, dass sich der Europäische Gesetzgeber nach Jahrzehnten einer Lösung der innereuropäischen Abstimmungsdifferenzen zum Erbstatut im Erbrecht durch die EU-ErbVO angenommen hat. Besonders wird so die Einheitlichkeit der gesamten Erbfolge hergestellt, um der in der Vergangenheit häufig auftretenden Situation der Spaltung zwischen beweglichen und unbeweglichen Vermögensmassen ein Ende zu setzen[163]. Die bereits aufgeführten Normen der EU-ErbVO belegen aber die dadurch bedingte kontinuierliche Zunahme der an den Erblasser gestellten Rechtskenntnisse[164], was dazu führt, dass der Weg zur gewillkürten Erbfolge für den Laien immer gefährlicher wird[165]. Andererseits ist die EU-ErbVO aber eine unvermeidbare gesetzliche Reaktion auf den eingangs zu diesem Kapitel aufgezeigten Zu- und Abwanderungsfluss innerhalb der europäischen Völker, der bei Inkrafttreten der Testamentsformen des BGB in dieser Dimension noch nicht vorstellbar war.

Hinzukommen aus der EU-ErbVO noch weitere Anforderungen an den Erblasser, die sich im Bereich der Lebenspartnerschaft, des Pflichtteilsrechts und des gemeinschaftlichen Testaments ergeben.

---

dies belegen: A ist deutscher Staatsbürger. Er errichtet in Deutschland, wo er lebt, sein handschriftliches Testament mit Inhalt X. Zwei Jahre später erwirbt A ein Ferienhaus in Portugal, um schließlich im Ruhestand dort hinzuziehen. Zehn Jahre nach seinem Umzug nach Portugal verstirbt A in Portugal. Die Wirksamkeit des handschriftlichen Testaments des A folgt aus der Bestimmung des sog. Errichtungsstatuts nach Art. 24, 26 und 27 EU-ErbVO in Verbindung mit den Normen des deutschen Erbrechts zu den Formvorgaben des Art. 26 EGBGB n. F. Die Form der Errichtung unterlag somit deutschem Recht, wonach ein wirksames handschriftliches Testament des A vorlag. Wegen der Unwandelbarkeit des Errichtungsstatuts schadet es auch nicht, dass nach portugiesischem Recht ein handschriftliches Testament formunwirksam wäre. Anders verhält es sich beim Erbstatut, also dem Erbrecht, nach welchem A beerbt wird. Dieses richtet sich gem. Art. 21 Abs. 1 EU-ErbVO nach dem letzten gewöhnlichen Aufenthalt des Erblassers im Zeitpunkt seines Todes. Da A seinen gewöhnlichen Aufenthalt zum Todeszeitpunkt bereits nach Portugal verlegt hatte, liegt ein sog. Statutenwechsel vor zu Gunsten des portugiesischen Erbrechts und wäre deshalb auf den Erbfall nach ihm materiellrechtlich portugiesisches Erbrecht anzuwenden.

163 Lagarde in Bergquist et al., EU-ErbVO Kom., Art. 21 Rn. 2: Thom in Palandt Kurz-Kom. BGB, Art 21 Rn. 3.

164 Vgl. auch schon Zweiter Teil § 3 D.

165 Allgemein dazu Röthel, Anne: „Form und Privatautonomie: Blicke auf das eigenhändige Testament". In: Schmoeckel, Das holographische Testament, S. 33(43), wenn sie ebenfalls unter Hinweis auf die andauernde Konfliktträchtigkeit der eigenhändigen Form des Testaments von der Möglichkeit, dass die Formschwellen zu hoch liegen könnten, spricht.

2. *Lebenspartnerschaft*

Der deutsche Gesetzgeber hat mit dem Gesetz über die Eingetragene Lebenspartnerschaft[166] eine aus europäischer Sicht sehr weitgehende Gleichstellung zweier Personen gleichen Geschlechts, die eine Partnerschaft auf Lebenszeit eingehen wollen, hergestellt[167].

Diese erbrechtliche Position des eingetragenen Lebenspartners war in der Vergangenheit über Art. 17b Abs. 1 S. 1 und 2 EGBGB geschützt[168].

Aufgrund der Vorschriften des Art. 23 Abs. 2 b) EU-ErbVO gilt die Verordnung auch für die erbrechtlichen Ansprüche der eingetragenen Lebenspartner[169], was dazu führt, dass durch Gesetz vom 29.06.2015[170] Art. 17b Abs. 1 S. 2 EGBGB ersatzlos aufgehoben wurde. Dies kann eine Verschlechterung der gesetzlichen Erbansprüche des eingetragenen Lebenspartners bringen[171], was bei deutscher Staatsangehörigkeit zur Notwendigkeit der Errichtung eines Testamentes mit Rechtswahl des Erbstatuts dieser Staatsangehörigkeit nach Art. 22 EU-ErbVO führt[172].

---

166 LPartG v. 16.02.2001, BGBl. I S. 266.

167 Vgl. die Vorschriften des § 10 LPartG, die den erbrechtlichen Rechtpositionen der Ehepartner bei Eingehung einer Ehe entsprechen.

168 Die Grundsatzkollisionsnorm in Art. 17b Abs. 1 S. 1 EGBGB n. F. verweist zum Schutz darin genannter Ansprüche des eingetragenen Lebenspartners auf das Recht des Registrierungsstaates. Für die Erbrechte des Lebenspartners wurde früher nach Satz 2 a. F. dieses Artikels auf das nach den allgemeinen Vorschriften maßgebliche Recht, also auf das Erbstatut des Art. 25 EGBGB a. F. verwiesen. Nach Art. 17b Abs. 1 S. 2 Halbsatz 2 EGBGB a. F. bestand mit Verweis auf Satz 1 aber ein spezieller Schutz der Erbrechte des eingetragenen Lebenspartners darin, dass bei Verweis auf ein Erbstatut, das keine Lebenspartnerschaft kennt oder zumindest gesetzliche Erbrechte des Lebenspartners ausschließt, hilfsweise das materielle (Erb)recht des Registrierungsstaates eingreift, also bei in Deutschland registrierten Lebenspartnerschaften über Art. 17b Abs. 1 S. 1 EGBGB a. F. dann das gesetzliche Erbrecht aus§ 10 LPartG. vgl. Thorn in Palandt, KurzKom. BGB, Art. 17b Rn. 2 und 10.

169 Lagarde in Bergquist et al., EU-ErbVO Kom., Art. 21 Rn. 2.

170 Gesetz zum Internationalen Erbrecht und zur Änderung von Vorschriften zum Erbschein sowie zur Änderung sonstiger Vorschriften, BGBl. I S. 1042.

171 Anschauliche Beispiele bei Lagarde in Bergquist et al., EU-ErbVO Kom., Art. 23 Rn. 11.

172 Ebenso Coester, Michael: „Das Erbrecht registrierter Lebenspartner unter der EU-ErbVO". *ZEV* 2013, S. 115 ff. Im Übrigen wäre der Lebenspartner sonst bei Erbstatuten, die sein Erbrecht nicht kennen, auf die erfolgreiche Anwendung des ordre-public nach Art. 35 EU-ErbVO angewiesen, vgl. Thorn in Palandt, KurzKom. BGB, Art. 17b Rn. 10.

3. *Pflichtteilsrecht*

Bisher wurden Pflichtteilsrechte zum Teil mit Erfolg umgangen, indem Vermögen in „pflichtteilsfreie“ Staaten verlagert bzw. bewusst nur dort erworben wurde. Begünstigt wurde dies durch Art. 3a Abs. 2 EGBGB a. F.[173] und die bis zum Inkrafttreten der EU-ErbVO dadurch vorhandene Nachlassspaltung, da im Ergebnis derartige „verlagerbare“ Vermögenswerte einem besonderen erbrechtlichen Einzelstatut des Staates, in dem sie sich befanden, unterfielen und nicht dem im vierten Abschnitt über Art. 25 EGBGB festgelegten Gesamtstatut. In Ausführung der zwingenden Vorgaben der EU-ErbVO wurden die Vorschriften des Art. 3a Abs. 2 EGBGB hinsichtlich des Erbrechts aufgehoben[174].

Die EU-ErbVO beendet damit dieses besondere Einzelstatut und unterwirft alle Vermögenswerte[175] des Nachlasses seinen Neuregelungen zum Erbstatut. Es kommt deshalb für die Frage, ob Pflichtteilsrechte am Nachlass bestehen, nur noch auf das nach Art. 21 EU-ErbVO zu bestimmende Gesamtstatut und damit auf den gewöhnlichen Aufenthalt zum Zeitpunkt des Todes des Erblassers an[176], ausgenommen dieser hat eine Rechtswahl zu Gunsten seiner Staatsbürgerschaft getroffen[177]. Eine Verlagerung von Vermögenswerten in besondere pflichtteilsfreie Staaten wie England, Wales, Nordirland oder wegen der spanischen Besonderheiten in pflichtteilsfreie spanische Provinzen[178] wird damit zumindest aus Sicht

---

173 Vgl. Everts, Anne: „Neue Perspektiven zur Pflichtteilsdämpfung aufgrund EU-ErbVO?“. *ZEV* 2013, S. 124.

174 Das Gesetz zum Internationalen Erbrecht und zur Änderung von Vorschriften zum Erbschein sowie zur Änderung sonstiger Vorschriften, BGBl. I S. 1042, hebt in Art. 15 Nr. 2 die Sonderregelungen des Art. 3a Abs. 2 EGBGB für den vierten Abschnitt Erbrecht des EGBGB auf.

175 Sofern kein Fall des Art. 30 EU-ErbVO vorliegt, vgl. Dutta in MüKo, BGB, Art. 30 EU-ErbVO Rn. 1; Thorn in Palandt, KurzKom. BGB, Art. 30 Rn. 1.

176 Erwägungsgrund (37) der Verordnung (EU) Nr. 650/2012 v. 4. Juli 2012.

177 Art. 22 EU-ErbVO lässt ausdrücklich nur die Rechtswahl des Rechts der eigenen Staatsbürgerschaft zu, allerdings in den zwei Alternativen Rechtswahl der aktuellen Staatsbürgerschaft bei Ausübung des Rechtes und Rechtswahl der Staatsbürgerschaft zum Todeszeitpunkt. Dazu Weber, Ausgewählte Fragen der Testamentsgestaltung, S. 296 ff.

178 Das spanische Recht verfügt zwar durch den Codigo Civil über ein einheitliches Erbrecht, jedoch gelten im Rahmen ihres Anwendungsbereichs daneben gleichrangig die Zivilrechtsordnungen einzelner Landesregionen als sog. Foralrechte. Bei letztem gewöhnlichen Aufenthalt in einer so durch Foralrecht ausgestalteten Rechtsregion soll sich das nach Art. 21 Abs. 1 EU-ErbVO zu bestimmende Erbstatut sowohl für Spanier als auch für Ausländer nach dieser Foralrechtsordnung der Einzelprovinz

der die EU-ErbVO beachtenden Länder künftig nicht mehr zum gewünschten Erfolg führen[179]. Noch einer Entscheidung des EuGH vorbehalten bleibt damit die Frage, ob nun über einen bewussten Wechsel des gewöhnlichen Aufenthaltsortes das Erbstatut und damit letztlich das Pflichtteilsrecht erfolgreich manipuliert werden kann[180]. Geht man von dem Grundsatz aus, dass über das nach Art. 21 EU-ErbVO anwendbare Erbstatut die Existenz bzw. die Grenzen des Pflichtteilsrechts bestimmt werden[181], scheint diese Gestaltungsmöglichkeit jedenfalls nicht ausgeschlossen[182].

Zu den aufgezeigten künftigen Problemen der EU-ErbVO zum Pflichtteil können und sollen hier keine Lösungen vorgestellt werden. Sie verdeutlichen aber ergänzend zu den vorangegangenen Abschnitten einmal mehr den Bedarf an neuen den Erblasser begleitenden Testamentsformen, die zumindest Fehlvorstellungen des Erblassers bzgl. vorhandener oder nicht vorhandener Pflichtteilsrechte und damit Testamente an seinem wahren Testierwillen vorbei vermeiden helfen können. Im Sinne der neuen EU-ErbVO wäre es jedenfalls kein Fortschritt, wenn erst nach Ableben des Erblassers durch ein aufwendiges Gerichtsverfahren entschieden wird, ob die testamentarischen Verfügungen des Erblassers, die entweder auf Unkenntnis von Pflichtteilsrechten im anzuwendenden Erbrecht oder auf Irrtümern über die pflichtteilsrechtliche Bedeutung einer Rechtswahl nach Art. 22 EU-ErbVO oder auf Fehlvorstellungen über die Rechtsfolgen eines Wechsels des letzten gewöhnlichen Aufenthaltsortes beruhen, unwirksam oder zumindest auslegungsbedürftig mit offenem Ausgang sind.

---

richten, vgl. Steinmetz, Alexander / Löber, Jan / Garcia Alcazar, Rocio: „Die EU-ErbVO und ihre Anwendbarkeit im Mehrrechtsstaat Spanien". *ZEV* 2013, S. 535(539).

179 So auch Everts, Neue Perspektiven zur Pflichtteilsdämpfung, S. 124. Freilich mag das Land des belegenen Grundbesitzes als Nichtmitglied der EU-ErbVO dortiges Grundeigentum erbrechtlich anders bewerten können.

180 Dazu Everts, Neue Perspektiven zur Pflichtteilsdämpfung, S. 124 ff.

181 So Lagarde in Bergquist et al., EU-ErbVO Kom., Art. 23 Rn. 16.

182 Ob hierin ein Verstoß gegen den ordre public des Art. 35 EU-ErbVO liegt, der letztlich zur Versagung des durch Wechsel des letzten gewöhnlichen Aufenthaltsortes gewandelten Erbstatuts ganz oder nur hinsichtlich Pflichtteilsrechten führt, wird die kommende Rechtsprechung zu diesem Problem erweisen. Nach dem in Art. 35 EU-ErbVO enthaltenen ordre public ist nicht ausgeschlossen, dass die zur Entscheidung berufenen Gerichte, so sie in ihrem Mitgliedstaat das Pflichtteilsrecht anerkennen, den Grundsatz der öffentlichen Ordnung einem ausländischen Recht entgegenhalten, dass das Pflichtteilsrecht nicht anerkennt, vgl. Lagarde in Bergquist et al., EU-ErbVO Kom., Art. 35 Rn. 6.

4. Gemeinschaftliche Testamente

Das gemeinschaftliche Testament erfreut sich in Deutschland bei Eheleuten bzw. Lebenspartnern des LPartG einer ungebrochenen Beliebtheit[183]. Dabei besteht nach dem BGB eine Besonderheit darin, dass im Testament enthaltene Erbeinsetzungen, Vermächtnisse und Auflagen nach § 2270 Abs. 3 BGB in Verbindung mit § 2271 BGB für beide Testierer bindend und damit unabänderlich sein können[184].

Bereits aus deutscher Sicht fällt die Entscheidung schwer, ob das gemeinschaftliche Testament des § 2265 BGB zu den Formvorschriften zu rechnen ist oder mehr zu den materiellen Wirksamkeitsvoraussetzungen einer Verfügung von Todes wegen. Aus deutscher Sicht entspricht jedoch die erste Einordnung der herrschenden Meinung[185]. Die EU-ErbVO bringt in ihren Erwägungsgründen keinen näheren Hinweis auf die Zuordnung des gemeinschaftlichen Testaments und greift den Terminus nur in Art. 3 Abs. 1 c) EU-ErbVO wörtlich auf, ohne weiter auf die durch das BGB zugelassene Form der Errichtung in einer Urkunde und auf die Begründung von Bindungswirkungen in einem gemeinschaftlichen Testament näher einzugehen. Es entsteht der Eindruck, die EU-ErbVO lässt den Erblasser insoweit ungeschützt[186] oder das gemeinschaftliche Testament soll durch die neue europäische Verordnung im Laufe der Zeit seine Existenzberechtigung verlieren[187].

---

183 Metternich, Verfügungsverhalten von Erblassern, S. 40; Horn/Kroiß/Seitz, Testamentsgestaltung für Eltern von minderjährigen Kindern, *ZEV* 2013, 297.

184 Dazu auch in Vierter Teil § 2 B.

185 Nach dieser h.M. wird das gemeinschaftliche Testament zu den Formen der Errichtung gezählt, dazu Musielak in MüKo, BGB – Erbrecht, Vor § 2265 Rn. 1; Klessinger in Damrau, Praxiskom. ErbR, § 2267 Rn. 1, jeweils m.w.N. Dies scheint begründet, wenn man an die Form der handschriftlichen Errichtung des gemeinschaftlichen Testaments nach § 2267 BGB denkt. Denn nach § 2267 BGB wird die vollständig handschriftliche Form der Errichtung für einen der beiden Erblasser erlassen, so dass im Ergebnis nur einer der beiden Testierer den Text der Form nach vollständig handschriftlich niederlegen sowie unterschreiben muss, während der andere lediglich unterschreiben muss. Bei der Errichtung als öffentliches Testament passt diese Begründung freilich nicht mehr so richtig. Allerdings ordnet das Gesetz selbst in § 2267 BGB mit dem Verweis „[…] in der dort vorgeschriebenen Form errichtet […]“ das gemeinschaftliche Testament in die Testamentsformen ein.

186 Ähnlich Leipold, Dieter: „Das Europäische Erbrecht und das deutsche gemeinschaftliche Testament“. *ZEV* 2014, S. 139; Lehmann, Daniel: „Die Zukunft des deutschen gemeinschaftlichen Testaments in Europa“. *ZEV* 2007, S. 193.

187 Lediglich Art. 3 Abs. 1 b) EU-ErbVO erwähnt die *„Vereinbarung aufgrund gegenseitiger Testamente“* und subsumiert diese unter den Erbvertrag.

Ungeachtet dessen gilt zunächst als gesichert, dass ein durch Eheleute mit gewöhnlichem Aufenthalt in Deutschland errichtetes gemeinschaftliches Testament (Berliner Testament[188]), gleich ob öffentlich oder holographisch niedergeschrieben, ungeachtet deren jeweiliger Staatsangehörigkeit grundsätzlich schon wegen Art. 27 Abs. 1 EU-ErbVO der Form nach zulässig ist und materiellrechtlich auch wirksam ist[189]. Dies gilt selbst dann, wenn gem. Heimatrecht der Eheleute das gemeinschaftliche Testament unzulässig oder materiell unwirksam wäre[190]. Aufgrund Unwandelbarkeit des Errichtungsstatuts bleibt das gemeinschaftliche Testament auch wirksam, wenn die Eheleute oder einer von ihnen ihren gewöhnlichen Aufenthalt später in den Heimatstaat verlegen, der wie Italien oder Frankreich die Form des gemeinschaftlichen Testaments nicht kennt bzw. nicht zulässt[191]. Hat nur einer der Eheleute die deutsche Staatsbürgerschaft und haben beide ihren gewöhnlichen Aufenthalt in einem ein gemeinschaftliches Testament nicht kennenden Heimatland des Ehepartners, müssen beide Testierer hingegen bei Testamentserrichtung beachten, dass sie die Zulässigkeit und Wirksamkeit ihres gemeinschaftlichen Testaments nur retten können, wenn sie das deutsche Recht des deutschen Ehepartners als Errichtungsstatut ausdrücklich durch Verfügung von Todes wegen wählen[192].

Gelöst ist dann jedoch noch nicht die Frage der Bindungswirkung der Verfügungen des gemeinschaftlichen Testaments, auf die es aus deutscher Sicht regelmäßig als Hauptmotiv dieser Testamentsform ankommt. Diese Bindungswirkung des gemeinschaftlichen Testaments lässt sich mit der h.M. nur über die Unter-

---

188 Zum Begriff und Inhalt Weidlich in Palandt, KurzKom. BGB, § 2269 Rn. 1 ff. m.w.N.; Stürner in Jauernig/Stürner, BGB Kom., § 2269 Rn. 1 ff.

189 Lagarde in Bergquist et al., EU-ErbVO Kom., Art. 27 Rn. 1 f., hinsichtlich der Formwirksamkeit der Testamente und gemeinschaftlichen Testamente.

190 Das französische Erbrecht kennt nicht die Form des gemeinschaftlichen Testaments. Vgl. Art. 968 CC Frankreich „Un testament ne pourrait etre fait dans le meme acte par deux ou plusieurs personnes, soit au profit d´un tiers, soit à titre de disposition récoproque et mutuelle." Lehmann, Die Zukunft des deutschen gemeinschaftlichen Testaments, S. 193 ff. Zum Recht in Italien für das gemeinschaftliche Testament Art. 48 IPRG/Italia, vgl. Castelli, André: „Italien: Bedeutung der EU-ErbVO". *ZEV* 2014, S. 154; siehe auch OLG Koblenz, *FamRZ* 2013, S. 1516 f.; Stadler in Ferid, Murat et al.: *Internationales Erbrecht*. Loseblatt. 97. Auflage, München 2016, Italien Grundzüge, F. Testamentarische Erbfolge, Rn. 121.

191 Looschelders in Hüßtege/Mansel, BGB Kom., Bd. 6, Art. 25 EU-ErbVO Rn. 24.

192 Lagarde in Bergquist et al., EU-ErbVO Kom., Art. 25 Rn. 6 f.; sog. kleine Rechtswahl, vgl. DNotI-Report 15/2015, S. 113(118); siehe auch Weber, Ausgewählte Fragen der Testamentsgestaltung, S. 296 f.

stellung des gemeinschaftlichen Testaments unter die Vorschriften des Art. 25 EU-ErbVO erreichen[193], also unter die Norm über „Erbverträge im Sinne des Unionsrechtes" des Art. 3 Abs. 1 b) EU-ErbVO. Nach Abs. 2 Unterabsatz 2 erstgenannter Norm kommt dann eine materielle Bindungswirkung der Verfügungen des gemeinschaftlichen Testaments in Betracht, wenn das gemeinschaftliche Testament zu den Bestimmungen des deutschen Rechts und damit zu §§ 2270 ff. BGB die engste Verbindung hat oder einer der beiden Eheleute durch Rechtswahl nach Art. 25 Abs. 3 EU-ErbVO das Recht seiner deutschen Staatsbürgerschaft wählen kann[194].

Überraschende Ergebnisse können also nur vermieden werden bei ausreichenden Rechtskenntnissen der beiden Erblasser und – soweit erforderlich – durch Ausübung der Rechtswahl nach Art. 22, 25 EU-ErbVO[195] in dem gemeinschaftlichen Testament. Noch recht unklar ist dabei, wie die Wortwahl zur Rechtswahl aussehen muss, da nach der Formulierung in Art. 22 Abs. 2 EU-ErbVO eine „Ausdrücklichkeit" verlangt wird[196]. Ob eine konkludente Rechtswahl, selbst wenn sie sich aus den Umständen des Falles ergeben würde, mithin zugelassen werden kann, ist noch nicht abschließend entschieden[197]. Darin zeigt sich letztlich, dass selbst der Weg der Rechtswahl mit zusätzlichen schwierigen Rechtshürden vorbelastet ist.

Die vorstehenden Ausführungen zur neuen EU-ErbVO umschreiben die Konfrontation des Erblassers mit neuen Rechtsproblemen[198] zum gemeinschaftlichen

193 Looschelders in Hüßtege/Mansel, BGB Kom., Bd. 6, Art. 25 EU-ErbVO Rn. 24; Dutta in MüKo, BGB, Art. 3 EU-ErbVO Rn. 9; ebenso aus der Sicht des französischen Rechts, vgl. Döbereiner, Christoph: „Aktuelle Entwicklungen zur EUErbVO in Frankreich". *ZEV* 2016, S. 490(493).

194 Lagarde in Bergquist et al., EU-ErbVO Kom., Art. 25 Rn. 6 f.

195 Odersky, Anwendung der ERbVO in der notariellen Praxis, S. 183; Kroll-Ludwigs, Kathrin: „Rechtswahl- und Gerichtsstandsvereinbarungen nach der Europäischen Erbrechtsverordnung". *NOTAR* 2016, S. 75 ff.

196 Zu Auslegungsproblemen näher Dutta in MüKo, BGB, Bd. 10, Art. 24 Rn. 13.

197 Dagegen Lagarde in Bergquist et al., EU-ErbVO Kom., Art. 22 Rn. 11; dafür Dutta in MüKo, BGB, Bd. 10, Art. 22 Rn. 13.

198 Problematisch bleibt auch die rechtliche Beurteilung der gemeinschaftlichen Testamente in Spanien. Hier besteht zudem das Problem, ob auf den Nachlass des mit letztem gewöhnlichen Aufenthalt in Spanien Verstorbenen das Erbrecht des Código Civil oder das Foralrecht der Region des Aufenthaltsortes Anwendung findet. Die zur Lösung dieser Rechtsfrage für Spanier geltenden überregionalen Kollisionsnormen gelten nämlich nicht für Ausländer. Es wird vertreten, dass für Ausländer maßgeblich sein soll nicht der CC/Espania, sondern das Erbrecht der Foralrechtsregion des letz-

Testament, sobald der Erblasser in Auslandsberührung kommt. Sie belegen einmal mehr, dass die Schwelle zur formgerechten Testamentserrichtung nicht niedriger, sondern durch zusätzliche Normen wie die EU-ErbVO höher geworden ist; bei Auslandsberührung setzt der Gesetzgeber nämlich erhebliche Rechtskenntnisse beim Laien voraus[199].

5. EU-ErbVO und neue Formen

Nach dieser Betrachtung einzelner Probleme zur EU-ErbVO kommt der Form der Testamentserrichtung auch für diesen Bereich eine besondere Bedeutung zu. Die zur Lösung der aufgezeigten Rechtsprobleme erforderlichen Rechtskenntnisse können nicht vom Laien erwartet oder bei ihm vorausgesetzt werden. Sie erfordern vielmehr ein durch Rechtskunde unterstütztes Testieren, das im weiteren Verlauf der Untersuchung zunächst als *beratungsbegleitetes Testieren* bezeichnet werden soll. Ohne neue Testamentsformen, die derartige Beratungsbegleitung als äußere Form der Errichtung vorschreiben, wird dieses Erfordernis allerdings nicht erfüllt werden können. Der Testamentsform kommt deshalb aufgrund der komplexer gewordenen Rechtsfragen zur Testamentserrichtung keine geringere Bedeutung zu als die, eine uneingeschränkte Ausübung der Testierfreiheit zu

---

ten gewöhnlichen Aufenthalts. Näher dazu Steinmetz/Löber/Alcazar, Die EU-ErbVO und ihre Anwendbarkeit, S. 535(539).

199 Da nicht Gegenstand der Untersuchung sei hier nur noch hingewiesen auf die Schwierigkeiten der Einordnung von testamentarischen dem deutschen Erbrecht unbekannten Vindikationslegaten, vgl. Schmidt, Jan Peter: „Ausländische Vindikationslegate über im Inland belegene Immobilien". *ZEV* 2014, S. 133 ff.; auf die nach Art. 45 Nr. 1 EU-ErbVO bestehende Fortgeltung von Abkommen mit Drittstaaten wie z. B. der Türkei (deutsch-türkischer Konsularvertrag v. 28.05.1929, RGBl II 1930, 748), dazu DNotI-Report 2016, S. 103 ff., oder Russland (deutsch-sowjetischer Konsularvertrag v. 25.04.1958, BGBl II 1959, 233), hierzu Majer, Christian: „Das deutsch-türkische Nachlassabkommen: ein Anachronismus". *ZEV* 2012, S. 182(186); auf die Möglichkeit der Nichtanerkennung von Rechtswahlen nach Art. 22 EU-ErbVO im nicht der Verordnung unterfallenden Drittstaat wie z. B. die USA, vgl. Frank, Jan-Hendrik / Leithold, Steffen: „Die Ermittlung des anwendbaren Erbrechts im Deutsch/US-amerikanischen Erbfall nach der EU-ErbVO". *ZEV* 2014, S. 462(469); auf die Gefahr der Nichtigkeit handschriftlicher im Ausland von Portugiesen errichteter gemeinschaftlicher Testamente, sofern portugiesisches Erbrecht gem. Errichtungsstatut zur Anwendung kommt, hierzu Jayme/Malhuros in Ferid et al., Internationales Erbrecht, Portugal Grundzüge, F. Testamentarische Erbfolge, Rn. 31, unter Verweis auf Art. 65 Ziff. 2, Art. 2223 CC Portugal.

gewährleisten[200] und somit die Grundlage für eine selbstbestimmte informierte Testierung sicherzustellen. Eine die Beratungsbegleitung vorschreibende Testamentsform steht deshalb nicht im Widerspruch zu einer unbeeinflussten Testamentserrichtung des Erblassers[201].

III. Neues Zentrales Testamentsregister

Zur Sicherung der Testierfreiheit des Erblassers und seiner Willensniederlegung im Testament hat sicherlich die Einführung des Zentralen Testamentsregisters mit Gesetz vom 22.12.2010 nebst Ausführungsverordnung beigetragen[202], wodurch das Benachrichtigungswesen in Nachlassangelegenheiten in eine neue informative Dimension überführt worden ist[203].

Die Bundenotarkammer hat dieses Register eingerichtet und erfüllt damit den gesetzgeberischen Auftrag, alle für die Erbfolge relevanten notariellen Urkunden sowie holographischen Testamente und Nottestamente, die beim Amtsgericht[204] in besondere amtliche Verwahrung genommen wurden, nach § 78 b BNotO zu registrieren. Das System der Benachrichtigung wird dadurch vervollständigt, dass sämtliche Sterbefälle vom inländischen Standesamt beim Zentralen Testamentsregister gemeldet werden, dass anschließend prüft, ob Verwahrangaben[205] aufgenommen wurden und ggf. anschließend elektronisch die das Testament verwahrende Stelle und das zuständige Nachlassgericht über den Sterbefall unterrichtet (§ 78c Nr. 1 und 2 BNotO).

---

200 Interessant sind in diesem Zusammenhang die Ausführungen bei Röthel, Form und Privatautonomie, S. 33(50), deren Schlussfolgerung aber, dass die Form einen immer geringeren Beitrag zur Gewährleistung selbstbestimmter Entscheidungen leistet, aufgrund der in dieser Arbeit gewonnenen Erkenntnisse nicht gefolgt werden kann.

201 In diese Richtung Schmoeckel, Das holographische Testament, S. 16(19).

202 BGBl 2010 I, S. 2255 und TestamentsregisterVerordnung v. 10.07.2011, BGBl 2011, S. 1386. Wie hier Seebach in Reibold, Friedrich / Seebach, Daniel / Dahlkamp, Christoph: *Praxis des Notariats*. 12. Auflage 2016, § 15 S. 766.

203 Zur Verknüpfung bei grenzüberschreitenden Erbfällen vgl. Seebach, Daniel: „Die Europäische Testamentsregisterverknüpfung“. *Rechtspfleger* 2016, S. 317 ff.; auf der homepage der Bundesnotarkammer wird das Testamentsregister als flankierende Maßnahme zur Gewährleistung des Erbrechts und der Testierfreiheit bezeichnet, Bundesnotarkammer: *Testamentsregister*, online verfügbar unter http://www.testamentsregister.de/zentrales-testamentsregister/.

204 In Baden-Württemberg bis zum Ablauf des 31.12.2017 noch beim staatlichen Notariat.

205 Zum Begriff und System vgl. Bormann, Jens: „Das zentrale Testamentsregister in der notariellen Praxis“. *ZEV* 2011, S. 628.

Das Zentrale Testamentsregister sichert damit das Auffinden amtlich verwahrter Testamente und beschleunigt dadurch das nachlassgerichtliche Verfahren bei gewillkürter Erbfolge. Es kommt damit der Tendenz, die Abwicklung des auf dieser Erbfolge beruhenden Erbfalls besser als in der Vergangenheit zu gewährleisten, entgegen[206]. Allerdings besteht dieser Schutz nach § 78b Abs. 3 BNotO nur bei notarieller Testamentserrichtung oder freiwilliger Hinterlegung des holographischen Testaments[207].

Neue Testamentsformen sollten diesen positiven Effekt des Testamentsregisters berücksichtigen. Es sollte versucht werden, dieses System in neue Formen weitestgehend aufzunehmen, um so vor allem einem Verlust von Testamenten vorzubeugen.

B. Willensabhängige Vorgaben

Der nun folgende Abschnitt soll überprüfen, inwieweit sich neue Testamentsformen aus *willensbeeinflussten* Vorgaben des Erblassers begründen lassen. Sicherlich werden sich dabei Überschneidungen mit den Befunden soeben unter A. nicht vermeiden lassen. Da jedoch gewillkürte Erbfolge – wie sich schon aus dieser Begrifflichkeit erschließt – vom Willen des Erblassers abhängt, sind Herausforderungen an die Testierung besonders unter diesem Gesichtspunkt zu beleuchten, sollen neu entwickelte Testamentsformen auf Akzeptanz beim Anwender treffen. Es soll dabei überprüft werden, ob die im vorhergehenden Abschnitt[208] entwickelte These der Einführung einer Form des beratungsbegleiteten Testierens durch die Erkenntnisse zu den willensgesteuerten Vorgaben unterstützt wird und sich aus diesen Erkenntnissen der Bedarf nach weiteren neuen Testamentsformen ergibt.

I. Digitales Zeitalter

Schon die Begriffe der Digitalität als Zustand oder der Digitalisierung als Entwicklungserscheinung sind Begrifflichkeiten, die zur Zeit des Inkrafttretens des BGB mit Einführung seiner bis heute so gut wie unveränderten Testamentsformen

---

206 Bormann, Das zentrale Testamentsregister, S. 628(631). Vgl. auch zum Ablauf Hüren in Eylmann, Horst / Vaasen, Hans-Dieter: *Bundesnotarordnung, Beurkundungsgesetz. Kommentar*. 4. Auflage, Emden/Kempen 2016, § 78 BNotO Rn. 36 f.

207 Seebach in Reibold/Seebach/Dahlkamp, Praxis des Notariats, § 15, S. 768; Litzenburger in Eylmann/Vaasen, BNotO/BeurkG Kom., § 78b BNotO Rn. 4.

208 Siehe in diesem Teil S. 96.

unbekannt waren[209]. Aus unserer heutigen Welt sind die mit der Digitalisierung verbundenen Techniken wie die Kommunikation per E-mail, skype, Fax oder SMS nicht mehr wegzudenken[210] und haben bereits auf dem Gebiet des Erbrechts schon zum Teil Aufnahme gefunden[211]. Sie lassen die bei Einführung des BGB noch als moderne Technik geltende Schreibmaschine als inzwischen überaltertes Relikt der Texterfassung erscheinen[212].

1. Das Dogma der Handschriftlichkeit

Wie schon angedeutet wurde, haben sich durch die Technik die Formen der Kommunikation sowie die Techniken des Nachrichtenaustauschs und der Konservierung von Informationen sowie der Aufzeichnung von eigenen Dokumenten nachhaltig verändert.

a) Veränderungen in den Aufzeichnungsgewohnheiten

Die digitale multimediale Welt hat bewirkt, dass die Handschriftlichkeit erheblich an Bedeutung eingebüßt hat[213]. Der mit der Zeit gehende moderne Mensch erfüllt

---

209 Sie sollen hier im Sinne einer digitalen Erscheinung verstanden werden, die sich auszeichnet über die traditionellen körperlichen Kommunikationsmittel wie Radio, Fernsehen, Buch, Zeitung hinaus durch den Einsatz von digitalen Medien wie Computer, Laptop, Smartphone, Internet, generell elektronische Nachrichtenübermittlung durch kontinuierliche Umwandlung eines analogen Signals wie elektrische Spannung, Schall der Sprache oder Musik usw. in eine Folge digitaler Werte, vgl. dazu Broschüre des Presse- und Informationsamtes der Bundesregierung: *Unsere Digitale Agenda für Deutschland.* Berlin 2015, S. 1(5). Man spricht deswegen vom *digitalen Zeitalter.*

210 So z. B. im notariellen Berufsfeld, siehe dazu Kirchner, Jens: „Schreiben analog, Schreiben digital – Wandel und Konstanz im Notarberuf durch IT". *MittBayNot* 2015, S. 210 ff.

211 Man denke an die Einführung des nur digital geführten Zentralen Testamentsregisters, vgl. Dritter Teil § 3 A

212 Gleichwohl ist dieses inzwischen veraltete Schreibmittel, historisch belegt als Entwicklung eines Schreibgerätes primär für Behinderte (dazu https://de.wikipedia.org/wiki/Schreibmaschine#Geschichte_der_Schreibmaschine), für die privatschriftliche Testamentserrichtung bis heute nicht zugelassen worden. Die Gründe dafür liegen vor allem in der Angst des dadurch fehlenden Beweises der Urheberschaft beim privatschriftlich verfassten Testament, dazu Weber in Damrau, Praxiskom. ErbR, § 2247 BGB Rn. 19 f.; Burkart in MüKo, BGB, § 2247 Rn. 14.

213 Dazu Leitfaden NET: *Wie kommunizieren wir heute?,* online verfügbar unter http://www.leitfaden.net/kommunikation-medien/kommunizieren-heute.html.

seinen „privaten" Schriftverkehr nicht mehr per handschriftlicher Aufzeichnung, sondern mittels PC zur Niederschrift, per E-mail im schnellen Postverkehr oder durch SMS im digitalen Netz und in weiteren sozialen Netzwerken. Der klassische handschriftliche Briefpostverkehr oder die Errichtung selbst verfasster Dokumente in handschriftlicher Form, wie dies zur Zeit der Einführung des holographischen Testaments noch üblich und nicht anders möglich war, werden als umständliche und nicht mehr zeitgemäße Errichtungsform zunehmend aus dem Alltagsleben verdrängt[214]. Definiert man Erbschaft als Kommunikation mit der Zeit nach dem eigenen Leben[215], muss die beschriebene Veränderung der Kommunikationsformen zwischen den Menschen bei den Formen zur Testamentserrichtung berücksichtigt werden. Die Testamentsform kann sich dem nicht verschließen, sondern muss der nachhaltigen gesellschaftlichen Modernisierung folgen.

Während beim öffentlichen Testament neben der Fertigung einer Niederschrift durch den Notar aufgrund der Vorschriften der §§ 8 ff. BeurkG[216] auch die Errichtung durch Übergabe einer Schrift[217], die in Maschinenschrift oder Blindenschrift und in deutscher oder ausländischer Sprache verfasst sein darf[218], genügt, legt der Gesetzgeber bei der holographischen Testamentserrichtung nach § 2247 BGB einen strengen Maßstab an und verlangt die völlige eigenhändige Errichtung und Unterzeichnung[219].

Zwar werden zur Rechtfertigung dieser Formenstrenge des Gesetzes verschiedenste Argumente wie Schutz des Erblassers vor Übereilung[220] bzw. unüberlegtem Verfügen[221] oder höchste Gewähr der Geheimhaltung des Testaments[222] oder Tes-

---

214 Ebenso Röthel, Ist unser Erbrecht noch zeitgemäß?, A13(A64).

215 So Hansert, Erbschaft im Kontext familiärer Generationenbeziehungen, S. 143.

216 Tanck, Manuel: Erbrecht. Testamentsgestaltung/Vertragsgestaltung/Prozessführung. Mannheim 2007, S. 779 Rn. 80.

217 Freilich unter dem „Muss", dass als Minimalforderung dabei in irgendeiner Weise die Erklärung zum Ausdruck kommt, das übergebene Schriftstück enthalte seinen letzten Willen, dazu Hagena in MüKo, BGB, § 2232 Rn. 21 f.

218 Hagena in MüKo, BGB, § 2232 Rn. 18.

219 Weber in Damrau, Praxiskom. ErbR, § 2247 BGB Rn. 23. Die unabdingbare Voraussetzung der Eigenhändigkeit schließt auch die Ersetzung durch Zeugen der Testamentserrichtung oder andere Beweismittel ausnahmslos aus, soweit kein sog. Nottestament der §§ 2249 ff. BGB vorliegt. Selbst die bloße Schreibunterstützung des schreibmotorisch Eingeschränkten wird nur zugelassen, soweit der Erblasser noch die Leistung der Schriftzüge beherrscht, vgl. Hagena in MüKo, BGB, § 2247 Rn. 15.

220 Hagena in MüKo, BGB, § 2247 Rn. 1.

221 Sachsen Gessaphe, Das eigenhändige Testament in Europa und Lateinamerika, S. 88(91).

222 Weber in Damrau, Praxiskom. ErbR, § 2247 BGB Rn. 4.

tamentserrichtung als Akt besonderer Feierlichkeit[223] sowie schließlich Notwendigkeit der Beweisbarkeit der Urheberschaft der Testamentserrichtung[224] bemüht. Wenn man dagegen jedoch die Erfahrungen der Nachlassgerichtsbarkeit bzw. der Kautelarjurisprudenz hält, ergeben sich schnell Zweifel hinsichtlich dieser Rechtfertigung der vollständig holographischen Errichtung. So lässt sich in vielen Nachlassfällen feststellen, dass handschriftliche Testamente häufig unvollständige, wiederholende oder widersprüchliche Sätze enthalten oder nur auf einfachsten Schreibunterlagen wie Briefumschlag, Abrisszettel usw. errichtet wurden oder zur Untermauerung ihrer Echtheit durch Dritte als Zeugen gegengezeichnet wurden. Diese vielfach an Feierlichkeit, Übereilung oder strengster Geheimhaltung vorbei errichteten Testamente kommen dabei in allen sozialen Schichten vor und sind somit unabhängig vom Bildungsstand des Erblassers zu finden. Schon daraus ergeben sich Zweifel an den genannten Rechtfertigungsgründen zum holographischen Testament, obwohl *auch diese Form* als Durchbrechung der grundsätzlichen Formfreiheit im BGB einer soliden Rechtfertigung bedarf[225].

Gegen das Erfordernis der vollen Handschriftlichkeit sprechen noch weitere Gesichtspunkte, die mit dem digitalen Zeitalter zusammenhängen[226]. Die heutigen Generationen führen ihren schriftlichen Informationsaustausch nur noch im stetig geringer werdenden Umfang *handschriftlich* aus. Mag zu Beginn des Inkrafttretens des BGB die Handschriftlichkeit noch als Beleg für eine gehobene Schulbildung gegolten haben, hat sie diese Bedeutung aufgrund ihrer Selbstverständlichkeit im deutschen Sprachraum inzwischen[227] verloren. Die Ersatzmedien in einer multimedial aufgestellten Gesellschaft sind Computer geschriebene Textfassungen, Fax-Übermittlungen, SMS-Textnachrichten. Damit stellt sich die Handschriftlichkeit als inzwischen ungewöhnlicher Ausnahmeakt einer Nieder-

---

223 Zimmermann, Testamentsformen, S. 471(504).

224 Weidlich in Palandt KurzKom. BGB, § 2247 Rn. 3, 6.

225 Beck, Norminhalt und Formenstrenge im Recht der Nottestamente, S. 37; Röthel, Ist unser Erbrecht noch zeitgemäß?, A13(A 62), formuliert dies als Verständnis von Formgeboten als erklärungspflichtiger Eingriff in die Testierfreiheit, was wohl -wie hier vertreten- nichts anderes bedeutet als Rechtfertigung für die Ausnahme vom Grundsatz der Formfreiheit.

226 Dass die Digitalisierung als fester Bestandteil zur heutigen Persönlichkeitsentfaltung des Einzelnen gehört, hat schon das Bundesverfassungsgericht ausdrücklich bestätigt, BVerfG, *NJW* 2008, S. 822 ff.

227 Dies darf unterstellt werden trotz einer Vermutung von ca. 4 bis 7 Millionen Analphabeten(!) in Deutschland, vgl. Döbele, Marion / Hubertus, Peter: *Ihr Kreuz ist die Schrift. Analphabetismus und Analphabetisierung in Deutschland.* Hrsg. vom Bundesverband Analphabetisierung e. V. Münster 2000, S. 1(26).

schrift dar, was letztlich dazu führt, dass die handschriftliche Texterfassung nicht mehr als bequemes Kommunikationsmittel[228] akzeptiert wird. Die gesetzliche Form der holographischen Testamentserrichtung erweist sich durch die Digitalisierung als überholte Förmlichkeit.

Ob daraus der positive Gegeneffekt zu folgern ist, dass diese Außergewöhnlichkeit der Handschriftlichkeit quasi als höheres Formerfordernis zu einer gesteigerten Intentionalitätsgewähr[229] führt, ist zu bezweifeln. Eine Legitimation für eine uneingeschränkte Forderung nach Handschriftlichkeit lässt sich im digitalen Zeitalter nicht finden. Offensichtlich ist dies in der Rechtsliteratur auch erkannt worden, anders lassen sich die seit langem immer wieder entstehenden Diskussionen und Veranstaltungen über das holographische Testament[230] nicht verstehen. Erstaunlicherweise wird jedoch am Ende aller Kritik an dieser Testamentsform überwiegend deren Unabänderlichkeit vertreten, sei es aus Gründen der Fälschungssicherheit, aus Gründen der Gefahr der Isolierung des deutschen Erbrechts im internationalen Vergleich oder weil man glaubt, aufgrund langdauernder Gewöhnung dem Rechtsanwender keine neue Form zumuten zu können[231].

Hierdurch verdrängt man den digitalen Wandel aus dem Recht der Testamentsformen. Dabei ist die Digitalisierung längst ein unumkehrbarer Prozess in der Nachrichtenweitergabe geworden, der allenfalls um zusätzliche heute noch nicht vorstellbare Medien erweitert werden mag. Dem können sich die in die Jahre gekommenen Testamentsformen deshalb nicht verschließen, sondern müssen technische Veränderungen zulassen[232]. Es kommt für die Rechtfertigung der Testamentsformen als wesentlicher, wenn auch nicht einziger Garant der Tes-

---

228 Zimmermann, Testamentsformen, S. 472(504).

229 So aber Röthel, Form und Privatautonomie, S. 33(47).

230 Burkart, Das eigenhändige Testament, S. 253 ff.; Schmoeckel, Das holographische Testament, S. 16 ff.

231 Dazu Zimmermann, Testamentsformen, S. 472(505); Scholz, Das holographische Testament, S. 94 ff.; Röthel, Ist unser Erbrecht noch zeitgemäß?, A13(A 64), wenngleich Letztgenannte in anderer Veröffentlichung einräumt, dass die veränderten Kommunikationsgewohnheiten die Legitimation der Form der Handschriftlichkeit verschoben haben und damit die Stille um die eigenhändige Form wohl vorbei sei, so Röthel, Form und Privatautonomie, S. 33(47).

232 Ähnlich Glaab, Manuela / Sesselmeier, Werner: *Experimentierfeld Deutschland? Reform-Strategien in der Sozialpolitik auf dem Prüfstand.* Bonn 2005, S. 1(8), weisen zu Recht darauf hin, dass die verbürgte Testierfreiheit auch von ihren äußeren Rahmenbedingungen abhängt, wozu die Form gehört. Diese muss sich aber wegen ihrer Abhängigkeit von der Akzeptanz beim einzelnen Erblasser Wandlungen anpassen.

tierfreiheit nicht darauf an, dass diese sich durch Konservativität auszeichnen, sondern vornehmlich darauf, dass diese sich den wandelnden, dabei allerdings *nachhaltigen* Lebens- und Umweltbedingungen anpassen. Testamentsformen, die neben dem öffentlichen Testament nur eine holographische Errichtung zulassen, werden langfristig gesehen ihre gesellschaftliche Akzeptanz in der digitalen Welt[233] und bei den nachfolgenden Generationen verlieren.

Für die Entwicklung neuer Testamentsformen im Rahmen dieser Untersuchung ist dies zu berücksichtigen. Neue Testamentsformen erfordern die Zulassung einer zeitgemäßen Technik der Errichtung unter Abkehr von der exklusiven Handschriftlichkeit bei privater Niederschrift, ohne dabei aber neue Probleme der Urheberschaft des Testaments aufwerfen zu dürfen[234]. Es muss dem Erblasser im digitalen Zeitalter möglich sein, seinen letzten Willen auch in einer EDV-unterstützten oder maschinengeschriebenen Form oder sogar durch Dritte niederzulegen. Man könnte das als erstmalige Zulassung der privaten Testamentserrichtung in digitaler Form bezeichnen. Dadurch eröffnen sich zugleich als weiterer Vorteil neue Möglichkeiten für in der Handschriftlichkeit Behinderte, die damit nicht mehr allein auf die kostenintensive Errichtung in notarieller Form angewiesen wären[235].

b) Testierfähigkeit, Urheberschaft und Beweiserleichterungen

Bei aller Bedeutung der angeführten positiven Argumente für die Einführung einer neuen digitalen Form der Testamentserrichtung müssen die bereits unter den vorhergehenden Abschnitten genannten Gründe, die bei erster Betrachtung für eine eigenhändige schriftliche Testamentserrichtung sprechen, bedacht werden. Die Zulassung EDV-gestützter Techniken bzw. Maschinenschriften verschließt nämlich den Weg, anhand der Handschrift des Erblassers beweiserhebliche Erkenntnisse gewinnen zu können. Von neuen digitalen Testamentsformen ist deshalb zu fordern, dass sie die Feststellung der Urheberschaft des Testierers wenn nicht sogar besser, so doch wenigstens im gleichen Grad wie bei holographischer Errichtung sicherstellen können. Gleiches muss auch für Feststellungen zur Testierfähigkeit des Erblassers gelten, dies besonders in Anbetracht der demographischen Entwicklung in Deutschland und der damit verbundenen

233 Darauf weist auch Zimmermann, Testamentsformen, S. 472(504), zu Recht hin.

234 Es wäre deshalb zu kurz gedacht, lediglich die Handschriftlichkeit des Erblassers zugunsten einer maschinellen Niederschrift aufzuheben, um die privatschriftliche Testamentsform auf die eigenhändige Unterschrift des Erblassers zu reduzieren.

235 Weidlich in Palandt, KurzKom. BGB, § 2247 Rn. 2, 6; Weber in Damrau, Praxiskom. ErbR, § 2247 Rn. 71.

Nachlasszuwächse[236]. Andernfalls würde die Einführung einer digitalen Form zur Testamentserrichtung ungeachtet ihrer Zeitgemäßheit einen Rückschritt bedeuten.

Bezüglich der Frage der Testierfähigkeit wird zu Recht vertreten, dass das Testament selbst, von den wenigen Fällen wahnhafter Formulierungen im Text einmal abgesehen[237], kaum Bedeutung für die Beurteilung der Testierfähigkeit des Erblassers hat[238]. Die Begutachtung der Testierfähigkeit erfolgt vielmehr außerhalb der Testamentsurkunde durch Zuziehung möglichst vieler persönlicher (vor allem handschriftlicher) Dokumente des Erblassers, durch ärztliche[239] bzw. pflegerische Dokumentationen sowie durch Zeugen[240]. Der Handschriftlichkeit beim Testament kommt in diesem Zusammenhang also keine besondere Funktion zu, die sie positiv vom digital errichteten Testament unterscheiden könnte.

Was die Frage des Nachweises der Urheberschaft anbelangt, verbessert die handschriftliche Testamentsform über den Schriftvergleich mit anderen handschriftlichen Dokumenten des Erblassers allerdings die Überprüfung der Urheberschaft des Testaments[241]. Die eigenhändige Schrift wird wegen der typischen Schriftzüge und Schriftansätze als taugliches Mittel zu diesem Zweck angesehen[242]. In jedem Fall erfordert die Überprüfung durch Schriftvergleich aber die Existenz möglichst vieler Schriftproben des Erblassers, die unter Anwendung verschiedener, zum Teil aufwendiger Untersuchungsmethoden abgeglichen und analysiert

---

236 Hierzu bereits unter Dritter Teil § 2.

237 Vgl. zum Problem des sog. Fassadenphänomens, Heinemann, Mehr Sollen als Sein, S. 170 ff.

238 So Cording, Kriterien zur Feststellung der Testier(un)fähigkeit, S. 23 ff.; dort zudem mit der Bemerkung, dass zugezogene persönliche Korrespondenz des Erblassers regelmäßig nur verwertbar ist, wenn sie sich zeitlich einordnen lässt.

239 OLG Düsseldorf, Rpfleger 2016, 574; OLG Koblenz, *FamRZ* 2016, S. 1210, das zu Recht auf die postmortale Schweigepflicht des Arztes bzgl. der Person des Erblassers hinweist; dazu auch Wetterling, Beeinträchtigung der Geschäfts-/Testierfähigkeit, S. 179.

240 Cording, Kriterien zur Feststellung der Testier(un)fähigkeit, S. 23 und 25. Dieser weist außerdem darauf hin, dass ungeachtet des medizinischen Fortschritts und neuer Untersuchungsmöglichkeiten Gutachten zur Frage der Testierfähigkeit zu den schwierigsten Aufgaben der forensischen Psychiatrie gehören.

241 Horn, Claus-Henrik / Kroiß, Ludwig / Seitz, Susanne: „Testamentsfälschung: Das Schriftgutachten im Erbscheinsverfahren". *ZEV* 2013, S. 24.

242 Dazu BGHZ 47, 68(72); Leipold: *Erbrecht. Lehrbuch.* 20. Auflage, Freiburg 2014, 3. Teil § 11 Rn. 307; Zaczyk, Rechtsphilosophische Bemerkungen zum eigenhändigen Testament, S. 22(31).

werden müssen[243]. Gerade aber dies wird mehr denn je im digitalen Zeitalter zu einem Problem, da Handschriftlichkeit zur Ausnahme wird[244]. Es besteht nicht nur das Handicap mangelnder Schriftstücke zum Vergleich, sondern auch das Problem des Verlustes individual-typischer Schriftmerkmale durch zunehmend digital vom Erblasser angefertigte Texte[245].

Zudem kann nicht ausgeschlossen werden, dass aufgrund der digitalen Technik in Zukunft Fälschungen von Schriftstücken in bisher unbekannter Qualität und Güte möglich werden. Heute sind Farbkopien bereits so brillant, dass der Unterschied zwischen Original und Kopie, sofern man keine technischen Hilfsmittel zur Überprüfung einsetzt[246], nur noch an den auf der Kopie fehlenden üblichen Druckstellen der Schreibschrift feststellbar ist. Über diese Farbkopien hinaus entwickelt sich im Bereich der sog. 3D-Drucker mit großer Geschwindigkeit eine Technologie, in der eine Fertigungstechnik für alle möglichen Produkte von der medizinischen Reproduktion über den Maschinenbau bis hin zur papierverwendenden Industrie geschaffen wird[247]. Somit erscheint die nahezu nicht mehr erkennbare Produktion eines gefälschten handschriftlichen Testaments zwar nach heutigen Vorstellungen noch als visionär, dürfte aber technisch in sehr naher Zukunft schon möglich sein[248].

Als Ergebnis des ausgeführten Befundes stellt sich das holographische Testament nicht nur als veraltet oder Fremdkörper im digitalen Zeitalter heraus, son-

---

243 Dazu Horn/Kroiß/Seitz, Testamentsfälschung, S. 24(28); nach diesen können zur Anwendung kommen die Prüfung der sichtbaren UV-Fluoreszenzen, Analyse der UV-Reflexion, IR-Absorption, IR-Lumineszenz unter Variation des Erregerlichts mit Verwendung von Sperrfiltern, Untersuchung auf latente Druckspuren durch Oberflächenprüfgeräte, Stereomikroskopie unter verschiedenen Beleuchtungstechniken.

244 Zaczyk, Rechtsphilosophische Bemerkungen zum eigenhändigen Testament, S. 22(31).

245 Ebenso Röthel, Form und Privatautonomie, S. 33(46). Diese weist auch darauf hin, dass dieser Negativeffekt noch verstärkt werden könnte, wenn an Schulen künftig mehrheitlich Druckschrift statt Schreibschrift als Unterrichtsstoff angeboten wird.

246 Horn/Kroiß/Seitz, Testamentsfälschung, S. 24(28).

247 Übersicht z. B. in Spiegelonline 2014, online verfügbar unter http://www.spiegel.de/netzwelt/gadgets/3d-drucker-einfuehrung-fuer-einsteiger-a-977405.html; letzter Abruf 09.12.2015; Wissenschaftsmagazin P.M., Ausgabe 9, 2015, S. 14 ff.

248 Dies belegen bereits die Fortschritte in der Digitalisierung und digitalen Reproduktion von Handschriften, vgl. dazu Rehbein, Malte / Sahle, Patrick / Schaßan, Torsten: *Kodikologie und Paläographie im digitalen Zeitalter.* Norderstedt 2009, S. XIII(XVI).

dern verliert zudem seinen Zweck als geeignetes Beweismittel zur Testierfähigkeit und zur Testamentsurheberschaft[249].

Dies spricht für die Zulassung digitaler Errichtungsformen. Allerdings müssen neue Testamentsformen hierzu genügend Sicherheit zur Feststellung der Testierfähigkeit und klare Aussagen zur Urheberschaft bieten können.

2. *Digitaler Nachlass*

Die Digitalisierung hat nicht nur ihre Auswirkungen im soeben genannten Gebiet. Die Aufnahme der digitalen Kommunikation in das alltägliche Leben[250] integriert den Nutzer gleichzeitig in elektronische Foren oder Plattformen[251], aus denen der Erblasser nach seinem Tod nicht oder zumindest nicht „automatisch" entlassen ist[252]. Somit bleiben postmortale rechtsgeschäftliche Beziehungen des Erblassers, die den Nachlass wertmäßig bereichern, aber auch belasten können[253]. Man spricht in diesem Zusammenhang inzwischen vom sogenannten digitalen Nachlass[254].

---

249 Die textliche Abfassung des Testaments per Handschrift ist dabei abzugrenzen von der Unterschrift des Testierers unter die Urkunde, die auch im digitalen Zeitalter ihre Bedeutung behalten wird, u. a. zur Abgrenzung zwischen Entwurf und wirksamem Testament; vgl. auch für den bereits digital eingeführten Rechtsverkehr §§ 8 ff. HGB, wonach trotz elektronischem Rechtsverkehr jede wirksame Handelsregisteranmeldung der Unterschrift des Anmeldenden bedarf.

250 Dazu anschaulich Röthel, Form und Privatautonomie, S. 33(46).

251 Glaab/Sesselmeier, Experimentierfeld Deutschland?, S. 10, formulieren es für den Arbeitsbereich sehr anschaulich als Informatisierung der Arbeit, die durch EDV-gestützte Techniken alle Arbeitsfelder durchdringt.

252 Kutscher, Antonia: *Der digitale Nachlass*. Kiel 2015, S. 18, 46 und 61; Martini, Mario: „Der digitale Nachlass und die Herausforderung postmortalen Persönlichkeitsschutzes im Internet". *JZ* 2012, S. 1145, formuliert zutreffend, dass im digitalen Zeitalter der Nachlass um die Facette des *digitalen Nachlasses* reicher geworden ist; Deusch, Florian: „Anmerkung zu LG Berlin", *ZEV* 2016, S. 194 f.

253 Kutscher, Der digitale Nachlass, S. 37.

254 Dazu Salomon, Pascal: „Digitaler – Nachlass – Möglichkeiten der notariellen Vorsorge. *NotBZ* 2016, S. 324 f. Der Begriff ist gesetzlich nicht definiert. Der dt. Anwaltverein bezeichnet damit die Gesamtheit des digitalen Vermögens wie Urheberrechte, Rechte an Websites, Domains sowie sämtliche Vertragsbeziehungen zwischen Providern und dem Erblasser hinsichtlich der Nutzung des Internets selbst sowie auch bzgl. diverser Internetangebote einschließlich aller Accounts und Daten des Erblassers im Internet, dazu Deusch, Florian: „Digitales Sterben: das Erbe im Web 2.0". *ZEV* 2014, S. 2 f. Deusch erweitert den Begriff noch um Festplatte, USB-Stick und SIM-Karte und definiert den digitalen Nachlass als Gesamtheit der Rechtsverhält-

Nach Schätzungen[255] sind etwa 5 % aller Facebook-Accounts digital aktiv, aber aufgrund Todes des Teilnehmers unbenutzt, was verdeutlicht, dass sich hier ein erbrechtliches Problembewusstsein noch nicht eingestellt hat. Das kann jedoch zu erheblichen Nachteilen post mortem für die Erben führen, da Vertragsbeziehungen im digitalen Bereich bei Ableben des Nutzers unterschiedlich geregelt sind[256] und auch ein Zugriff des Erben auf den digitalen Nachlass teilweise erheblichen Schwierigkeiten unterliegen kann[257]. Sind die Erben nicht die nächsten Verwandten, kann der digitale Nachlass zudem zu erheblichen Rechtsstreitigkeiten darüber zwischen den gewillkürten Erben und den nächsten Angehörigen führen[258].

Der heutige Erblasser sollte über diese digitale Erweiterung seines Nachlasses spätestens bei Testamentserrichtung Kenntnis erhalten und so die Möglichkeit bekommen, über diesen Nachlass testamentarische Verfügungen zu treffen[259], um die hier nur angedeuteten Rechtsprobleme, die im negativen Fall das übrige Nachlassvermögen sogar belasten könnten, möglichst gering zu halten[260].

---

nisse des Erblassers betreffend informationstechnische Systeme mit dem gesamten elektronischen Datenbestand des Erblassers; ebenso wohl Gloser, Stefan: „‚Digitale Erblasser' und ‚digitale Vorsorgefälle' – Herausforderungen der Online-Welt in der notariellen Praxis – Teil I". *MittBayNot* 2016, S. 12 f.; zum Sammelbegriff auch Herzog in Kroiß, Ludwig / Horn, Claus-Henrik / Solomon, Dennis: *Nachfolgerecht*. 9. Auflage, Traunstein/Düsseldorf/Passau 2014, S. 251.

255 Dazu Deusch, Digitales Sterben, S. 2.

256 Dazu Martini, Der digitale Nachlass, S. 1145(1148); nach diesem endet bei Yahoo und Twitter der Vertrag mit dem Tod des Nutzers, wohingegen Web.de den Vertrag aufrechterhält und dem Erben Zugang nur gegen Erbnachweis gewährt. Grds. sollen aus dem postmortalen Persönlichkeitsschutz heraus die Accout-Zugangsdaten vor Zugriffen des Erben geschützt sein, soweit der Erblasser nicht vertraglich schon zu Lebzeiten anderes verfügt hat. Informativ ferner Deusch, Digitales Sterben, S. 2 f.

257 Martini, Der digitale Nachlass, S. 1145(1152); Kutscher, Der digitale Nachlass, S. 89.

258 Dazu Kutscher, Der digitale Nachlass, S. 106 ff.

259 Ebenso Hoeren, Thomas: „Der Tod und die Internet-rechtlichen Fragen zur Verwendung von E-Mail und www.Acounts nach dem Tod des Inhabers". *NJW* 2005, S. 113; kritisch zu Einzelregelungen im Testament Salomon, S. 324(328), Kutscher, Der digitale Nachlass, S. 149.

260 Siehe LG Berlin, *FamRZ* 2016, S. 738; Gloser, „Digitale Erblasser" und „digitale Vorsorgefälle", S. 12 ff.; Überblick über die Rechtsnachfolge in den digitalen Nachlass bei Herzog in Kroiß/Horn/Solomon, Nachfolgerecht, 9.B., S. 254 ff.; Kutscher, Der digitale Nachlass, S. 143; Lieder/Berneith, Anmerkungen zu LG Berlin, *FamRZ* 2016, S. 743 f.

Letztlich spricht dies für ein beratungsbegleitetes Testieren und damit für eine dementsprechende neue Testamentsform[261].

II. Individualität und Generalisierung im Testament

Ausgehend von der im vorausgegangenen Teil der Untersuchung formulierten These, der Inhalt beeinflusst die Form des Testaments, soll in diesem Abschnitt untersucht werden, welchen Einfluss die subjektiven Intentionen des Erblassers, die von ihm praktizierten, vielleicht sogar geänderten Lebens- und Partnerschaftsformen auf die Testamentsform nehmen und ob ungeachtet unterschiedlicher Intentionen typische Testamentsmuster[262] erkennbar sind, die für die Entwicklung neuer Testamentsformen interessant sein können.

1. Individualität im Rahmen gesetzlicher Gestaltungsmuster

Testamentserrichtung ist ein rechtlicher Akt, in dem Wesen und Eigenart des Testierers wie kaum in einem anderen Rechtsgebiet zum Ausdruck kommen[263]. Zwar schreibt das BGB dem Erblasser einen Numerus clausus der erbrechtlichen

---

261 Unabhängig davon könnte das bewusste Verfügen von testamentarischen Regelungen zum postmortalen digitalen Nachlass die nachhaltige Erzeugung eines Problembewusstseins zwischen Anbieter und Anwender der Digitalisierung bewirken. Damit besteht die Chance, dass in der Folge eine Systematisierung oder Vereinheitlichung der Rechtslage nach dem Tod des Anwenders entstehen könnte, wenn sich nicht sogar eine gesetzliche Regelung dazu entwickeln würde. Auch der Gesetzgeber wäre so eher gefordert, vgl. die beabsichtigte Verabschiedung einer neuen Europäischen Verordnung durch das Europäische Parlament zum Datenschutzrecht. Schwierigkeiten dürften hier vor allem darin bestehen, dass viele Provider Sitz im Ausland haben. Eine rechtlich einheitliche gesetzliche Regelung, zumindest aber Rechtsdurchsetzung scheint somit allerdings aufwendig, dazu auch Gloser, „Digitale Erblasser" und „digitale Vorsorgefälle", S. 12(18); im Ergebnis spricht dies einmal mehr für beratende rechtliche Aufklärung des Erblassers und Einbeziehung des digitalen Erbes in eine testamentarische Nachlassregelung.

262 Röthel, Ist unser Erbrecht noch zeitgemäß?, A9(A14), spricht deshalb zu Recht in ihrem Gutachten von einem typischen praktisch häufigsten Erbgeschehen als bedeutsamster Gradmesser der Praktikabilität des geltenden Rechts. Auch Schmoeckel, Das holographische Testament, S. 16(20), stellt die Frage, ob sich nicht Vererbung typisieren lässt. Siehe auch Schlüter/Röthel, ErbR Kurzlehrbuch, S. 8 Rn. 17, wo von der Generalität des Erbrechts gesprochen wird, allerdings zum Teil im anders als hier verstandenen Sinne.

263 Deshalb auch in logischer Konsequenz die Unvertretbarkeit bei der Testamentserrichtung.

Gestaltungsmöglichkeiten vor[264], trotzdem bleibt die Testamentserrichtung ein höchstpersönlicher durch Individualität geprägter Rechtsvorgang. Diese Individualität ist als ein entscheidender Bestandteil der Testamentserrichtung durch die verfassungsrechtlich garantierte Testierfreiheit besonders geschützt[265]. Dessen ungeachtet setzt sich das Testament nicht allein aus *individuellen* Erblasser spezifischen Erklärungen, sondern zugleich aus sich bei allen Erblassern wiederholenden und damit *generalisierenden* Elementen zusammen[266]. Individualität und Generalität in Kombination manifestieren im Testament den konkreten *letzten Willen* des Erblassers.

a) Individuelle Elemente der Testamentserrichtung

Was die höchstpersönlichen, also spezifischen individuellen Elemente der Testamentserrichtung anbelangt, ist sogleich anzumerken, dass diese keinen konkreten Einfluss auf neue Testamentsformen haben können. Dies liegt darin begründet, dass Testamentsformen für eine unbegrenzte Vielzahl von Verfügungen von Todes wegen gelten und sie deshalb Abstraktheit haben müssen. Die persönlichen Intentionen des Erblassers sind in ihrer Unterschiedlichkeit und Einzigartigkeit dagegen zu spezifisch, dabei aber gleichzeitig auch zu konkret, um als Entwicklungskriterium für neue Testamentsformen dienen zu können[267].

Regelungen im Testament erfolgen zu einem bestimmten Zeitpunkt aus einer momentanen Intention des Erblassers[268], die sich wieder ändern kann. So wird der Erblasser zum Beispiel vielfach Regelungen zur Absicherung seiner engeren Familie und seines Ehegatten[269] niederschreiben in der Erwartung, dass sich diese

---

264 Olzen, Lehrb. Erbrecht, § 1 Rn. 3; Schlüter/Röthel, ErbR Kurzlehrbuch, S. 65 Rn. 5 f. Hierzu zählen die Erbeinsetzung, die Vor- und Nacherbschaft, Einteilung in Erb- oder Vermächtnisnehmerposition, Testamentsvollstreckung, Auflage und Enterbung gesetzlicher Erben.

265 Siehe dazu bereits Zweiter Teil § 2 B.

266 Schlüter/Röthel, ErbR Kurzlehrbuch, S. 66 Rn. 5 f., bezeichnet sie als erbrechtliche Verfügungstypen, zu denen dem Erblasser eine Wahl- und Kombinationsfreiheit zusteht.

267 Darauf verweist schon Schulte, Art und Inhalt eröffneter Verfügungen, S. 205(210). Auf S. 225 ff. versucht er eine Systematisierung durch Unterteilung in Erblassertypen, wobei er sechs Gruppen feststellt (darunter z. B. den Harmonie-Menschen, den Entschädiger). Allerdings stellt eine Unterteilung in Erblassertypen ebenfalls kein Kriterium für neue Testamentsformen dar.

268 Kuchinke/Lange, Lehrb. Erbrecht, § 1 II. Das ist kein Widerspruch dazu, dass dem Testament vielfach lange Vorüberlegungen des Erblassers vorausgehen können.

269 Vgl. zu den Erhebungen dazu Schulte, Art und Inhalt eröffneter Verfügungen, S. 95 f.

familiären Bindungen und Zusammensetzungen bis zu seinem Tode halten werden, was aber oft genug aufgrund vorzeitigen Todes eines vorgesehenen Erben, Scheidung, Hinzukommen weiterer Abkömmlinge usw. nicht der Fall ist[270], oder er wird seine testamentarische Regelung ausrichten wollen an der Nachfolge in sein Einzelunternehmen[271] oder in seine Beteiligung an Personen- bzw. Kapitalgesellschaften[272]. Dies sind nur wenige Beispiele, die belegen, dass keine andere Person bei der inhaltlichen Festlegung seiner Erbnachfolge so kompetent ist wie der Erblasser selbst[273]. Aus diesen unterschiedlichen spezifischen Intentionen des Erblassers[274] lassen sich somit wegen ihrer Individualität keine weiteren über die bisherigen Feststellungen[275] hinausgehenden Anhaltspunkte für die Ausgestaltung neuer Testamentsformen ableiten.

b) Generalisierende Elemente durch gesetzliche Gestaltungsmuster

Zunächst ist festzustellen, dass eine Entscheidung des Erblassers für die gewillkürte Erbfolge nicht so häufig vorkommt, wie man nach dem vorangegangenen Abschnitt der Untersuchung vermuten könnte. Dies belegen unabhängige Untersuchungen, die bei allen Unterschieden in der Einzelauswertung der eingetretenen Erbfälle eine gewillkürte Erbfolge nur in 20–30 % der Erbfälle festgestellt haben[276]. Begnügt sich der Großteil der Erblasser demnach mit den Vorgaben der gesetzlichen Erbfolge, weil er diese als einzig richtige Gesamtrechtsnachfolge

---

270 Weitere Beispiele bei Kosmann, Marianne: „Erbmuster und Geschlechterverhältnisse im Wandel“. In: Lettke, Erben und Vererben, S. 189(197).

271 Dazu Ivens, Michael: „Leitlinien der Unternehmensnachfolge: Die Vererbung von Einzelunternehmen“. *ZEV* 2010, S. 462, unter anschaulicher Darstellung verschiedener Modellvarianten zur Testamentsgestaltung.

272 Beispiele bei Reimann, Unternehmertestament und Gesellschaftsvertrag, S. 521 ff.

273 So Schmoeckel, Erbrecht, § 18 Rn. 3 und Rn. 17, der in diesem Zusammenhang Kritik an der Argumentation äußert, der Erblasser übe durch die freie Testamentsgestaltung Druck auf den Erben aus.

274 Beckert, Erben in der Leistungsgesellschaft, S. 207, teilt die Motive für die Vererbung ein in dynastisches, strategisches, altruistisches und emotionales Vererben. Auch dieses ändert jedoch nichts an der soeben getroffenen Feststellung.

275 Gemeint ist hier die bereits angedachte neue Form der beratungsbegleiteten Testamentserrichtung.

276 Dazu Schulte, Art und Inhalt eröffneter Verfügungen, S. 21; Schmoeckel, Das holographische Testament, S. 16(17), m.w.N.; Metternich, Verfügungsverhalten von Erblassern, S. 1(33).

akzeptiert? Dies ist so pauschal eher nicht anzunehmen[277]. So könnte neben weiteren Gründen schon allein die Angst vor falscher oder fehlerhafter Testamentserrichtung im Gefüge der gesetzlich vorgegebenen Gestaltungsmöglichkeiten ein Motiv für den Erblasser sein, es für seinen Nachlass lieber bei der gesetzlichen Erbfolge belassen zu wollen[278]. Die rein prozentual gesehen geringe Testierneigung der Erblasser[279] sagt somit überhaupt nichts über den Wunsch auf Eintritt einer gesetzlichen Erbfolge oder einer gewillkürten Erbfolge über Testament aus. Andersherum betrachtet weist die nachlassgerichtliche wie auch die notarielle Praxis genügend Fälle auf, in denen Testamente wiederum nur die gesetzliche Erbfolge wiedergeben. Aus alledem ist zumindest zu schließen: ein Testament ist *aus Sicht des Laien* nicht *nur* für schwierige Erbregelungen gewünscht.

Entscheidend kommt es dann darauf an, den Erblasser, gleich wie rechtlich schwierig der Inhalt seiner gewillkürten Erbfolge sein soll, bei der Errichtung seines Testaments nicht „allein zu lassen", denn dieser verlässt sich darauf, dass sein „doch" niedergeschriebenes Testament seine getroffenen einfachen wie auch komplizierten Intentionen rechtswirksam manifestiert. Der Erblasser sieht folglich in jeder Testamentsform, die ihm das Gesetz vorschreibt, einen Garanten für die Wirksamkeit seiner letztwilligen Verfügungen[280].

Testamentsformen üben damit aus der *Sicht des Erblassers* eine besondere Garantiefunktion aus[281]. Diese Garantiefunktion erleidet jedoch besonders durch die unberatene holographische Testamentsform zu oft einen Ausfall, der im Numerus

---

277 Groll, Klaus Michael / Steiner, Anton: *Praxis-Handbuch Erbrechtsberatung*. 4. Auflage, München 2015, S. 1 f., sieht in vielen Fällen der gesetzlichen Erbfolge ein gewaltiges Streitpotential und formuliert provokant „Gesetzliche Erbfolge bedeutet: versteht ihr Euch gut in der Familie oder habt Ihr etwa schon zusammen geerbt?".

278 Zusätzlich halten Kostengründe den Erblasser häufig von der Errichtung eines öffentlichen oder rechtsanwaltlich beratenen Testaments ab, dazu Olzen, Lehrb. Erbrecht, 1. Kap.,§ 1 Rn. 4.

279 Olzen, Lehrb. Erbrecht, 1. Kap., § 1 Rn. 4.

280 Dazu Allmendinger, Entstaatlichung und soziale Sicherheit, S. 67. Was würden wohl viele Erblasser über unser Testamentsrecht sagen, wenn sie vorweg wüssten, wie ihr Testament hinterfragt, verworfen oder ergiebig ausgelegt wird, um am Ende dessen Nichtigkeit oder Wirksamkeit durch „fremdbestimmten" Gerichtsentscheid festzustellen.

281 Beck, Norminhalt und Formenstrenge im Recht der Nottestamente, S. 1(40), verweist in diesem Zusammenhang zu Recht darauf, dass mit der Festlegung von Formerfordernissen ein Beitrag zur Schaffung eindeutiger Rechtsverhältnisse geschaffen werden soll, Rechtsstreitigkeiten können vermieden oder deren Ausgang berechenbar gemacht werden.

clausus[282] der erbrechtlichen Gestaltungsmöglichkeiten, die die generalisierenden Elemente im Testament verkörpern, seine Ursache hat[283]. So ist aus der nachlassgerichtlichen Praxis[284] zu diesen generalisierenden Gestaltungsmustern bekannt, dass der Erblasser gern dazu neigt, die Erben im Testament im Gegensatz zur gesetzlichen Vorgabe nur auf Einzelgegenstände bezogen einzusetzen und nicht auf quotale Erbteile[285]. Das Rechtsinstitut der Vor- und Nacherbschaft wird, sofern es dem Laien überhaupt bekannt ist, ebenfalls in zahlreichen Testamenten unter Verkennung seiner Bedeutung oder seiner Rechtsfolgen verwendet, insbesondere im Rahmen der sog. Wiederverheiratungsklausel[286] oder bei der Ausgestaltung von Testamenten unter gegenseitiger Erbeinsetzung[287]. Die Abgrenzung von Vermächtnissen zu Erbeinsetzungen unter Teilungsanordnungen[288], die Einsetzung

282 h.M., vgl. für viele Schlüter/Röthel, ErbR Kurzlehrbuch, 3. Kap., § 15 Rn. 5; Reimann in Reimann/Bengel Mayer, Testament und Erbvertrag, Syst. A Rn. 62, wenn diese vom Bestehen einer dem Sachenrecht ähnlichen Typenbindung sprechen.

283 Siehe Leipold, Erbrecht, 3.Teil, § 12 Rn. 351, der darauf hinweist, dass nach §§ 1937 ff. BGB ein System aufgezählter Erblasserbefugnisse besteht, woraus zu folgern ist, dass für den rechtlichen Inhalt letztwilliger Verfügungen ein *Typenzwang* besteht; Überblick zu den generalisierenden Verfügungstypen bei Schlüter/Röthel, ErbR Kurzlehrbuch, 3. Kap., § 15 Rn. 6.

284 Die zahlenmäßige Häufigkeit der im Folgenden aufgezeigten Testierprobleme bestätigt die Tabelle 1 der Erhebung von Leipold, *Bewährte oder problembeladene Rechtsnormen – eine quantitative Rechtsprechungsanalyse zum deutschen Erbrecht*, Freiburg 2010, S. 4., online verfügbar unter http://www.jura.unifreiburg.de/institute/izpr2/downloads/dateienleipold/Quantitativerechtsprechungsanalyse; letzter Abruf 27.12.2015.

285 Wovon jedoch das Gesetz ausgeht, vgl. Sticherling in Damrau, Praxiskom. ErbR, § 2087 BGB, Rn. 2 f.; dazu auch Hahn, Erik: „Die gegenständlich beschränkte Erbeinsetzung". *ZEV* 2016, S. 360 f.

286 Meier-Kraut, Angela: „Zur Wiederverheiratungsklausel in gemeinschaftlichen Testamenten mit Einheitslösung". *NJW* 1992, S. 143(147), rät wegen der mit der Wiederverheiratungsklausel verbundenen rechtlichen Probleme deshalb nur zu sachkundig beratenen Testamentserrichtungen, um so Unwirksamkeits- oder Auslegungsprobleme zu vermeiden; Schulte, Art und Inhalt eröffneter Verfügungen, S. 127 und S. 131, hat im Rahmen seiner Erhebungen immerhin festgestellt, dass Wiederverheiratungsklauseln in handschriftlichen Testamenten weniger als angenommen vorkommen.

287 Weidlich in Palandt, Kurzkom. BGB, § 2269 Rn. 2 ff.; Musielak in MüKo, BGB, § 2269 Rn. 16; Wolf in Soergel, Kom. BGB, § 2269 Rn. 11 ff.

288 Dazu hat Schulte, Art und Inhalt eröffneter Verfügungen, S. 142 ff., erhoben, dass vermögensmäßige Sonderzuweisungen eher durch (Voraus-)vermächtnis als durch

von Pflichtteilsklauseln[289] sowie die Anordnung einer Testamentsvollstreckung sind weitere im holographischen Testament zwar immer wieder anzutreffende Rechtsinstitute, die jedoch häufig rechtsfehlerhaft verfügt werden. Schließlich gehört zu den vom Rechtslaien mangelhaft errichteten Verfügungen von Todes wegen immer wieder das gemeinschaftliche Testament der §§ 2265 ff. BGB[290], das sich ungeachtet dessen einer nicht abnehmenden Beliebtheit im deutschen Rechtsraum erfreuen kann[291]. Oft bestehen bei beiden gemeinsam im handschriftlichen Testament testierenden Erblassern keine Kenntnisse oder allenfalls Fehlvorstellungen über die Bindungswirkungen und Wechselbezüglichkeiten der §§ 2270 f. BGB[292], was vielfach zur Unwirksamkeit von Anschlusstestamenten des Längerlebenden führt[293].

Die durch die Testierfreiheit garantierte Individualität[294] des Testaments wird somit in zu vielen Fällen durch die generalisierenden Gestaltungsmuster des Er-

---

Teilungsanordnung erfolgen und Teilungsanordnungen, wenn überhaupt bestimmt, vor allem bei der Zuordnung von Immobilien verfügt werden.

289 Nach Schulte, Art und Inhalt eröffneter Verfügungen, S. 116 f., wird bei der Anordnung von Pflichtteilsklauseln die Konstruktion der bedingten Herabsetzung auf den Pflichtteil bei Ableben des Letztversterbenden, sofern der Pflichtteilsberechtigte beim Erstversterbenden seinen Pflichtteil beansprucht, dem Alternativmodell der sog. Jastrowschen Klausel vorgezogen. Zu Letzterer Klessinger in Damrau, Praxiskom. ErbR, § 2269 Rn. 43; Weidlich in Palandt, KurzKom. BGB, § 2269 Rn. 11.

290 Schulte, Art und Inhalt eröffneter Verfügungen, S. 84 ff., weist zu Recht darauf hin, dass sich Probleme nach seinen Feststellungen nur in holographischen gemeinschaftlichen Testamenten nachweisen lassen.

291 Dazu Kosmann, Erbmuster und Geschlechterverhältnisse, S. 189(192).

292 Schulte, Art und Inhalt eröffneter Verfügungen, S. 147, stellte fest, dass in der Regel in holographischen gemeinschaftlichen Testamenten Regelungen zur Bindungswirkung nicht zu finden sind.

293 Vervollständigt wird diese aus der Verletzung der generalisierenden Elemente kommende Fehlerliste noch durch fehlende Kenntnisse von außerhalb des BGB vorhandenen Testierbeschränkungen wie z. B. nach dem Heimgesetz und dessen landesgesetzlichen Nachfolgevorschriften. Zum Heimgesetz des Bundes und den länderspezifischen Gesetzen vgl. Ludyga, Hannes: „Vererben im betreuten Wohnen – Zur Bedeutung der ‚Landesheimgesetze' in der testamentarischen Gestaltungspraxis". *ZEV* 2014, S. 177 ff.; zur verfassungsrechtlichen Problematik der Gesetzgebungskompetenz dabei vgl. Kunig in Münch/Kunig, GG-Kom., Art. 72, Rn. 5 und 8, Art. 74 Rn. 1 und 8.

294 Ebenso Hausmann/Hohloch, Handbuch des Erbrechts, Kap. 1, Rn. 33, nach denen die Erbrechtsgarantie des GG das Erbrecht nicht nur als Rechtsinstitut, sondern auch als *Individualrecht* gewährleistet.

brechts in ihrer verfügungsmäßigen Durchsetzung behindert[295]. Die im Erbrecht des BGB vorzufindenden generalisierenden Gestaltungsmuster sind gleichwohl existenziell nicht in Frage zu stellen, sie haben sich nämlich aus materieller Sicht grundsätzlich bewährt und sind nicht ersetzbar[296]. Es ist aber zu fordern, dass der Umgang mit ihnen über neue Testamentsformen für den Laien verbessert werden muss, um ihm den Zugang zur gewillkürten Erbfolge zu erleichtern[297]. Die bereits angezeigte Einführung einer neuen Form des beratungsbegleiteten Testaments könnte sich hier als sinnvoll erweisen[298].

Die soeben dargestellten generalisierenden Gestaltungsmuster im Erbrecht, wozu für diese Untersuchung insbesondere zu zählen sind die eindeutige Kennzeichnung des oder der Begünstigten als Alleinerben oder als Miterben nach Erbquoten in Abgrenzung zur Einsetzung derselben Personen als bloße Vermächtnisnehmer, die Bestimmung des Erbstatuts über die Bezugnahme auf die Staatsangehörigkeit, die Anordnung einer Testamentsvollstreckung sowie die Festlegung der Bindungswirkung bei Verfügungen von Ehepartnern oder Lebenspartnern im gemeinschaftlichen Testament, die Bestimmung von Ersatzerben, sind für neue Testamentsformen aber auch aus einem weiteren Grund interessant:

Mit Blick auf neue Testamentsformen weisen diese gesetzlichen Gestaltungsmuster als generalisierende Testamentselemente eine derartige Formularmäßigkeit auf, dass es sich anbietet zu überprüfen, ob sie sich nicht für die Entwicklung einer weiteren Testamentsform eines „Testaments nach gesetzlichem Mustertext" eignen. Welche generalisierenden Elemente als Muster bei einer neuen *Testamentsform nach Mustertext* dabei in Betracht kommen können, wird noch zu prüfen sein[299]. An dieser Stelle bleibt zuvor noch der Einfluss von

---

295 Dieser Befund ist aus heutiger Sicht umso erstaunlicher, da er konträr zu dem sonst im neueren Zivilrecht zunehmend geforderten und stetig gesetzlich ausgebauten Schutz des privaten Teilnehmers bzw. Verbrauchers am Rechtsverkehr steht.

296 Leipold, Erbrecht, S. 133 Rn. zum gesetzlichen Typenzwang; Hahn, Erbeinsetzung, S. 360 ff., nennt die Gestaltungsmuster „vom Gesetzgeber bereitgestellte Varianten". Dass der Gesetzgeber nicht geneigt ist, die Gestaltungsmuster im Erbrecht zu vereinfachen, belegt u. a. die Verschärfung der Gestaltung des Pflichtteilsentzugs in § 2336 Abs. 2 BGB in 2007/2008, dazu Keim, Christopher: „Die Reform des Erb- und Verjährungsrechts und ihre Auswirkungen auf die Gestaltungspraxis". *ZEV* 2008, S. 161(168).

297 Beispiele für missglückte Testamente gem. Rechtsprechung in Vierter Teil § 2 B.

298 In diesem Dritter Teil § 3 A. II.

299 Dazu Siebter Teil § 3.

Wandlungen in der Lebens- und Partnerschaftssituation auf neue Testamentsformen zu untersuchen.

2. Gewandelte Familien-, Partnerschafts- und Lebenssituationen

Wie schon im Rahmen dieser Untersuchung[300] angedeutet wurde, haben sich die Lebens- sowie Partnerschaftsformen seit Inkrafttreten des BGB zum Teil erheblich verändert bei gleichzeitiger Zunahme der Lebenserwartung[301]. Zu diesen Veränderungen zählen insbesondere Lebenspartnerschaften gleichgeschlechtlicher Partner nach dem LPartG, Zusammenlebenspartnerschaften ohne Trauschein, Kombinationen von Partnerschaften aller dieser Arten zusammen mit Kindern aus vorangegangener und gemeinsamer Beziehung, wobei bei allen Bindungstypen eine hohe Scheidungsquote[302] bzw. Trennungsquote zu verzeichnen ist. Da die Familie schon immer eine bedeutende Stellung im Erbrecht für sich beanspruchen konnte[303], sind in Anbetracht dieser seit Inkrafttreten des BGB festzustellenden Wandlungen in den Familien- und Lebensformen deren mögliche Einflüsse auf

---

300 Dazu schon Zweiter Teil § 1 A.

301 Die Haushalte werden nach der Zahl der Personen immer kleiner. So haben in der Zeit von 1970 bis 2011 die Einpersonenhaushalte von 25,1 % auf 40,4 % zugenommen und gleichzeitig die Vierpersonenhaushalte von 15,2 % auf 9,4 % abgenommen, Bundeszentrale für politische Bildung vom 24.10.2012, online verfügbar unter http://www.bpb.de/nachschlagen/zahlen-und-fakten/soziale-situation-in-deutschland/61587/haushalte-nach-zahl-der-personen; letzter Abruf 28.12.2015. Gleichzeitig hat die Zahl der Paare ohne Kinder und Familien zugenommen auf 50,2 % zum Stand 2011, vgl. Bundeszentrale für politische Bildung, Stand 24.10.2012, online verfügbar unter http://www.bpb.de/nachschlagen/zahlen-und-fakten/soziale-situation-in-deutschland/61575/paare-und-familien; letzter Abruf 28.12.2015. Hinzu kommt die kontinuierliche Steigerung der Lebenserwartung, dazu Bundeszentrale für politische Bildung, Stand 26.09.2012, online verfügbar unter http://www.bpb.de/nachschlagen/zahlen-und-fakten/soziale-situation-in-deutschland/61547/lebenserwartung; letzter Abruf 28.12.2015.

302 Im Einzelnen dazu Cottier, Soziologisches Wissen, S. 206. Schröder, Richard / Künßberg, Eberhard von: *Lehrbuch der deutschen Rechtsgeschichte.* 7. Auflage, Berlin/Leipzig 1932, S. 37, weisen hierzu auf die Stellungnahme der Mitglieder der 1.Kommission zum BGB hin, die schon damals konstatierten, dass das germanisch-deutsche Recht vom Familienerbrecht ausgeht und nur dadurch sozial sei.

303 Klingelhöffer, Ist unser Erbrecht noch zeitgemäß?, S. 385 f.; Leipold in MüKo, BGB – Erbrecht, Einl. Rn. 13 f., spricht von einem Familienerbrecht mit selbstständigem Gerechtigkeitswert.

oder Anforderungen an neue Testamentsformen zu prüfen[304], namentlich hinsichtlich der bereits angedeuteten neuen Formen des beratungsbegleiteten Testaments und des Testaments nach Mustertext.

a) Familie und Partnerschaften

Traditionsgemäß gehört die Familie zum zentralen Anliegen des im BGB geregelten Erbrechts[305]. Dies belegt schon das umfangreiche Konvolut der Normen zur gesetzlichen Erbfolge nach Stämmen. Über die Erbschaft werden die Verbindung des Erblassers und die der vom Erblasser definierten Erben zu der Familie verbindlich dargestellt[306]. Erbschaften erhalten damit die Familienkontinuität[307], die eine wichtige Grundlage der gesellschaftlichen Strukturbildung ist, da mit der Weitergabe von Vermögenswerten die soziale und wirtschaftliche Absicherung der einzelnen Familienmitglieder gesichert werden kann[308].

Diese allgemeinen Feststellungen besitzen auch noch heute Gültigkeit. Allerdings muss der Begriff der Familie zumindest für den hier interessierenden Bereich des Erbens und Vererbens weiter ausgelegt werden als bei Inkrafttreten des Erbrechts nach dem BGB. Die schon eingangs genannten Wandlungen in den Lebens- und Familienformen haben das Erscheinungsbild „Familie" nachhaltig erweitert sowie komplizierter gemacht[309].

Wenn Vererbung einerseits Stärkung und soziale Sicherung der Erben bedeutet, so ist sie andererseits gleichzeitig Ausdruck der Liebe, Wertschätzung

---

304 Grziwotz, Von Geliebtentestamenten und leichtfertigen Verzichten, S. 732(744), spricht von einem „Verteilungskonflikt zwischen Paarbeziehung und Generationenbeziehung".

305 Lettke, Erben und Vererben, S. 21, belegt dies mit der Wiedergabe der Rede des H.-G. Riquetti, Comte de Mirabeau, vor dem französischen Parlament anlässlich der Schaffung des code civil, in der dieser die Erhaltung des Erbes in der Familie für die Wahrung der Rechts-, Familien- und Staatsruhe für unverzichtbar hält.

306 Ebenso Lüscher, Erben und Vererben, S. 130; Lettke, Erben und Vererben, S. 162.

307 Allmendinger, Entstaatlichung und soziale Sicherheit, S. 67 f.; auf dieser Linie auch Schlüter/Röthel, ErbR Kurzlehrbuch, 1. Kap., § 1, S. 2 ff.

308 Beckert, Erben in der Leistungsgesellschaft, S. 79; Dittrich, Lars: „Verfassungsrechtliche Vorgaben des Erbrechts". *ZEV* 2013, S. 14(19), der den Schutz erstreckt sieht von den Kindern über die Ehegatten bis zum Elternpflichtteil.

309 Vgl. Kutscher, Der digitale Nachlass, S. 166; Schlüter/Röthel, ErbR Kurzlehrbuch, Kap.1, § 1 Rn. 15; Auer, Eigentum, Familie, Erbrecht, S. 239(274), weist ebenfalls auf diese Veränderung hin, wenn sie die Verschiebung der traditionellen Familie hin zu Ausdifferenzierungen selbst gewählter Lebensgemeinschaften betont.

und Anerkennung sowie Manifestation der Familienzugehörigkeit der Erben[310]. Dazu bezieht der Erblasser inzwischen uneingeschränkt seine(n) Lebenspartner(in), Kinder der anderen Person in der Patchwork-Familie, etwaige Stiefeltern und weitere nicht blutsverwandte Personen mit ein[311]. Das Familienbild in seiner erbmäßigen Relevanz hat sich somit durch den heutigen gesellschaftlichen Wandel nicht verändert, es hat sich allerdings geweitet. Geht man weiter von den Erfahrungen der Kautelarjurisprudenz zur Testamentserrichtung aus, hat die begriffliche Erweiterung der Familie am Testierverhalten des Erblassers, in der Regel seine „Nächsten" bedenken zu wollen, nichts geändert; der Personenkreis der Familie hat sich jedoch vermehrt um Personen, die im Sinne des BGB eigentlich nicht als verwandte Familienmitglieder oder Ehegatte/Lebenspartner gelten. Bedeutung für die Testamentserrichtung hat dies deshalb, weil gegenläufig die gesetzliche Erbfolge unverändert am Erbrecht der Blutsverwandtschaft und des gesetzlichen Ehegatten bzw. eingetragenen Lebenspartners festhält und insoweit die erbrechtliche Aufnahme der *„erweiterten Familienmitglieder"* nur über die gewillkürte Erbfolge zulässt.

Die Motive, den Ehegatten/den Lebenspartner oder den nach dem Gesetz ungebundenen Partner zum Alleinerben einsetzen zu wollen, sind jedoch in allen heutigen Partnerschaftskonstellationen nahezu gleich[312]; sie sind damit von der jeweils praktizierten Lebensform unabhängig[313]. Dies gilt grundsätzlich auch für die Erbeinsetzung von Abkömmlingen[314]. Besonderheiten können sich hier gelegentlich bei patchwork-familiären oder ähnlichen Konstellationen ergeben – insbesondere wenn diese erst in der Mitte oder gegen Ende des Erwerbslebens

---

310 Schlüter/Röthel, ErbR Kurzlehrbuch, Kap. 1, § 1 Rn. 11.

311 Schlüter/Röthel, ErbR Kurzlehrbuch, Kap. 1, § 1 Rn. 11 bezeichnet Erbschaften insoweit zutreffend als Beziehungsidiom.

312 Frank, Rainer / Helms, Tobias: „Familiäre Solidarität im Unterhalts- und Erbrecht". *FamRZ* 2009, S. 649(653), nennt es Sicherung des Lebensstandards, hinzu gehört gewiss aber auch Anerkennung und Wertschätzung; zu statistischen Erhebungen bei Stiefkindern vgl. Bien, Walter / Hartl, Angela / Teubner, Markus: *Stieffamilien in Deutschland*. Opladen 2002, S. 30 f.

313 Kanzleiter, Rainer: „Das Berliner Testament, immer aktuell und fast immer ergänzungsbedürftig". *ZEV* 2014, S. 225 f.: Schulte, Art und Inhalt eröffneter Verfügungen, S. 83, weist u. a. auf die Bedeutung der engen Lebensgemeinschaft für die Erbeinsetzung hin.

314 Zum Ganzen auch Grziwotz, Von Geliebtentestamenten und leichtfertigen Verzichten, S. 732(744).

zustande gekommen sind –, da dort häufig der jeweilige Partner als Schlusserben nur seine leiblichen Abkömmlinge einsetzen möchte[315].

Mit Blick auf die angedeutete neue Testamentsform nach Mustertext erfordern die dargestellten personalen Strukturveränderungen der sich wandelnden Familien- und Partnerschaftsformen keine besonderen Gestaltungsmuster, die bezogen auf eine solche Form zu verschiedenartig oder vielseitig wären. Damit können also auch neue Familien- und Partnerschaftsformen bei einem Testament nach Mustertext einbezogen und berücksichtigt werden[316].

b) Gewandelte Lebenssituationen

Welchen Einfluss haben Wandlungen in der Vermögens- oder Gesundheitslage des Erblassers auf Testamentsformen? Der stetige Vermögenszuwachs bei vielen Erblassern führt über die Erbschaftsbesteuerung zunehmend zu einem Umdenken bei der Testamentsgestaltung[317]. Der Erblasser wird durch gewillkürte Verteilung seines Nachlasses auf mehrere in enger Beziehung zueinander stehende Erben mehrere erbschaftsteuerliche Freibeträge gewinnen wollen, um so die Steuerlast entscheidend zu verringern[318]. Weiterhin wird bei der Tendenz zunehmend höherer Lebenserwartung der Erbfall häufiger erst in Lebenssituationen eintreten, nachdem der Erblasser Teile seines Vermögens für seine eigene Alterssicherung verbraucht hat. Der Nachlass würde in der Folge dann auf die wirtschaftlich inzwischen selbst gut ausgestatteten zunächst vorgesehenen Erben fallen. Angesichts dieser Aussicht ist eine wachsende Neigung von Erblassern verständlich, die unmittelbar nachfolgende Generation zu überspringen und eine Vererbung an die sog. Enkelkindgeneration zu verfügen[319].

Weiteren Einfluss auf das Testament nimmt auch die Pflegesituation des älter oder kränker werdenden Erblassers. Aus demographischen sowie familienbeding-

---

315 Kanzleiter, Das Berliner Testament, S. 225 f.

316 Letzteres wäre deshalb von besonderem Gewicht, weil wie dargestellt die „neuen“ Lebensformen eine kontinuierliche Zunahme verzeichnen.

317 Ausführungen zu der Vermeidung von Steuerbelastungen im Rahmen der Zusammenrechnung nach § 14 ErbStG bei Stein, Thomas: „Das aufschiebend bedingte Vermächtnis: Eine Möglichkeit zur mehrfachen Nutzung der Steuerfreibeträge und zur Steueroptimierung“. *ZEV* 2011, S. 572(574).

318 Anschaulich dazu Keim, Christopher: „Vermächtnisse zugunsten Minderjähriger: Schwierigkeiten und Lösungsmöglichkeiten“. *ZEV* 2011, S. 563(568).

319 Kanzleiter, Das Berliner Testament, S. 223(226).

ten[320] Gründen nimmt die Zahl der pflegebereiten Personen aus dem näheren familiären Umfeld des Erblassers zunehmend ab[321]. Damit wird in Zukunft die häusliche familiale Pflege und Betreuung nicht mehr beim gewohnten Familienmitglied im nahen Umfeld stattfinden[322]. Dies führt nicht nur dazu, dass eigenes Vermögen des Erblassers für seine lebzeitige Pflegeversorgung[323] dem Erbvermögen durch Verbrauch entzogen wird, sondern parallel in familienfremden Pflegepersonen eine neue Gruppe entsteht, die der Erblasser aus Dankbarkeit für Pflege aus seinem Nachlass entschädigen möchte[324].

Die beiden zuerst genannten Situationen (Verteilung auf mehrere Köpfe wegen der Besteuerung/Überspringen einer Erbengeneration) indizieren keine inhaltlichen Besonderheiten, da es sich vornehmlich nur um Veränderungen im Personenkreis bzw. in der Höhe des jeweiligen Erbteils der Miterben handelt. Ihre Einarbeitung in eine neue Testamentsform nach Mustertext erscheint somit möglich. Hingegen mag sich dies bei der letztgenannten Situation (Entschädigung einer Pflegeperson) anders darstellen. Hier stellt sich nämlich für den Erblasser die Entscheidung, ob die potentielle Pflegeperson als Mit- oder Alleinerbe oder nur als *Vermächtnisnehmer* bedacht werden soll.

Wie sich damit zeigt, werfen Vorgaben und Wandlungen in der jeweiligen Lebenssituation des Erblassers die Frage auf, welche Verfügungstypen als generalisierende Muster überhaupt in einer neuen Testamentsform nach Muster aufgenommen werden können[325], ob sie insbesondere auch Vermächtnisanordnungen oder Teilungsanordnungen aufnehmen kann. Ohne vorgreifen zu wollen, wird man wohl schon hier festhalten müssen, dass Vermächtnisanordnungen sowie Teilungsanordnungen, aber auch Auflagen und Anordnungen zur Vor- und Nacherbschaft für eine „Vermusterung" ungeeignet scheinen, da sie zu viele Gestaltungsvarianten umfassen[326]. Für diese Verfügungen wäre allerdings eine

---

320 Z.B. wegen Scheidung des zunächst pflegebereiten Abkömmlings, Wegzug des Abkömmlings, an Luxus orientiertes Leben des Abkömmlings.

321 Becker, Rolf: *Generationen und sozialer Wandel*. Dresden 1997, S. 152.

322 Becker, Generationen und sozialer Wandel, S. 142.

323 Dazu Odersky, Felix: „Reformüberlegungen im Erbrecht". *MittBayNot* 2008, S. 120(126).

324 Röthel, Ist unser Erbrecht noch zeitgemäß?, A13(A16), ordnet diese „Honorierung von Pflegeleistungen bereits als eine Aufgabe des Erbrechts" ein.

325 Da an dieser Stelle der Untersuchung speziell auf eine neue *Testamentsform nach Muster* hingewiesen wird, ist anzumerken, dass natürlich auch die neue Form des beratungsbegleiteten Testaments dem Testiervorhaben des Erblassers dienen könnte.

326 Vgl. beispielhaft für Vermächtnis und Teilungsanordnung Weidlich in Palandt, Kurzkom. BGB, § 2147 Rn. 2; Stürner in Jauernig/Stürner, BGB Kom., Vor § 2147 Rn. 2;

neue Form des beratungsbegleiteten Testaments geeignet. Darin bestätigt sich die bereits aufgestellte These, „der Inhalt des Testaments bestimmt seine Form“, sehr anschaulich.

Ann in MüKo, BGB, § 2048 Rn. 6 f.; Rißmann in Damrau, Praxiskom. ErbR, § 2048 Rn. 11 f.

§ 4 Bewertung und Zusammenfassung der Erkenntnisse

Eingangs im Dritten Teil wird die These aufgestellt, der Inhalt des Testaments bestimmt seine Form[327]. Dies leitet in die Erforderlichkeit der Feststellung der inhaltlichen Herausforderungen an das Testament über. Dabei stellt sich im Verlauf der Untersuchung heraus, dass aufgrund heutiger und zukünftiger Herausforderungen Testamentsformen immer mehr der Vorbeugung gegen formelle wie auch inhaltliche Fehler zu dienen haben oder anders umschrieben: der heutige herausragende *Zweck der Testamentsformen* ist die Vorbeugung gegen formelle und materielle Unwirksamkeit des Testaments. Insofern fordert der Inhalt die zu dieser Zweckerfüllung geeignete Form.

Diese Fehlervorbeugung ist dabei im Lichte des erheblich zunehmenden, wenn auch ungleich verteilten Erbvolumens zu sehen. Trotz ungleicher Verteilung stellt für den Erben das Erbe einen so nennenswerten Vermögenszuwachs dar, dass ein Bearbeitungsstau bei den Nachlassgerichten durch fehlerhafte Testamente nicht hinnehmbar ist. Infolgedessen ergibt sich auch insoweit die Forderung nach fehlervermeidenden der Testierfreiheit besser dienlichen neuen Testamentsformen.

Die Untersuchung zu den Herausforderungen an das Testament teilt diese bezogen auf den Erblasser ein in willensunabhängige und willensabhängige Vorgaben. Zu den ersteren werden die ökonomischen und gesellschaftlichen Herausforderungen gerechnet wie Wohlstandssteigerung, Ausbau des Sozialstaats, Gleichstellung von nichtehelichen Kindern und Lebenspartnern, Überalterung der Bevölkerung, Zuwanderung von Ausländern. Hinzu kommen noch neue Schwierigkeiten durch Einführung der EU-ErbVO, sei es beim neu definierten Erbstatut oder bei Fragen zur Rechtswirksamkeit des gemeinschaftlichen Testaments nach BGB. Diese Herausforderungen überfordern den Rechtslaien zunehmend und verlangen deshalb nach einer Beratungsbegleitung bei seiner Testamentserrichtung.

Die willensabhängigen Vorgaben unterstützen diese These. Zu diesen Vorgaben zählen einmal die Herausforderungen des digitalen Zeitalters. Das digitale Zeitalter hat nämlich die Form der handschriftlichen Aufzeichnung nachhaltig zurückgedrängt zugunsten der technischen Aufzeichnungsmöglichkeiten wie Schreibmaschine, PC, E-mail. Diesem Wandel können sich zeitgemäße Testamentsformen nicht länger verschließen. Das digitale Zeitalter hat überdies noch

327 Siehe Dritter Teil § 1.

ein neues Nachlassobjekt erzeugt, nämlich den sog. digitalen Nachlass, der dem Erblasser bisher als Erbgut nahezu unbekannt ist. Auch aus dem digitalen Wandel ergibt sich somit die Forderung nach neuen Testamentsformen wie der eines beratungsbegleiteten Testaments. Im Hinblick auf die Zulassung einer maschinell-technischen Niederschrift des Testaments oder durch Dritte an Stelle der holographischen Form dürfen dadurch jedoch keine neuen Probleme hinsichtlich des Nachweises der Urheberschaft des Testaments entstehen.

Willensabhängige Vorgaben des Testaments entstehen auch aus der Individualität der Intentionen des Erblassers sowie aus den generalisierenden Elementen der gesetzlichen Gestaltungstypen im Erbrecht, auf die Erblasser in seinem Testament unvermeidbar trifft. Der Testamentsform kommt dabei gegenüber dem Erblasser eine Art Garantiefunktion hinsichtlich formeller und materieller Wirksamkeit der Verfügungen des Testaments zu. Gerade bei individuellen Intentionen des Erblassers kann hier eine neue Form des beratungsbegleiteten Testaments unterstützend wirken.

Was die generalisierenden durch gesetzlichen Typenzwang sich stets wiederholenden Gestaltungselemente des Testaments betrifft[328], spricht dies für die Möglichkeit der Einführung einer neuen Form des Testaments nach Mustertext. Interessant wird diese neue Form durch die Erkenntnis, dass besonders in familiengeprägten Testamenten häufig einfach gelagerte, dabei aber sehr ähnliche Verfügungen niedergelegt werden[329]. Durch diese neue Form kann dem Erblasser ein formell und materiell wirksames Testamentsmuster zur Verfügung gestellt werden, das die genannte Schutzfunktion gegenüber dem Erblasser erfüllt und einen schnellen und unstreitigen Erbnachweis ermöglicht. Freilich kann der vorzugebende Mustertext nur einfache Verfügungen umfassen und nicht solche, die in ihren Gestaltungsmöglichkeiten in Kombination mit der Individualität der Intentionen des Erblassers zu variabel sind.

Der Dritte Teil der Untersuchung belegt somit, dass heutige und künftige Herausforderungen an das Testament neue Testamentsformen notwendig machen. Die Einblicke geben zugleich erste Hinweise darauf, in welche Richtung neuen Formen gehen können, nämlich in die noch weiter auszuarbeitende Form eines beratungsbegleiteten Testaments und die eines Testaments nach Mustertext.

---

328 Vgl. Leipold, Erbrecht, 3.Teil, § 12 Rn. 351; Schlüter/Röthel, ErbR Kurzlehrbuch, 3. Kap., § 15 Rn. 5.

329 Dies deckt sich mit der Feststellung von Schulte, Karsten „(Ver)Erben aus psychologischer Sicht. Einstellungen, Emotionen und Verhaltensabsichten von Erblassern". In: Lettke, Erben und Vererben, S. 219, dass man sich in den meisten Familien auf eine minimale Regelung des Nachlasses beschränken kann.

Vierter Teil
Die Leistungsbilanz der ordentlichen Testamentsformen

Während es im Dritten Teil der Untersuchung um die Notwendigkeit neuer Testamentsformen aufgrund von Wandel und Veränderung in der Gesellschaft und weitere Herausforderungen aus rechtlichen Entwicklungen oder Neuerungen ging, soll in diesem Teil eine überschlägige Leistungsbilanz der ordentlichen Testamentsformen de lege lata unter Einbeziehung der jüngeren Rechtsprechung[1] erstellt werden.

Ausgehend von dem im Dritten Teil herausgearbeiteten Zweck der Testamentsformen, einer Unwirksamkeit des Testaments vorzubeugen[2], muss ein gerichtlich für unwirksam befundenes Testament als ein Formversagen klassifiziert werden. Dies rechtfertigt es, hier von einer *Leistungsbilanz* der Testamentsformen zu sprechen. Dabei geht es nicht um eine lückenlose statistische Bestandsaufnahme aller einschlägigen Gerichtsurteile oder Gerichtsbeschlüsse. Für diese Untersuchung genügt es vielmehr, wenn die ausgewählten Gerichtsentscheidungen häufig sich wiederholende Fehlerquellen oder Fehlerursachen nachhaltig aufweisen[3]. So kann aus dieser gerichtlichen Erfahrung eine erste Überprüfung stattfinden, ob die angedachten beiden Testamentsformen *beratungsbegleitetes Testament* und *Testament nach Mustertext* überhaupt als zur Vorbeugung geeignet erscheinen und damit einen weiter zu verfolgenden Lösungsweg vorzeichnen. Dieser Nachweis ist grundsätzlich zu fordern, da die im Dritten Teil dargestellten Herausforderungen für sich allein möglicherweise keine neuen Testamentsfor-

1 Um hier den Rahmen der Untersuchung begrenzen zu können, musste sich die Darstellung grundsätzlich auf die jüngere Rechtsprechung beschränken.

2 Dazu Dritter Teil § 4.

3 Vgl. Weber in Damrau, Praxiskom. ErbR, §2247 Rn. 1 f.; Hagena in MüKo, BGB, § 2231 Rn. 24 ff.

men rechtfertigen könnten. Die Forderung nach neuen Testamentsformen setzt vielmehr auch ein auffallendes Leistungsversagen[4] der Testamentsformen de lege lata voraus[5].

Vorweg ist zu bemerken, dass in diesem Zusammenhang besonders die Testamentsform des holographischen Testaments auffällt, da sie nicht selten ein unwirksames oder auslegungsbedürftiges Testament beinhaltet[6]. Daran hat sich trotz Wandel in den politischen, gesellschaftlichen sowie ökonomischen Verhältnissen seit Einführung dieser Form vor über 100 Jahren nichts geändert.

---

4 Dieses Leistungsversagen kann bestehen in einer gesetzlich bedingten Unwirksamkeit der letztwilligen Verfügung des Erblassers oder in einer abhilfeunzugänglichen Diskrepanz zwischen dem inneren Willen des Testierers und dem nach außen niedergelegten Willen, dazu Beck, Norminhalt und Formenstrenge im Recht der Nottestamente, S. 66 f.

5 Auch Röthel, Form und Privatautonomie, A33(A36), folgert zu Recht Rückschlüsse auf die Befriedigungsleistungen des eigenhändigen Testaments aus einer quantitativen Analyse jüngerer Rechtsprechung.

6 Vgl. u. a. Lobe, Adolf in *Zentralblatt für freiwillige Gerichtsbarkeit und Notariat.* II. Jahrg. 1902, S. 43; III. Jahrg. 1903, S. 61; V. Jahrg. 1905, S. 252.

§ 1 Die ordentlichen Testamentsformen

Im Rahmen der gewillkürten Erbfolge des § 1937 BGB trifft der Erblasser selbst die Entscheidungen über sein Vermögen für die Zeit nach seinem Ableben[7]. Diese Entscheidungen, die einseitige nicht empfangsbedürftige Willenserklärungen[8] darstellen, weisen die Besonderheit auf, dass sie ihre Rechtswirkungen erst nach dem Tod des Verfügenden entfalten, also in ihren Rechtsfolgen diesen nicht mehr berühren[9], andererseits aber die allein maßgebliche Niederlegung des letzten Willens des Erblassers sind[10]. Das BGB möchte dieser besonderen Situation gerecht werden, indem es die Niederlegung des letzten Willens des Erblassers als Testament bezeichnet[11], für das besondere Formvorschriften gelten. Dem folgend wird den Formvorschriften als Zweck eine Warn-, Bekenntnis- und Beweisfunktion zugeschrieben[12], die für die ordentliche Testamentsform des Privattestaments noch durch das durchgängig vorgeschriebene Schriftformerfordernis unterstützt wird[13].

Auch wenn es stets Auftrag[14] der Formvorschriften des BGB gewesen ist, über den Zweck der Warn-, Bekenntnis- und Beweisfunktion zu einer sicheren, eindeutigen Grundlage über den Inhalt des Testaments zu gelangen, ignorieren die Formvorschriften aus heutiger Sicht die im Dritten Teil aufgezeigten Wandlungen und neuen Herausforderungen[15]. Dies ist besonders kritisch, da Formvorschrif-

---

7 Ebenroth, Lehrbuch Erbrecht, § 3 II. Rn. 187; Schlüter/Röthel, ErbR Kurzlehrbuch, 3. Kap., § 15 Rn. 1.

8 Auch beim gemeinschaftlichen Testament des § 2265 BGB trifft dies zu, wobei dann rechtlich einseitige Verfügungen von beiden Beteiligten des gemeinschaftlichen Testaments vorliegen, vgl. Weidlich in Palandt, KurzKom. BGB, Einf v § 2265 Rn. 1; Kuchinke/Lange, Lehrb. Erbrecht, S. 338; Ebenroth, Lehrbuch Erbrecht, § 3 II. Rn. 190.

9 Schlüter/Röthel, ErbR Kurzlehrbuch, § 15 Rn. 2, bezeichnet es als *Zukunftsgerichtetheit* der Verfügungen.

10 Kuchinke/Lange, Lehrb. Erbrecht, S. 326.

11 Die Besonderheiten des Erbvertrages nach §§ 2274 ff. BGB können hier unberücksichtigt bleiben, da die vorliegende Untersuchung nur Testamentsformen behandelt.

12 Vgl. Schlüter/Röthel, ErbR Kurzlehrbuch, 3. Kap., § 15 Rn. 2 und 3. Kap., § 17 Rn. 2.

13 So OLG Frankfurt/Main, *ZEV* 2013, S. 334; Coing, Helmut: *Grundzüge der Rechtsphilosophie*. Wiesbaden 1949, S. 127.

14 Dazu Beck, Norminhalt und Formenstrenge im Recht der Nottestamente, S. 55.

15 Mit Ausnahme der Änderungen durch das Testamentsgesetz v. 4. August1938 hinsichtlich Unterschrift mit Vor- und Zunamen sowie später zu Ort und Datum der

ten, deren Beachtung allein darüber entscheidet, ob der tatsächliche Wille des Erblassers wirksam in seinem Testament niedergelegt wurde, nach dem Gesetz nahezu keinen Auslegungsspielraum zulassen[16]. Diese Situation stellt den zur Entscheidung über die Wirksamkeit des Testaments berufenen Richter häufig vor große Schwierigkeiten, wie nachfolgend noch anhand der jüngeren Rechtsprechung dargestellt wird.

Bereits in den Ausführungen Dritter Teil wurde darauf hingewiesen, dass als besonderer Zweck der Testamentsformen mehr denn je die Vorbeugung gegen formelle und materielle Unwirksamkeitsgründe des Testaments anzusehen ist[17]. Daraus wurde die Forderung nach einer fachlichen Begleitung des Erblassers bei der Testamentserrichtung artikuliert[18], namentlich auch, um das Testament mit den gesetzlichen Typenvorgaben des Erbrechts in Einklang zu bringen[19]. Da diese fachliche Unterstützung bei der Form des öffentlichen Testaments unumgänglich gegeben ist[20], liegt es auf der Hand, dass es bei den nachfolgenden Einblicken in erster Linie um die holographische Testamentsform geht. Zunächst sollen jedoch beide ordentlichen Formen grob skizziert werden.

A. Die ordentlichen Testamentsformen de lege lata

Zunächst sollen die verschiedenen Testamentsformen dargestellt werden.

Errichtung (siehe dazu Fünfter Teil, S. 160) und der in der Zeit des Nationalsozialismus willkürlich festgelegten Testierverbote für bestimmte Personenkreise haben die Formvorschriften so gut wie keine Reformen erfahren. Missverständlich insoweit Beck, Norminhalt und Formenstrenge im Recht der Nottestamente, S. 20, wenn diese feststellt, man habe sich bei den ordentlichen Testamentsformen „um eine stete Anpassung der Gesetzeslage an die praktischen Gegebenheiten bemüht".

16 Vgl. Kuchinke/Lange, Lehrb. Erbrecht, S. 128.

17 Dies ist nicht so neu. Bereits in den Motiven zum BGB-Entwurf wurden geeignete Formen gefordert, „um Formfehler zu verhüten und den Inhalt des Aktes sicherzustellen", vgl. Mot. V. S. 527. Allerdings wurde diesem Aspekt in Literatur und Rechtsprechung bisher eher weniger Aufmerksamkeit gewidmet.

18 Ähnlich Schmoeckel, Das holographische Testament, S. 16 ff.; Kuchinke/Lange, Lehrb. Erbrecht, S. 326; ebenso Röthel, Form und Privatautonomie, S. 58, zumindest für rechtlich bindende testamentarische Verfügungen.

19 Ähnlich auch Zaczyk, Rechtsphilosophische Bemerkungen zum eigenhändigen Testament, S. 29. Zu den Typenvorgaben siehe bereits Dritter Teil § 3 B.

20 Eine Ausnahme mag bei Übergabe einer verschlossen Schrift nach § 2232 Satz 2 2. Alt. BGB gelten, dazu Hagena in MüKo, BGB, § 2232 Rn. 18.

I. Das öffentliche Testament

Das BGB kennt seit seinem Inkrafttreten zwei ordentliche Testamentsformen, nämlich das in § 2231 unter Nr. 1 BGB zur Niederschrift eines Notars und das unter Nr. 2 durch eine vom Erblasser nach § 2247 BGB abgegebene Erklärung errichtete Testament[21]. Dabei werden beide für den Laien etwas irreführend als öffentliches bzw. privates Testament bezeichneten Errichtungsformen als gleichwertig erachtet und stehen grundsätzlich zur freien Wahl des Testierenden[22].

Für die Errichtung des öffentlichen Testaments als notarielle Urkunde gelten ergänzend die Vorschriften des Beurkundungsgesetzes[23]. Danach gehören zur Testamentserrichtung in dieser Form sowohl die Feststellungen des Notars über die testierende Person und deren Geschäftsfähigkeit (§ 28 BeurkG) als auch die besonderen Prüfungs- und Belehrungspflichten durch den Notar nach § 17 BeurkG[24]. Unabhängig davon, ob der Erblasser das öffentliche Testament durch mündliche Erklärungen vor dem Notar oder durch Übergabe einer offenen oder verschlossenen Schrift[25] an den Notar errichtet, erfährt der Erblasser zudem durch den Notar eine Beratung bzw. Begleitung bei der Testamentserrichtung, was erheblich zur Rechtsklarheit beiträgt und Rechtsstreitigkeiten vermeiden

---

21 Bei genauer Betrachtung fällt auf, dass der Gesetzgeber in seiner Wortwahl zu den Formvorschriften recht ungenau war. So wird in § 2231 Nr. 1 BGB noch von der Form *zur Niederschrift eines Notars* gesprochen, während diese Form in ihrer Ausgestaltung nach § 2232 BGB sogleich als *öffentliches Testament* bezeichnet wird und dabei umfasst, dass die sog. Niederschrift des Notars weit zu verstehen ist; es genügt nämlich auch die Übergabe einer verschlossenen Schrift, vgl. Hagena in MüKo, BGB, § 2232 Rn. 18. Auch die Formulierung zu § 2231 Nr. 2 BGB „durch eine nach § 2247 *abgegebene* Erklärung" ist unglücklich und wird vom Gesetzgeber sogleich in der Formvorschrift des § 2247 Abs. 1 korrigiert mit dem zutreffenden Verb „errichten". Es erstaunt, dass sich selbst diese redaktionellen Ungenauigkeiten bis heute halten konnten.

22 Hagena in MüKo, BGB, § 2231 Rn. 1; Weber in Damrau, Praxiskom. ErbR, § 2231 Rn. 29. Ausnahmen gelten nach § 2233 BGB für Minderjährige oder Leseunfähige sowie bei Unfähigkeit, selbst mit eigener Hand schreiben zu können.

23 Tanck, Erbrecht, § 7 A. Rn. 79.

24 Dies ergibt sich einmal aus der Tatsache, dass wie bereits ausgeführt Verfügungen von Todes wegen Willenserklärungen sind, für die § 17 BeurkG unmittelbar Anwendung findet, andererseits aber auch aus Verweis in § 30 Satz 4 HS 2 BeurkG bei Übergabe einer offenen Schrift als Verfügungsinhalt des Erblassers.

25 Im Gegensatz zur Übergabe einer offenen Schrift treffen den Notar bei Übergabe einer verschlossenen Schrift keine Prüfungs- und Belehrungspflichten, dazu Kuchinke/Lange, Lehrb. Erbrecht, S. 364.

oder zumindest begrenzen hilft[26], was im Hinblick auf die bereits im Dritten Teil ausgeführten zunehmenden Herausforderungen an die Testamentserrichtung von zunehmender Bedeutung sein wird.

Hinzukommen die Vorteile der Errichtung mittels aller technisch möglichen Schreibinstrumente[27], die amtliche Verwahrung der notariellen Testamentsurkunde in Urschrift beim Nachlassgericht, womit ein Verschwinden oder Vernichten des Testaments verhindert wird[28], weiterhin die Chance einer Testamentserrichtung für Minderjährige, Analphabeten oder Sprachbehinderte[29] sowie der spätere schnelle und kostengünstigere Nachweis der gewillkürten Erbfolge unmittelbar durch die vom Nachlassgericht gefertigte Ablichtung der öffentlichen Testamentsurkunde verbunden mit dem Eröffnungsprotokoll des Gerichtes[30].

Diesen klaren Vorteilen wird interessanterweise kaum als Nachteil gegenübergestellt, dass man zur Errichtung des öffentlichen Testaments einen Notar finden und konsultieren[31] muss. Als Nachteile werden eher angeführt die Offenbarung der Testierwünsche des Erblassers beim fremden oder vielleicht sogar persönlich bekannten Notar[32] und vor allem die hohen Kosten der notariellen Beur-

---

26 Kuchinke/Lange, Lehrb. Erbrecht, S. 334, der daraus folgert, dass die Zunahme des privaten Vermögens zu einem steigenden Bedürfnis nach einer eingehenden fachlichen Beratung bei Testamentserrichtung führt.

27 Hagena in MüKo, BGB, § 2232 Rn. 4 f.; Mayer in Soergel, Kom. BGB, § 2232 Rn. 10.

28 Zu den Schwierigkeiten nicht auffindbarer Testamente OLG Düsseldorf, *FamRZ* 2014, S. 1142; OLG Naumburg, *ZEV* 2013, S. 196; BayObLG, *Rechtspfleger* 2004, S. 492.

29 Kuchinke/Lange, Lehrb. Erbrecht, S. 354.

30 BGH, WM 2005, 1432; BGH, *ZEV* 2014, S. 41, in dem der BGH die Klausel der Sparkassen zu Muster Nr. 5 Abs. 1 AGB-Sparkassen, wonach Sparkassen grds. die Vorlage eines Erbscheins verlangen können, als im Verbraucherverkehr nach § 307 Abs. 1, 2 Nr. 1 BGB für unwirksam ansah. Der BGH bestätigte in dem Urteil dem öffentlichen Testament ein besonders gerechtfertigtes Vertrauen, das seine Grundlage in der objektiven Feststellung der Identität und Geschäftsfähigkeit des Erblassers sowie der Erforschung und unzweideutigen Wiedergabe seines Willens durch den Notar hat. Vgl. zum Ganzen auch Ott-Eulberg/Schebesta, Praxishandbuch Erbrecht und Banken, S. 19 Rn. 51; Weber in Damrau, Praxiskom. ErbR, § 2231 Rn. 30 f.

31 Der Notar ist sogar zum „Hausbesuch" auf Verlangen verpflichtet, erhält dafür aber nach Nr. 26003 Nr. 1 des Kostenverzeichnisses (KV) zum GNotKG eine Auswärtsgebühr von 50,00 Euro als Festgebühr, dazu Diehn, Thomas: *Berechnungen zum neuen Gerichts- und Notarkostenrecht.* 2. Auflage, Hamburg 2013, S. 285 Rn. 1375.

32 Mayer in Soergel, Kom. BGB, § 2231 Rn. 6; Hagena in MüKo, BGB, § 2231 Rn. 24; Zimmermann, Testamentsformen, S. 472(477).

kundung[33]. Das Testierverhalten der Erblasser scheint jedenfalls die vorrangige Bedeutung letztgenannter Argumente gegen das öffentliche Testament trotz aller anfangs aufgeführten Gründe, die für eine Testamentserrichtung vor dem sachkundigen Notar sprechen, und trotz des zusätzlichen Vorteils der Vermeidung eines mitunter streitigen Erbscheinverfahrens[34] zu bestätigen. Mit großer Mehrheit entscheidet sich nämlich quer durch alle Familienkonstellationen und sozialen Stellungen der Erblasser bei gewillkürter Erbfolge für die Form des handschriftlichen Privattestaments[35]. Dies muss bei der Gestaltung neuer Testamentsformen berücksichtigt werden.

Im Ergebnis kann somit festgehalten werden, dass augenblicklich trotz aller Vorteile des öffentlichen Testaments eher eine geringe Neigung der Erblasser besteht[36], ein Testament mit Hilfe des zur Beratung verpflichteten Notars zu errichten.

---

33 Mayer in Soergel, Kom. BGB, § 2231 Rn. 6, 9; Weber in Damrau, Praxiskom. ErbR, § 2247 Rn. 2, der dabei zu Recht darauf hinweist, dass auf der anderen Seite das öffentliche Testament die Kosten eines Erbscheinverfahrens im Regelfall einspart; vgl. auch Beck, Norminhalt und Formenstrenge im Recht der Nottestamente, S. 47. Röthel, Ist unser Erbrecht noch zeitgemäß?, A13(A64f.) schlägt als „Kostenausgleich" in ihrem Gutachten vor, die Kosten für das beim öffentlichen Testament zumeist entbehrliche Erbscheinverfahren beim eigenhändigen Testament am jeweiligen Aufwand ausgerichtet zu erhöhen. Metternich, Verfügungsverhalten von Erblassern, S. 56, weist allerdings zu Recht daraufhin, dass bei höherem Nachlasswert die rechtlich beratene Testierung u. a. wegen der damit verbundenen steuer- und gesellschaftsrechtlichen Fragen wieder an Häufigkeit zunimmt.

34 In der Kautelarjurisprudenz ist immer wieder festzustellen, dass gerade dieser Vorteil nahezu unbekannt ist.

35 Schulte, Art und Inhalt eröffneter Verfügungen, S. 31 sowie S. 53, mit Prozentzahlen; Metternich, Verfügungsverhalten von Erblassern, S. 39, mit einem Verhältnis von 2/3 zu 1/3 für das holographische Testament; Schmoeckel, Das holographische Testament, S. 17, gibt zu bedenken, dass in Deutschland meist auf das Testament sogar verzichtet wird. Röthel, Form und Privatautonomie, S. 33(37), hält es unter Berufung auf weitere Nachweise sogar für möglich, dass – da in der städtischen Bevölkerung eher eine Tendenz zum eigenhändigen Testament besteht – aufgrund der Zunahme der Verstädterung sich das Verhältnis tendenziell zugunsten des holographischen Testaments weiter verschieben könnte.

36 Eine Ausnahme mag für die Fälle gelten, in denen der Erblasser meint, besonders sicher gehen und deshalb notariell testieren zu müssen, z. B. bei Grundbesitz im Nachlass oder bei Ausschluss des Ehepartners aus der Erbfolge, vgl. dazu Schulte, Art und Inhalt eröffneter Verfügungen, S. 49 und 64. Vgl. ferner Metternich, Verfügungsverhalten von Erblassern, S. 39 und 50 f.

II. Das holographische Testament

Das vollständig eigenhändig geschriebene (holographische) Testament, das auch als privates Testament in Abgrenzung zum öffentlichen Testament bezeichnet wird, ist ausgestaltet in § 2247 BGB. Es ist der Form nach die einfachere Alternative[37] zum öffentlichen Testament, von der gleichwohl – wie dargestellt wurde – am meisten Gebrauch gemacht wird. Auch im privaten Testament verfolgt der Erblasser dieselbe Intention wie im öffentlichen Testament, nämlich durch eine gewillkürte Erbfolge seine Erben als seine Rechtsnachfolger nach ihm willentlich bestimmen zu wollen[38]. Beide Testamentsformen haben deshalb übereinstimmend und durch die Anordnung des § 2229 BGB im Gesetz vor der Bestimmung der ordentlichen[39] Testamentsformen unterstrichen die Testierfähigkeit des Erblassers zur Grundvoraussetzung[40]. Ebenso fordern beide Testamentsformen eine

37 Siehe auch Hermann, Hans-Georg: „Holographisch, allographisch, nuncupativ: Zum Formprivileg beim Testamentum parentum inter liberos bis 1900". In: Schmoeckel, Das holographische Testament, S. 60, der dem holographischen Testament gleich zwei Feinde provokativ unterstellt, nämlich den Notar, dem es Umsätze nimmt, und den Rechtslaien, den es vor Misserfolgen seines Testaments nicht bewahrt. Zur historischen Entwicklung des eigenhändigen Testaments siehe im Übrigen Fünfter Teil, S. 160, dieser Untersuchung.

38 Zum Inhalt der Verfügungen, die oft gar nicht stark von der gesetzlichen Erbfolge abweichen, vgl. Metternich, Verfügungsverhalten von Erblassern, S. 64 ff.

39 Der historische Gesetzgeber hatte mit dem Begriff „ordentlich", der in heutiger Zeit etwas befremdend und überholt wirkt, dem Wilhelminischen Zeitgeist entsprechend (, vgl. N24 Mediathek: *Wilhelminische Zeit etwa 1890 bis 1914*, online verfügbar unter http://www.n24.de/n24/Wissen/History/d/1275384/die-wilhelminische-aera-1890-1914.html; letzter Abruf 16.01.2016) wohl die Ordentlichkeit des Testaments betonen wollen, die durch den Gebrauch der Formen des § 2231 BGB gewahrt wird. Ordentlich also im Sinne von *auf Ordnung haltend* und *den geltenden bürgerlichen Vorstellungen entsprechend, also anständig und rechtschaffen,* vgl. zum Wortgebrauch DUDEN, S. 1104. Der Begriff der außerordentlichen Testamentsformen findet sich deshalb auch nicht im Gesetz wieder, sondern ist eine Wortschöpfung aus der Rechtswissenschaft, vgl. Beck, Norminhalt und Formenstrenge im Recht der Nottestamente, S. 45 f.; das BGB spricht von Nottestamenten.

40 Der Gesetzgeber hat von Anfang an nur zwischen voller und nicht gegebener Testierfähigkeit unterscheiden wollen. Interessanterweise lässt er aber für den Minderjährigen nur die Form des öffentlichen Testaments (§ 2233 Abs. 1 BGB) zu, wohingegen der Betreute in allen Testamentsformen testieren darf, vgl. im Einzelnen dazu Kuchinke/Lange, Lehrb. Erbrecht, S. 348. Kuchinke schlägt deshalb vor, die Formvorschriften des § 2233 BGB zum Schutz des Betreuten und zur Vermeidung von unschönen Rechtstreitigkeiten über dessen Testierfähigkeit auf den Betreuten zu erstrecken.

unbeeinflusste Urheberschaft des Erblassers, lassen also eine Stellvertretung im Willen absolut nicht zu[41], und sind beide Formen schließlich dem Typenzwang im Erbrecht unterworfen. Letzteres ist besonders zu betonen im Hinblick auf die zunehmenden Herausforderungen an das Testament[42].

Formverletzungen im engeren Sinne kommen beim holographischen Testament[43] als Unwirksamkeitsursache nicht so selten vor wie man annehmen möchte[44]. Der privat testierende Erblasser verfügt eben nicht über die vom Gesetz unterstellten Minimalrechtskenntnisse. An dieser Unkenntnis in der Laiensphäre hat sich, wie im Folgenden anhand der exemplarisch ausgewählten Gerichtsentscheidungen noch festgestellt werden wird, seit Bestehen der heutigen Testamentsformen nichts geändert[45] und wird sich wegen der Zunahme der Herausforderungen an den testierenden Erblasser auch in Zukunft nichts entscheidend ändern können. Zu Recht wird diese Unkenntnis und fehlende Beratung des Testierers als entscheidende Schwachstelle des holographischen Testaments angesehen und deshalb gern als Begründung für Reformüberlegungen angeführt[46].

Unabhängig davon verweist man für die Form des privatschriftlichen Testaments nicht zu Unrecht auf dessen leichte ortsunabhängige Herstellbarkeit zu jeder Zeit, auf die Vermeidung von Wegen zum Gericht oder Notar[47] sowie auf die Volkstümlichkeit dieser Form und schließlich wegen der geringen Formanforderungen auf dessen Initiativwirkung für die Entscheidung zur gewillkürten

---

41 Hagena in MüKo, BGB, § 2247 Rn. 15 m.w.N.; Weidlich in Palandt, KurzKom. BGB, § 2247 Rn. 6 f. m.w.N.; Stürner in Jauernig/Stürner, BGB Kom., § 2247 Rn. 2; Schlüter, Erbrecht Lehrbuch, § 14 V.1.; Baumann in Staudinger: *Kommentar zum BGB. Einleitung zum BGB*. Berlin 1995, § 2247 Rn. 35.

42 Siehe Dritter Teil.

43 Hier zu verstehen als Verletzung der Eigenhändigkeit der Schrift, Unterlassung der Unterschrift, Gebrauch unzulässiger technischer Schreibhilfen, dazu Tanck, Erbrecht, § 7 Rn. 73 ff.; Burkart, Das eigenhändige Testament, S. 254.

44 Kuchinke/Lange, Lehrb. Erbrecht, S. 335.; Mayer in Soergel, Kom. BGB, § 2231 Rn. 9; Baumann in Staudinger, Kom. BGB, § 2231 Rn. 12.

45 Röthel, Ist unser Erbrecht noch zeitgemäß?, A9(A63).

46 Vgl. Lange, Heinrich: „Bindung des Erblassers an seine Verfügungen". *NJW* 1963, S. 1571(1572), der dieses beispielhaft belegt an der Unkenntnis des Laien über die Bindungswirkung von Verfügungen im gemeinschaftlichen Testament. Siehe ferner Kuchinke/Lange, Lehrb. Erbrecht, S. 335; Sachsen Gessaphe, Das eigenhändige Testament in Europa und Lateinamerika, S. 88; Schmoeckel, Das holographische Testament, S. 16 ff.; Burkart, Das eigenhändige Testament, S. 253 f.

47 Für viele Kuchinke/Lange, Lehrb. Erbrecht, S. 335.

Erbfolge[48]. Gelegentlich wird noch die Verhinderung einer Beeinflussung durch Dritte wie z. B. durch den Notar oder sonstigen Rechtsberater als Vorteil genannt[49]. Als wichtiger Grund für das holographische Testament wird zudem die Einsparung von hohen Notarkosten gesehen[50]. Das letzte Argument scheint auf den ersten Blick durchaus angreifbar, wenn man sich eine zwar inhaltlich andere, aber dennoch vergleichbare Lebensfrage, nämlich die der lebzeitigen Entscheidung der Ausgestaltung des ehelichen Unterhalts- und Güterrechts von Eheleuten bzw. Lebenspartnern vor Augen führt. Im Gegensatz zur Regelung der gewillkürten Erbfolge lässt der Gesetzgeber hier nur eine ehevertragliche Regelung in *notariell beurkundeter* Form zu. Hier fordert das Gesetz anders als beim Testament also unabdingbar eine Gebühren auslösende beurkundete Errichtungsform[51]. Die formmäßige Ungleichbehandlung verwundert, liegt doch die Vergleichbarkeit der Bedeutung beider Rechtsbereiche auf der Hand, wie Folgendes belegt:

Im Ehevertrag werden individuelle Modifikationen[52] des Unterhalts und Güterstandes während bzw. nach der Ehe zwischen den Eheleuten/Lebenspartnern bindend und deshalb schriftlich festgelegt, die ihre Grenzen allerdings trotz in § 1408 BGB genannter Vertragsfreiheit in den Vorgaben der Gestaltungstypen des Familienrechts nach §§ 1408 ff. BGB finden[53]. Treffen die Eheleute bzw. Lebens-

---

48 Beutgen, Monika: *Die Geschichte der Form des eigenhändigen Testaments*. Berlin 1992, S. 90.

49 Vgl. dazu Weber in Damrau, Praxiskom. ErbR, § 2231 Rn. 8 ff. Wegen der Neutralitätspflicht des Notars verwundert dieser Vorbehalt gegen den Notar. Immer wieder erscheint beim Notar ein Erblasser, der in seiner Entscheidung zur Ausgestaltung der Erbfolge nach ihm verunsichert ist oder zu viele Alternativen sieht. Nicht selten erwartet er hier einen entscheidenden Hinweis des Notars, welche Verfügungen er letztendlich treffen soll. Letztlich liegt es am Geschick des Notars, hier ohne überzogene Einflussnahme dem *wahren Willen* des Erblassers zur Aufnahme in das Testament zu verhelfen, was Notarpflicht ist!

50 Weber in Damrau, Praxiskom. ErbR, § 2231 Rn. 2. Vgl auch die Ausführungen im Achten Teil.

51 Dabei hängt die Höhe der Beurkundungskosten ähnlich wie beim notariellen Testament vom Vermögen des Klienten ab. Zur Kostenberechnung gem. GNotKG siehe im Einzelnen Diehn, Berechnungen zum neuen Gerichts- und Notarkostenrecht, S. 222 ff. Der Geschäftswert bestimmt sich danach aus dem vollen Wert des Reinvermögens der Eheleute/Lebenspartner, woraus nach Nr. 21100 des KV GNotKG eine doppelte Gebühr errechnet wird.

52 Dazu Brudermüller in Palandt, KurzKom. BGB, § 1408 Rn. 21.

53 Zudem in den Grundsätzen der richterlichen Inhaltskontrolle, vgl. Budzikiewicz in Jauernig/Stürner, Bürgerliches Gesetzbuch, Anm. zu §§ 1408,1409 Rn. 8; Brudermüller in Palandt, Kurzkom. BGB, § 1408 Rn.

partner keine individuellen ehevertraglichen Regelungen, finden unabdingbar die gesetzlichen Bestimmungen wie die zum Güterstand der Zugewinngemeinschaft oder die zum Anspruch auf nachehelichen Unterhalt Anwendung[54]. Dies ist dem Rechtsprinzip nach vergleichbar mit der Situation zwischen gewillkürter und gesetzlicher Erbfolge. In beiden Rechtsgebieten kann der Betroffene[55] eine vom Gesetz abweichende Regelung für sein Vermögen anordnen. Dabei gehen in beiden Rechtsgebieten der Entscheidung für eine vom Gesetz abweichende gewillkürte Regelung vielfach schwierige Rechtsfragen voraus, die grundsätzlich gleichermaßen eine rechtliche Beratung erfordern[56], und hängen jeweils in beiden Bereichen die Gebühren bei einer Beurkundung von dem Wert des zu regelnden Vermögens ab. Trotz dieser vergleichbaren Ausgangssituation wird die zwingende Beurkundung des Ehevertrags zu Recht akzeptiert und im Gegensatz zum öffentlichen Testament nicht bereits aus Kostengründen angegriffen. Ist damit das Kostenargument gegen das öffentliche Testament nur ein Scheinargument?

Ein Unterschied wird darin zu finden sein, dass ehevertragliche Vereinbarungen die Beteiligten unmittelbar in der Wahrnehmung und Ausübung ihrer Rechte sowie *Pflichten* zu ihren Lebzeiten berühren, wohingegen testamentarische Verfügungen ihre Rechtswirkungen erst nach dem Ableben des Erblassers entfalten und dem Erblasser keine Pflichten aufgeben. Der Erblasser hat bildlich gesprochen von seinem Testament selbst nichts mehr, da dessen Rechtsfolgen ihn in seiner Lebensstellung gar nicht berühren. Anders als beim Ehevertrag zahlt der Erblasser also bei einem öffentlichen Testament gebührenmäßig für etwas, von dem er rechtlich und wirtschaftlich gesehen gar nicht mehr berührt wird, weshalb auch in Anbetracht der oftmals nicht geringen Nachlässe die Notargebühren für viele eine Hemmschwelle gegen das öffentliche Testament darstellen[57]. Aus diesem Blickwinkel gewinnt das Kostenargument gegen das öffentliche Testament

54 Brudermüller in Palandt, KurzKom. BGB, Vorb. vor § 1363 Rn. 2, Einf vor § 1569 Rn. 2 ff..

55 Betroffene sind im Ehevertragsrecht zwei Partner, deren Vereinbarung die Aushandlung eines Konsenses bedingt. Auch insoweit besteht aber kein Unterschied zum gemeinschaftlichen (holographischen) Testament zum Beispiel.

56 Hinsichtlich des Testaments vgl. die Ausführungen in Dritter Teil § 3 A; bzgl. ehevertraglicher Vereinbarungen sei hier nur auf die zum Teil schwierige Rechtsprechung zu Regelungen im Kernbereich des Eherechts hingewiesen, vgl. dazu BGH, NotBZ 2005, 73; BGH, *MittBayNot* 2007, S. 405 f.; BayObLG, *MittBayNot* 2004, S. 445; OLG Saarbrücken, *MittBayNot* 2004, S. 448; OLG Frankfurt/Main, *MittBayNot* 2006, S. 151.

57 Zumal mancher Erblasser zudem noch mehr als einmal in seinem Leben über sein Vermögen testiert, vgl. Metternich, Verfügungsverhalten von Erblassern, S. 34.

durchaus seine Berechtigung und begründet zugleich, dass ein Vergleich zwischen Ehevertrag und Testament zumindest kein Argument gegen den kostenmäßigen Nachteil des öffentlichen Testaments liefert.

Das zugunsten des holographischen Testaments gern vorgetragene Argument der Einsparung erheblicher Kosten scheint somit durchaus beachtenswert, wenn es auch in seiner Bedeutung nicht überbewertet werden sollte. Es ist jedenfalls bei der Ausarbeitung neuer Testamentsformen zu berücksichtigen, soll deren Akzeptanz nicht von vornherein an Kostenargumenten scheitern.

B. Rettungsinstrumentarien im Testamentsrecht

Der ordentliche Zugang zur gewillkürten Erbfolge wird derzeit nur durch die beiden soeben dargestellten Testamentsformen zugelassen. Ohne Einhaltung dieser Formen tritt – von den Nottestamenten einmal abgesehen[58] – keine wirksame gewillkürte Erbfolge ein. Die dabei bestehenden Gefahren des Scheiterns der Verfügung wegen fehlender Nachweisbarkeit der Urheberschaft oder zweifelhafter Testierfähigkeit des Erblassers, aber auch wegen des unzulässigen Einsatzes technischer Schreibhilfen oder unzulässiger Schreibhilfe durch Dritte wurden bereits dargestellt. Sie stellen einen Teil der Prüfung zur Leistungsbilanz heutiger Testamentsformen dar. Der andere mindestens ebenso bedeutende Teil des Prüfungsmaßstabes ergibt sich aus dem Leistungserfolg heutiger Testamentsformen, auftretende materiell rechtliche Fehler oder Gefahren in Bezug auf die *inhaltliche* Ausgestaltung des Testaments zu vermeiden.

I. Normen des BGB

Dem Gesetzgeber muss dabei schon bei der Entschließung zu den Testamentsformen des BGB zu Letztgenanntem die Gefahr von zwar formwirksamen, aber inhaltlich unklaren, unvollständigen oder undurchführbaren Verfügungen von Todes wegen bewusst gewesen sein, anders wären die wenigen im BGB in §§ 2066 bis 2077 sowie in §§ 2087 bis 2099 von Anfang an bereit gehaltenen allgemeinen sowie speziellen Vorschriften zur Auslegung nicht zu erklären[59]. Sowohl diese speziellen als auch die aus den §§ 133, 140 und 157 BGB noch hinzukommenden allgemeinen Auslegungshilfen[60] sind allerdings immer dadurch begrenzt, dass

58 Dazu Beck, Formenstrenge im Recht der Nottestamente, S. 1 ff.

59 Vgl. Mugdan, Benno: Die gesammelten Materialien zum Bürgerlichen Gesetzbuch für das Deutsche Reich. Bd. 5. Berlin 1899, S. 21, der von einer Beschränkung auf wenige Auslegungsregeln berichtet.

60 Dazu Leipold in MüKo, BGB, § 2084 Rn. 4.

sie nur bei einer in der gesetzlichen Form des § 2231 BGB[61] schriftlich niedergelegten *Andeutung im Testament* des Erblassers eingreifen können, die Auslegung somit im Umkehrschluss die Unwirksamkeit einer außerhalb der gesetzlichen Testamentsformen abgegebenen Erklärung nicht heilen kann[62]. Darin wird die Wechselbezüglichkeit zwischen der Testamentsauslegung einerseits und den gesetzlich vorgegebenen Formen des Testaments andererseits deutlich[63].

II. Ursachen und Folgerungen

Im Unterschied zu allen sonstigen Auslegungen bei Willenserklärungen[64] kommt im Testamentsrecht die besondere Schwierigkeit hinzu, dass bei holographischen wie auch öffentlichen Testamenten eine „Nachbesserung" durch erläuternde oder ergänzende Erklärungen des Testierers wegen dessen Ablebens ausscheidet[65]. Dieses Axiom muss bei der Ausgestaltung neuer Testamentsformen berücksichtigt werden.

Dabei ist schon an dieser Stelle einzuschränken, dass neue Testamentsformen aufgrund der nahezu unendlichen Vererbungsmodalitäten nicht die Wirksamkeit inhaltlich besonders schwieriger *Individualtestamente* sicherzustellen haben. Diese besonders gelagerten Erbsituationen mögen – wie bisher empfohlen – dem öffentlichen Testament oder dem rechtsanwaltlich beratenen Privattestament vorbehalten bleiben, wiewohl der Erblasser bei einem Misslingen seines (unberatenen) holographischen Testaments sich nicht auf ein Versagen dieser Testamentsform berufen kann. Für die Entwicklung neuer Formen kommt es vielmehr darauf an, ob die vom Gesetz bisher bereitgestellten Testamentsformen gemessen an ihrer Leistungsbilanz genügen, in der Vielzahl der *gleichgelagerten und damit häufig auftretenden Verfügungsgestaltungen* des Erblassers dem Testament zur formellen und materiellen Wirksamkeit zu verhelfen.

Dies ist beim Laien aufgrund der unterschiedlichen rechtlichen Vorkenntnisse und unterschiedlichen Möglichkeiten im sprachlichen Ausdruck vornehmlich ein Problem der holographischen Testamentsform und der Möglichkeiten, durch

---

61 Abgesehen von den Verfügungen im Erbvertrag nach §§ 2274 ff. BGB und den Nottestamenten der §§ 2249 ff. BGB (zum Recht der Nottestamente vgl. Beck, Formenstrenge im Recht der Nottestamente, S. 1 ff.), die nicht Gegenstand dieser Untersuchung sind.

62 BGHZ 22, 357(362); 80, 242(245); BayObLG, *FamRZ* 1986, S. 608 f.; Leipold in MüKo, BGB, § 2084 Rn. 14; Loritz in Soergel, Kom. BGB, § 2084 Rn. 8.

63 So Foerste, Die Form des Testaments, S. 84; Leipold, Erbrecht, 3. Teil § 12 Rn. 364.

64 Dazu Ellenberger in Palandt, KurzKom. BGB, § 133 Rn. 1 f. m.w.N., der von der Entwicklung eines Kanons von Auslegungsgrundsätzen spricht.

65 Leipold, Erbrecht., 3. Teil, § 11 Rn. 290.

Auslegung etwaiger mangelbehafteter Testamente diesen doch noch zur Wirksamkeit zu verhelfen[66]. Um sich ein Bild über die hierzu bestehenden Schwierigkeiten und Grenzen zu machen, werden nachfolgend zunächst die nach herrschender Meinung bestehenden Möglichkeiten kurz skizziert[67]. Im weiteren Verlauf der Untersuchung sollen dann die praktische Umsetzung und Leistungsbilanz anhand der jüngeren Rechtsprechung bewertet werden.

Ohne vorgreifen zu wollen, kann schon jetzt angenommen werden, dass eine negative Leistungsbilanz die These zur Notwendigkeit neuer Testamentsformen eindeutig unterstützen würde.

III. Die Rettungsinstrumente im Überblick

Die vorausgehenden Ausführungen haben bereits verdeutlicht, dass sich die Problematik der formellen sowie inhaltlichen Rettung eines Testaments überwiegend nur für den Bereich des holographischen Testaments und deutlich weniger für das öffentliche Testament stellt[68].

Über die Form des holographischen Testaments kann abgesehen von der Solennität nur der Zweck erfüllt werden, die Feststellung der Person des Testamentsverfassers, die handschriftliche Fixierung niedergelegter Testiervorstellungen und die Abgrenzung einer beabsichtigten Testamentserrichtung mit dem Willen der Rechtsfolgensetzung vom bloßen Entwurf des Erblassers sicherzustellen[69]. Eine

---

66 Vgl. Schlüter, Erbrecht Lehrbuch, § 22 I.1., S. 122, der auf diesen Zusammenhang hinweist.

67 Da es um die Leistungsbilanz in der praktischen Anwendung der Formen geht, ist hier nur die auch in der Rechtsprechung vertretene h.M. darzustellen.

68 In diese Richtung Ellenberger in Palandt, KurzKom. BGB, § 133 Rn. 19; Otte, Gerhard: „Das eigenhändige Testament als ordentliche Errichtungsform nach dem BGB – Gründe und Einwände". In: Schmoeckel/Otte, Europäische Testamentsformen, S. 43. Den Notar trifft aufgrund seiner Berufspflichten die seiner Haftung unterworfene besondere Verantwortung dafür, für eine Übereinstimmung von Wille und Erklärung des Erblassers im öffentlichen Testament sowie für dessen formale und inhaltliche Wirksamkeit und somit letztlich für die Durchführbarkeit der Verfügungen sorgen zu müssen. Dem Notar stehen dabei neben seiner eigenen Berufserfahrung die gesamten Erkenntnisse aus den Gerichtsentscheidungen zum Erbrecht sowie der Rechtswissenschaft zur Verfügung, vgl. Weidlich in Palandt, KurzKom. BGB, § 2084 Rn 2.

69 Leipold, Erbrecht, 3.Teil § 11, Rn. 305; Schlüter/Röthel, ErbR Kurzlehrbuch, 3. Kap., § 17 Rn. 19; Smid, „Probleme bei der Auslegung letztwilliger 1987 Verfügungen". *JuS* 1987, S. 283(287); zur Bedeutung der Schriftform allgemein Hertel in Staudinger, Kom. BGB, § 126 Rn. 6.

Verbürgung der Wirksamkeit der formellen[70] oder materiellen Ausgestaltung des Testaments gelingt der Form des privatschriftlichen Testaments hingegen nicht. Umso mehr wird deshalb beim holographischen Testament zur Rettung auf eine Auslegung zurückgegriffen[71].

Da jede Verfügung von Todes wegen eine Willenserklärung ist, findet auf sie die Grundnorm des § 133 BGB Anwendung[72]. Dementsprechend kommt es allein auf den wahren Willen des Erblassers an. Dieser muss sich in der formalisierten Erklärung[73] im Testament zumindest andeutungsweise wiederspiegeln[74]. Eine Auslegung ohne diese angedeutete Verbindung zwischen Text der Verfügung und tatsächlichem Willen des Erblassers würde die gesetzlichen Formen der ordentlichen Testamentserrichtung überflüssig machen[75]. Die sogleich unter IV. darzustellende h.M. zur Auslegung von Testamentserklärungen beruht letztlich auf dieser Anhalts- oder Andeutungstheorie[76], die die Rechtsprechung über § 133 BGB insbesondere für die Wirksamkeit formbedürftiger Willenserklärungen weiterentwickelt hat[77]. Erst wenn über diesen Weg ein auslegba-

---

70 Im Bereich der Form hat der Gesetzgeber hier nur einmal „schützend" eingegriffen, als er mit § 21 des Testamentsgesetzes v. 31.07.1938, der dem heutigen § 2247 BGB zugrunde liegt, die bis dahin häufig zur formellen Unwirksamkeit führenden Formpflichten der handschriftlichen Orts- und Datumsangabe sowie der Unterzeichnung mit Vor- und Familiennamen zur Soll-Vorschrift degradierte bzw. lockerte, vgl. Otte, Das eigenhändige Testament, S. 40.

71 Freilich von vornherein mit dem Defizit, dass Formverletzungen im engeren Sinne keiner Auslegung zugänglich sind.

72 Stürner in Jauernig/Stürner, BGB Kom., § 2084 Rn. 2; ebenso schon Schlüter, Erbrecht Lehrbuch, § 22 I.1., S. 121.

73 Stürner in Jauernig/Stürner, BGB Kom., § 2084 Rn. 2; Schlüter, Erbrecht Lehrbuch, § 22 I.2., S. 122.

74 Dazu stellvertretend für viele Leipold, Erbrecht, 3.Teil § 122 Rn. 364.

75 Seiler/Rudolf in Damrau, Praxiskom. ErbR, § 2084 Rn. 1 f.; so auch mit Verweis auf die konstitutive Bedeutung des Testaments Leipold in MüKo, BGB, § 2084 Rn. 1.

76 Dazu Ellenberger in Palandt, KurzKom. BGB, § 133 Rn. 19 m.w.N.; Brox, Der BGH und die Andeutungstheorie, *JA* 1984, 550; Schlüter, Erbrecht Lehrbuch, § 22 I.2., S. 121; Seiler/Rudolf in Damrau, Praxiskom. ErbR, § 2084 Rn. 6; Leipold in MüKo, BGB, § 2084 Rn. 14; Schlüter/Röthel, ErbR Kurzlehrbuch, 3. Kap., § 19 Rn. 6. Kritisch zur Andeutungstheorie vor allem Häsemeyer, Ludwig: *Die gesetzliche Form der Rechtsgeschäfte.* Göttingen 1971, S. 144 m.w.N. zur Ablehnung.

77 BGHZ 22, 357(362); 63, 362; 80, 242(245); BGHZ 86, 41(45 f.); OLG Karlsruhe, *BWNotZ* 1984, S. 69; kritisch zum Teil Foerste, Die Form des Testaments, S. 84(90); Walker, Wolf-Dietrich / Brox, Hans: *Erbrecht Lehrbuch.* 26. Auflage, Gießen 2014, § 16 Rn. 200. Jedoch kann unter dem mit dieser Untersuchung verbundenen Postulat

rer Wille des Erblassers nicht feststellbar bzw. keine Rettung des missglückten Testaments möglich ist, greifen quasi in einer zweiten Stufe die normierten Auslegungshilfen der §§ 2065 bis 2099 BGB ein, die insoweit also subsidiär sind[78]. Im Ergebnis kommt jedoch mehrheitlich eine Rettung des Testaments über die erläuternde oder ergänzende Auslegung bzw. über eine Umdeutung in der Praxis vor[79].

IV. Die Auslegung und ihre formbedingten Grenzen

In Literatur[80] und Rechtsprechung[81] haben sich über die Vorschriften der §§ 133, 140, 157 und 2084 BGB für das Testamentsrecht des BGB die erläuternde und ergänzende Auslegung sowie die Umdeutung entwickelt.

---

der grundsätzlichen Formbedürftigkeit von Verfügungen von Todes wegen diesen abweichenden Meinungen, die letztlich zur Formfreiheit führen würden, nicht gefolgt werden.

78 Haspl, Rüdiger: „Der Ersatzvermächtnisnehmer nach § 2069 BGB". *ZEV* 2013, S. 60 f.; Schlüter, Erbrecht Lehrbuch, § 22 IV.2., S. 127; Schlüter/Röthel, ErbR Kurzlehrbuch, 3. Kap., § 19 Rn. 3. Die Auslegungshilfen haben sich in der Praxis zum Teil überholt. Dies kann z. B. angenommen werden für die Auslegung nach § 2066 BGB „gesetzliche Erben des Erblassers" oder für § 2072 BGB „Bedenken der Armen". In der nachlassgerichtlichen Praxis kommen derartige bei Inkrafttreten des BGB noch gebräuchliche Umschreibungen so gut wie gar nicht mehr vor, vgl. Weidlich in Palandt, KurzKom. BGB, § 2066 Rn. 2. Wenn dort zu § 2072 Rn. 2 von einer Analogiefähigkeit dieser dem allg. Sprachgebrauch entrückten Auslegungshilfe gesprochen wird, handelt es sich in Wirklichkeit nicht um eine Anwendung der gesetzlichen Auslegungshilfe des § 2072 BGB, sondern vielmehr um eine Auslegung nach den Grundsätzen „in favorem testamenti" und „benigna interpretatio" des § 2084 BGB, was eher einer Auslegung nach der Andeutungstheorie entspricht.

79 Vgl. beispielhaft BGH, *DNotZ* 2002, S. 661, zu § 2069 BGB; BayObLG, *ZEV* 2005, S. 528 zur Analogiefähigkeit des § 2069 BGB; OLG München, *ZEV* 2007, S. 383, und BayObLG, *FamRZ* 2005, S. 1202, zu § 2087 Abs. 2 BGB; Rudy in MüKo, BGB, § 2087 Rn. 7 ff.; Haspl, Der Ersatzvermächtnisnehmer, S. 60 f. zu § 2069 BGB; Perkams, Guido: „Ergänzende Testamentsauslegung im Umfeld von § 2069 BGB". *ZEV* 2005, S. 510 ff., mit kritischen Ausführungen zur Analogie bei § 2069 BGB und der ergänzenden Auslegung in diesem Zusammenhang.

80 Seiler/Rudolf in Damrau, Praxiskom. ErbR, § 2084 Rn. 1; Leipold in MüKo, BGB, § 2084 Rn. 9 ff.; Weidlich in Palandt, KurzKom. BGB, § 2084 Rn. 1, 8.

81 Vgl. Grundsatzurteil in BGHZ 22, 357(362); BGHZ 86, 41(45); dem folgend BGH, *NJW* 93, S. 256.

1. Methoden der Auslegung

Die Notwendigkeit der Auslegung beruht schon seit dem römischen Recht[82] auf dem Axiom, dass es allein auf den tatsächlichen Testierwillen (*animus testandi*) ankommt, sowie auf den im weiteren Verlauf entstandenen Auslegungsgrundsätzen *in favorem testamenti* sowie *benigna interpretatio*[83], die einen Auswahlgrundsatz bei mehrdeutigen Verfügungen darstellen[84]. Dabei muss nach h.M. dieser tatsächlich festgestellte Wille in dem Testament irgendwie zum Ausdruck kommen, dort gleichsam eine schriftliche, wenn auch nur geringe Aufnahme gefunden haben[85]. Würde es nicht darauf ankommen, wie von einer Mindermeinung zum Teil vertreten wird[86], würden auch formlose Äußerungen des Erblassers Testamentsinhalt werden können. Dies würde nach hier vertretener Meinung zu einer nicht vorhersehbaren Rechtsunsicherheit und letztlich zu zusätzlichen Rechtsstreitigkeiten führen, schließlich aber auch die Grenze zwischen einem willentlich errichteten Testament und einem bloßen Testamentsentwurf zu Lasten einer gesicherten Erbfolge verwischen.

Ausgehend von der im Grundsatz deshalb berechtigten h.M. müssen jedoch erhebliche Anstrengungen zur Testamentsrettung vorgenommen werden: Zuerst muss der tatsächliche Testierwille des Erblassers ermittelt werden[87]. Dazu werden alle Erkenntnisquellen, auch solche außerhalb der Testamentsurkunde, zugelassen[88]. Ist der tatsächliche Wille des Erblassers nicht feststellbar, soll der dem Erblasserwillen am nächsten kommende Sinn seiner Verfügung ermittelt werden[89]. In einem weiteren Schritt wird gefordert, dass dieser Wille irgendwie

---

82 Smid, Probleme bei der Auslegung letztwilliger 1987 Verfügungen, S. 283 f.

83 Dazu auch Kleiter, Tobias: *Entscheidungskorrekturen mit unbestimmter Wertung durch die klassische römische Jurisprudenz.* München 2010, S. 89; Schmoeckel, Erbrecht, § 22 Rn. 3.

84 Schlüter, Erbrecht Lehrbuch, § 22 IV. 1; Kleiter, Entscheidungskorrekturen, S. 89 f.

85 Sog. Andeutungs- oder Anhaltstheorie nach der h.M., siehe soeben unter III. Eine Mindermeinung hält hingegen auch den nicht im Testament zum Ausdruck gekommenen, aber ermittelten Erblasserwillen für maßgeblich, dazu Foerste, Die Form des Testaments, S. 84(91); Walker/Brox, Erbrecht Lehrbuch, § 16 Rn. 200; Smid, Probleme bei der Auslegung letztwilliger 1987 Verfügungen, S. 287. Der Mindermeinung kann jedoch nach den Ausführungen oben im Text nicht gefolgt werden.

86 Nachweise siehe Fn 85.

87 Dazu auch Herrler, Sebastian: „Anmerkung zur Entscheidung des OLG Hamm vom 6.1.2011". *ZEV* 2011, S. 427 ff.

88 Vgl. BGHZ 86, 41(45); OLG München, Rpfleger 2015, 279(280); Schlüter, Erbrecht Lehrbuch, § 22 I 2.

89 BGHZ 86, 41(45); Seiler/Rudolf in Damrau, Praxiskom. ErbR, § 2084 Rn. 31.

in dem Testament des Erblassers zum Ausdruck gelangt, ohne dass es dabei auf eine diesbezüglich klare eindeutige Wortwahl im Testament ankommt[90]. In der Folge haben sich daraus die Kriterien für eine sogenannte wohlwollende oder erläuternde Auslegung[91], eine ergänzende Auslegung[92] und eine Umdeutung[93] herausgebildet. Trotz der verständlichen Bemühungen um die Rettung des gefährdeten Testaments ist gleichwohl zu bedenken, dass der Weg der Auslegung sehr häufig über ein langwieriges für den verstorbenen Erblasser mitunter unwürdiges Gerichtsverfahren führt, dessen Ergebnis bei allen richterlichen Bemühungen immer in einer Mutmaßung verbleiben wird. Das wird der Bedeutung der Testierfreiheit und der Würde des Erblassers nicht gerecht, sondern stellt faktisch die Gefahr einer schleichenden Verdrängung des Erblasserwillens dar. Eine Aufgabe neuer Testamentsformen sollte es deshalb sein, die Fälle einer nach heutiger Gesetzeslage notwendigen Testamentsauslegung auf ein unvermeidbares Mindestmaß zurückzuführen.

2. Grenzen der Auslegung

Die nachfolgenden Gerichtsentscheidungen unter § 2, aber auch die Kommentierungen und Ausführungen zu den unter soeben 1. dargestellten Auslegungsmethoden belegen deren schwierigstes Kriterium, nämlich das Finden und

---

90 So BGHZ 86, 41; Seiler/Rudolf in Damrau, Praxiskom. ErbR, § 2084 Rn. 24.; vgl. zum Meinungsstand dazu aber auch Leipold in MüKo, BGB, § 2084 Rn. 11 ff. m.w.N.

91 Seiler/Rudolf in Damrau, Praxiskom. ErbR, § 2084 Rn. 23. Die wohlwollende Auslegung wird unmittelbar in § 2084 BGB aufgeführt. Sie soll bei unklaren oder mehrdeutigen wörtlichen Erklärungen des Erblassers dem Testament zum Erfolg verhelfen im Sinne einer Auslegung hin zur rechtswirksamen Verfügung, die dem vom Erblasser gewollten Ziel entspricht.

92 Loritz in Soergel, Kom. BGB, § 2084 Rn. 10; Schlüter/Röthel, ErbR Kurzlehrbuch, § 19 Rn. 7. Die ergänzende Testamentsauslegung soll Lücken im Testament schließen. Ausgehend zunächst vom Erklärungsinhalt des Testaments soll festgestellt werden, ob eine Lücke im Testament vorhanden ist, die ohne Verdrängen des wahren Erblasserwillens durch Auslegung geschlossen werden kann, um so Rechtsfolgen herbeizuführen, die dem Testamentswortlaut nach dort weder ausdrücklich noch sinngemäß angeführt worden sind.

93 BayObLG, *MittBayNot* 2004, S. 282; Leipold in MüKo, BGB, § 2084 Rn. 57 ff.; Schlüter/Röthel, ErbR Kurzlehrbuch, § 19 Rn. 16. Die Umdeutung dient dem Zweck, dem auf ein bestimmtes Ergebnis ausgerichteten im Testament erklärten Willen zum Erfolg zu verhelfen, wenn die dazu im Testament vom Erblasser eingesetzte Gestaltung nicht durchführbar ist. Auch bei der Umdeutung kommt es dabei wie bei der ergänzenden Auslegung auf den hypothetischen Erblasserwillen an.

Abstellen auf den wahren Erblasserwillen[94] als das unabdingbare „Muss" jedes Auslegungsversuchs.

Es kommt nur auf diesen Willen an und nicht auf den Willen und Empfängerhorizont Dritter oder derjenigen, denen gegenüber die testamentarische Verfügung gelten soll[95]. Andererseits muss man bedenken, dass die Unterstellung, ein unklares oder lückenhaftes und damit zur Rettung auslegungsbedürftiges Testament vorliegen zu haben, nicht vom *Erblasser* ausgeht, sondern eben genau von dem unterschiedlichen Verständnis des Testaments durch diejenigen, deren Auffassung doch eigentlich gar nicht maßgeblich sein soll. Verstärkt wird diese Problematik durch die Suche nach dem wahren Erblasserwillen, für die alle Beweis- und Ermittlungswege, auch solche außerhalb der Testamentsurkunde[96], zugelassen sind wie die Vernehmung der Auslegungskontrahenten selbst, die Vorlage sogar intimster Unterlagen und Dokumente des Erblassers oder über diesen, die Vernehmung von Zeugen[97] und Sachverständigen zur Persönlichkeit, Bildung und Ausdrucksfähigkeit des Erblassers sowie zu dessen getätigten Aussagen und seinem Lebensstil[98].

Der am Ende der Ermittlungen unterstellte Erblasserwille muss nach bereits dargestellter h.M. seinen Niederschlag nur andeutungsweise im Testament gefunden haben, um den Vorschriften der Formwirksamkeit des Testaments zu genügen. Darin kommt die formbedingte Grenze der Auslegung zum Ausdruck, nämlich ihre Einbindung in die vom Erblasser gewählte Testamentsform[99].

---

94 Weidlich in Palandt, KurzKom. BGB, § 2084, Rn. 3; Leipold in MüKo, BGB, § 2084, Rn. 6, der darauf hinweist, dass es darauf ankommt, welcher Wille im Rechtssinn als erklärt anzusehen ist. Dazu auch die Ausführungen in diesem Teil unter soeben 1.

95 Gerhards, Ergänzende Testamentsauslegung, S. 642(646) mit der Begründung, dass ein Testament keine empfangsbedürftige Willenserklärung ist; ebenso Schlüter/Röthel, ErbR Kurzlehrbuch, 3. Kap., § 19 Rn. 4 ff.

96 Weidlich in Palandt, KurzKom. BGB, § 2084 Rn. 2; Seiler/Rudolf in Damrau, Praxiskom. ErbR, § 2084 Rn. 10.

97 Coing, Grundzüge der Rechtsphilosophie, S. 126, bezweifelt zu Recht, dass es im Erbrecht überhaupt uninteressierte und damit geeignete unparteiische Zeugen gibt.

98 Vgl. OLG München, Rpfleger 2015, 279 f., als Beispiel für die Ermittlungsversuche des Verhältnisses des Erblassers zur Familie. Siehe ferner Weidlich in Palandt, KurzKom. BGB, § 2084 Rn. 2. Eine Begrenzung erfährt diese Ermittlung nur dadurch, dass bei allen Erhebungen auf den Errichtungszeitpunkt des Testaments (soweit dieser überhaupt feststellbar ist) abzustellen ist.

99 Siehe BGHZ 86, 41(47); Schlüter, Erbrecht Lehrbuch, § 22 I. 2; Seiler/Rudolf in Damrau, Praxiskom. ErbR, § 2084 Rn. 15; Gerhards, Ergänzende Testamentsauslegung, S. 642(645). Ablehnend wohl Walker/Brox, Erbrecht Lehrbuch, § 16 Rn. 200 m.w.N.; Smid, Probleme bei der Auslegung letztwilliger 1987 Verfügungen, S. 283(287).;

Die Schwachstelle der Auslegung besteht darin, dass die beschriebenen Ermittlungsversuche ihren Ausgangspunkt in den unklaren Erklärungen im Testament haben, wodurch die Gefahr besteht, dass die Erforschung des tatsächlichen Erblasserwillens bereits an der Auslegungstendenz des Prüfenden zu den fraglichen Testamentsbestimmungen scheitert. Das Korrektiv aus der Wechselbezüglichkeit zwischen dem als angeblich vorhanden ermittelten Erblasserwillen und dessen andeutungsweiser formgerechter Niederlegung im Testament ist also kein uneingeschränkter Garant für die Feststellung des wahren Testierwillens[100]. Das Ergebnis der Auslegung hängt somit oft von den Urteilsfähigkeiten, vom Geschick[101], Verständnis und Ermittlungsinteresse des angerufenen Richters[102] sowie einer geglückten Beweisaufnahme, letztlich aber zunächst von den Zufälligkeiten des Wortgebrauchs oder Wortumfangs sowie von dem sprachlichen Talent des Erblassers ab. Hinzu kommen nun noch die bereits im Dritten Teil[103] dargestellten Schwierigkeiten, die sich aus der Ausrichtung der Auslegung des Testaments entsprechend Art. 24 Abs. 1, 26 Abs. 1 d) EU-ErbVO nach dem hypothetischen Errichtungsstatut zum Zeitpunkt der Testamentsabfassung ergeben können[104].

Foerste, Die Form des Testaments, S. 84 f.; auch Gerhards, Ergänzende Testamentsauslegung, S. 646 f., sieht im Unterschied zur erläuternden Auslegung bei der ergänzenden Auslegung in den Formvorschriften keine Grenze.

100 Dies belegen anschaulich die bei gleichem Sachverhalt unterschiedlich ausgefallenen Entscheidungen des OLG Hamm in *ZEV* 2011, S. 427, einerseits und desselben Gerichts in *ZEV* 2011, S. 536, andererseits. Wie hier Smid, Probleme bei der Auslegung letztwilliger 1987 Verfügungen, S. 283(287); Coing, Grundzüge der Rechtsphilosophie, S. 128. Landsittel, Ralph / Rumland, Nadine: „Risiken gemeinschaftlicher Testamente für juristische Laien". *ZEV* 2012, S. 644, sehen kontroverse Gerichtsentscheidungen auch zur Frage der Bindungswirkung bei gemeinschaftlichen Testamenten.

101 Vgl. OLG Schleswig, *ZEV* 2014, S. 217, zur schwierigen Auslegungsarbeit des Richters.

102 So Kuchinke/Lange, Lehrb. Erbrecht, S. 337, wenn er grds. nur dem niedergelegten Willen Rechtswirkung zukommen lässt; Schmoeckel, Erbrecht, § 22 Rn. 2, spricht von der Gefahr und der Willkür, die in dem Zusammenhang zwischen Wortlaut und Auslegung mitwirken; Coing, Grundzüge der Rechtsphilosophie, S. 128, warnt davor, durch zu große gerichtliche Milde bei der Auslegung Formvorschriften im Erbrecht zu umgehen; Gerhards, Ergänzende Testamentsauslegung, S. 642(648) weist ebenfalls darauf hin, es liege in der *unkalkulierbaren* Hand des Richters, eine Andeutung für einen gefundenen Erblasserwillen im Testament zu finden.

103 Siehe Dritter Teil § 3 A.

104 Lagarde in Bergquist et al., EU-ErbRVO Kom., Art. 24 Rn. 4; Weidlich in Palandt, KurzKom. BGB, § 2084 Rn. 12. Weiterhin bleiben zudem, und werden durch die

Zahlreiche durch Unklarheit des Testaments verursachte Erbrechtsstreitigkeiten werden im Übrigen durch Auslegungsvereinbarung der Erbkontrahenten außerhalb oder bei Gericht gelöst. Das lässt allerdings eher eine Testamentsauslegung aus der Sicht der Erklärungsempfänger befürchten und ist damit genau das, was Testamentsform und Testamentsrecht zur Durchsetzung des Erblasserwillens gerade vermeiden wollen[105].

Die dargestellten Beurteilungen sollen hier nicht als Kritik der Auslegungsmethodik oder gar als Ablehnung ihrer Notwendigkeit verstanden werden. Da Testamente ihre Rechtsfolgen an dem darin niedergelegten Wortgebrauch ausrichten müssen, wird an der Testamentsauslegung gemäß der h.M. kein Weg vorbeiführen. Schließlich hat sich das Erbrecht selbst durch die Vorschriften der §§ 133, 2065 ff., 2084 BGB für eine Rettung mangelbehafteter Testamente durch Auslegung entschieden[106]. Andererseits greift der vorhandene Formzwang bei der Testamentserrichtung[107] aber gleichzeitig in die Möglichkeiten der Auslegung ein, indem er diese auf Andeutung im Testament begrenzt. Die dadurch durchzuführenden Gerichtsverfahren führen aufgrund der unterschiedlichen Interessenlagen der Erbprätendenten häufig zu einem erbitterten Rechtsstreit, der von der dem holographischen Testament gern zugeschriebenen Wirkung, ein Testament aus unbeeinflusster Entscheidung heraus *in Würde und Vermeidung intimer Einblicke* in das Leben des Erblassers zu errichten[108], weit entfernt ist[109]. Der Erblasser wird bildhaft gesprochen „vor das Tribunal geführt", die hologra-

---

EU-ErbVO auch nicht gelöst, die Probleme des Abfassens des Testaments unter falschem Erbstatut, dazu OLG Köln, *ZEV* 2014, S. 497.

105 Storz, Thomas: „Rechtsnatur des erbrechtlichen Auslegungsvertrags". *ZEV* 2008, S. 353. Es gibt keine belastbaren Untersuchungen darüber, wie viele auslegungsbedingte Erbstreitigkeiten in der Praxis durch Auslegungsvertrag oder Auslegungsvereinbarung mit oder ohne Gericht erledigt werden. Allerdings sprechen Erfahrungen aus Nachlassgerichtsbarkeit, Rechtsanwaltschaft und Notariat dafür, dass es sich um keine geringe Zahl handeln dürfte.

106 Hagena in MüKo, BGB, § 2247 Rn. 1.

107 Schlüter, Erbrecht Lehrbuch, § 22 I. 2., spricht von einer Formalisierung der Erblassererklärungen.

108 Beutgen, Geschichte der Form des eigenhändigen Testaments, S. 78; Schlüter, Erbrecht Lehrbuch, § 16 I 2.b); Scholz, Das holographische Testament, S. 94 f.; Sachsen Gessaphe, Das eigenhändige Testament in Europa und Lateinamerika, S. 93.

109 Insoweit kann Otte, Das eigenhändige Testament, S. 43, nicht gefolgt werden, wenn er in seinen Ausführungen den Eindruck vermittelt, schwierige Rechtsstreitigkeiten verursache primär das notarielle Testament, wohingegen inhaltliche Probleme des privatschriftlichen Testaments durch Auslegung relativ leicht zu beheben seien. Die

phische Testamentsform kann ihn davor nicht schützen. Es ist jedoch von allen ordentlichen Testamentsformen aus Gründen der Testierfreiheit, Rechtssicherheit und Rechtsklarheit[110] heute mehr denn je zu verlangen, derartige unwürdige Rechtsstreitigkeiten vermeiden zu helfen[111].

Ausgehend von dieser These werden nachfolgend jüngere Gerichtsentscheidungen zum Testament dahingehend untersucht, inwieweit ihnen gleichgelagerte Testamentsmängel zugrunde lagen. Denn nur gleichgelagerte Fehlerursachen eröffnen wegen der Abstraktheit von Formen überhaupt die Möglichkeit, durch neue Testamentsformen vermieden zu werden. Da derartige wiederkehrende Fehler fast ausschließlich den Laien betreffen, liegt der nachfolgende Einblick schwerpunktmäßig beim holographischen Testament und den dazu ergangenen Gerichtsentscheidungen[112].

Häufigkeit der Gerichtsverfahren über privatschriftliche Testamente bestätigen dies jedenfalls nicht. So auch Röthel, Form und Privatautonomie, S. 33(38).

110 Röthel, Ist unser Erbrecht noch zeitgemäß?, A13 (A63), sieht darin für die Testamentsformen einen Grund, der noch deutlicher als bei Inkrafttreten des BGB gegen das holographische und für das öffentliche Testament spricht.

111 Gerhards, Ergänzende Testamentsauslegung, S. 642(647).

112 Die Entscheidung des OLG Braunschweig, *ZEV* 2005, S. 484 belegt zwar, dass selbst banale formale Fehler auch im notariellen Testament (im Fall beurkundete der Notar ein gemeinschaftliches Testament zwischen Mutter und Tochter) vorkommen können. Schwierigkeiten, die einen Rechtsstreit über ein notarielles Testament verursachen, liegen im Unterschied zum holographischen Testament gleichwohl vornehmlich im Bereich komplizierter Rechtskonstruktionen oder besonderer Gestaltungswünsche, wie z. B. die besonderen Regelungen zum Bedürftigentestament veranschaulichen. Derartige zum Teil sehr individuelle Verfügungen verdanken die Problematik ihrer Unwirksamkeit und damit gerichtliche Behandlung überwiegend dem Wandel der Rechtsauffassungen in Literatur oder Rechtsprechung zu dem betroffenen Regelungsbereich und nicht einem typischen Standardfehler im Formalen oder zum erbrechtlichen Typenzwang; ähnlich Otte, Das eigenhändige Testament, S. 43.

§ 2 Leistungsbilanz der holographischen Testamentsform

Es geht nicht darum, den Rechtsfortschritt, der bei Einführung des holographischen Testaments zweifelsohne gemacht wurde, in Zweifel zu ziehen[113]. Die seit der Einführung der holographischen Testamentsform jedoch immer wieder besonders zu dieser Form aufkeimende Diskussion in der juristischen Fachwelt[114] und die dabei vorgetragenen Kritikpunkte ordnen das holographische Testament aber als diejenige Form ein, an der die Leistungsfähigkeit heutiger Testamentsformen zu messen ist[115]. Es wurde überwiegend[116] die jüngere höchst- und obergerichtliche Rechtsprechung eingesehen, ohne Anspruch auf Vollständigkeit erheben zu wollen. Mit dem Ziel, wiederkehrende Testamentsfehler[117] besser herauszufiltern, ist eine Systematisierung der Quellen vorzunehmen. Die Reihenfolge der aufge-

---

113 Vgl. Otte, Das eigenhändige Testament, S. 43, der dort einen Vertreter der badischen Regierung im Reichstag zitiert mit den Worten „das eigenhändige Testament [...] das moderne [...] Testament der Zukunft"; ebenso Beutgen, Geschichte der Form des eigenhändigen Testaments, S. 79; Zimmermann, Testamentsformen, S. 472(495). Im Übrigen zur historischen Entwicklung in Fünfter Teil, S. 160, dieser Untersuchung.

114 Dazu Burkart, Das eigenhändige Testament, S. 253; Sachsen Gessaphe, Das eigenhändige Testament in Europa und Lateinamerika, S. 94; interessant dazu Röthel, die in ihrem Gutachten zum 68. Deutschen Juristentag (Ist unser Erbrecht noch zeitgemäß?, A63) konstatiert, es sei in den letzten Jahrzehnten ruhig geworden um Testamentsformen, und wenige Jahre später in ihrer Schrift „Form und Privatautonomie", S. 33(47), feststellt, „[s]oweit es jemals still war um die eigenhändige Form: Diese Zeit dürfte nun vorbei sein".

115 Die Kritik beim notariellen Testament setzt hingegen fast ausschließlich beim Kostenrecht oder bei mitunter überzogen komplizierten Regelungen in der Urkunde, dazu Otte, Das eigenhändige Testament, S. 43, an, was mit Ausnahme vielleicht des Kostenvorwurfs für die Entwicklung neuer Testamentsformen kaum Bedeutung hat.

116 Für die Leistungsbilanz kommt es vor allem auf die neuere Rechtsprechung an. Ältere Entscheidungen haben vereinzelt gleichwohl Aufnahme gefunden, soweit sie im Hinblick auf die Entwicklung neuer Formen interessant erschienen.

117 Entscheidungen, die eine zu individuelle Ausrichtung und Auslegungserforderlichkeit aufwiesen, wurden als ungeeignet folglich nicht berücksichtigt, Beispiel für solche gemeinten „Individualsachverhalte" die Entscheidung des OLG Karlsruhe, *BWNotZ* 2015, S. 115.

führten formbedingten Problemstellungen soll dabei allerdings keine Wertung der Häufigkeit der Fehlerursachen vermitteln[118].

A. Systematisierung der Fehlerquellen

Für das Ziel der Untersuchung ist es sinnvoll, einen systematischen Überblick über die aufgefundenen einzelnen Fehlerursachen zu gewinnen, indem man diese in zwei Gruppen einteilt, die hier als *formelle echte Formfehler* und als *materielle unechte Formfehler* überschrieben werden sollen. Den formellen echten Formfehlern werden alle diejenigen Fehler zugeordnet, die unabhängig vom Inhalt des Testaments zum formellen Wirksamkeitsrahmen des Testaments gehören[119]. Den materiellen unechten Formfehlern werden diejenigen Fehler zugewiesen, die vom Inhalt des Testaments her veranlasst zur Unwirksamkeit des Testaments oder wenigstens zu seiner risikobehafteten Auslegungsbedürftigkeit[120] führen können. Dogmatisch gesehen stellt die letztgenannte Gruppe keine Verletzung der Formvorschriften der §§ 2231 ff. BGB im eigentlichen Sinne dar. Mittels der Entwicklung neuer Testamentsformen sollen jedoch möglichst auch *inhaltliche* immer wiederkehrende Fehlerquellen verhindert werden[121], die die Wirksamkeit des Testaments in Frage stellen. Da diese Fehler zwar nicht unmittelbar aus einer Formverletzung, aber immerhin aus mangelndem Ausdruck im Testament oder aus der Verletzung des erbrechtlichen Typenzwangs[122] folgen, werden sie hier als *materielle unechte Formfehler* bezeichnet[123].

---

118 Für den mit der Fehlerdarstellung verfolgten Zweck genügt in dieser Untersuchung die stichwortartige Bezeichnung des Fehlertyps unter Hinweis in der Fußnote auf die gerichtliche Entscheidung, die ohne Tenor, aber mit kurzem Sachverhalt angegeben wird; anders wäre der Rahmen dieses Kapitels nicht einzugrenzen gewesen.

119 Diese Umschreibung ist erforderlich, da die zur Form gehörenden Wirksamkeitsvoraussetzungen des Testaments über den Wortlaut in § 2247 BGB hinaus durch Rechtsprechung und Literatur erheblich erweitert worden sind, vgl. dazu Weidlich in Palandt, KurzKom. BGB, § 2247 Rn. 11 f. m.w.N.

120 Zur Risikohaftigkeit der Auslegung vgl. bereits Vierter Teil § 1.

121 Dazu gehören auch die Herausforderungen im Dritten Teil dieser Untersuchung.

122 Da es nicht abwegig wäre, diesen inhaltlichen Typenzwang auch als zwingende *Form* für die inhaltliche Testamentsgestaltung zu bezeichnen, erscheint es gerechtfertigt, etwaige Testamentsfehler in diesem Feld als *materielle unechte Formfehler* zu benennen. In diese Richtung wohl ebenso Schlüter, Erbrecht Lehrbuch, § 22 I.2., S. 121, wenn dieser im Zusammenhang der Auslegung von einer *Formalisierung* der Erblassererklärungen spricht.

123 Dazu im Übrigen auch in Dritter Teil § 3 B II. Letztlich stellt die Verletzung von Gestaltungstypen auch eine Verletzung einer Form dar.

B. Darstellung der echten und unechten Formfehler

Es können gemäß unter A. vorgesehener Gruppierung die nachfolgend aufgezählten Formfehler festgestellt werden.

I. Formelle echte Formfehler

Als unmittelbare echte Formfehler konnten festgestellt werden:

Auseinanderfallen von handschriftlich verfasstem Testamentsinhalt und Unterschrift des Erblassers auf zwei völlig unabhängigen Dokumenten[124], Vernichtung oder Verlorengehen der Testamentsurkunde ohne Willen und Zutun des Erblassers[125];

- Zweifel an der Handschriftlichkeit wegen teilweiser Maschinenschrift oder wegen Darstellung durch Pfeildiagramme, Aufkleber, Karten oder andere Zeichnungen, Listen u. ä.[126] oder
  wegen zu starker Einflussnahme in die Schreibmotorik des Erblassers[127] oder wegen Unterschrift Dritter auf dem Testament[128];

---

124 OLG München, *ZEV* 2008, S. 596. Das Rechtsproblem besteht hier darin, dass Testamentsinhalt in einer vom Erblasser nicht unterschriebenen Urkunde und Datum und dessen Unterschrift ohne Verfügungen auf anderem getrennten Dokument niedergeschrieben wurden.

125 OLG Düsseldorf, *FamRZ* 2014, S. 1142; BayObLG, Rpfleger 2004, 492; LG Duisburg, *ZEV* 2006, S. 35. Letztgenannte Entscheidung betraf die Frage der rechtlichen Bewertung des nicht auffindbaren Testaments. Fälle von Fälschungen waren hingegen in der jüngeren Rechtsprechung nicht Verfahrensgegenstand, was sich mit den Feststellungen von Sachsen Gessaphe, Das eigenhändige Testament in Europa und Lateinamerika, S. 94, und Otte, Das eigenhändige Testament, S. 34, deckt.

126 OLG Hamburg, *FamRZ* 2014, S. 2029; OLG Frankfurt/Main, *FamRZ* 2013, S. 1423; OLG München, *ZEV* 2011, S. 80, *ZEV* 2006, S. 33; OLG Hamm, *ZEV* 2007, S. 31; BayObLG, *ZEV* 2005, S. 348; *ZEV* 2005, S. 1423; OLG Zweibrücken, *DNotZ* 2003, S. 875. In vielen Fällen war das Problem, dass nur einzelne Textteile des Testaments handschriftlich waren. Zu Zeichnungen siehe schon BGHZ 47, 68(72), sowie Leipold, Erbrecht, 3. Teil § 11 Rn. 307, nach denen die Bedeutung der Handschriftlichkeit gerade in der Nachprüfbarkeit der individuellen Schriftzüge liegt, dem Zeichnungen nicht genügen.

127 OLG Hamm, *FamRZ* 2013, S. 1069. Bei Schreibhilfe muss die Schreibsteuerung noch vom freien Willen des Testierers gesteuert werden.

128 BayObLG, *MittBayNot* 1997, S. 237. Nach den Erhebungen bei Schulte, Art und Inhalt eröffneter Verfügungen, S. 179, liegt der große Teil der unmittelbaren echten Formfehler in der Verletzung der Handschriftlichkeit und in Unterschriftsmängeln.

- Bedenken hinsichtlich der Testierfähigkeit[129];
- Fehler im Zusammenhang mit der Schreibleistung oder Unterschriftsleistung[130];
- Zweifelsfälle bei Testamentsergänzungen[131];
- Risiken bei mehrseitigen Testamenten[132] und bei Verweisen in einem Testament[133].

---

129 OLG Düsseldorf, *ZEV* 2014, S. 53; OLG München, *ZEV* 2008, S. 37; OLG Celle, *MittBayNot* 2008, S. 492; BayObLG, *MittBayNot* 2001, S. 571; *MittBayNot* 1997, S. 237; weitere Entscheidungen auch in ZEV-Report Zivilrecht, *ZEV* 2005, S. 453. Viele Entscheidungen befassen sich dabei mit der Frage, wann das Nachlassgericht eine Ermittlungspflicht von Amtswegen zur Testierfähigkeit trifft. Dies schon deshalb, weil im Anfangsstadium von Demenz (als inzwischen nahezu häufigster Ursache) die Testierfähigkeit nicht zwingend schon verloren sein muss, wie hier Schmoeckel, Erbrecht, § 19 Rn. 7. Zu den Beweismitteln zur Klärung der Testierfähigkeit sehr anschaulich Cording, Kriterien zur Feststellung der Testier(un)fähigkeit, S. 23, der die Untersuchung der Testierfähigkeit zu den schwierigsten Aufgaben der forensischen Psychiatrie zählt.

130 OLG Schleswig, *FamRZ* 2016, S. 583; OLG Rostock, *ZEV* 2014, S. 443; OLG Hamm, *FamRZ* 2013, S. 907; OLG Braunschweig, *ZEV* 2012, S. 40; OLG Celle, *ZEV* 2012, S. 41; OLG Celle, *ZEV* 2012, S. 47. Hier sind auffallend die Probleme der Unlesbarkeit, der abschließenden Unterschrift ober bzw. unterhalb des Textes oder auf Briefumschlag mit nicht unterschriebenem Testamentstext im Umschlag, vgl. auch die Anmerkungen dazu bei Röthel, Form und Privatautonomie, S. 33(39). Schmoeckel, Erbrecht, § 19 Rn. 11, weist zudem auf das Problem der Lesbarkeit des Textes hin.

131 OLG München, *ZEV* 2012, S. 41; *ZEV* 2012, S. 43; *ZEV* 2006, S. 33; BayObLG, *DNotZ* 2004, S. 801; *DNotZ* 2003, S. 440. Gegenstand der Entscheidungen ist vielfach die Frage, inwieweit nachträgliche Ergänzungen oder Streichungen, zum Teil auch handschriftliche Ergänzungen nur auf einer Kopie des Originals, formwirksam sind. Bei diesen Problemfällen stellt sich insbesondere die Frage, inwieweit eine nachträgliche Ergänzung oder Änderung zu ihrer Formwirksamkeit einer beizusetzenden Unterschrift des Erblassers bedarf, vgl. zum Meinungsstand BGH, *NJW* 1974, S. 1083; Einsele in MüKo, BGB, § 126 Rn. 10; Hertel in Staudinger, Kom. BGB, § 126 Rn. 130; Kuchinke/Lange, Lehrb. Erbrecht, S. 283; Schmoeckel, Erbrecht, § 19 Rn. 15; grds. für zusätzliche Unterschrift Schlüter/Röthel, ErbR Kurzlehrbuch, 3. Kap., § 17 Rn. 27.

132 OLG Köln, *FamRZ* 2014, S. 2028; OLG Hamm, *ZEV* 2013, S. 507; LG München I, *ZEV* 2005, S. 37. Aus den Entscheidungen wird ersichtlich, dass das mehrseitige – auch aus zusammengehefteten Seiten bestehende – handschriftlich abgefasste Testament in seiner Formwirksamkeit risikobehaftet ist, wenn aus dem Text nicht ein unzweifelhafter einheitlicher Zusammenhang ersichtlich ist; ebenso Schmoeckel, Erbrecht, § 19 Rn. 14.

133 BGH, *ZEV* 2011, S. 226; OLG München, *FamRZ* 2011, S. 502. Oft wird vom Erblasser verkannt, dass formwirksam nur auf eine andere gem. Testamentsrecht formwirksame Urkunde verwiesen werden kann.

II. Materielle unechte Formfehler

Als inhaltliche unechte Formfehler sind nachweisbar:

- Unklarheiten bei der Anordnung der Erbeinsetzung[134], des Vermächtnisses[135], der Vor- und Nacherbschaft[136].
- Tatsächliche Errichtung eines Testaments oder nur Entwurf[137].
- Umdeutung der Testamentsformen gemeinschaftliches Testament in Einzeltestament und umgekehrt[138].

---

134 OLG Schleswig, *FamRZ* 2016, S. 406; OLG Frankfurt/Main, *FamRZ* 2016, S. 1012; OLG Köln, *ZEV* 2014, S. 570; OLG Hamm, *ZEV* 2014, S. 570; OLG München, *FamRZ* 2013, S. 1687; KG Berlin, *DNotZ* 1992, S. 679. Häufig ergibt sich eine Unwirksamkeit des Testaments, weil der Erblasser einzelgegenständliche Einsetzungen verfügt oder die Gestaltung des Bedingungseintritts des Erbrechts gegen § 2065 Abs. 1 BGB oder die Bestimmung des Erben gegen § 2065 Abs. 2 BGB verstößt, dazu Lehmann, Daniel / Hahn, Rebecca: „Verfügungen von Todes wegen, ZEV-Report Zivilrecht". *ZEV* 2013, S. 577 f.

135 OLG Koblenz, *ZEV* 2014, S. 626; OLG Brandenburg, *NJW RR* 2009, S. 14; BayObLG, *DNotZ* 2003, S. 440. Ein häufiges Problem, das auch nicht durch § 2087 BGB immer befriedigend lösbar ist, stellt die Abgrenzung zwischen der Einsetzung als Erbe oder Vermächtnisnehmer dar. Dazu Rudy in MüKo, BGB, § 2087 Rn. 8 ff.; Erhebungen zum Erbverhalten bei Schulte, Art und Inhalt eröffneter Verfügungen, S. 142 ff.

136 OLG Naumburg, *ZEV* 2014, S. 218; OLG Düsseldorf, *ZEV* 2014, S. 218; OLG Hamm, ZErb 2008, 23. Die Vor- und Nacherbschaft führt in ihrer gesetzlichen Konstruktion häufig zu Missverständnissen beim Erblasser und damit zu auslegungsbedürftigen Unklarheiten im Testament.

137 OLG Schleswig, *ZEV* 2010, S. 46; OLG München, *FamRZ* 2009, S. 372; KG Berlin, ZEV-Report Zivilrecht, *ZEV* 2005, S. 36. Handschriftliche Testamente werden nicht selten in einem Schreibstil (z. B. Briefform) oder auf Papieren (wie Abrisszettel, Umschlag, Notizblock) verfasst, die problematische Auslegungen darüber erfordern, ob ein willentlich errichtetes Testament vorliegt.

138 OLG München, *ZEV* 2014, S. 444; *FamRZ* 2014, S. 1662; *ZEV* 2010, S. 471. Zumeist dreht es sich um die Frage der Umdeutung eines gescheiterten gemeinschaftlichen Testaments in ein Einzeltestament, vgl. OLG München, *ZEV* 2012, S. 153; OLG Nürnberg, *ZEV* 2010, S. 411. Gelegentlich stellt sich auch die für die Wechselbezüglichkeit und damit Unabänderbarkeit von Verfügungen entscheidende Auslegungsfrage, wann in zwei körperlich getrennten Testamentsurkunden von Eheleuten/Lebenspartnern ein gemeinschaftliches handschriftliches Testament zu sehen ist, dazu Walker/Brox, Erbrecht Lehrbuch, 2. Abschn. § 15 Rn. 176 S. 105.

- Deutsches gemeinschaftliches Testament in der europarechtlichen Einbindung[139].
- Begriff des gleichzeitigen Versterbens[140].
- Bindung an das gemeinschaftliche Testament[141].
- Wiederverheiratungsklauseln[142].

---

139 OLG Koblenz, *FamRZ* 2013, S. 1516; OLG Hamm, *ZEV* 2011, S. 265. Die Form des gemeinschaftlichen Testaments ist in vielen Staaten unbekannt und wird vielfach (z. B. Italien, Portugal) nicht nur als reine Formvorschrift gesehen, die durch Einhaltung der deutschen Ortsform bei Testamentserrichtung geheilt wird. Wie bereits in Dritter Teil § 3 A. III. aufgezeigt wird das Problem durch die EU-ErbrechtsVO nicht beseitigt, dazu auch Nordmeier, Carl Friedrich: „EU-ErbVO: Neues Kollisionsrecht für gemeinschaftliche Testamente". *ZEV* 2012, S. 513(519); Müller-Bromley, Stephanie: „Die Abwicklung deutsch-portugiesischer Erbfälle unter Berücksichtigung des Entwurfs der EU-ErbVO". *ZEV* 2011, S. 120(123). Allgemein dazu Kanzleiter, Rainer: „Empfiehlt es sich, das privatschriftliche gemeinschaftliche Testament abzuschaffen?". *ZEV* 2011, S. 1 f.

140 OLG Düsseldorf, Rpfleger 2016, 32; OLG Frankfurt/Main, *FamRZ* 2016, S. 748; OLG Thüringen, *FamRZ* 2016, S. 412; OLG München, *ZEV* 2014, S. 53; *ZEV* 2011, S. 31; KG Berlin, *ZEV* 2006, S. 173. In vielen Fällen grenzt der Erblasser im gemeinschaftlichen Testament nicht sauber ab zwischen gleichzeitigem, gemeinsamem oder nacheinander eintretendem Ableben, was zu Auslegungsproblemen führt. Zur Auslegung Keim, Christopher: „Regelungen für den ‚gemeinsamen' und ‚gleichzeitigen' Tod im Ehegattentestament". *ZEV* 2005, S. 10(13); Erhebungen zum Ganzen bei Schulte, Art und Inhalt eröffneter Verfügungen, S. 86.

141 BGH, *NJW* 2004, S. 3113; OLG Schleswig, *FamRZ* 2014, S. 218; *ZEV* 2014, S. 1486; *NJW RR* 2013, S. 1164; OLG Köln, *ZEV* 2014, S. 329; OLG Zweibrücken, *ZEV* 2013, S. 395; *MittBayNot* 2004, S. 196; OLG München, *ZEV* 2011, S. 315. Die Feststellung der Wechselbezüglichkeit und damit letztlich die Frage der Abänderbarkeit von Verfügungen im gemeinschaftlichen Testament durch den länger lebenden Ehepartner beschäftigen regelmäßig die Gerichte wegen unklarer Regelungen im handschriftlichen Testament. Die Auslegung erweist sich dabei oft als sehr schwierig, vgl. dazu Landsittel/Rumland, Risiken gemeinschaftlicher Testamente, S. 644; Meier-Kraut, Wiederverheiratungsklausel in gemeinschaftlichen Testamenten, S. 143(148); Kanzleiter, Rainer: „Keine wechselbezüglichen Verfügungen in gemeinschaftlichen Testamenten!". *ZEV* 2005, S. 181 ff.

142 OLG Saarbrücken, DNotI-Report 2015, S. 78. Wiederverheiratungsklauseln sind in ihren Ausgestaltungsmöglichkeiten besonders schwierig, wie diese jüngste Entscheidung des OLG Saarbrücken belegt, die zwar zu einem Erbvertrag erging, aber auf Testamente übertragbar ist. Dazu auch Meier-Kraut, Wiederverheiratungsklausel in gemeinschaftlichen Testamenten, S. 143(147). Zu den verschiedenen Gestaltungsformen der Klausel Klessinger in Damrau, Praxiskom. ErbR., § 2269 Rn. 45 ff.

§ 3 Bedeutung des Befundes für neue Testamentsformen

Die Ergebnisse in § 2 belegen anschaulich genug, dass rechtliche Probleme der Testamentserrichtung nicht erst mit den Herausforderungen an das moderne Erbrecht[143] entstehen werden, sondern schon seit langem die Gerichtsbarkeit intensiv beschäftigen[144]. Nur den Bemühungen der in diesem Teil unter § 1 B. dargestellten Rettungsinstrumentarien, besonders den durch die Rechtsprechung gewährten Auslegungsgrundsätzen, ist es dabei zu verdanken, dass manches Testament vor seiner endgültigen Unwirksamkeit bewahrt werden konnte. Allerdings müssen die gefundenen Ergebnisse aus der Sicht der Leistungen der Testamentsform, insbesondere der des holographischen Testaments, als unbefriedigend bezeichnet werden.

A. Erkenntnisse zur Leistungsbilanz

Die Form des holographischen Testaments hat in den gefundenen Entscheidungen vielfach versagt, indem sie dem Erblasser zwar den Freiheitsgewinn[145] einer Testierfreiheit verschafft hat, überall und jederzeit ohne dritte Hilfe testieren zu können, ihn aber später bei der Umsetzung seines letzten Willens nicht „unterstützt" hat. Dies ist besonders folgenschwer, da der Erblasser ausgehend von seiner Testierfreiheit ohne spätere Nachbesserungsmöglichkeiten wegen seines Ablebens gutgläubig auf die Beachtung seines handschriftlichen Testaments vertraut[146]. Dabei fordert und fördert doch die heutige moderne Gesetzgebung mehr denn je den Schutz des Verbrauchers[147]. Gründe, warum ein ähnlicher Schutz beim Testament mit Verfügungen, die erst nach dem Tod des Erblassers in Kraft treten

143 Dazu bereits im Dritten Teil dieser Untersuchung.

144 Siehe Oberstes Landesgericht München, Beschl. V. 10.06.1904, abgedruckt bei Lobe, V. Jahrg. 1905, S. 252; Kammergericht Berlin, Beschl. V. 17.10.1904, abgedruckt bei Lobe, V. Jahrg. 1905, S. 661. Die Rechtsfragen dieser alten Entscheidungen wiederholen sich in den unter § 2 B soeben dargestellten Entscheidungen auch nach über *100 Jahren*!

145 Begriff bei Zimmermann, Testamentsformen, S. 472(495).

146 Ähnlich Beck, Norminhalt und Formenstrenge im Recht der Nottestamente, S. 38.

147 Dazu mehr im Siebten Teil § 2.

können, nicht gleichermaßen gelten muss, lassen sich nicht finden[148]. Ergänzend dazu ist festzuhalten, dass schon bei Verabschiedung des BGB für die Formvorschriften des Testaments postuliert wurde, dass diese geeignet sein müssen, Formfehler zu verhüten und den Testamentsinhalt sicherzustellen[149]. Dieser Vorwurf aus der negativen Leistungsbilanz insbesondere des holographischen Testaments wäre nur dann unbegründet, wenn keine die unter § 2 aufgezeigten Fehlerquellen zumindest vermindernde Testamentsform zu finden wäre. Dies soll nun unter nachfolgend B. überprüft werden.

B. Fehlermuster als Grundlage neuer Testamentsformen

Die aufgefundenen Gerichtsentscheidungen in § 2 dieses Teils können als eine Art Mustersammlung immer wiederkehrender gleichartiger echter und unechter Formfehler[150] der Testamentserrichtung eingestuft werden. Dabei handelt es sich zwar um verschiedene, aber dennoch überschaubare und der Art nach einordnungsfähige Formfehler, deren jeweils wiederkehrendes Erscheinungsbild die Zuordnung unter die bereits vorgeschlagenen neuen Testamentsformen *beratungsbegleitetes Testament* und *Testament nach Muster*[151] erlaubt[152].

Dabei fällt sofort auf, dass sich *alle* formellen echten Formfehler sowie materiellen unechten Formfehler in vorstehend § 2[153] durch eine vorgeschaltete Beratung und somit durch die Form eines *beratungsbegleiteten Testaments* vermeiden lassen[154]. Verfügt die zu dieser Beratungsbegleitung vorgesehene Person noch wie der Notar über besondere Hoheitsrechte[155], wären zudem Bereiche der formellen echten Formfehler[156] wie Feststellung der Urheberschaft der Testamentsurkunde,

---

148 In diese Richtung Kuchinke/Lange, Lehrb. Erbrecht, S. 326; Beck, Norminhalt und Formenstrenge im Recht der Nottestamente, S. 39.

149 So Mugdan, Gesammelte Materialien zum BGB, Bd. V., S. 869; Beck, Norminhalt und Formenstrenge im Recht der Nottestamente, S. 35.

150 Zu den Begriffen echter und unechter Formfehler im hier verstandenen Sinne siehe Vierter Teil § 2.

151 Zur ausführlichen Darstellung der neuen Testamentsformen in Siebter Teil.

152 Mit Hinweis auf die Vergleichsproblematik Zimmermann, Testamentsformen, S. 472(496); Hinweis auf Falltypisierungen auch bei Schmoeckel, Das holographische Testament, S. 20.

153 Gerichtsentscheidungen Fn 688 bis 706 in § 2.

154 Zur Ausführung dieser Form näher dann in Siebter Teil § 3.

155 Vgl. §§ 8 ff. BeurkG für die Beurkundung, §§ 39 ff. BeurkG für die Unterschriftsbeglaubigung.

156 Dazu Vierter Teil § 2 B.

Echtheit der Unterschrift des Erblassers und der Testierfähigkeit des Erblassers in der Testamentsurkunde abgesichert[157].

Handelt es sich wie in nicht wenigen zitierten Entscheidungen materiellrechtlich um einfache Testamentsinhalte[158], kommt sogar bezüglich der unter § 2 B.II. genannten materiellen unechten Formfehler[159] zudem die Form des *Testaments nach Mustertext* in Betracht. Durch ein Testament nach Mustertext können diese materiellen Formfehler vermieden werden, sofern sie – wie häufig – entweder auf Mängeln im Ausdruck oder auf Rechtsunkenntnis über den verwendeten Gestaltungstyp beruhen[160]. Sogar die formellen echten Formfehler nach § 2 B.I. ließen sich ausschließen, wenn man für das Testament nach Muster eine öffentlich beurkundete oder beglaubigte Form vorsehen würde.

---

157 Im Unterschied zum Rechtsanwalt übt der Notar ein öffentliches Amt mit öffentlichem Glauben aus.

158 Dazu zählen Inhalte, die sich auf Erbeinsetzungen beschränken und keine Besonderheiten wie Vermächtnisse, Vor- und Nacherbfolge, Teilungsanordnungen oder Auflagen erfordern.

159 Gerichtsentscheidungen in diesem Vierten Teil.

160 Bei einem Testament nach Mustertext besteht der Vorzug, dass Auslegungsfragen wie die Bedeutung gleichzeitigen Versterbens, die Abgrenzung der Erbeinsetzung zum Vermächtnis oder auch der Bindungswirkung gemeinschaftlicher Verfügungen und schließlich Rechtsentscheidungen zum Bereich des Erbstatuts und Errichtungsstatuts nach EU-ErbVO geklärt und wirksam über Mustertext gelöst werden können. Schwierigere Regelungen wie zur Vor- oder Nacherbschaft oder zu Vermächtnissen scheinen hingegen wegen ihrer Vielschichtigkeit in der Ausgestaltung für die Form des Testaments nach Mustertext eher als ungeeignet.

§ 4 Zusammenführung der Leistungsergebnisse

Bereits im Dritten Teil der Arbeit wurde als herausragender Zweck der Testamentsformen die Vorbeugung gegen formelle und materielle Unwirksamkeitsgründe des Testaments herausgestellt. Im Vierten Teil war festzustellen, ob die Testamentsformen de lege lata bereits diesem Zweck nachkommen, weil ihre Aufgabe bisher überwiegend in der Warn-, Bekenntnis- und Beweisfunktion gesehen wurde. Ein Versagen der bisherigen Formen in genannter Richtung begründet eine weitere Rechtfertigung für die Entwicklung neuer Testamentsformen, weshalb eine Leistungsbilanz der Testamentsformen de lege lata hierzu Klarheit verschaffen soll.

Bei der holographischen Testamentsform lässt sich vorweg als Schwachstelle die verbreitete Rechtsunkenntnis des Erblassers und die mit fehlender Rechtsberatung einhergehende Gefahr ausmachen. Diesem Befund muss man als Gegenargument die schnelle Herstellbarkeit des Testaments, die Volkstümlichkeit dieser Form und besonders die Möglichkeit der kostenfreien Testamentserrichtung entgegenhalten. Gerade der Kostengesichtspunkt stellt sich also als ein weiteres Merkmal für die Ausgestaltung neuer Testamentsformen dar.

Die aufzunehmende Leistungsbilanz zu den bisherigen Testamentsformen verlangt die Einteilung nach zwei Prüfungsmaßstäben, nämlich in formelle echte Formfehler und in materielle unechte Formfehler des Testaments. Dabei soll die Leistungsprobe durch den Einblick in solche Gerichtsentscheidungen erfolgen, denen nicht einzelfallartige individuelle Besonderheiten, sondern vielmehr gleich gelagerte häufig auftretende Defizite im Sinne der Prüfungsmaßstäbe zugrunde liegen. Dies ergibt sich aus der Vorgabe der Untersuchung, neue Testamentsformen zu entwickeln.

Zwingend führt die Erstellung der Leistungsbilanz über eine Einsichtnahme in die Rettungsinstrumentarien mangelhafter Testamente in Form gesetzlicher Auslegungshilfen und der durch herrschende Literatur und Rechtsprechung ausgebildeten Auslegungsmethodik. Besonders die insoweit herrschende Methodik der erläuternden und ergänzenden Auslegung sowie Umdeutung, die bei derzeitiger Rechtslage der Testamentsformen als unvermeidbar anzusehen ist, zeigt dabei beachtliche Schwächen. Sie stellt im Sinne der Andeutungstheorie auf eine Andeutung des Auslegungsergebnisses im Testament ab. Dabei geht es nur um den Willen des Erblassers und kommt es nicht auf den sog. Empfängerhorizont des Testamentslesers an. Aus diesem Grunde sind intimste Beweiserhebungen und Ermittlungen im Leben und Wirken des Erblassers unvermeidbar, die letztlich den gerade der holographischen Testamentsform bescheinigten Attributen der Geheimhaltung und Privatsphäre des Erblassers zuwiderlaufen. Hinzu kommt die regelmäßige Abhängigkeit der Auslegung von der Fähigkeit und Aufklärungsbereitschaft des Gerichts. Es stellt sich heraus, dass die Prüfung der Leistungsbilanz heutiger Testamentsformen besonders eine Frage der Leistungsfähigkeit des holographischen Testaments ist, da der Erblasser bei dieser Form hilflos sich selbst überlassen wird. Die Überprüfung kann sich deshalb vornehmlich auf die jüngere Rechtsprechung zum holographischen Testament beschränken.

Das Ergebnis der Leistungsbilanz bestätigt die bereits im Dritten Teil zu den Herausforderungen an das moderne Erbrecht gemachte Behauptung, dass die holographische Testamentsform zur Errichtung wirksamer Testamente aus heutiger Sicht nicht mehr ausreicht. Allerdings ist diese These für diese Untersuchung erst dann von Bedeutung, wenn alternative leistungsfähigere Formen möglich erscheinen. Die somit erforderliche Konfrontation der in der Untersuchung bereits angedeuteten neuen Formen eines beratungsbegleiteten Testaments und eines Testaments nach Mustertext mit den in der Leistungsbilanz festgestellten Testamentsmängeln führt zu dem positiven Ergebnis, dass diese beiden angedachten Testamentsformen besser als bisherige Formen geeignet erscheinen, formelle echte Formfehler und materielle unechte Formfehler verhindern zu können. Damit unterstützen die Ergebnisse des Vierten Teils der Untersuchung den Befund im Dritten Teil, neue Formen in Richtung eines beratungsbegleiteten Testaments und eines Testaments nach Mustertext zu entwickeln.

Fünfter Teil
Historische Verankerung der ordentlichen Testamentsformen

Die heutigen ordentlichen Testamentsformen bestehen mit Inkrafttreten des BGB seit über 100 Jahren[1] und gehören damit zum „Altbestand" des BGB. Ihre nahezu unveränderten Formen belegen, dass das Erbrecht nicht gerade zu den reformintensivsten Rechtsmaterien des BGB gehört[2].

1 Zu den relativ geringfügigen Änderungen vgl. nachfolgend § 3 in diesem Teil. Missverständlich insoweit Beck, Norminhalt und Formenstrenge im Recht der Nottestamente, S. 20, wenn diese vom gesetzgeberischen Bemühen um eine *stete* Anpassung der ordentlichen Testamentsformen an die praktischen Gegebenheiten spricht.

2 Schmoeckel, Erbrecht, S. 20, begründet dies mit der starken Auswirkung der Mentalitäten der Gesellschaft im Erbrecht.

§ 1 Hemmnisse für neue ordentliche Testamentsformen

Das Bundesverfassungsgericht hält die Einrichtung von Testamentsformen auf der Grundlage der Erbrechtsgarantie des Art. 14 GG für zulässig und gewährt insoweit einen Spielraum für deren Ausgestaltung[3]. Diese *Ausgestaltung* der Formen gehört somit nicht zum unabänderlichen Fundus der Erbrechtsgarantie[4].

Gleichwohl wird vor allem an der Form des eigenhändig errichteten Testaments festgehalten[5], als ob diese Form Bestandsgarantie besitze. Als Begründung wird gern angeführt, dass das eigenhändige Testament zum Bestandteil der vom BGB geprägten *Rechtskultur* gehöre[6]. Hat sich demnach die holographische Testamentsform aus der verfassungsrechtlich zulässigen Abänderbarkeit emanzipiert, so dass sie die Entwicklung neuer Testamentsformen verbieten könnte?

Die Antwort hierauf lässt sich nicht aus den Befunden zu Herausforderungen oder zur Leistungsbilanz der aktuellen Testamentsformen finden[7], sondern nur aus ihrer historischen Einbindung[8]. In den folgenden Abschnitten ist deshalb die Entwicklung der ordentlichen Testamentsformen hin zu ihrer heutigen Ausgestaltung zu untersuchen, wobei es nicht auf eine vollständige oder chronologische Darstellung der geschichtlichen Entwicklung ankommt[9], sondern allein darauf, ob eine derart historisch gewachsene Bestandsgarantie besteht, die dann neue Formen verhindern könnte.

---

3 Dazu Zweiter Teil § 3.

4 Nach BVerfG, *DNotZ* 2005, S. 60 f., zählen als Bestandteile zum institutionell verbürgten Fundus der Erbrechtsgarantie das Pflichtteilsrecht, die Testierfreiheit und das Erwerbsrecht der Erben.

5 Beutgen, Geschichte der Form des eigenhändigen Testaments, S. 99; Zimmermann, Testamentsformen, S. 472(495); Röthel, Ist unser Erbrecht noch zeitgemäß?, A13(A65); Otte, Das eigenhändige Testament, S. 43; Hermann, Holographisch, allographisch, nuncupativ, S. 60.

6 So z. B. bei Zimmermann, Testamentsformen, S. 472(495).

7 Siehe Dritter Teil und Vierter Teil § 2.

8 Schmoeckel, Erbrecht, S. 20, verweist ebenfalls darauf, dass die Geschichte für das Verständnis erbrechtlicher Regelungen aufschlussreich sein kann.

9 Dazu u. a. Erler, Adalbert / Kaufmann, Ekkehard / Werkmüller, Dieter: *Handwörterbuch zur deutschen Rechtsgeschichte*. Bd. V. Berlin 1998, S. 152 ff.; Beutgen, Geschichte der Form des eigenhändigen Testaments; Schmidts, Die Reform des Pflichtteilsrechts, alle jeweils mit weiteren Nachweisen.

§ 2 Einblicke in die Entwicklungen vom römischen Recht bis zur Neuzeit

A. Römisches Recht

Die heutige Selbstverständlichkeit, durch ein Testament die gesetzliche Erbfolge verdrängen zu können, hat sich im europäischen Raum erst entwickeln müssen[10]. Die Entstehung wird wohl den Römern und ihren rechtlichen Talenten zu verdanken sein[11]. Im Ursprung entstand das altrömische Testament wohl aus der Situation, für denjenigen, der nicht über *suus heres*[12] verfügte, einen solchen zu verschaffen[13].

I. Zeugentestament und andere Formen

In der Folge entwickelte sich zunächst das *testamentum per aes et libram*[14]. Auch wenn es sich um ein Geschäft unter Lebenden[15] handelte, war doch dessen Verkündung vor Zeugen[16] ein Schritt in Richtung Einführung eines Zeugentestaments[17]. Im Laufe der Zeit kam den Zeugen eine stetig wachsende Bedeutung zu und der lebzeitige quasi Treuhanderwerber des Vermögens des Erblassers (*familiae emptor*) bekam immer mehr die Stellung eines bloßen Zeugen, so dass

10 Weirich, Hans-Armin: *Erben und Vererben. Handbuch.* 4. Auflage, Ingelheim 1997, Rn. 252 f.

11 Dazu Kaser, Max / Knüttel, Rolf: *Studienbuch Römisches Recht.* 20. Auflage, Bonn 2014, S. 22 und 375 Rn. 7. So fand bereits 451 v. Chr. im Auftrag des Senats in Rom die Entwicklung der sog. 12 Tafeln statt, die immerhin auf Tafeln IV bis V das Familien- und Erbrecht betrafen.

12 Familienmitglieder, die unmittelbar in der Gewalt eines verstorbenen Hausvaters standen wie Sohn, Tochter oder nach deren Tod deren Kinder.

13 Kaser/Knütel, S. 385.

14 Vgl. Kaser/Knütel, S. 385, Testament durch Kupfer und Waage. Eigentlich handelte es sich dabei weniger um ein Testament im heutigen Sinne, sondern eher um einen Akt zur Umgehung der Intestaterbfolge, so auch Harke, Jan Dirk: *Römisches Recht.* Würzburg 2008, S. 304.

15 So noch Kaser/Knütel zu Recht in der 19. Auflage, Studienbuch Römisches Recht, S. 356; es fand ein Manzipationsakt statt im Sinne einer Übereignung auf einen symbolischen Käufer, der sich verpflichtete, nach dem Erblassertod darüber gemäß seinen Weisungen zu verfügen.

16 Harke, Römisches Recht, S. 305.

17 Wie hier Zimmermann, Testamentsformen, S. 472(484).

sich die eigentliche Manzipationsformel zur bloßen Förmlichkeit veränderte[18] und die *nuncupatio* der entscheidende Verfügungsakt wurde[19].

Die weitere Entwicklung der römischen Testamentsformen sollte der Prätor[20] mit seinem Verzicht auf die sinnlos gewordene Förmlichkeit des Manzipationsaktes bestimmen[21]. Es sollte fortan für denjenigen, der sich als Erbe behauptete, zum Beweis seiner Rechte vornehmlich auf die Vorlage einer gültigen von sieben[22] Zeugen gesiegelten Testamentsurkunde ankommen[23]. Im Ergebnis stellt somit das Siebenzeugentestament des prätorischen Rechts[24] der Form nach nichts anderes dar als den Formnachfolger zum *testamentum per aes et libram*[25].

Auffallend ist, dass der im BGB herrschende Grundsatz der persönlichen Unterschrift des Erblassers dem römischen Testamentsrecht bis zum Anfang des 5. Jahrhunderts unbekannt bzw. wesensfremd war[26] und damit auch das ei-

---

18 Kaser/Knütel, S. 386.

19 Vgl. Breitschmid, Peter: *Formvorschriften im Testament.* Zürich 1982, S. 8. Die nuncupatio war die Anordnung des Erblassers, die die Erbeinsetzung und sonstige Verfügungen des Erblassers enthielt. Der Erblasserwille wurde in Wachstafeln niedergeschrieben, die mit einer Schnur und den Siegeln der fünf Manzipationszeugen, des familiae emptor und des Waagenhalters (libripens), also insgesamt mit sieben Siegeln, verschlossen wurden, dazu Harke, Römisches Recht, S. 305 f.

20 Hausmaninger, Herbert / Selb, Walter: *Römisches Privatrecht.* Wien 1997, S. 57, nach der Verfassungsreform 367 v. Chr. erhielten die beiden Konsuln als Stellvertreter einen Prätor an ihre Seite mit der Befugnis, per Edikt zu Beginn seiner Amtszeit die Entscheidungsgrundsätze für sein Amtsjahr festzulegen.

21 Hausmaninger/Selb, Römisches Privatrecht, S. 431; Kaser/Knütel, S. 387 Rn.

22 Beumker, Angela: *Die Testamentsformen in Südafrika und ihre geschichtliche Entwicklung.* Münster 2000, S. 116, erklärt die Anzahl Sieben aus der traditionellen Größe der Kollegien in der Antike und daraus, dass diese Anzahl gemindert um den familiae emptor und den libripens Fünf ergibt, was Grundlage des Rechensystems ist und Symbol für die Gesamtordnung der Welt.

23 Honsell, Heinrich: *Römisches Recht.* 7. Auflage, Salzburg/Zürich 2010, § 70 V.; Harke, Römisches Recht, S. 305 ff. Die Vorlage wurde nicht akzeptiert, wenn der Intestaterbe die Ungültigkeit des Testaments aus formalen Gründen beweisen konnte.

24 Breitschmid, S. 8.

25 Auch als Manzipations- oder Libraltestament bezeichnet, dazu Hähnchen, Susanne: *Rechtsgeschichte, von der römischen Antike bis zur Neuzeit.* 4. Auflage, Bielefeld 2012, S. 70 Rn. 168. Siehe auch Kipp, Theodor / Coing, Helmut: *Lehrbuch des bürgerlichen Rechts.* 13. Auflage, Frankfurt/Main 1977, § 25, S. 182; Harke, Römisches Recht, S. 306.

26 Beutgen, Geschichte der Form des eigenhändigen Testaments, S. 12 f., weist darauf hin, dass den Römern die Unterschrift unter Urkunden grundsätzlich unbekannt war, der Aussteller der Urkunde vielmehr in der inscriptio zu Anfang der Urkunde nur genannt

genhändige schriftliche Testament[27]. Es beherrschten andere Formvorgaben das Geschehen[28].

Die nächste große Veränderung in den Formen erfolgte zu der Zeit der Teilung des Imperium Romanum in eine westliche und eine östliche Reichshälfte[29]. Hier war wegbereitend der Codex Theodosianus, den Theodosius II. als oströmischer Kaiser in Konstantinopel gemeinsam mit seinem Vetter Valentinian III. als weströmischer Kaiser in Ravenna als Zusammenstellung der römischen Gesetze und kaiserlichen Institutionen erließ[30]. Das nachklassische Recht stellte zwei schriftliche Testamentsformen zur Verfügung, eine dem jus civile zugeschriebene Form mit fünf Zeugen und die prätorische Form mit sieben Zeugen[31]. Im Westen entwickelte sich aufgrund einer Novelle von Valentinian III. die Form eines eigenhändigen Testaments *ohne* Unterschrift des Erblassers[32]. Als *testamentum holographum* wurde es alsbald ohne Zuziehung von Zeugen anerkannt[33]. Ebenso wurde dort das wechselseitige Testament unter Ehegatten gebilligt, sofern es die Gestattung durch den Kaiser erfuhr[34]. Alles entsprach dem Zeitgeist des Vulgarismus im weströmischen Reichsteil[35].

---

wurde. So erforderte ein Zeugentestament weder die Unterschrift des Erblassers noch die des Ausstellers der Urkunde, wohl aber die der Zeugen.

27 Zunächst entwickelte sich um 160 n. Chr. eine beachtliche Schuljurisprudenz, so z. B. in der Spätklassik die Kommentare des Ulpian, Julian und Paulus. Dies änderte sich mit der Verlagerung von der Wissenschaft auf die kaiserliche Rechtsprechung und später ab der nachklassischen Periode ab dem 3. Jahrh. , indem die absoluten Kaiser die Gesetzgebung ausübten, vgl. Harke, Römisches Recht, S. 10 und 16.

28 Harke, Römisches Recht, S. 315; Kaser/Knütel, S. 387 f. Auch galten vor der Erbeinsetzung stehende Verfügungen als nicht geschrieben. Jedes Testament musste in befehlender Form geschrieben sein und eine Erbeinsetzung enthalten, die zwingend zum Anfang des Testaments gehörte. Hauserben, die enterbt werden sollten, mussten ausdrücklich, bei Söhnen sogar mit genauer Namensnennung enterbt werden.

29 https://de.wikipedia.org/wiki/Reichsteilung_von_395; beginnend mit dem Untergang des gesamtrömischen Reiches um 395 n. Chr. mit dem Tod von Kaiser Theodosius d. Gr. erfolgte eine Teilung in eine westliche und eine östliche Reichshälfte.

30 Dazu Harke, Römisches Recht, S. 17.

31 Kaser/Knütel, S. 388.

32 Beutgen, Geschichte der Form des eigenhändigen Testaments, S. 12.

33 Beutgen, Geschichte der Form des eigenhändigen Testaments, S. 15.

34 Kaser/Knütel, S. 388 Rn. 12.

35 Vgl. Beutgen, Geschichte der Form des eigenhändigen Testaments, S. 15 f.; Hausmaninger/Selb, Römisches Privatrecht, S. 91, der zum Vulgarrecht ergänzt, das es vielfach rechtlich fragliche Vereinfachungen, aber auch eine Erweiterung der Vertragsfreiheit brachte.

Im oströmischen Teil wurde demgegenüber an der klassischen römischen Rechtslehre und damit an den bisherigen Testamentsformen, insbesondere an der Form des Siebenzeugentestaments, festgehalten[36]. Dieser mit Theodosius II. begonnene Klassizismus im Osten erlebte seinen Höhepunkt unter Kaiser Justinian I. und seinem Gesetzeswerk Corpus Juris Civilis[37]. Auch im Rahmen dieser klassizistischen Haltung konnte sich allerdings eine Ausnahmeform entwickeln, das *testamentum parentum inter liberos*[38]. Es gestattete die Erbenbenennung in Form eines handschriftlichen Testaments ohne Zeugen für den Fall, dass ein Elternteil lediglich seine Kinder als Erben einsetzen wollte[39].

Aus der Sicht der Fortentwicklung der Testamentsformen folgte als weiterer Schritt Anfang des 5. Jahrhunderts die Einführung des öffentlichen (gerichtlichen) Testaments[40] durch mündliche Erklärung zu Protokoll oder durch Einreichung einer Testamentsschrift bei Gericht oder Gemeindebehörde[41]. Bemerkenswerterweise kannten die Römer auch schon über die sog. Kodizille Formerleichte-

36 So Kaser/Knütel, S. 387 f.

37 Harke, Römisches Recht, S. 20 f.; Kaser/Knütel, S. 7. Im Auftrag Justinians I. erfolgte zunächst eine Sammlung von etwa 4.600 Kaiserinstitutionen zurück bis zu Kaiser Hadrian. Später schloss sich eine Kodifikation der klassischen Lehrbücher und Schriften römischer Juristen an, die Digesten oder griechisch auch Pandekten (= Gesamtausgabe) genannt werden. Diesen vorangestellt wurden lehrbuchhafte Grundlagen, die sog. Institutionen. Ende 533 wurde das Gesamtwerk als geltendes Recht von Kaiser Justinian I. in Konstantinopel verkündet, eine zeitliche wie inhaltliche Meisterleistung. In Weiterführung des dreiteiligen Gesetzwerkes verkündete Kaiser Justinian noch zahlreiche Einzelgesetze. Die drei Teile der justinianischen Kompilation nebst den Einzelgesetzen werden *Corpus Juris Civilis* genannt, vgl. Hausmaninger/Selb, Römisches Privatrecht, S. 101.

38 Hermann, Holographisch, allographisch, nuncupativ, S. 64, sieht die Grundlage in den Theodosianischen Konstitutionen aus dem Jahr 439 im Codex Justiniani 6, 23, 21.

39 Zimmermann, Testamentsformen, S. 472(478); Hausmaninger/Selb, Römisches Privatrecht, S. 432. Ebenso waren im römischen Erbrecht schon Legate und andere Rechtsinstitute bekannt, dazu Kaser/Knütel, Studienbuch Römisches Recht, S. 389 ff. Schließlich kannte das römische Erbrecht bereits das Fidei commissum als zunächst rechtsanspruchslose Erfüllungsbitte des Erblassers, später als gerichtlich durchsetzbarer Anspruch des Erben zur Vermögensübertragung über mehrere Generationen, sowie den Schutz des Erben vor zu großen Legaten.

40 Hausmaninger/Selb, Römisches Privatrecht, S. 432; Harke, Römisches Recht, S. 307; Breitschmid, S. 9.

41 Dies soll einer kaiserlichen Konstitution aus dem Jahr 413 zu entnehmen sein, dazu Kaser/Knütel, S. 388.

rungen[42]. Hier hat gemäß der These in dieser Arbeit bereits der Inhalt die Form bestimmt.

II. Zwischenergebnis zum römischen Recht

Der vorstehende Auszug über die Entwicklung der Testamentsformen im römischen Recht bis zum Ausgang der Antike belegt für das römische Recht keine Dominanz des eigenhändig handschriftlichen Testaments. Auch die Unterschrift des Erblassers unter sein Testament war kein regelmäßiges Wirksamkeitsmerkmal. Ein eigenhändiges Testament, sei es mit oder ohne Unterschrift des Erblassers, existierte zwar, war aber mehr ein Sonderfall, wie der Gebrauch dieser Form beim *testamentum parentum inter liberos* zeigt. Was das öffentliche Testament anbelangt, so entstand dieses erst gegen Ende der Antike und bedurfte ebenfalls der Teilnahme von Zeugen.

Die aufgezeigten Entwicklungen legen es nahe, somit von einem Vorherrschen der Form des *Testaments mit Zeugen* im genannten Zeitraum zu sprechen. Nach diesen ersten Beobachtungen bis zum Ende der Antike soll die weitere Entfaltung der Testamentsformen vom Mittelalter bis zum Ende des 19. Jahrhunderts mit besonderem Blick auf den germanischen Raum untersucht werden.

B. Einblicke vom frühen Mittelalter bis in die Neuzeit

Da im Gegensatz zur Zeit der Rechtsanwendung des römischen Rechts nach dem Zerfall des Römischen Reiches keine allgemeingültige Gesetzeslage fortbestand, entwickelten sich und dies ganz besonders nördlich der Alpen verschiedenste Rechtsgebilde und Gewohnheitsrechte, die hier wegen ihrer Vielzahl und teilweise schwierigen Belegbarkeit nicht vollständig und schon gar nicht in einer Chronologie ihrer Entstehung dargestellt werden können. Vielmehr sollen die Einblicke beschränkt werden auf die als beachtenswert erscheinenden Testamentsentwicklungen.

Historisch betrachtet ist dabei zunächst festzustellen, dass zum Beginn des frühen Mittelalters im germanischen Raum eine gewillkürte Erbeneinsetzung durch Testament nach *heutigem Rechtsverständnis* nahezu unbekannt war[43]. Das Hausgut stand nicht zur Erbdisposition, sondern war starr untrennbar mit dem

---

42 Breitschmid, S. 10. Diese Kodizille, mit denen ähnlich unserem heutigen Vermächtnis nicht Erben, aber sonstige Begünstigungen oder Anordnungen bestimmt werden konnten, waren als formfreie letztwillige Verfügungen seit der Kaiserzeit gestattet.

43 So Erler/Kaufmann/Werkmüller, Handwörterbuch Rechtsgeschichte, II. B 1, S. 154; Schulz, Gabriele: *Testamente des späten Mittelalters aus dem Mittelrheingebiet.* Mainz

Personenverband der Stammfamilie verknüpft[44] und stand den Nächsten als „Erbenwartrecht" zu. Es entwickelte sich aber bei den Langobarden und Franken bald eine interessante Ausnahme von diesem Grundsatz durch das sog. Erbschaftsgedinge und die damit zusammenhängende Möglichkeit, sich bei Fehlen vorhandener männlicher Nachkommen unter Bewilligung des Königs oder der Landesgemeinde Erben besonders zu „verschaffen"[45]. Dabei handelte es sich um eine frühe Form eines Testaments unter Zeugen[46].

Das frühe Vorhandensein derartiger Rechtsnachfolgen im germanischen Raum vor Eintritt in das frühe Mittelalter mag somit die bekannten „Feststellungen" des Publius Cornelius Tacitus[47] in seiner „Germania" und die vielen bis heute darauf aufbauenden Darstellungen[48] in Frage stellen, die davon ausgehen, dass vor dem frühen Mittelalter den Germanen Testamente völlig unbekannt waren[49].

1976, S. 28; Schröder/Künßberg, Lehrb. der deutschen Rechtsgeschichte, S. 77; Amira, Grundriss des germanischen Rechts, S. 173.

44 Starb ein Familienmitglied, wuchs sein „Anteil" den anderen Familienhausgenossen an, vgl. Erler/Kaufmann/Werkmüller, Handwörterbuch Rechtsgeschichte, II. B 1, S. 154.

45 Dazu Schulz, Testamente des späten Mittelalters, S. 28; Schröder/Künßberg, Lehrb. der deutschen Rechtsgeschichte, S. 368. Hierzu wurden gegenüber einem sog. Salmann unter Zuwurf eines Speeres (festuca) in Anwesenheit von drei Zeugen der Geding-*serbe* und das zugedachte Einzelvermögen bestimmt, das einzelne Erbgut dann dem Salmann quasi treuhänderisch übertragen, der es schließlich später vor dem Königsgericht oder im echten Ding an den *Wahl*erben weiterübertragen hat.

46 Wobei diese Form unübersehbar eine gewisse Ähnlichkeit mit dem *testamentum per aes et libram* der Römer aufweist. Im Unterschied dazu wurde dieser altgermanische formalisierte Vorgang jedoch nur auf *Einzelgegenstände* bezogen praktiziert.

47 Wiedergabe von Tacitus bei Schmidt-Recla, Kalte oder warme Hand?, S. 21 ff.. Tacitus kam zu seiner Erkenntnis wohl aus seinem Einsatz als römischer Prätor und Legationsrat um 88 n. Chr. in einer Rheinprovinz.

48 Z.B. bei Schulz, Testamente des späten Mittelalters, S. 2; Brunner, Heinrich: *Deutsche Rechtsgeschichte*. Bd. I. 2. Auflage, Leipzig 1906, S. 106; weitere Quellen bei Schmidt-Recla, Kalte oder warme Hand?, S. 34 ff.

49 In diesen Zusammenhang gehört auch der in frühgermanischer Zeit mit ins Grab gegebene Totenteil. Zum Teil wird dazu vertreten, dass dieser Totenteil der Vorläufer des Seelgeräts war, dazu Conrad, Hermann: *Deutsche Rechtsgeschichte*. Bd. I: Frühzeit und Mittelalter. Lehrbuch. 2. Auflage, Bad Godesberg-Mehlem 2011, S. 162. Wäre dem so, könnte man den frühen Totenteil als Keimzelle des späteren Testaments verstehen. Das Seelgerät war nämlich im Mittelalter einer der Auslöser des kanonischen Testaments und seiner Form. Da jedoch die Verbindung Totenteil zum Seelgerät nicht eindeutig geklärt erscheint und auch für den Gang dieser Untersuchung nicht von Bedeutung ist, soll dieser rechtshistorischen Frage hier nicht weiter nachgegangen werden.

I. Formen und Förmlichkeiten im Mittelalter

Das Entstehen individuellen aus der Hausgemeinschaft losgelösten Eigentums an Sachgütern bewirkte im frühen Mittelalter eine Entwicklung hin zu Verfügungen auf den Tod über den „vererbbaren" Freiteil und das Seelgerät[50]. Der somit im Frühmittelalter begründete Beginn einer Art Vererbung entwickelte dabei kein einheitliches nördlich der Alpen allgemein germanisches Recht, da das Gesamtterritorium noch zu sehr vor allem in Goten-, Franken-, Merowinger- und Burgunderreiche mit ihren eigenen Rechtsgestaltungen und Gewohnheitsrechten aufgeteilt war[51]. Dies führte im beginnenden Mittelalter zu unterschiedlichen Testamentsformen.

Das Frühmittelalter war geprägt von der Mündlichkeit der Überlieferung[52]. Rechtliche Aufzeichnungen von hoher systematischer Qualität[53] waren eher eine Domäne der Römer, wie im Corpus Juris Civilis zu erkennen ist. Seine durchaus für die damalige Zeit dogmatischen Qualitäten konnte das Corpus Juris Civilis wegen des faktischen Zerfalls des Römischen Reiches allerdings zumindest im weströmischen Teil und dadurch auch im sog. germanischen Raum nicht ausreichend weitervermitteln[54]. Und dennoch, während deshalb im italischen Raum bis zur Mitte des Hochmittelalters das Testament quasi unbekannt war[55], entwickelten sich bereits im Westgoten- und Burgunderreich in der lex Romana Visigotorum um 506 und der lex Romana Burgundionum um 516 für die römischen Bevölkerungsteile[56] sowie später in der lex Visigotorum für die Westgoten[57]

50 Ähnlich Breitschmid, S. 6; Erler/Kaufmann/Werkmüller, Handwörterbuch Rechtsgeschichte, II. B 1, S. 154.

51 Ebenso Schmidt-Recla, Kalte oder warme Hand?, S. 5 und 8, der dies zutreffend damit begründet, dass es nebeneinander bestehende Volksrechte gab, die nach bisherigen Erkenntnissen aber nicht genügend gemeinsame Schnittstellen hatten, um von einem gemeingermanischen Recht sprechen zu können.

52 Schmidt-Recla, Kalte oder warme Hand?, S. 13. Die hohe Zahl mündlich überlieferter lokaler Gewohnheitsrechte führte zu häufigen Streitigkeiten, worauf Zimmermann, Testamentsformen, S. 472 f., hinweist.

53 Vgl. Kaser/Knütel, S. 4; Schmidt-Recla, Kalte oder warme Hand?, S. 15.

54 Harke, Römisches Recht, S. 19 Rn. 26; Kaser/Knütel, S. 9, der zu Recht darauf hinweist, dass im Westen römisches Recht nur in Gestalt des Vulgarrechts und dabei noch vermischt mit Rechtsgedanken der westlichen Volksstämme die Rechtsentwicklung bestimmt hat.

55 Breitschmid, S. 10. Dies ist wohl auch ein Ergebnis der Verdrängung der Byzantiner durch die Langobarden im 6. Jahrh., vgl. Harke, Römisches Recht, S. 22.

56 Zimmermann, Testamentsformen, S. 472(478);

57 Beutgen, Geschichte der Form des eigenhändigen Testaments, S. 19, die lex Visigotorum aus dem Jahre 654 n. Chr. galt sowohl für Goten als auch für Römer.

Regelungswerke über eine Testamentserrichtung als Fortsetzung des römischen Prinzips zur gewillkürten Erbfolge[58]. Im Unterschied zur klassischen römischen Form des Siebenzeugentestaments sahen diese leges auch die volle Wirksamkeit eines eigenhändig *ohne Zeugen* errichteten Testaments vor[59].

Dennoch brachten die genannten leges nach heutigen Erkenntnissen keine nachhaltige Durchsetzung irgendeiner Testamentsform hervor[60]. Überdies ist zum Begriff des Testaments für jene Zeit anzumerken, dass dieser zumindest bis zum auslaufenden Hochmittelalter in vielen „germanischen" Territorien wie im merowingischen und später karolingischen Rechtsgebiet nicht verwendet wurde[61], der Inhalt der Verfügungen[62] gleichwohl aber testamentsähnlich war[63]. Für diese Untersuchung interessant ist auch folgender Befund:

Bei dem fränkischen Geschlecht der Merowinger existierte bereits eine Art *Musterformulare* für derartige Verfügungen. Wie intensiv diese Formularsammlungen im Rechtsalltag verwendet worden sind, lässt sich aus deren Existenz und unterschiedlicher Ausgestaltung heute leider nicht erkennen[64]. Bei diesen Formu-

---

58 Breitschmid, S. 11.

59 Beutgen, Geschichte der Form des eigenhändigen Testaments, S. 20, nennt als Begründung der Zulassung der Handschriftlichkeit den möglichen Mangel an Zeugen. Bei der lex Visigotorum kam aber die Besonderheit der nachträglichen Echtheitsbestätigung durch den Bischof oder Richter hinzu, wozu Testamentsbegünstigte das handschriftliche Testament des Erblassers zur Überprüfung seiner Handschriftlichkeit binnen sechs Monaten seit Erhalt der Schrift bei diesem vorzulegen hatten.

60 Schmidt-Recla, Kalte oder warme Hand?, S. 78; Beutgen, Geschichte der Form des eigenhändigen Testaments, S. 29; a.A. Breitschmidt, S. 12, der die Vermutung äußert, dass sich bald eine langdauernde Übung in der Errichtung eines handschriftlichen Testaments entwickelt hatte, aber dies bisher nicht urkundlich belegbar ist.

61 Woraus nicht geschlossen werden darf, dass dort nicht über den Tod hinaus verfügt wurde, ebenso Schmidt-Recla, Kalte oder warme Hand?, S. 76 und S. 640.

62 Wobei im Gegensatz zum römischen Testamentsrecht eine Erbeinsetzung im Sinne einer Universalsukzession nicht erfolgte, sondern die Einsetzung auf einen Vermögensgegenstand hinauslief, Schmidt-Recla, Kalte oder warme Hand?, S. 641.

63 Schmidt-Recla, Kalte oder warme Hand?, S. 229, mit zahlreichen historischen Quellen; insoweit unklar Schulz, Testamente des späten Mittelalters, S. 5, wenn dort von der Verbreitung des Testaments für den heutigen Westen Deutschlands erst ab Beginn des 13. Jahrh. gesprochen wird.

64 Immerhin ließen die Formulare auch eine Nichtberücksichtigung des sog. Erbenlaubs zu. Die Existenz des sog. Erbenlaubs als eine Art Herausgabeanspruch der nächsten Erben bei Verfügungen des Erblassers gegen den Dritten, der unter Missachtung ihrer Anrechte ohne ihre Einwilligung (unbewegliches) Vermögen vom Erblasser zugedacht bekam, wird zum Teil als früh vorhandenes gemeingermanisches Recht angenommen,

laren handelte es sich um *vorformulierte* Standardtexte[65], die als Vorlage für eine unbestimmte Zahl von Personen für verschiedene in der damaligen Rechtspraxis vorkommende Erbsachverhalte bereitgehalten wurden[66]. Die Quellen belegen die für diese Untersuchung bemerkenswerte Erkenntnis, dass schon im frühen Mittelalter eine Art Testament nach Musterformular vorhanden war und wohl auch verwendet wurde.

Die Testamente verfolgten zum Teil den Zweck, einzelne Vermögenszuwendungen an die Kirche zu Lasten der nächsten Erben zu ermöglichen[67]. Allmählich wurde dann die Vorstellung von der Auflösung des Erbvermögens durch einzelgegenständliche Verfügungen ersetzt durch die Betrachtung des Nachlasses als übertragbare Gesamtmasse[68]. Die Kirche entdeckte gleichzeitig das Testament immer mehr als Quelle der Vermögensmehrung und nahm unter der Aufforderung der „Wahrung des Seelenheils durch Zuwendung für fromme Zwecke" Einfluss auf die hierzu erforderliche Testamentsgestaltung[69]. Es entwickelte sich das Klerikertestament, mittels dessen der Kleriker sein ganzes bewegliches Hab und Gut der Kirche, Klöstern, Armen oder seinem Dienstpersonal vermachen konnte[70]. Der Form nach erfolgte die Testamentserrichtung[71] vor dem für den

so Wegener, Gunter: „Beschränkungen der Testierfreiheit in deutschen Stadtrechtsreformationen und Landrechten der Rezeptionszeit". In: *Festschrift für Ulrich von Lübtow.* Berlin 1970, S. 569 ff.; diese urgermanische Existenz ablehnend Schmidt-Recla, Kalte oder warme Hand?, S. 225.

65 Dazu näher Schmidt-Recla, Kalte oder warme Hand?, S. 206.

66 Nach den Erhebungen bei Schmidt-Recla, Kalte oder warme Hand?, S. 207 ff., liegen u. a. vor das Formular der Formularsammlung aus dem neustrischen Angers (Anm. heutiges Département Maine-et-Loire), vermutlich aus dem 6. Jahrh. über gegenseitige Ehegattenerbeinsetzung bei Kinderlosigkeit, das Formular der Sammlung des fränkischen Mönchs Markulf aus dem 7./8. Jahrh. über Bestimmungen von Eheleuten zum Schutz des Erbgutes des Erstverstorbenen zugunsten der Kirche oder zugunsten der nächsten Erben, das Formular des Mönchs Markulf, bei welchem er eine Erklärung zu ggf. auszutauschenden „Textbausteinen" abgibt. Nicht einheitlich feststellbar ist allerdings, ob die Verwendung der Formulare als quasi Formvorgabe noch einer Bestätigung vor dem (Königs)Gericht und/oder vor Zeugen bedurfte.

67 Beispiel bei Schmidt-Recla, Kalte oder warme Hand?, S. 212 f..

68 Conrad, Deutsche Rechtsgeschichte, S. 414.

69 Zimmermann, Kulturelle Prägung des Erbrechts?, S. 321, unterstellt, dass das Testament seine „Renaissance" der Kirche zu verdanken hat.

70 Schulz, Testamente des späten Mittelalters, S. 9.

71 Historisch korrekt zu Beginn noch eher als Vergabung von Todes wegen zu bezeichnen.

Kleriker zuständigen Pfarrer als Amtsperson unter gleichzeitiger Beteiligung von zwei bis drei Zeugen[72].

Diese Form setzte sich schließlich weiter durch und wurde in der Folgezeit auch für Nichtkleriker als Testamentsform verwendet[73], zunächst nur für Verfügungen zu Gunsten der Kirche zu frommen Zwecken, später dann ebenso – beginnend primär in den Städten – für beliebige Zwecke[74]. Schließlich entstand daraus unter dem Dekret von Papst Alexander III. im Jahre 1170 die kanonische Testamentsform, die die Anwesenheit des Pfarrers nebst zwei oder drei Zeugen vorsah[75]. Wenig später entwickelten sich die Vergabungen von Todes wegen nach dem Sachsenspiegel um 1220 oder Schwabenspiegel um 1268, die vor dem Gericht[76] oder mündlich unter Zeugen ausgesprochen wurden und nach dem Tod des Vergebenden dem Rat der Stadt vorzutragen waren, der die Verfügungen in das Stadtbuch eintragen ließ[77].

Somit wird man in den genannten Testamentsformen zwar einen frühen Ansatz zur Testierfreiheit[78] sehen dürfen, nicht jedoch den Beginn der Festigung irgendeiner vorherrschenden Testamentsform[79]. Auch die im westeuropäischen

---

72 Erler/Kaufmann/Werkmüller, Handwörterbuch Rechtsgeschichte, II. B 3, S. 154; Schulz, Testamente des späten Mittelalters, S. 11.

73 Schulz, Testamente des späten Mittelalters, S. 3.

74 Beutgen, Geschichte der Form des eigenhändigen Testaments, S. 30 f.

75 Beutgen, Geschichte der Form des eigenhändigen Testaments, S. 31; Zimmermann, Kulturelle Prägung des Erbrechts?, S. 32; Schulz, Testamente des späten Mittelalters, S. 10. Hintergrund des Dekretes war wohl vor allem, dass die römische Form des Sieben- oder Fünfzeugentestaments wieder stärker aufkam. Papst Alexander untersagte deshalb in seinem Dekret unter Androhung von Kirchenstrafe die Nichtanerkennung der kanonischen Testamentsform.

76 Conrad, Deutsche Rechtsgeschichte, S. 420, mit Belegstellen aus den Rechtssammlungen Sachsenspiegel und Schwabenspiegel. Heilfron, Edmund: *Deutsche Rechtsgeschichte*. 6. Auflage, Berlin 1905, S. 719, vertritt dazu die Auffassung, dass die älteste deutsche Form der Testamentserrichtung die Erklärung vor Gericht und in den Städten vor dem Stadtrate sei. Aufgrund der bisherigen Ausführungen in dieser Untersuchung hängt das m. E. aber davon ab, ob die Annahme einer Testamentserrichtung von dem Wortgebrauch Testament abhängt und was für die mittelalterliche Zeit unter „deutscher Form" zu verstehen ist.

77 Conrad, Deutsche Rechtsgeschichte, S. 420 f..

78 Hier natürlich noch nicht in dem Umfang des Grundgesetzes zu verstehen.

79 Ähnlich Erler/Kaufmann/Werkmüller, Handwörterbuch Rechtsgeschichte, II. B 4, S. 155; Beutgen, Geschichte der Form des eigenhändigen Testaments, S. 32, die auf die wieder aufkommende Verschärfung der Testamentsformen wegen des wachsenden Verlangens nach Sicherung der Testamentsausführungen hinweist. Nicht verkannt wer-

Raum einsetzende Wiederbelebung des tradierten justinianischen Gesetzgebungswerks änderte daran zunächst nichts[80]. Der Rezeption des römischen Rechts wird jedenfalls bis zum Hochmittelalter kein nennenswerter Einfluss auf Entwicklungen zur Testamentsform bescheinigt werden können.

Wenn auch die praktizierten Testamentsformen bis zum Spätmittelalter gebietsmäßig mangels einheitlicher Rechtsgrundlage unterschiedlich waren[81], traten gleichwohl immer wieder in verschiedenen Territorien Westeuropas erstaunlich gleiche neue Formen auf. Dies gilt namentlich für die im späten 13. Jahrhundert aufkommende gesiegelte Testamentsform, z. B. im „nordfranzösischen“ Coutumes de Beauvaisis des Jahres 1283 oder im „spanischen“ Fuero Real des Jahres 1255[82]. Die entscheidende Gemeinsamkeit bestand darin, dass mit dem Aufdrücken des Siegels eine Echtheitsbestätigung der Testamentsurkunde zum Ausdruck gebracht werden sollte, entweder durch den Siegelinhaber selbst durch Aufsetzen seines Siegels auf seiner Testamentsurkunde oder bei ein Siegel nicht besitzenden Perso-

---

den darf jedenfalls der Einfluss des kanonischen Testaments auf die weitere Entwicklung der Testamentsformen, ebenso Zimmermann, Testamentsformen, S. 472(485). Erwähnt sei hier noch die nur vorübergehend im 13. Jahrh. im normannischen England unter dem Einfluss der Kirche entwickelte Form des rein mündlichen Testaments vor zwei aufrichtigen den Inhalt bestätigenden Zeugen (nuncupative wills), die bald aber durch die schriftlichen Niederlegungen wieder bedeutungslos wurden, dazu Häcker, Birke: „Testamentsformen in England – unter besonderer Berücksichtigung ihrer historischen Entwicklung“. In: Schmoeckel/Otte, Europäische Testamentsformen, S. 105(113).

80 Indes führt sie zur Gründung bedeutender Rechtsschulen in Bologna und Montpellier. An diesen interpretierten die rechtshistorisch bedeutenden Glossatoren wie Irnerius oder Portius bzw. Kommentatoren wie Placentinus oder Révigny den Text des Corpus Juris zum Teil neu.

81 Olechowski, Thomas: *Rechtsgeschichte. Lehrbuch.* 3. Auflage, Wien 2010, S. 128 f., weist ebenso auf die Zersplitterung in zahlreiche Partikularrechte hin. Auch bekannte Rechtsbücher wie der Sachsenspiegel (um 1120), darin Regelungen zur Vergabung von Todes wegen unter Ldr. II 30, oder das als Schwabenspiegel bekannte Kaiserliche Land- und Lehensrechtsbuch (um 1275), dort unter C. 22, waren letztlich nur Aufzeichnungen des Gewohnheitsrechts, die zwar teilweise erhebliche Beachtung wie Gesetze fanden, aber letztlich nicht zu einer allumfassenden Rechtsvereinheitlichung führten.

82 Dazu De Los Mozos, Javier: „Testamentsformen in der spanischen Rechtsgeschichte“. In: Schmoeckel/Otte, Europäische Testamentsformen, S. 140, Gesetz des Königs Alfons X., welches Formregelungen zu den „manda“ (letztwillige Verfügungen) des Erblassers für den heutigen spanischen Raum aufstellte.

nen mittels Siegelung durch Dritte[83], die mit dem Aufdruck ihres Siegels eine Art Beglaubigung des Testaments ausführten, oder sogar wie in Kastilien durch Versehen mit einem Notarsiegel quasi zur Beglaubigung der Echtheit[84]. Diese Form der Testamentserrichtung ist der heutigen Unterschriftsbeglaubigung vergleichbar, so dass man in dem gesiegelten Testament durchaus eine weitere Entwicklung der mittelalterlichen Testamentsformen in diese Richtung sehen kann[85].

Nicht unerwähnt bleiben darf, dass zudem vielfach durch besonderes Ortsrecht die Möglichkeit, wenn nicht gar die Pflicht bestand, dass der Erblasser das Testament vor den Stadtbeamten wie z. B. Ratsherren errichten musste und dort zur Verwahrung abgeben musste[86] oder die Zeugen das Testament nach dem Tod des Erblassers vor den Stadtrat zu bringen hatten, der es dann im Stadtbuch eintrug[87].

II. Auf dem Weg in die Neuzeit

Wenn die Rezeption römischen Rechts bis zum Hochmittelalter im germanischen Raum noch nicht entscheidend auf die Testamentsformen Einfluss genommen hatte[88], so änderte sich dies jedoch aufgrund ihrer anhaltenden Aufnahme in

---

83 Beutgen, Geschichte der Form des eigenhändigen Testaments, S. 32.

84 De Los Mozos, Testamentsformen in der spanischen Rechtsgeschichte, S. 140.

85 Vielfach handelte es sich für den ein *eigenes Siegel führenden* Erblasser immerhin um eine Möglichkeit, ohne Zuziehung weiterer Zeugen oder Amtspersonen für sich testieren zu können, weshalb manche in der Einführung der Siegelurkunde sogar eine Vorstufe zum eigenhändigen Testament erkennen wollen, so Conrad, Deutsche Rechtsgeschichte, S. 420 f.; Erler/Kaufmann/Werkmüller, Handwörterbuch Rechtsgeschichte, S. 158. Ablehnend Beutgen, Geschichte der Form des eigenhändigen Testaments, S. 32 m.w.N. Die ablehnende Begründung von Beutgen überzeugt. Immerhin ist das Siegel auch ein Merkmal der öffentlichen Urkunde, so dass aus der reinen Tatsache, dass der siegelführende Erblasser ohne Zeugen „zu Hause“ testieren konnte, nicht ohne weiteres die Brücke zum eigenhändigen Testament geschlagen werden kann. Andernfalls müsste sonst das zu Hause errichtete Zeugentestament, wenn man nur die Zeugen weglassen würde, auch als Vorläufer des eigenhändigen Testaments gelten.

86 Rotenhan, Juliane von: *Frankfurter Testamentsstreitigkeiten am Reichskammergericht: Eine Untersuchung anhand der Gerichtsakten der höchstrichterlichen Spruchpraxis (1495–1806).* Frankfurt/Main 2015, S. 86 f., mit Beschreibung des Stadtrechts für Frankfurt am Main.

87 Schmidt-Recla, Kalte oder warme Hand?, S. 315 ff.; Erler/Kaufmann/Werkmüller, Handwörterbuch Rechtsgeschichte, S. 159; Olechowski, Lehrb. Rechtsgeschichte, S. 129.

88 Dazu auch Fünfter Teil § 2 B.

die Rechtslehre an den Universitäten[89] im auslaufenden Spätmittelalter. Die Absolventen der rechtswissenschaftlichen Hochschulen wandten in Justiz und Verwaltung zunehmend römisches oder kanonisches Recht an, soweit dem nicht gewohnheitsrechtliches Partikularrecht entgegenstand[90]. Beleg für den wachsenden Einfluss der Rezeption ist auch die Reichsnotariatsordnung von 1512[91]. Diese nahm neben der mündlichen Testamentserrichtung vor Gericht oder einem Notar die aus dem römischen Recht (Corpus Juris Justinians) bekannte Form[92] des schriftlichen oder mündlichen Testaments vor sieben Solennitätszeugen wieder auf[93], so dass diese Form des Zeugentestaments auch zu Beginn der Neuzeit gemeines Recht bildete[94].

An dieser Stelle muss wegen der soeben beschriebenen Renaissance des Zeugentestaments die abweichende Formentwicklung im heutigen Nordfrankreich angesprochen werden, da sie stärker auf eine Einführung des eigenhändigen Testaments hinauslief. Das anzuwendende Recht dort wurde bestimmt vom sog. droit coutumier[95]. Im Rahmen dieses Gewohnheitsrechts setzte sich dort ab dem 15. Jahrhundert eine Form der eigenhändigen Errichtung des Testaments durch den Erblasser durch, die zunächst der Echtheitsbestätigung durch Zeugen oder einen Notar auf der Rückseite des Testamentstextes bedurfte, bald aber bei eigen-

---

89 Kaser/Knütel, S. 9.

90 Olechowski, Lehrb. Rechtsgeschichte, S. 133.

91 Zur Entstehung der Rechtsnorm vgl. Schmoeckel, Mathias: „Die Reichsnotariatsordnung von 1512. Entstehung und Würdigung". In: Schmoeckel/Schubert (Hrsg.): *Handbuch zur Geschichte des deutschen Notariats seit der Reichsnotariatsordnung von 1512*. 1. Auflage, Baden-Baden 2012, S. 29 ff.

92 Dazu Kipp/ Coing, Lehrbuch des bürgerlichen Rechts, S. 183.

93 Heilfron, Deutsche Rechtsgeschichte, S. 719; Kocher, Gernot: *Grundzüge der Privatrechtsentwicklung und der Geschichte der Rechtswissenschaft in Österreich*. 2. Auflage, Wien/Köln/Weimar 1997, S. 152; De Los Mozos, Testamentsformen in der spanischen Rechtsgeschichte, S. 137(141).

94 Kipp, S. 184; Hausmaninger/Selb, Römisches Privatrecht, S. 109 ff. Ungeachtet dessen führte die Rezeption auch zu einer Vermischung der Testamentsformen, ohne dadurch weitere für den Gang dieser Untersuchung nennenswerte neue Formen hervorzubringen; wie hier Conrad, Deutsche Rechtsgeschichte, S. 420; Erler/Kaufmann/Werkmüller, Handwörterbuch Rechtsgeschichte, S. 158.

95 Ausführlich dazu Beutgen, Geschichte der Form des eigenhändigen Testaments, S. 30 ff., mit zahlreichen Nachweisen. Dieses mündlich überlieferte Gewohnheitsrecht war als *droit coutumier* das zwar im heutigen Norden Frankreichs praktizierte Recht, nicht aber im romanisch geprägten Süden; dort herrschte in Anlehnung an die römische Rechtspraxis geschriebenes Recht (pays du droit écrit) vor, vgl. Olechowski, Lehrb. Rechtsgeschichte, S. 128.

händiger Schriftlichkeit und Unterzeichnung der Schrift durch den Erblasser auch diese Formalien wegließ[96]. Es war dort der Beginn des eigenhändig errichteten zeugenlosen Testaments[97]. Für das französische Gebiet war damit aber noch nicht der endgültige Durchbruch für die holographische Testamentsform erfolgt, wie aus der Entstehungsgeschichte des französischen Code Civil bekannt ist. Am Anfang der französischen Revolution 1789 wurde die Testierfreiheit als negatives Nebenprodukt aus den Zeiten des Adels betrachtet und deshalb zunächst für den Code Civil abgelehnt[98]. Erst über den Code Napoléon um 1800 wurde das Testierrecht wiederhergestellt. Es bedurfte jedoch noch einiger Jahre und zahlreicher Stellungnahmen, bis schließlich in der Sitzung vom 24.03.1803 des Conseil d´Etat die endgültige Zulassung des eigenhändigen mit Datum und Unterschrift des Erblassers versehenen Testaments im Code Civil niedergelegt wurde[99].

Im germanischen Raum erfuhr das eigenhändige Testament hingegen bis zur späten Neuzeit keine Aufnahme und entwickelten sich auch keine sonstigen neuen nennenswerten Testamentsformen, sondern verblieb es zunächst bei dem aus dem römischen Recht bekannten (Sieben)Zeugentestament, dem Testament vor Gericht oder vor einem Notar[100]. Zwar hatte die Emanzipation des heimischen Rechts[101] gegenüber dem rezipierten römischen Recht durch die Schule des usus modernus pandectarum[102] im laufenden 17. Jahrhundert das römische Corpus Juris inzwischen in den Rang des Gewohnheitsrechts herabgestuft und damit in einen Gleichrang mit den heimischen Rechtsgewohnheiten versetzt[103], im Bereich

96 Ausführlich dazu Beutgen, Geschichte der Form des eigenhändigen Testaments, S. 35 ff. m.w.N.

97 Beutgen, Geschichte der Form des eigenhändigen Testaments, S. 41. In der Neuzeit festigte sich diese holographische Testamentsform zuerst in den zahlreichen Gewohnheitsrechten wie in der Coutume des Paris um 1510, bis sie in der Folgezeit sogar ihre Bestätigung in den sog. Ordonnancen, also den Gesetzen bzw. Verordnungen des Regenten erfuhr.

98 Dazu Beutgen, Geschichte der Form des eigenhändigen Testaments, S. 44 f.

99 Noch heute Art. 969 CC: „Un testament pourra etre olographe ou fait par acte public ou dans la forme mystique."

100 Vgl. auch Roes, Sebastian: „Die Testamentsformen in den Niederlanden: Entstehung, Entwicklung, geltende Rechtslage". In: Schmoeckel/Otte, Europäische Testamentsformen, S. 217.

101 So Olechowski, Lehrb. Rechtsgeschichte, S. 135 Rn. 1419.

102 Der Name kommt von dem 1690 erschienenen Buch *Usus modernus pandectarum* des germanischen Rechtsgelehrten Samuel Stryk an der Universität Frankfurt/Oder.

103 Repken, Tilman: „Jus Commune". In: Haferkamp, Hans-Peter / Repken, Tilman (Hrsg.): *Usus modernus pandectarum*. Köln/Weimar/Wien 2007, S. 164; Paulus,

der Testamentsformen änderte dies aber mangels anderer im germanischen Raum überlieferter Formalternativen grundsätzlich nichts[104].

Gleiches wird man auch der zum Ende des 17. Jahrhundert aufkommenden Naturrechtslehre[105] bescheinigen müssen. Diese bestätigte immerhin die Verfügungsfreiheit des Eigentümers und dadurch die *naturrechtliche* Zulässigkeit von Testamenten[106], hielt aber die Form des Testaments für nebensächlich, solange nur in der vorgegebenen Testamentsform der wahre Wille des Erblassers zum Ausdruck kommen konnte.

Gleichwohl werden diese Strömungen, vorangetrieben durch die seinerzeitigen Rechtsschulen und ihre Rechtsgelehrten[107], dafür verantwortlich sein, dass sich immer stärker die Idee zu gesetzlichen Festlegungen von Formen der Testamentserrichtung durchsetzte[108]. So entstand das Allgemeine Landrecht für die Preußischen Staaten von 1794, welches als ordentliche Form der Testamentserrichtung das gerichtliche und nicht das holographische Testament vorsah[109].

Christoph: Einführung in die Rechtsgeschichte der Antike, online verfügbar unter http://paulus.rewi.hu-berlin.de/Site/Alte%20Homepage/Rechtsgeschichte%20 WiSe08.pdf; letzter Abruf 19.03.2016, S. 50; Hausmaninger/Selb, Römisches Privatrecht, S. 115, spricht etwas zurückhaltender von einer „Einschmelzung von Teilen des einheimischen Rechts in das gemeine Recht". Auch die Ausführungen Möllers, „Servituten im römischen Recht und in der Rechtsprechung des Reichsgerichts". In: Schmidt-Recla, Adrian / Schumann, Eva / Theisen, Frank (Hrsg.): *Sachsen im Spiegel des Rechts*. Köln/Weimar/Wien 2001, S. 127, belegen dies noch für die Entscheidungen des jungen 1879 gegründeten Reichsgerichts: „das RG hatte [...] bis zum Inkrafttreten des BGB [...] Rechtsfragen auf der Grundlage der unterschiedlicher Rechtsordnungen zu entscheiden. Das gemeine, also das rezipierte römische Recht spielte *dabei eine wichtige Rolle*" [Hervorhebung in dieser Untersuchung; Anm. d. Verf.].

104 Dazu allgemein Harke, Römisches Recht, S. 27.

105 Dazu Harke, Römisches Recht, S. 27.

106 Beutgen, Geschichte der Form des eigenhändigen Testaments, S. 48, mit Hinweis auf diesbezügliche Äußerungen der Vertreter der Naturrechtslehre Hugo Grotius und Samuel Pufendorf.

107 Dazu Harke, Römisches Recht, S. 28 f., mit Hinweis auf bekannte Wissenschaftler wie Hugo Grotius, Samuel Pufendorf oder Christian Thomasius.

108 Repken, Jus Commune, S. 166; allgemein zum Zivilrecht auch Harke, Römisches Recht, S. 29.

109 Vgl. in Rehbein/ Reincke, *Allgemeines Landrecht für die Preußischen Staaten*. II. Band, Theil I, 4. Auflage, Berlin 1889, 12. Titel, 1. Abschn., V., „§ 66 Jedes Testament [...] muss in der Regel vom Testator selbst den Gerichten übergeben oder zum gerichtlichen Protokoll erklärt werden".

Anders verhielt es sich im Badischen Rechtsgebiet; verbleibend unter dem Einfluss der Protektion Napoléons wurde der dort zunächst gültige französische Code Civil ersetzt durch das neue Badische Landrecht von 1810. Dieses übernahm als ordentliche Testamentsform neben dem öffentlichen Testament das eigenhändige Testament[110]. Bemerkenswerterweise wurden die Formalitäten des öffentlich errichteten Testaments dabei ungleich höher angesetzt, indem diese die Gegenwart von zwei Staatsschreibern und zwei Zeugen oder einem Staatsschreiber und vier Zeugen verlangten[111]. In Sachsen wurde am 02.01.1863 das sächsische Bürgerliche Gesetzbuch[112] verkündet, das das einzige vor dem deutschen BGB in Kraft getretene vollständige Gesetzbuch des Zivilrechts war und dem deshalb Einflüsse auf den Gesetzesentwurf zum BGB von 1896 zugeschrieben werden[113]. Das sächsische BGB ließ nicht pauschal ein handschriftliches Testament zu, sondern gemäß § 2115 nur hinsichtlich Verfügungen von Todes wegen, mit denen Eltern oder Ehegatten ihren als gesetzliche Erben in Betracht kommenden Abkömmlingen oder Ehegatten etwas zukommen lassen wollten[114].

---

110 Dazu Reh, R.: *Das Badische Landrecht.* Mannheim 1879, III. Buch II. Titel, 5. Kapitel, Allg. Regeln über die Form, „Art. 970 Ein eigenhändiger Wille von Hand geschrieben und unterzeichnet [...]; er bedarf keiner anderen Förmlichkeit".

111 Reh, Badisches Landrecht, III. Buch II. Titel, 5. Kapitel, zu Art. 971 Badisches Landrecht. Als weiteres Beispiel partikularer Kodifikationen im 19. Jahrh. mag noch erwähnt werden eine Verordnung des Herzogtums Schleswig. Im Herzogtum Schleswig wurde erst durch königliche Verordnung v. 04.02.1854 das Wirksamkeitserfordernis, nach dem eigenhändige Vergabungen von Todes wegen einer königlichen Bestätigung bedurften, aufgehoben und damit die Form des eigenhändigen Testaments als ordentliche Testamentsform gestattet; dazu Beutgen, Geschichte der Form des eigenhändigen Testaments, S. 64.

112 Vor Inkrafttreten des sächsischen BGB galt in Sachsen das gemeine Sachsenrecht, das auf dem Sachsenspiegel, kursächsischen Konstitutionen und Corpus Juris Civile beruhte, vgl. Ebel in Erler/Kaufmann/Werkmüller, Handwörterbuch Rechtsgeschichte, S. 1248.

113 Bark, Thomas: „Die Entstehung des BGB im Spiegel der bürgerlichen Rechtsgeschichte". *Kritische Justiz* 1973, S. 158 f. Freilich soll hierdurch nicht der Einfluss der Pandektenwissenschaft auf die Entwicklung des BGB verkannt werden, der u. a. durch den systematischen Aufbau des BGB mit seiner Unterscheidung in Sachen- und Obligationenrecht, in Familien- und Erbrecht zum Ausdruck kommt, dazu Hausmaninger/Selb, Römisches Privatrecht, S. 116.

114 Hermann, Holographisch, allographisch, nuncupativ, S. 60(83). Die in der genannten Norm des sächsischen Gesetzgebers enthaltene Aufnahme des römischen *testamentum parentum inter liberos* als inhaltlich veranlasste Sonderform der Testa-

III. Sammlung der Eindrücke vom frühen Mittelalter bis zur Neuzeit

Schon die Schwierigkeit, die Entwicklungen zur Testamentsform im genannten Zeitraum überschaubar und knapp darzustellen, belegt die Vielseitigkeit der Formen zu jener Zeit.

Vorherrschend war die vom römischen Recht bekannte Form des Siebenzeugentestaments. Einen ersten Ansatz eines zeugenlosen Testaments weist allerdings das lex Visigotorum der Westgoten im 6. Jahrhundert auf, das jedoch noch der Bestätigung durch den Bischof oder Richter bedurfte. Interessanterweise kannte allerdings schon das fränkische Geschlecht der Merowinger sogar Musterformulare für Testamente.

Im fortschreitenden Mittelalter entdeckte die Kirche die Vererbung als Einnahmequelle und entwickelte das sog. Klerikertestament. Parallel dazu bestanden die Testamentsformen des Fünf- oder Siebenzeugentestaments sowie nach dem Sachsenspiegel bzw. Schwabenspiegel die Testamentsform vor Gericht oder zur Eintragung im Stadtbuch. Überhaupt entstand im späten 13. Jahrhundert vornehmlich in den Städten die Form des Testaments vor den Ratsherren oder Stadtbeamten sowie in Teilen des heutigen Frankreichs bzw. Spaniens die Form des Testaments mit Siegelung durch eine siegelführende Persönlichkeit.

Zu Beginn der Neuzeit sah die Reichsnotariatsordnung um 1512 die Testamentsformen vor Gericht oder Notar oder vor sieben Zeugen weiter vor. Erst über die Coutumes in Nordfrankreich und dem darauf folgenden seit der französischen Revolution nochmals geänderten Code Civil verfestigte sich zunächst im Napoleonischen Machtgebiet um 1803 die Form des eigenhändigen zeugenlosen Testaments. Im Gegensatz dazu verblieb es im germanischen unbesetzten Gebiet beim Zeugentestament oder Testament vor Gericht, wie das Preußische Allgemeine Landrecht belegt. Eine Ausnahme bildete das französisch beeinflusste Baden mit seinem Badischen Landrecht 1810, das das öffentliche Testament und das eigenhändige Testament nebeneinander vorsah. Das Sächsische BGB von 1863, dem heute maßgeblicher Einfluss auf das spätere BGB zugesprochen wird, erkannte hingegen das eigenhändige Testament nur an für den Fall der Erbeinsetzung des Ehegatten oder der eigenen Abkömmlinge.

Auch die hier erfassten Zeiträume unterstützen somit die These, der Inhalt bestimmt die Form. Sie zeigen aber auch auf, dass im genannten Zeitfenster die Form des Zeugentestaments am verbreitetsten und nachhaltigsten war. Daneben kamen andere dem öffentlichen Testament vergleichbare Formen und langsam

mentserrichtung ist ein historisches Beispiel für die in dieser Untersuchung bereits vorgestellte These „der Inhalt bestimmt die Form".

auch die Form des eigenhändigen Testaments auf. Eine allgemein verbreitete Verfestigung des eigenhändigen Testaments lässt sich hingegen vom frühen Mittelalter bis zur Neuzeit nicht feststellen.

§ 3 Entwicklungen zum und im deutschen BGB

Das auslaufende 19. Jahrhundert hinterließ im deutschen Raum[115] hinsichtlich der Testamentsformen eine kaum zu überbietende Typenvielfalt und spiegelte damit die historische Formentwicklung auf dem gesamten europäischen Territorium bis zum frühen römischen Recht zurück wieder[116]. Diese verschiedenen Formen zum deutschen Testament erfuhren historisch ihren Abschluss in der Schaffung des BGB 1896. Diese Kodifizierung der erstmals einheitlich für das gesamte deutsche Reich geltenden Zivilrechtsnormen und damit zugleich für das Erbrecht die erstmalige Begründung gleicher Testamentsformen im gesamten deutschen Reich war ohne Zweifel eine der größten legislativen Leistungen in der neueren deutschen Rechtsgeschichte[117]. Dabei führte zunächst die Vielfalt der vorgefundenen

---

115 Dem Thema dieser Arbeit geschuldet konnten die ab dem Hoch- und Spätmittelalter im europäischen Raum von Nation zu Nation einsetzenden unterschiedlichen Formentwicklungen zum Testament hier nicht vertieft betrachtet werden, sondern musste der Blick grundsätzlich auf den deutschen Raum beschränkt werden; vgl. aber zur historischen Entwicklung in England Häcker, Testamentsformen in England, S. 119, in Spanien De Los Mozos, Testamentsformen in der spanischen Rechtsgeschichte, S. 140 f., in den Niederlanden Roes, Testamentsformen in den Niederlanden, S. 221 f., und in den baltischen sowie nordischen Staaten Göttig, Triin / Liin, Urve: „Testamentsformen in den baltischen und nordischen Staaten. Vielfalt der Formen = größere Testierfreiheit?". In: Schmoeckel/Otte, Europäische Testamentsformen, S. 83 f.

116 Eine vollständige Darstellung der zahlreichen deutschen Testamentsformen vor dem BGB findet sich bei Mugdan, Gesammelte Materialien zum BGB, Motive der I. Kommission, S. 136 f.; Schmitt, Gottfried von: *Entwurf eines Rechts der Erbfolge für das Deutsche Reich nebst dem Entwurf eines Einführungsgesetzes*. Vorlage des Redaktors Dr. von Schmitt. Hrsg. von der Kommission zur Ausarbeitung des Entwurfs eines bürgerlichen Gesetzbuchs. Berlin 1879, S. 400 ff. Unabhängig von der Form eröffneten aber alle Partikularrechte dem Erblasser die Möglichkeit, letztwillig verfügen zu können, dazu Schröder, Rainer: *Abschaffung oder Reform des Erbrechts*. Hagen 1980, S. 17.

117 So war bis zum Inkrafttreten des BGB das bereits eingerichtete Reichsgericht gezwungen, bei seinen Entscheidungen zur Wirksamkeit der angewandten Testamentsform das innerdeutsch unterschiedliche Privatrecht gem. dem Wohnsitz des Erblassers zu berücksichtigen, vgl. Urteil des Reichsgerichts v. 27.01.1888, RGZE 20, 351; Urteil v. 07.07.1884, RGZE 12, 315.

Testamentsformen zu teilweise grundlegenden Auseinandersetzungen unter den Redaktoren, Politikern und Rechtswissenschaftlern[118]. Da die mit dem BGB eingeführten Testamentsformen abgesehen von geringen Modifikationen einerseits bis heute aktuelles Recht sind, andererseits die vorgenommenen historischen Einblicke bisher keine bevorzugte Testamentsform bestätigen, interessiert nun der Werdegang der Testamentsformen im BGB.

A. Erste Entwürfe und die neuen ordentlichen Formen

Die Entwicklungsgeschichte des BGB hin zu den beiden ordentlichen Testamentsformen ist aufgrund der zahlreichen Darstellungen in der Rechtsliteratur hinreichend bekannt[119] und erfordert hier keine chronologische Wiederholung der bekannten Ereignisse. Der Schwerpunkt in dieser Untersuchung soll vielmehr auf die Darstellung der ersten Formvorschläge und die Begründung der in das BGB übernommenen ordentlichen Testamentsformen gelegt werden.

Redaktor für das Erbrecht und die Testamentsformen war in der I. Kommission Gottfried von Schmitt, der im März 1875 einen Entwurf zu Testamentsformen vorlegte[120], welcher unter Vierter Titel §§ 168, 169 Teilentwurf[121] als ordentliche Testamentsformen nur die öffentliche Errichtung vor einem Richter oder Notar als Urkundsbeamten vorsah[122]. Die bereits von einigen Partikularrechten bekannte eigenhändige Errichtungsform war nicht vorgesehen. Dass dies kein Redaktionsversehen war, bestätigen die Ausführungen zu den Motiven des Redaktors und der I. Kommission[123].

---

118 Schmoeckel, Das holographische Testament, S. 20: Otte, Das eigenhändige Testament, S. 35 ff. Der Deutsche Juristentag, konstituiert seit 1860, erwartete trotz aller Unterschiede in den Meinungen ein einheitliches bürgerliches Recht, dazu Schröder/Künßberg, Lehrb. der deutschen Rechtsgeschichte, S. 115.

119 Z.B. Beutgen, Geschichte der Form des eigenhändigen Testaments, S. 74 ff.; Breitschmid, S. 26 ff.; Otte, Das eigenhändige Testament, S. 31 ff.; Honsell in Staudinger, Kom. BGB, Einl. zum BGB und Allg. Teil 1, Rn. 70 ff.

120 Otte, Das eigenhändige Testament, S. 32.

121 Schmitt, Entwurf eines Rechts der Erbfolge für das Deutsche Reich, S. 29 ff.

122 Vgl. Entwurf zu §§ 168 f. bei Schmitt, Entwurf eines Rechts der Erbfolge für das Deutsche Reich, S. 31, wonach ein 2. Urkundsbeamter oder vereideter Schriftführer oder zwei Zeugen bei der Errichtung zuzuziehen sind, die gem. § 172 des Entwurfs zudem männlichen Geschlechts sein mussten.

123 Dazu Mugdan, Gesammelte Materialien zum BGB, S. 136 f.; Schmitt, Entwurf eines Rechts der Erbfolge für das Deutsche Reich, S. 403 ff. Zur Ablehnung der holographischen Form wurde u.a. betont die Wichtigkeit des Testaments für die Familie,

Auch der Vorstoß einiger Mitglieder in der II. Kommission[124] mit dem Antrag, ein Testament sowohl vor einem Richter oder Notar *als auch eigenhändig errichten* zu können[125], wurde in der Kommission aus den bereits vorgebrachten Gründen endgültig abgelehnt. Interessant ist in diesem Zusammenhang jedoch das Argument der Befürworter des holographischen Testaments, es handele sich bei dieser Testierung um eine *moderne Form* der letztwilligen Verfügung[126]. Zunächst verwundert diese Begründung. Denn die holographische Form, wie aus den Einblicken in das Altertum und Mittelalter besonders ersichtlich wurde, war nicht modern im Sinne von *neuartig*, sondern bereits seit Jahrhunderten bekannt und immer wieder verdrängt worden. Warum wurde gleichwohl die Argumentation der „modernen Form" vertreten?

Erstens ging der Schaffung des BGB gegen Ende des 19. Jahrhundert die Entstehung der Pandektenwissenschaft voraus, die es sich zur Aufgabe gemacht hatte, aus dem römischen Recht der Digesten (Pandekten Justinians) abstrakte Rechtssätze und Rechtsbegriffe zu gewinnen und die Bedeutung des römischen Rechts somit „neu" zu definieren[127]. Das römische Recht des Altertums tendierte aber eher zum Zeugentestament hin. Was lag also näher, als bei der Diskussion um die Testamentsformen des BGB die Übernahme der bereits in wenigen deutschen Rechtsterritorien eingesetzten holographischen Testamentsform deshalb

Dritte und für den Rechts- und Wirtschaftsverkehr und deshalb das Erfordernis einer sicheren Regelung, die dem wahren Erblasserwillen entsprechen muss. Auch wurde auf die Gefahren durch Formfehler, Fälschungen, aber auch durch rechtsunkundige Erblasser hingewiesen. Die Schriftform wurde wegen der sonst erforderlichen Bestätigung mündlicher Testiererklärungen des Erblassers durch zuverlässige Zeugen ebenfalls nicht in Frage gestellt.

124 Der Bundesrat berief am 04.12.1890 aufgrund der Diskussionen und Unsicherheiten eine II. Kommission aus 24 Mitgliedern zum Entwurf eines BGB.

125 Protokolle der II. Kommission, Antrag II.A.1.a), siehe bei Mugdan, Gesammelte Materialien zum BGB, S. 696. Der Antrag wurde begründet mit dem großen internationalen Geltungsbereich des eigenhändigen Testaments, mit seiner Beliebtheit und starken Benutzung in Teilen Deutschlands, wo es zugelassen sei, und schließlich auch damit, dass es wegen seiner einfachen geheimen, auch preiswerten Errichtung eine moderne Form der letztwilligen Verfügung darstelle.

126 Dazu Beutgen, Geschichte der Form des eigenhändigen Testaments, S. 78.

127 Eingehend dazu Windscheid, Bernhard: *Lehrbuch des Pandektenrechts*. Erster Band. 5. Auflage, Stuttgart/Leipzig 1879, S. 6 ff. Abgesehen von den namhaften Vertretern der Pandektistik wie Bernhard Windscheid, aber auch Georg Friedrich Puchta und Oskar von Bülow, war es Friedrich Carl von Savigny, der mit seiner Gründung der historischen Schule römischem Recht wieder neue Beachtung verschaffte, dazu Kaser, S. 11.

als *moderne*, weil neben die alten überlieferten römischen Formen tretende[128] Testamentsgestaltung zu bezeichnen[129].

Zweitens wirkte noch der Zeitgeist der Aufklärung und der Freiheitsbewegungen fort[130]. Das führte weg von dem obrigkeitsgleichen Richter- und Notartestament hin zur individualistischen Form des eigenhändigen zeugenlosen Testaments und mag auch deshalb das Etikett der *Moderne* oder des *Testaments der Zukunft* für sich beansprucht haben[131].

Drittens dürfte schließlich die Aufnahme der holographischen Testamentsform der Tatsache geschuldet sein, dass man den Bewohnern der Gebiete französischen Rechts bzw. des badischen (rheinischen) Rechts entgegenkommen wollte, die

---

128 Diese darin zum Ausdruck kommende Opposition zum römischen Recht wird dadurch bestätigt, dass Mitglieder der I. Kommission das römische Recht als „individualistisch und damit unsozial" bezeichneten, vgl. Schröder/Künßberg, Lehrb. der deutschen Rechtsgeschichte, S. 37.

129 Dabei darf gleichwohl nicht verkannt werden, dass das BGB in der grundsätzlichen Ausgestaltung seiner Strukturen, Rechtsinstitute und -regelungen durch die Pandektenwissenschaft und damit durch das römische Recht befruchtet wurde, wie hier Kaser, S. 11 ff. Auch ist daran zu erinnern, dass einer der Redaktoren der I. Kommission der Pandektist Bernhard Windscheid war, der – wovon auszugehen ist – den ersten Entwurf zum BGB entsprechend der Pandektenwissenschaft beeinflusst hat und damit auch im Sinne römischen Rechts, vgl. z. B. seine Ausführungen zum römischen Recht in Windscheid, Lehrbuch des Pandektenrechts, S. 17.

130 Zaczyk, Rechtsphilosophische Bemerkungen zum eigenhändigen Testament, S. 26. Gesellschaftspolitisch bewirkte die Aufklärung aus den Denkansätzen der Vernunft heraus ein Mehr an persönlicher Handlungsfreiheit, Bildung, Bürgerrechten und Menschenrechten und nahm sie als geistige Freiheitsbewegung über die Amerikanische Revolution von 1776 und die Französische Revolution von 1789 Einfluss bis zum 20. Jahrh., so Cobabus, Norbert: *Laizismus und Menschenrechte, ein missverstandener und umstrittener Gesellschaftsaspekt*. Rödermark 2013, S. 42 f.; ebenso Stolleis, Michael: „Untertan – Bürger – Staatsbürger. Bemerkungen zur juristischen Terminologie im späten 18. Jahrhundert". In: Vierhaus (Hrsg.): *Bürger und Bürgerlichkeit im Zeitalter der Aufklärung*. 1. Auflage, Heidelberg 1981, S. 77 ff., mit Blick auf die Staatsbürgerrechte.

131 Hinweise dazu bei Otte, Das eigenhändige Testament, S. 43; Beutgen, Geschichte der Form des eigenhändigen Testaments, S. 68. Dabei drängt sich der Gedanke auf, ob nicht gerade in diesem Gedankengut der Aufklärung ein gern gegen das notarielle Testament angebrachtes Argument seine Wurzeln hat, nämlich bei öffentlicher Beurkundung sei der Erblasser unfrei von Willensbeeinflussungen durch den Notar, vgl. Otte, Das eigenhändige Testament, S. 43.

diese Testamentsform aufgenommen und bereits als moderne Form angewendet hatten[132].

Das Resultat der weiteren Verhandlungen über die Testamentsformen ist bekannt. Nach den Vorschlägen der II. Kommission, die ihre Arbeiten 1895 abgeschlossen hatte und formal begründet mit den in den Motiven genannten Argumenten nur das gerichtliche und das notarielle Testament als ordentliche Testamentsformen zuließ, wurde eine Reichstagskommission gebildet. Aufgrund dieser wurden im Entwurf des § 2205 vorgesehen die Testamentserrichtung vor einem Richter oder einem Notar oder eigenhändig errichtet[133]. Hinzuweisen ist dabei nicht nur auf die erstmals vorgesehene Form des *eigenhändigen* Testaments, sondern auch auf die des öffentlichen Testaments, die entgegen dem ersten Entwurf des Redaktors von Schmitt keine *Zuziehung eines zweiten Urkundsbeamten oder von Zeugen* vorsah[134]. Dass schon der Entwurf der II. Kommission die Errichtung durch gemeinschaftliches Testament vorgesehen hatte[135], wurde dabei bzgl. der holographischen Form nicht weiter problematisiert, insbesondere nicht im Hinblick auf die Bindung des Überlebenden an seine privatschriftlichen Verfügungen[136]. Die sachlichen Gründe zum erneuten Vorschlag der Einführung des eigenhändigen Testaments entsprachen im Übrigen denjenigen ihrer bisherigen Befürworter in der I. und II. Kommission. Im Ergebnis wurde im Reichstag jedoch weniger sachlich analysiert[137], sondern vielmehr gesprochen vom rechtspolitischen Ideal der Testierfreiheit, von der Beliebtheit der Form bei den sog. „kleinen

---

132 Breitschmid, S. 27; Beutgen, Geschichte der Form des eigenhändigen Testaments, S. 79; Coing, Grundzüge der Rechtsphilosophie, S. 185.

133 Coing in Staudinger, Kom. BGB, Einl. zum BGB, Buch 1, Rn. 87; Beutgen, Geschichte der Form des eigenhändigen Testaments, S. 79.

134 § 169 der bisherigen Vorlage lautete: „ Zu der Errichtung eines Testaments müssen [...] noch ein zweiter Urkundsbeamter [...] oder ein vereideter Schriftführer oder zwei Zeugen zugezogen werden, und während der ganzen Verhandlung anwesend sein.“, Schmitt, Entwurf eines Rechts der Erbfolge für das Deutsche Reich, Vierter Titel, S. 31.

135 Mugdan, Gesammelte Materialien zum BGB, S. 718 ff.; Otte, Das eigenhändige Testament, S. 39.

136 Otte, Das eigenhändige Testament, S. 40, bezeichnet die Erstreckung dieser Bindungswirkung auch auf eigenhändig errichtete gemeinschaftliche Testamente deshalb als Systemfehler.

137 Ebenso Breitschmid, S. 27.

Leuten“[138], von der leichteren Art der Testierung[139] und von dem Heraustreten des selbstbewussten Bürgertums aus einer unterwürfigen Bevormundung[140]. Von der früher für wichtig erachteten Solennität sowie von der Vorbeugung der Testamentsform gegen formelle oder materielle Fehler war hingegen keine Rede mehr. Am 01.03.1896 wurde schließlich in 3. Lesung des Reichstags der genannte Entwurf angenommen, dem der Bundesrat am 14.07.1896 zustimmte. Das BGB trat gleichwohl erst am 01.01.1900 in Kraft, um nach seiner Verkündung dem Bürger noch 3 ½ Jahre Zeit zu lassen, sich an das neue Gesetz zu gewöhnen[141].

B. Das Testamentsgesetz und Änderungen der Form

Nach Inkrafttreten des BGB riss die Diskussion um die handschriftliche Testamentsform jedoch nicht ab[142]. Im Ergebnis führte dies nicht zur zuerst geforderten (Wieder)Abschaffung des eigenhändigen Testaments[143], sondern lediglich zu Änderungen bei der Ausgestaltung der Form des eigenhändigen Testaments[144]. Dessen § 2231 BGB a. F. verlangte noch als Mussvorschrift die korrekte Orts- und Datumsangabe sowie Namensunterzeichnung und wurde diesbezüglich von der Rechtsprechung in Anlehnung an den Gesetzeswortlaut eng ausgelegt[145], was zu zahlreichen rein formal unwirksamen handschriftlichen Testamenten führte. Diese Formprobleme wurden bereinigt durch die Formerleichterungen des Testamentsgesetzes vom 31.07.1938[146].

---

138 Beutgen, Geschichte der Form des eigenhändigen Testaments, S. 79.

139 Das holographische Testament wird gelegentlich als der einzige bedeutende Beitrag Badens zum BGB betrachtet, dazu Hosemann, Eike Götz: „Von den Bedenken gegen das Testieren ‚im stillen Kämmerlein‘“. *RNotZ* 2010, S. 520 f.

140 Dazu Otte, Das eigenhändige Testament, S. 39.

141 Coing in Staudinger, Kom. BGB, Einl. zum BGB, Buch 1, Rn. 88.

142 Anschauliche Darstellung dazu bei Beutgen, Geschichte der Form des eigenhändigen Testaments, S. 88 ff.

143 Kuchinke/Lange, Lehrb. Erbrecht, S. 372.

144 Historisch korrekt ist noch als erste größere Erbrechtsreform auf das nationalsozialistische Gesetz über erbrechtliche Beschränkungen wegen gemeinschaftswidrigen Verhaltens vom 05.11.1937 hinzuweisen, das aber für diese Untersuchung wegen seiner rein politisch-rassistischen Motivation unerheblich ist, dazu Olzen, Lehrb. Erbrecht, § 4 Rn. 33.

145 Dazu Kuchinke/Lange, Lehrb. Erbrecht, S. 372; Otte, Das eigenhändige Testament, S. 40.

146 Kuchinke/Lange, Lehrb. Erbrecht, S. 375 f. Allerdings war das TestG nicht nur Bereinigungsgesetz zur Formstrenge, sondern über seine eingeführte Generalklausel in § 48 Abs. 2 und darauf aufbauende spätere Rechtsverordnungen auch gleich-

Die Testamentsformen des TestG 1938 und nicht die ursprünglich strengeren Formen des BGB, die man für überzogen erachtete, wurden nach dem Ende der nationalsozialistischen Diktatur durch das Gesetz zur Wiederherstellung der Gesetzeseinheit auf dem Gebiete des bürgerlichen Rechts vom 05.03.1953[147] in das BGB übernommen. Mit für die weitere Untersuchung unerheblichen kleinen stilistischen Anpassungen bestimmen diese Normen noch heute das Recht der Testamentsformen des BGB in den §§ 2231 ff.[148]

C. Zusammenfassung zu den Testamentsformen im BGB

Der 1. Entwurf zum BGB 1875 bzw. Entwurf der I. Kommission sah als Testamentsformen nur die Errichtung vor dem Richter oder vor dem Notar vor. Dies galt auch für die Ausarbeitungen der II. Kommission. Erst die nach der II. Kommission eingesetzte Reichstagskommission ergänzte die vorliegenden Entwürfe um die Form des eigenhändig errichteten Testaments. In 3. Lesung des Reichstags 1896 wurde dieser Entwurf angenommen, so dass die Testamentserrichtung vor dem Richter, vor dem Notar oder in holographischer Form Gesetz wurden.

In der Folge führte die Strenge der Formbestimmungen immer wieder zu formnichtigen und damit unwirksamen Testamentserrichtungen. Die Testamentsformen wurden deshalb durch das Testamentsgesetz 1938 gelockert, indem die Bestimmung von Ort und Zeit zur Soll-Vorschrift herabgestuft und die Unterschrift des Erblassers unter dem Testament nur noch zur Feststellung der Urheberschaft seiner Person genügen musste, also nicht zwingend amtlichen Vor- und Zunamen enthalten musste. Das Testamentsgesetz wurde mit diesen Bestimmungen 1953 in das für die junge Bundesrepublik Deutschland fortgeltende BGB übernommen.

Noch heute stellen diese ordentlichen Testamentsformen die einzigen Möglichkeiten zur Errichtung der gewillkürten Erbfolge durch Testament dar. Anzu-

---

zeitig „Einfallstor für nationalsozialistisches und antisemitisches Gedankengut zur Inhaltskontrolle von Verfügungen durch die Rechtsprechung", dazu näher Otte in Staudinger, Kom. BGB, Buch 5: Erbrecht, Einl. zu §§ 1922 Rn. 114.

147 BGBl. I 1953, S. 33. Die politisch gefärbte Generalklausel des § 48 Abs. 2 TestG war schon zuvor nach Kriegsende durch den Alliierten Kontrollrat aufgehoben worden, vgl. Olzen, Lehrb. Erbrecht, § 4 Rn. 33.

148 In § 2247 Abs. 1 BGB wurden die Worte „in ordentlicher Form" gestrichen, da schon aus § 2231 BGB die Einordnung als ordentliche Testamentsform ersichtlich ist, BGBl. I 1969, S. 1513. Auch entfielen für das öffentliche Testament verschiedene Ordnungsvorschriften und vor allem die richterliche Beurkundungsbefugnis, siehe Hagena in MüKo, BGB, § 2232 Rn. 2.

merken bleibt dazu, dass die größte Kritik von Anfang an bis heute die Form des holographischen Testaments erfahren hat. Gleichwohl wird sie in der Bevölkerung am meisten angewendet.

§ 4 Bewertung der historischen Einblicke

Zu Beginn dieses Kapitels wurde die Notwendigkeit des Einblicks in die Historie der Testamentsformen mit der Frage begründet, ob die *ordentlichen* Testamentsformen des BGB, dabei mit besonderem Blick auf das holographische Testament, *unabänderliche* Elemente einer gewachsenen Rechtskultur[149] sind, deren Änderung oder Ergänzung – unabhängig von der verfassungsrechtlichen Zulässigkeit[150] – von vornherein ausgeschlossen wäre. Sind also die heutigen Testamentsformen Bestandteil einer entsprechenden Rechtskultur geworden?[151]

Schon der Begriff „Rechtskultur“[152] scheint in diesem Zusammenhang schwierig zu fassen[153] und kann hier nicht vertieft werden. Rechtskultur umfasst

---

149 Zimmermann, Testamentsformen, S. 472, macht diesen Zusammenhang bereits mit dem Titel seiner Abhandlung „Testamentsformen: „Willkür“ oder Ausdruck einer Rechtskultur“ deutlich sowie mit seinem Hinweis auf S. 495, dass „die Abschaffung des eigenhändigen Testaments [...] wahrscheinlich als Eingriff in eine gewachsene Rechtskultur empfunden“ würde; auch Röthel, Form und Privatautonomie, S. 33 ff., äußert sich ähnlich, wenn sie „die Testamentsformen als Ausdruck von Rechtkultur“ interessieren. Eine Definition zum in ihren Untersuchungen verwendeten Begriff der Rechtskultur geben beide allerdings nicht.

150 Verfassungsrechtlich wurde diese Frage bereits geprüft in Zweiter Teil § 3 B.

151 Zimmermann, Kulturelle Prägung des Erbrechts?, S. 321 f., sieht das Erbrecht in enger Verbindung mit dem Begriff „Kultur“ und die Regeln des Erbrechts fest eingebunden in den kulturellen Werten der Gesellschaft.

152 Der Begriff „Kultur“ setzt jedenfalls eine über viele Jahrhunderte gehende Erprobung, eine Tendenz der Wahrung und Erhaltung voraus, dazu Eibl-Eibesfeldt in Meister, Herbert: *Europäische Rechtslehre*. Bd. 1. 1. Auflage, Cala Llombards 2015, S. 365; Zimmermann, Kulturelle Prägung des Erbrechts?, S. 321 f.

153 Nach VGH München, *NJW* 1992, S. 2584, bestimmt sich Kultur aus geistigem Schaffen und Wirken des Menschen, was seinen Ausdruck in der Prägung der Lebensverhältnisse und der Umwelt des Menschen findet; vgl. Spengler, Hans-Dieter: *Römisches Recht und europäische Rechtskultur*, online verfügbar unter http://www.kas.de/upload/dokumente/verlagspublikationen/Kulturelle_Eigenart/kulturelle_eigenart_spengler.pdf; letzter Abruf 20.01.2016, S. 43(45 und 50), der vom Einfluss römischen Rechts auf eine europäische Rechtskultur spricht durch die Aufnahme des in den Digesten manifestierten römischen Rechts in die europäische Rechtskultur, ohne sich im Begriff Rechtskultur festzulegen; Münch, Ingo von: „Rechtskultur“. *NJW* 1993, S. 1673, sieht dasWesen der Rechtskultur in der bearbeitenden Pflege des Rechts, die behutsam aufbauend Konsens sucht und Akzeptanz findet.

jedenfalls als Wesensmerkmale die Bewahrung und die Tradition, besitzt aber darüber hinaus als weiteres Element die Vermittlung von Grundorientierung. Wenn man deshalb unter dem Begriff „Rechtskultur“ im Mindesten verstehen darf eine der reinen *Willkür* im Laufe der Zeit nachhaltig entzogene in ihren Grundorientierungen *manifestierte geistige Leistung und Entwicklung* in einem bestimmten Rechtskreis[154], kann man in der Testierfreiheit[155] und dem *Testament* sicherlich gesellschaftlich gewachsene Elemente einer Rechtskultur sehen. Da nach hier vertretenem Verständnis beide eine alternativlose zum Erbrecht gehörende Grundorientierung aus einer historischen Entwicklung heraus darstellen, handelt es sich bei beiden zugleich auch um prägende Elemente der Rechtskultur unseres heutigen Rechtskreises[156].

Demgegenüber zeigen die in §§ 2 und 3 dieses Teils gewonnenen historischen Erkenntnisse, dass die *Form* der Ausübung der Testierfreiheit und damit die Testamentsformen immer nur ein Umsetzungshilfsmittel waren[157], deren Ausgestaltung stets abhängig blieb von der Existenz und Weiterentwicklung des Rechtskulturguts Testierfreiheit[158]. Letztere hing ihrerseits immer von der Akzeptanz der politischen Herrscher und zunehmend im Rechtsstaat von der der Gesellschaft ab, was sich letztlich im geschichtlichen Verlauf in den jeweils

---

154 Ähnlich Mohr, Georg: *Rechtskultur*, online verfügbar uner http://www.unesco-phil.uni-bremen.de/Texte%20zur%20Vorlesung/Rechtskultur.pdf; letzter Abruf 02.04.2016, S. 1, der ebenfalls auf die Mehrdeutigkeit des Begriffs Rechtskultur hinweist und diesen u. a. darstellt als „im Sinne rechtsstaatlicher Verfahren [...] im Unterschied etwa zu staatlicher Willkür“ oder als „Inbegriff der in einer Kultur wirksamen normativen Grundorientierungen, die sich in den dort jeweils geltenden Rahmenbedingungen [...] manifestieren“. In diese Richtung auch Zippelius, Reinhold: *Studienbuch Rechtsphilosophie*. 6. Auflage, Erlangen 2011, S. 48, wenn er auf den Zusammenhang von Institutionen als normative Verhaltensordnungen für bestimmte Lebensbereiche und Kulturentwicklung verweist.

155 Führ, Thorsten: „Grundrechte und Testierfreiheit – ‚Preußen‘-Beschluss und Pflichtteilsrecht“. *MittBayNot* 2006, S. 461 f., sieht ein Element der Rechtskultur im Pflichtteilsrecht.

156 Auch Zimmermann, Kulturelle Prägung des Erbrechts?, S. 321 ff., weist auf diesen Zusammenhang zwischen stilprägenden Elementen eines Rechtskreises und deren Eigenschaft als Bestandteil einer bestimmten Rechtskultur hin.

157 Deswegen hat die Testamentsform als solche auch keine rechtskulturelle „Pfadabhängigkeit“, dazu Zimmermann, Testamentsformen, S. 472(494).

158 Dies verdeutlichen anschaulich das weströmische testamentum holographum Valentinians III. oder die langsame Lösung der Testamentsgestaltung im Mittelalter aus dem Erbenlaub oder aus den Einbindungen des Testierens um das Seelenheil mittels kanonischem Testament.

unterschiedlichen Testamentsformen ausdrückt[159]. Während also das Testament als Grundorientierung über territoriale Grenzen hinweg zum unabänderlichen Rechtskulturgut avancierte, blieben die *Testamentsformen* als solche im Laufe der Geschichte den politischen und gesellschaftlichen Strömungen und Anschauungen ausgesetzt und damit leicht *wandelbar*, was noch heute die unterschiedlichen Testamentsformen innerhalb und außerhalb Europas verdeutlichen[160].

Als seit der Antike anerkannte Testamentsformen haben sich das Zeugentestament, das öffentliche Testament und das holographische Testament erwiesen[161], wobei in der Zahl der erforderlichen Zeugen oder in deren Erforderlichkeit beim privatschriftlichen Testament oder beim öffentlichen Testament vor dem Gericht, dem Notar, dem Pfarrer oder der Gemeindeobrigkeit über die Jahrhunderte hinweg Unterschiedlichkeiten auftraten[162]. Wie die Geschichte weiter verdeutlicht, wurde weder in Deutschland noch in anderen Ländern in der späteren teilweisen Abschaffung der Form des Zeugentestaments – und in Deutschland dabei im Gegensatz zu fast allen anderen europäischen Ländern sogar in der vollständigen Aufhebung der Zeugenzuziehung für alle ordentlichen Testamentsformen[163] – eine Verletzung einer bestehenden Rechtskultur gesehen.

Aus diesen Erkenntnissen erschließt sich, dass keine vorherrschende Testamentsform überliefert ist und demnach Testamentsformen anders als die Testierfreiheit und das Rechtsinstitut des Testaments kein Element der Rechtskultur sind. Testamentsformen bleiben stets nur ein Gestaltungsmittel der Testierfreiheit und des Testaments, welche ihrerseits Bestandteil einer bestimmten Rechtskultur sind[164]. Die Formen unterliegen damit der Wandelbarkeit und besitzen keinen Schutz vor Unabänderlichkeit[165].

---

159 Beispielhaft der Code Civil, dazu Beutgen, Geschichte der Form des eigenhändigen Testaments, S. 44 ff.; ähnlich auch Röthel, Ist unser Erbrecht noch zeitgemäß?, A13(A62), wenn sie von „dem Verständnis von Formgeboten als erklärungspflichtigen Eingriffen in die Testierfreiheit" spricht; ebenso für die Niederlande Roes, Testamentsformen in den Niederlanden, S. 214 f.

160 Dazu sogleich im nachfolgenden Sechsten Teil, S. 184 ff.

161 Ebenso Zimmermann, Kulturelle Prägung des Erbrechts?, S. 321 ff.

162 Zimmermann, Testamentsformen, S. 472(484).

163 1938 wurde das zusätzliche Zeugenerfordernis auch für das öffentliche Testament abgeschafft.

164 Dies wurde wohl bei Einführung der Testamentsformen des BGB ebenso gewertet, weshalb in der teilweisen Abschaffung der ordentlichen Zeugentestamente kein Bruch zur Rechtskultur gesehen wurde.

165 Coing, Grundzüge der Rechtsphilosophie, S. 105, bestätigt dies, wenn er darauf verweist, dass alles (einfache) *Recht* in Beziehung steht zu bestimmten empirischen und epochalen Voraussetzungen und deshalb einem ständigen Wechsel ausgesetzt ist.

Aufgrund dieser Bewertung aus der geschichtlichen Entwicklung der Testamentsformen im BGB lässt sich also folgern, dass die heutigen ordentlichen Testamentsformen zwar einer historisch gewachsenen Entwicklung entspringen, gleichwohl aber nicht als *unabänderliches Element*[166] einer Rechtskultur im Erbrecht angesehen werden können. Der Einführung neuer Testamentsformen neben ihnen oder an ihrer statt können die ordentlichen Testamentsformen de lege lata somit auch aus historischen Gründen nicht entgegenstehen.

166 Ähnlich Hausmann in Hausmann/Hohloch, Handbuch des Erbrechts, Kap. 1 C. Rn. 35.

Sechster Teil
Ordentliche Testamentsformen außerhalb des BGB

Nachdem im vorherigen Kapitel Einblicke in die historische Entwicklung der Testamentsform genommen wurden, die mit dem Befund endeten, dass aus der Historie kein Hindernis gegen die Einführung neuer Testamentsformen im BGB herzuleiten ist, soll vor der Vorstellung der neuen Testamentsformen im Siebten Teil noch eine vergleichende Bestandsaufnahme der das BGB umgebenden ausländischen Testamentsformen vorgenommen werden.

§ 1 Zweck der Erhebungen und Auswahlkriterien

Die Erfahrungen aus der Geschichte lehren, dass zu viele und zu spezielle Testamentsformen nicht unbedingt mehr Rechtssicherheit bewirken[1]. Im Unterschied zu früher kommt jedoch heute viel häufiger eine Berührung des Erbfalls mit dem Ausland vor[2]. Damit steht das Testamentsrecht[3] mit seinen zwei ordentlichen Testamentsformen, die sich zudem in ihrer bisherigen Rechtsanwendung nicht immer befriedigend bewährt[4] haben, vor zusätzlichen Herausforderungen.

Es liegt deshalb nahe, im Rechtsvergleich mit ausländischen Testamentsformen Erkenntnisse über die dort gefundenen Lösungsansätze zu gewinnen[5]. Gleichzeitig dient der Vergleich auch dazu, die Einbindung neuer Formen in den Kontext internationaler Testamentsformen zu ermitteln[6], um Kollisionen auszuschließen. Neue Formen dürfen aufgrund der wachsenden Internationalität in allen Bereichen der Erbfolge nicht nur innerstaatlich bewertet werden.

A. Auswahl der Länder

Auch wenn die Testierfreiheit als international anerkanntes Rechtskulturgut angesehen werden darf[7], definieren sich deren Grenzen jedoch von Nation zu Nation unterschiedlich eng[8]. Der nationale Unterschied beeinflusst dadurch zugleich die

---

1 In dieser Richtung auch Zimmermann, Testamentsformen, S. 472 f.

2 Ferid et al., Internationales Erbrecht, Einf. Rn. 1. Die Regelungen der EU-ErbVO zum Errichtungs- bzw. Erbstatut des Testaments bei Auslandswohnsitz, Vermögensanlagen der Erblasser im Ausland sowie ausländische Staatsangehörigkeiten der Erblasser bestätigen dies.

3 Vgl. Zweiter Teil § 3.

4 Siehe Vierter Teil § 2.

5 Vgl. Zimmermann, Testamentsformen, S. 472(507), der ebenso auf die instruktive Wichtigkeit des Rechtsvergleichs hinweist; Hosemann, Bedenken gegen das Testieren, S. 520 f., sieht wegen ihres technischen Charakters Testamentsformen sogar als ein Gebiet an „für beste Aussichten für eine Rechtsvereinheitlichung".

6 Dazu Röthel, Ist unser Erbrecht noch zeitgemäß?, A13(A64), die bei Änderungen zur Form des holographischen Testaments die Gefahr sieht, „dass eine Trendumkehr das deutsche Recht international isolieren würde".

7 Siehe Fünfter Teil § 4.

8 Ebenso Henrich, Dieter: „Familienerbrecht und Testierfreiheit im europäischen Vergleich". *DNotZ* 2001, S. 441(447), der dieses besonders am Kreis der Pflichtteilsberechtigten verdeutlicht.

Testamentsformen[9]. Da der Schwerpunkt dieser Arbeit nicht im internationalen Rechtsvergleich liegt, war gleichwohl eine Begrenzung der Länderauswahl nicht zu vermeiden.

Soweit dabei Einblicke in einzelne außereuropäische Testamentsformen vorgenommen werden, ist entscheidendes Kriterium dafür, dass die eingesehene Nation aus gesellschaftlichen, wirtschaftlichen oder rechtlichen Gründen für die Untersuchung interessant ist oder als sog. BRICS-Nation[10] zukünftig von erbrechtlicher Bedeutung werden könnte. Wegen des Materialumfangs und des Themas der Arbeit muss dabei auf eine Einzeldarstellung jedes Landes verzichtet werden und stattdessen eine Eingruppierung der Länder nach Testamentsformen vorgenommen werden.

B. Kriterien der Länderzuordnung

Es wird keine gruppenmäßige Zuordnung nach kontinentalen Gegebenheiten, rechtspolitischen Grundorientierungen oder besonderen Beziehungen einer Rechtsordnung zum BGB vorgenommen[11]. Vielmehr erfolgt die Einteilung grundsätzlich nach den vorzufindenden Formtypen zum Testament. Aus der Zwangsläufigkeit heraus, den Testierer nach dessen Tod nicht mehr zum Inhalt und Zweck seiner Verfügung befragen zu können, andererseits aber auch um Manipulationen Dritter bei oder nach der Testamentserrichtung möglichst zu vermeiden, greifen nahezu *alle* Testamentsformen, wenn auch mit zum Teil un-

---

9 So hat Österreich 2004 wegen Beweisunsicherheit die nuncupative Testamentsform des Art. 585 ABGB a. F. abgeschafft, dazu Steiner, „Abschaffung des regulären mündlichen Testaments und Stärkung des gesetzlichen Ehegattenerbrechts". *ZEV* 2016, S. 157. Im Jahr 2015 wurde andererseits mit Art. 748 ABGB n. F. ein außerordentliches gesetzliches Erbrecht für Lebensgefährten im gemeinsamen Haushalt oder in entsprechend typischer besonderer Verbundenheit eingeführt, vgl. Steiner, Reform des österreichischen Erbrechts, S. 131.

10 Die Abkürzung BRICS steht für die Anfangsbuchstaben der fünf Schwellenländer Brasilien, Russland, Indien, China und Südafrika, dazu Wikipedia, online verfügbar unter https://de.wikipedia.org/wiki/BRICS-Staaten. Bei diesen außereuropäischen Nationen sind wegen ihres wirtschaftlichen Wachstums erbrechtliche Verflechtungen zu erwarten.

11 Materiell-rechtliche Übereinstimmungen sind selbst in Europa trotz seiner Gemeinsamkeiten in der Herkunft der gewillkürten Erbfolge nicht zu erwarten, dazu Ebenroth, Lehrbuch Erbrecht, § 1 VI 2, S. 39. Dies spiegelt sich in der Ausgestaltung der Testamentsformen wieder, weshalb politische oder territoriale Beziehungen als Kriterium ohne Bedeutung sind.

terschiedlicher Methodik, auf folgende *Formmechanismen* zum Teil kumulativ, zum Teil alternativ zurück[12]: die Schriftlichkeit des Testaments, den Einsatz von Testamentszeugen, den Beistand einer gesetzlich vorgesehenen Amtsperson, die Unterschrift.

Diese in jedem Land ähnlich eingesetzten Mechanismen sind deshalb für eine Eingruppierung zu allgemein. Da die Arbeit nach neuen Testamentsformen zum BGB sucht, erscheint es deshalb sinnvoll, bei der Ländereingruppierung die Terminologie des BGB anzuwenden und die Länder einzuteilen in solche mit nur öffentlicher Testamentsform, solche mit lediglich privater Testamentsform und solche mit beiden Testamentsformen in Kombination.

12 Ebenso Zimmermann, Testamentsformen, S. 472(477).

§ 2 Die ausgewählten Länder in Formgruppen

Vorweg muss darauf hingewiesen werden, dass einige wenige Länder wie z. B. Frankreich und Italien, nicht aber Deutschland, noch als zusätzliche ordentliche Testamentsform das internationale Testament gem. dem Washingtoner Abkommen vom 26. Oktober 1973[13] eingeführt haben. Soweit das internationale Testament in diesen einzelnen Ländern ratifiziert wurde, ist es länderübergreifend eine Form, die eine Kombination aus nahezu *allen* soeben in § 1 B. dargestellten Formmechanismen darstellt[14], ohne dabei eine wirklich neue Form zu schaffen; sie erscheint deshalb für diese Untersuchung nicht weiter interessant. Zudem hat diese Form in den dem Abkommen beigetretenen Staaten nahezu kaum Bedeutung erlangt[15]. Sie wird aus diesen Gründen in der folgenden Darstellung nicht berücksichtigt.

A. Länder mit nur öffentlichem Testament

Wie die folgenden Darstellungen zu den ausländischen Testamentsformen zeigen werden, wird eine eindeutige Einordnung in Länder mit nur öffentlichem Testament (A.), mit nur privatschriftlichem Testament (B.) oder mit einer Kombination beider Formtypen (C.) nicht ausnahmslos durchgehalten werden können. Dies liegt daran, dass einzelne Länder durch zusätzliche Formmodule die klare Abgrenzung zwischen öffentlichem und privatem Testament nahezu verwischt haben.

---

13 Washingtoner Abkommen über ein Einheitsrecht der Form eines Internationalen Testaments, dazu Descamps, Olivier: „Les formes testamentaires de l`époque médiévale jusqu´à la période présente en France“. In: Schmoeckel/Otte, Europäische Testamentsformen, S. 47(78). Das Übereinkommen ist im EU-Raum lediglich in Belgien, Zypern, Italien, Frankreich, Portugal und Slowenien in Kraft, nicht aber in Deutschland, vgl. Stumpf, Cordula: „EG-Rechtssetzungskompetenzen im Erbrecht“. *EuR* 2007, S. 291 f. Die Testamentsform kommt der Errichtung eines öffentlichen Testaments mit Zeugen, Mitwirkung einer amtlich befugten Person und Unterzeichnung des Testierers sehr nahe, weshalb sie bei der Testamentserrichtung kaum eine Bedeutung hat.

14 Nämlich schriftliche, auch allographische Errichtung, Bestätigung als Testament und Unterzeichnung durch den Erblasser in Anwesenheit von zwei Zeugen und einer amtlich dazu befugten Amtsperson.

15 Ebenso Sachsen Gessaphe, Das eigenhändige Testament in Europa und Lateinamerika, S. 97.

Grundsätzlich nur in öffentlicher Form wird das Testament zugelassen in Portugal nach Art. 2205 f. CC[16], der Russischen Föderation nach Art. 1124 ff. ZGB[17], Bolivien nach Art. 1127 ff. CC[18] und in den Niederlanden nach Art. 4: 94 NBW[19]. Öffentliche Form bedeutet in diesen Ländern primär die Errichtung vor einem Notar, wobei die Errichtung auch durch Übergabe einer (mal offenen, mal verschlossenen) Schrift erfolgen kann. Abgesehen vom Sonderfall der mystischen Testamentserrichtung in der Russischen Föderation[20] erfolgt die Errichtung nur in Anwesenheit eines Notars, ausgenommen wieder die Russische Föderation, die in Ermangelung genügender Notardichte aufgrund Landesgröße zudem auch Sonderbeauftragte mit notariellen Handlungen betraut[21]. In dieser Gruppe weisen die Niederlande noch die Besonderheit auf, dass sie als eigenhändig geschriebene Testamentsform ohne Notarzuziehung zusätzlich das sog. Codicil (Art. 4: 97 NBW) kennen, in dem aber nur ungeordnete Regelungen zur Bestattung, zur Verwendung des Leichnams für wissenschaftliche Zwecke, Vermächtnisse zu Bekleidungs- und Hausratsgegenständen möglich sind[22].

Mischformen, die allerdings in ihrer Ausgestaltung eher dem öffentlichen Testament zuzurechnen sind und deshalb hier eingruppiert werden, weisen folgende Länder auf:

Spanien – Errichtung vor dem Notar ohne irgendeine Zeugenzuziehung nach Art. 694 Abs. 1 CC/Espana ist in Spanien die meist gebrauchte Testamentsform[23]. Das spanische Recht kennt daneben auch das holographische ähnlich

16 Jayme in Ferid et al., Internationales Erbrecht, Portugal, Codigo Civil, Rn. 31.

17 Mosgo in Ferid et al., Internationales Erbrecht, Russische Föderation (Russland), Zivilgesetzbuch, Rn. 92.

18 Reckhorn-Hengemühle in Ferid et al., Internationales Erbrecht, Bolivien, Rn. 152.

19 Van Maas de Bie in Süß, Rembert: *Erbrecht in Europa*. 3. Auflage, Estenfeld 2015, Niederlande, Rn. 84; vgl. auch Eule, Wolfgang: „Niederlande-Reform des Erbrechts". *ZEV* 2005, S. 156.

20 Nach Mosgo in Ferid et al., Internationales Erbrecht, Russische Föderation (Russland), Rn. 98, bedingt die mystische Form dort die Zuziehung von zwei auf dem Umschlag unterzeichnenden Zeugen.

21 Mosgo in Ferid et al., Internationales Erbrecht, Russland, Rn. 100; Jayme in Ferid et al., Internationales Erbrecht, Portugal, Rn. 31.

22 Roes, Testamentsformen in den Niederlanden, S. 232 f.; Weber in Ferid et al., Internationales Erbrecht, Niederlande, Rn. 10, zu Art. 982 BW Niederlande. In dieser Besonderheit wird abermals die bereits entwickelte These, der Inhalt bestimmt die Form des Testaments, deutlich.

23 Hierneis in Ferid et al., Internationales Erbrecht, Spanien, Rn. 225. Die frühere Notwendigkeit der Zeugenzuziehung ist seit der Gesetzesnovelle zum Codigo Civil vom 20.12.1991 weggefallen.

wie in Deutschland zu errichtende Testament. Dass Spanien gleichwohl in diese Gruppe eingeordnet wird, ist der Tatsache geschuldet, dass zur Wirksamkeit des eigenhändigen Testaments gem. Art. 689 CC[24] dessen Vorlegung innerhalb von fünf Jahren vor dem erstinstanzlichen Richter am letzten Wohnsitz oder am Sterbeort des Erblassers und damit eine öffentliche Bestätigung gefordert wird[25].

Estland - Errichtung vor einem Notar[26].

Kasachstan - Errichtung vor einem Notar, aber unter Zuziehung von einem oder bei mystischem Testament von zwei Zeugen[27].

Litauen - Errichtung vor dem Notar[28].

Bolivien - Errichtung vor einem Notar unter Zuziehung von drei zwingend *ortsansässigen* Zeugen, auch bei mystischer Errichtung[29].

Brasilien - Errichtung vor einem Notar unter Zuziehung von zwei Zeugen oder privatschriftliches Testament, das aber mindestens drei Zeugen vorgelesen

---

24 Steinmetz/Huzel/Garcia Alcázar in Süß, Erbrecht in Europa, Spanien Rn. 101.

25 Dazu Steinmetz/Huzel/Garcia Alcázar in Süß, Erbrecht in Europa, Spanien, Rn. 106 ff. Es gibt es in Spanien sog. Foralrechtsgebiete, in denen mit Rang vor dem CC/Espana Formbesonderheiten der Einzelprovinz gelten, z. B. die Möglichkeit in Katalonien mangels besetztem Notariat vor dem Pfarrer im Beisein von zwei Zeugen zu testieren. Zudem kennt Spanien das mystische Testament, dass in einem Umschlag dem Notar zu übergeben ist mit genauen Angaben darüber, ob es der Erblasser oder ein Dritter geschrieben hat und ob es handgeschrieben oder maschinengeschrieben errichtet wurde sowie vom Erblasser auf allen Blättern der Urkunde und am Schluss unterzeichnet wurde.

26 Schulze in Ferid et al., Internationales Erbrecht, Estland, S. 53 f. Möglich ist auch die Errichtung in vollständig eigenhändig geschriebener Form ohne Zeugen oder das von Dritter Hand oder durch Maschinenschrift gefertigte, vom Erblasser dann in Anwesenheit von zwei Zeugen unterschriebene Testament nach §§23 f. ErbG, das aber sechs Monate nach seiner Abfassung unwirksam wird. Die privatschriftliche Form erscheint hier wegen ihrer zeitlich befristeten Wirksamkeit eher als außerordentliche Testamentsform, was die Einordnung Estlands in diese Gruppe rechtfertigt, vgl. auch Bermannn/Saaber in Süß, Erbrecht in Europa, S. 455 Rn. 24; Göttig/Liin, Testamentsformen in den baltischen und nordischen Staaten, S. 92.

27 Weishaupt in Ferid et al., Internationales Erbrecht, Kasachstan, Rn. 32.

28 Heemann in Süß, Erbrecht in Europa, S. 837 Rn. 33. Seit 2001 wurde zusätzlich die privatschriftliche eigenhändige Errichtung eingeführt, bei der aber das Testament binnen eines Jahres nach dem Tod des Erblassers gerichtlich bestätigt werden muss, sofern das holgraphische Testament vom Erblasser nicht beim Notar zur Verwahrung hinterlegt wurde und dann nach litauischem Recht als öffentliches Testament angesehen wird.

29 Art. 1127 Codigo Civil Bolivien, vgl. Reckhorn-Hengemühle in Ferid et al., Internationales Erbrecht, Bolivien, Rn. 152 ff.

und von diesen unterschrieben werden muss und nach dem Tod des Erblassers zwingend von den Zeugen *vor Gericht*, also öffentlich, anerkannt werden muss[30].

Nicht nur die Niederlande oder Portugal[31], sondern auch andere europäische wie außereuropäische Schwellenländer kennen also das öffentliche Testament als einzige ordentliche Testamentsform, wenngleich auch zum Teil mit Durchbrechungen zugunsten eines „außerordentlichen" eigenhändigen Testaments mit entweder zeitlich befristeter Wirksamkeit oder notwendiger gerichtlicher Bestätigungsformel[32].

B. Länder mit nur privatschriftlichem Testament

Nicht wenige Länder kennen als ordentliche Testamentsform nur das privatschriftliche Testament. Die Anwesenheit oder Tätigkeit eines Notars ist in diesen Ländern nicht vorgesehen bzw. dieser Amtsträger ist dort gar nicht bekannt.

Erwähnt werden sollen folgende Länder:

In Skandinavien sind es Finnland, Norwegen und Schweden[33], die allein die private Testamentsform kennen. Bemerkenswerterweise kann die Errichtung in allen drei Ländern dabei nicht nur holographisch, sondern auch allographisch und/oder maschinenschriftlich erfolgen, allerdings immer unter Zuziehung von zwei Zeugen[34]. Im Prinzip handelt es sich bei der Zeugenzuziehung um nichts anderes als um eine private Unterschriftsbeglaubigung zur Unterzeichnung des Erblassers[35].

Die Testamentsformen in Großbritannien (England und Wales), Irland, Schottland und den USA erfolgen ebenfalls ausschließlich in privatrechtlicher Form[36]. Dabei ist die Form besonders in England, Wales und Irland sehr großzügig aus-

---

30 Weishaupt in Ferid et al., Internationales Erbrecht, Brasilien, Rn. 250 ff. zu Art 1876 ZGB Brasilien: aus diesem Grunde und wegen der Fälschungsgefahr wird in Brasilien kaum privatschriftlich testiert.

31 Diesen Anschein vermittelt aber Zimmermann, Testamentsformen, S. 472(486).

32 Lettland geht hier noch einen Sonderweg, indem es zwar auch das holographische Testament zulässt, aber über Art. 433 ZGB für das öffentlichen Testament als Sonderregelung Zweifel an dessen Echtheit ausschließt, vgl. Schulze in Ferid et al., Internationales Erbrecht, Lettland, zu Art 443 ZGB.

33 Göttig/Liin, Testamentsformen in den baltischen und nordischen Staaten, S. 90.

34 Mincke in Ferid et al., Internationales Erbrecht, Finnland, S. 26; Ring/Olsen-Ring in Ferid et al., Internationales Erbrecht, Norwegen, Rn. 214 ff.; Johansson in Süß, Erbrecht in Europa, Schweden, Rn. 88.

35 Von Knorre/Mincke in Süß, Erbrecht in Europa, Finnland, Rn. 65.

36 Henrich in Ferid et al., Internationales Erbrecht, Großbritannien, S. 57.

gestaltet, indem das Testament (genannt will) zwar schriftlich abgefasst sein muss, aber hinsichtlich der Urheberschaft eine holographische wie auch allographische Errichtung zulässt, letztere sogar maschinenschriftlich[37] oder mit vorgedrucktem Text[38]. Selbst die persönliche Testamentsunterzeichnung durch den Erblasser kann mittels Unterzeichnung durch einen Dritten auf Weisung und in Gegenwart des Erblassers ersetzt werden. Entscheidend kommt es nur auf die Anwesenheit von mindestens zwei Zeugen an, die die Testamentserrichtung auf Willen und Weisung des Erblassers mit ihrer Unterschrift auf dem Testament beglaubigen müssen[39].

In den USA bestimmt sich die Form prinzipiell nach den Statutes der Einzelstaaten, die mit Unterschieden das Zeugentestament[40], das holographische Testament ohne Zeugen (z. B. Kalifornien, Nevada, Oklahoma) und teilweise sogar für beweglichen Nachlass das nuncupative Testament kennen[41].

Auffallend ist, dass gerade diese Länder, die auf eine öffentliche Beglaubigung oder Beurkundung des Testaments durch hoheitliche Amtsträger verzichten, auch die allographische bzw. maschinelle Errichtungsform zulassen.

C. Länder mit öffentlichem und privatem Testament

Die meisten Länder wie auch Deutschland sehen die Testamentserrichtung alternativ in öffentlicher und privater Testamentsform vor. Jedoch gibt es hierbei im Detail interessante Unterschiede:

So ist in Ländern wie Belgien, Frankreich, Griechenland, Italien, Luxemburg, Österreich, Schweiz und Türkei die Form des *holographischen* Testaments grundsätzlich ohne beizuziehende Dritte, z. B. Zeugen, ausgestaltet. Beim öffentlichen Testament vor dem Notar wird jedoch die Zuziehung von weiteren Personen

---

37 Odersky in Süß, Erbrecht in Europa, Großbritannien (England und Wales), Rn. 48.

38 Vgl. Worthmann in Süß, Erbrecht in Europa, Irland, Rn. 55, der darauf hinweist, dass es in Irland zahlreiche Anbieter für aus dem Internet herunterladbare und einsetzbare „technisch errichtete“ Testamente gibt.

39 Zu dem hier zu verwendenden Begriff „Beglaubigung“ ebenso Häcker, Testamentsformen in England, S. 128; Henrich in Ferid et al., Internationales Erbrecht, Großbritannien, S. 59. Bei allen Ähnlichkeiten im schottischen Recht besteht dort ein wesentlicher Unterschied: das schottische Testament erfordert in jedem Fall die Unterschrift des Erblassers, vgl. Odersky in Süß, Erbrecht in Europa, Schottland, Rn. 20 f.

40 Solomon in Ferid et al., Internationales Erbrecht, USA, Rn. 143 ff.

41 Nur Arkansas und New York lassen diese Form nicht zu, vgl. Solomon in Ferid et al., Internationales Erbrecht, USA, Rn. 158.

gefordert, z. B. von zwei oder drei Zeugen oder eines weiteren Notars[42]. Verstehen lässt sich diese Unterscheidung nur damit, dass bei der öffentlichen Errichtung die markante Handschriftlichkeit des Testierers zur besseren Nachprüfbarkeit der Urheberschaft fehlt, ansonsten ist nach hiesigem Verständnis die Formerschwerung kaum nachzuvollziehen.

Aber auch bei der privaten Form gibt es Länder mit Besonderheiten. So wurde in Österreich zwar mit dem FamErbRÄG 2004[43] als ordentliche Testamentsform das nuncupative Dreizeugentestament abgeschafft, dafür wurden aber weitere erhebliche Öffnungen in den Formvorschriften eingeführt. So erlaubt § 579 ABGB nunmehr auch die allographische Niederschrift des Testaments und nach h.L. dadurch sogar das maschinell erstellte Testament[44], beides mit Unterschrift des Erblassers und Bekräftigung seines Testierwillens vor drei Zeugen. Ebensolche progressive Errichtungsmöglichkeiten auf allographische Weise und/oder durch Maschinenschrift kennen noch die Tschechische Republik nach § 476 b BGB, Polen nach Art. 951 ZGB, Serbien nach Art. 85 Gesetz über die Vererbung, die Slowakische Republik nach §476 BGB sowie Ungarn gem. §§ 628 f. BGB[45]. Jeweils bedarf es dazu der Zuziehung von (in der Regel zwei) Zeugen, in Polen zusätzlich der Vornahme des Errichtungsaktes nur vor einem zuständigen Beamten[46], was dann einem öffentlichen Testament wieder sehr nahe kommt.

---

42 **Zweiter Notar oder zwei Zeugen**, in *Belgien,* Hustedt/Genkin in Ferid et al., Internationales Erbrecht, Rn. 129, in *Frankreich*, Ferid in Ferid et al., Internationales Erbrecht, S. 64, in *Luxemburg*, Hustedt/Watgen/Genkin in Ferid et al., Internationales Erbrecht, Rn. 65; **zweiter Notar zzgl. ein Zeuge oder statt zweitem Notar zzgl. drei Zeugen** in *Griechenland*, Stamatiades in Süß, Erbrecht in Europa, Rn. 37; **ein Notar u. stets zwei Zeugen** in *Italien,* Frank in Burandt/Rojahn, Kurzkom. ErbR, S. 1316, in der *Schweiz*, Solomon in Ferid et al., Internationales Erbrecht, Rn. 61, in der *Türkei*, Rumpf in Ferid et al., Internationales Erbrecht, Rn. 200; **gerichtliches oder notarielles Testament zzgl. zweite Gerichtsperson oder eines zweiten Notars bzw. alternativ zzgl. zwei Zeugen** in *Österreich*, Verschraegen/Ferid in Ferid et al., Internationales Erbrecht, Rn. 293.

43 Siehe öBGBl I 2004/58.

44 Solomon in Burandt/Rojahn, Kurzkom. ErbR, S. 1345 f.; Verschraegen in Ferid et al., Internationales Erbrecht, Österreich, Rn. 289; Haunschmidt in Süß, Erbrecht in Europa, Österreich, Rn. 51; Steiner, Reform des österreichischen Erbrechts, 131(132).

45 Für Tschechien Bohata in Ferid et al., Internationales Erbrecht, Rn. 75; für Polen, de Vries in Ferid et al., Internationales Erbrecht, Rn. 148; für Serbien Süß in Süß, Erbrecht in Europa, Rn. 15; für Slowakei Savova/Baloga in Süß, Erbrecht in Europa, Rn. 45; für Ungarn Ember in Ferid et al., Internationales Erbrecht, Rn. 81.

46 Lakomy in Süß, Erbrecht in Europa, Polen, Rn. 41, nennt als zuständig u. a. den Leiter der Gemeinde, den Landrat, den Leiter des Standesamts.

In den zulässigen Formen zur Testamentserrichtung am weitesten geht übrigens die Volksrepublik China. Dort werden in Art. 17 Erbgesetz/Chinesische Volksrepublik nicht weniger als fünf Formen zugelassen, nämlich das notariell beglaubigte, das holographische, das durch Vertreter geschriebene, das mittels Tonträger gefertigte und das mündlich erklärte Testament, die letzten drei Formen dabei unter Zuziehung von mindestens zwei Zeugen[47].

47 Von Senger in Ferid et al., Internationales Erbrecht, China, S. 27.

§ 3 Bewertung der Ergebnisse

Die Beobachtungen bestätigen, dass eine breite internationale Übereinstimmung in der Ausgestaltung der Testamentsformen nicht vorzufinden ist[48]. Die schon aus der Geschichte bekannte Vielfalt der Formen[49] hat sich nicht wirklich reduziert. Ein länderübergreifend sich durchsetzender Formentyp ist aus heutiger Sicht nicht erkennbar. Allerdings sehen die meisten Länder das holographische Testament zumindest als eine von mehreren Testamentsformen vor, wenn auch nicht völlig kritiklos[50].

Die Befunde belegen immerhin, dass im Testamentsrecht eine internationale Flucht aus den Formen aus derzeitiger Sicht nicht feststellbar ist[51]. Der jeweilige nationale Gesetzgeber scheint sich – und insoweit besteht eine Übereinstimmung zwischen den Nationen – vielmehr darüber bewusst, dass die Zulassung einer gewillkürten Erbfolge nur Erfolg haben kann, wenn ihr – entsprechend der hier vertretenen These „der Inhalt bestimmt die Form" – eine geeignete Testamentsform zur Verfügung gestellt wird[52]. Dabei gehen allerdings die Vorstellungen über die Ausgestaltung der Formen im Einzelnen auseinander.

Allerdings weisen im Unterschied zum BGB viele Länder mehr als nur zwei ordentliche Testamentsformen auf. Und noch etwas fällt im Vergleich zum BGB besonders auf: Das öffentliche Testament vor dem Notar erfordert in vielen Ländern zusätzlich die Zuziehung von einem oder mehreren Zeugen. Die alleinige

48 Auch nicht in der gesetzlichen Erbfolge oder im Pflichtteilsrecht, vgl. Henrich, Familienerbrecht und Testierfreiheit, S. 441; Strätz, Hans-Wolfgang: „Rechtspolitische Gesichtspunkte des gesetzlichen Erbrechts und Pflichtteilsrechts nach 100 Jahren BGB". *FamRZ* 1998, S. 1553(1564); derselbe: „Reform der gesetzlichen Erbfolge". *DNotZ* 2001, S. 452(457).

49 Siehe oben Fünfter Teil § 4.

50 Dazu Köbl, Hans: „Die Bedeutung der Form im heutigen Recht". *DNotZ* 1983, S. 207(226), der zu Recht darauf hinweist, dass einige Rechtsordnungen das eigenhändige Testament im Interesse des Erblassers und seiner Hinterbliebenen als Form ausschließen; Hosemann, Bedenken gegen das Testieren, S. 520(529), will den Siegeszug des eigenhändigen Testaments in „der normativen Kraft des Rechtstatsächlichen", also in seiner tatsächlichen Gebräuchlichkeit erkannt haben.

51 Anders Röthel, Form und Privatautonomie, S. 33 ff. und Zimmermann, Testamentsformen, S. 472(497), die bereits rechtsübergreifende Liberalisierungstendenzen ausgemacht haben wollen.

52 Auf dieser Linie auch Breitschmid, S. 196 ff., der das „Bedürfnis nach einer Verbesserung der Testamentsform an sich" erkannt haben will.

Anwesenheit *eines* Notars bei der Testamentserrichtung genügt international gesehen also vielfach nicht.

Diese Unterschiedlichkeiten in den Testamentsformen entkräften die Befürchtung, man könne sich durch Erweiterung oder Ergänzung der ordentlichen Testamentsformen des BGB international isolieren[53]. Die Formenvielfalt und Formenunterschiede zwischen den Ländern, aber auch die Tatsache, dass viele Länder im Gegensatz zu Deutschland mehr als nur zwei ordentliche Testamentsformen oder zumindest Formvarianten innerhalb einer bestimmten Testamentsform vorsehen, eröffnen vielmehr für diese Untersuchung international betrachtet Gestaltungsräume, die die Entwicklung weiterer ordentlicher Testamentsformen oder Unterformen ohne die Gefahr einer Absonderung oder Ausgrenzung des deutschen Testamentsrechts zulassen.

A. Allographie – Maschinenschrift – Zeugenzuziehung

Einzelne in § 2 vorgestellte Länder kennen bereits die Möglichkeit des allographischen Privattestaments, das nicht durch den Erblasser selbst, sondern durch Dritte geschrieben wird[54]. Dem Erblasser bleibt damit eine typische Hemmschwelle des holographischen Privattestaments erspart, nämlich das eigenhändige Niederschreiben eines längeren Textes, was besonders dem immer älter werdenden Erblasser, aber auch dem fremdsprachlichen Erblasser entgegenkommen wird.

In den meisten dieser Länder wurde noch ein weiterer Schritt gewagt, nämlich die Zulassung maschinengeschriebener Testamente, z. B. durch Einsatz von Schreibmaschine, PC-Druck oder sogar vorgedrucktem Formulartext. Diese Formerweiterung erscheint nur konsequent, denn die Rechtfertigung des vollständig eigenhändig geschriebenen Testamentstextes liegt primär in der Behauptung der dadurch besseren Überprüfbarkeit der Urheberschaft[55], was bei allographischer Niederschrift nicht zutrifft. Dass im angelaufenen digitalen Zeitalter diese auf handschriftliche Vergleichstexte angewiesene Prüfungsmethode zunehmend an Bedeutung verliert, und damit letztlich auch die holographische

53 So aber Röthel, Ist unser Erbrecht noch zeitgemäß?, A13(A64). Als Gegenargument sei auch darauf hingewiesen, dass abgesehen von Schottland nur in Deutschland noch ein fast unbegrenztes gesetzliches Verwandtenerbrecht existiert, was Deutschland aber trotz diesbezüglicher Sonderstellung international nicht isoliert hat, dazu Henrich, Familienerbrecht und Testierfreiheit, S. 441.

54 Beispielländer siehe in diesem Teil § 2 C.

55 Weber in Damrau, Praxiskom. ErbR, § 2247 Rn. 17; Mayer in Soergel, Kom. BGB, § 2247 Rn. 21.

Niederschrift, wurde bereits dargestellt und als eine der Herausforderungen für neue Testamentsformen benannt[56]. In dieser Hinsicht ist manches Ausland dem BGB also schon voraus und „digital" fortschrittlicher aufgestellt.

Kritisch zu sehen ist allerdings die in vielen ausländischen Formvorschriften vorgesehene „Kehrseite" der allographischen bzw. maschinengeschriebenen Testamentsform, nämlich die Sicherung der Authentizität des Testaments durch die Zuziehung von zwei oder sogar mehr Zeugen[57]. Bei aller Fortschrittlichkeit mutet diese Wiederbelebung des historisch bekannten Zeugentestaments eher als ein Schritt zurück in die Vergangenheit der Testamentsformen an[58].

B. Dauerproblem gemeinschaftliches Testament

Schon in den Ausführungen zur EU-ErbVO[59] wurde auf die Problematik des im Ausland zum Teil nicht zugelassenen[60] oder wenigstens nicht mit Bindungswirkung aller Testierer[61] ausgestatteten gemeinschaftlichen Testaments hingewiesen. Dabei wurde bereits festgestellt, dass ausländische Rechtsordnungen die Wirksamkeit außerhalb ihres Rechtsgebietes errichteter gemeinschaftlicher Testamente durchaus unterschiedlich beurteilen[62], sofern nicht Art. 24 bzw. 25 EU-ErbVO eingreifen[63].

---

56 Dritter Teil § 3 B.

57 Dazu Haunschmidt in Süß, Erbrecht in Europa, Österreich, Rn. 51, das das fremdhändige Testament nur unter Einsatz von drei (!) „fähigen Zeugen" gültig sein lässt.

58 Dazu Göttig/Liin, Testamentsformen in den baltischen und nordischen Staaten, S. 100 ff. Siehe zur Zeugenzuziehung auch Siebter Teil § 3 B.

59 Siehe Dritter Teil § 3 A.

60 Keine Zulassung z. B. in Argentinien, Belgien, Brasilien, Bolivien, Frankreich, Italien, Luxemburg, Schweiz, Spanien, Polen, Portugal, Ungarn; Nachweise bei den o.a. Fußnoten der einzelnen Länder.

61 Das gemeinschaftliche Testament kennen z. B. Österreich, Schweden, Türkei, USA. Freilich mit zum Teil erheblichen Unterschieden: Österreich verlangt beim eigenhändigen gemeinschaftl. Testament, dass *beide* Ehepartner den Text selbst schreiben und unterschreiben, Haunschmidt in Süß, Erbrecht in Europa, Österreich, Rn. 53; die USA, vgl. Solomon in Ferid et al., Internationales Erbrecht, USA Rn. 235, und die Türkei, Rumpf in Ferid et al., Internationales Erbrecht, Rn. 204, kennen zum Beispiel keine wechselbezügliche Bindung.

62 Je nachdem, ob es sich aus ausländischer Sicht um eine Frage der Form oder des materiellen Rechts handelt, dazu schon Dritter Teil § 3, S. 92 ff., sowie die Nachweise unter soeben Fn 60, 61.

63 Vgl. DNotI-Report 2015, S. 117. Zur Anwendung des Art. 25 EU-ErbVO auf gemeinschaftliche Testamente schon Dritter Teil § 3, S. 94.

Es würde den Rahmen dieser Untersuchung überschreiten, die grundsätzliche Frage des Pro und Contra des gemeinschaftlichen Testaments im In- wie im Ausland noch näher zu behandeln[64]. Für den weiteren Untersuchungsverlauf bleibt allerdings festzuhalten, dass das gemeinschaftliche Testament in den meisten Ländern eher unbekannt bzw. sogar durch Unwirksamkeitsandrohung untersagt ist, was im Hinblick auf das nach der EU-ErbVO inzwischen anzuwendende Errichtungsstatut des Art. 24 EU-ErbVO nach dem gewöhnlichen Aufenthalt des Erblassers eine erheblich größere Bedeutung als bisher erlangt[65]. Andererseits gibt es Länder, die sehr progressiv bereits gemeinschaftliche Testamente zwischen „Fremden" bzw. „nur Zusammenlebenden" zulassen[66]. Weiterhin fällt auf, dass die nach dem BGB bekannte ohne ausdrückliche Anordnung im Testament eintretende Bindungswirkung[67] bei gemeinschaftlichen Testamenten international zwar nicht als einzigartig[68], aber doch als deutsche Besonderheit einzuordnen ist.

Sieht man in dem gemeinschaftlichen Testament mit der ganz h.M. eine Testamentsform[69], muss der vorstehende Problemkreis bei den neuen Testamentsformen berücksichtigt werden, zumal diese Form in den diesen Testamentstypus

64 Bereits 2010 hat sich der 68. Deutsche Juristentag eingehend mit der Abschaffung des gemeinschaftlichen Testaments auseinandergesetzt mit dem Ergebnis, diese Testamentsform nur noch in der Form der notariellen Beurkundung zuzulassen, dazu Röthel, Form und Privatautonomie, S. 33(50); dieselbe tritt auch in ihrem Gutachten für die Abschaffung dieser Testamentsform ein, Röthel, Ist unser Erbrecht noch zeitgemäß?, A13(A71).

65 Dazu bereits in Dritter Teil § 3 A.

66 U.a. besitzen Schweden, Johansson in Süß, Erbrecht in Europa, Schweden, Rn. 96, und Dänemark, Ring/Olsen-Ring in Süß, Erbrecht in Europa, Dänemark, Rn. 73, sowie Finnland, von Knorre/Mincke in Süß, Erbrecht in Europa, Finnland, Rn. 67, diese Besonderheit.

67 Zur Problematik BGH, *NJW* 1953, S. 698; OLG München, *ZEV* 2008, S. 485 ff.; *ZEV* 2011, S. 315; Pfeiffer, „Das gemeinschaftliche Ehegattentestament – Konzept, Bindungsgrund und Bindungswirkungen". *FamRZ* 1993, S. 1266(1272).

68 Eine dem BGB ähnliche Regelung besitzt Litauen, dazu Heemann in Süß, Erbrecht in Europa, Litauen, Rn. 36.

69 Dazu BVerfG, *NJW* 1989, S. 1986; Weidlich in Palandt, KurzKom. BGB, Einf v §2265, Rn. 1; Hausmann/Hohloch, Handbuch des Erbrechts, Kap. 7, Rn. 1; Musielak in MüKo, BGB, Vor § 2265 Rn. 1. Die Frage der Einordnung des gemeinschaftlichen Testaments stellt sich auch, weil es im BGB nirgends definiert, sondern einfach nach §§ 2265 ff. BGB vorausgesetzt wird; ebenso Braun in Burandt/Rojahn, Kurzkom. ErbR, § 2265 Rn. 2.

zulassenden Nationen recht beliebt ist[70]. Die Formausgestaltung muss dabei besonders das Problem der Bindungswirkung der gemeinsamen Verfügungen entschärfen[71].

70 So schon Breitschmid, Rn. 662. Auch die EU-ErbVO anerkennt die Existenz des gemeinschaftlichen Testaments, wenn in Art. 3 Abs. 1 c) eine spezielle Definition zu dieser Form aufgeführt wird, allerdings ohne im weiteren Gesetzestext darauf näher einzugehen, vgl. Frimston in Bergquist et al., EU-ErbVO Kom., Art. 3 Rn. 14 f.

71 In diese Richtung schon Röthel, Ist unser Erbrecht noch zeitgemäß?, A13(A71), die die Bindungswirkung deshalb nur dem öffentlichen Testament vorbehalten möchte.

Siebter Teil
Neue Testamentsformen

In den vorangegangenen Teilen dieser Untersuchung wurden die Veränderungen in der Gesellschaft seit Bestehen des BGB und die dadurch bedingten nicht willensgesteuerten und willensgesteuerten Vorgaben im Testamentsrecht aufgezeigt sowie auch Rückschlüsse aus der Leistungsbilanz der derzeitigen Testamentsformen gezogen. Festgestellt wurde zudem, dass nach dem Grundgesetz dem Gesetzgeber ein Spielraum bei gesetzlichen Testamentsformen zusteht.

§ 1 Befund und Notwendigkeit

Alle bisherigen Befunde mögen das Verlangen nach neuen gesetzlichen Testamentsformen rechtfertigen, da nicht zu erwarten ist, dass sich die herausgearbeiteten Herausforderungen an das Testament und die Leistungsdefizite bisheriger Formen von selbst erledigen oder abmildern werden[1]. Allein die immer wieder vorgenommenen Abhandlungen, Diskurse, Symposien sowie Gutachten zu Fragen der Testamentsform sind Beleg genug für diese Annahme[2].

Andererseits würde sich die Suche nach neuen Testamentsformen sofort erübrigen, wenn man zu dem Ergebnis käme, dass eine zeitgemäße Verbesserung der Form nur ihre Abschaffung selbst wäre, insbesondere weil Formvorgaben im modernen Recht inzwischen als überflüssig oder unerwünscht anzusehen wären. Vor der Darstellung neuer Testamentsformen muss deshalb zunächst die Frage nach der grundsätzlichen Berechtigung, aber ebenso nach der Zukunft gesetzlicher Formvorschriften beantwortet werden.

---

1 In unmittelbarer Nachbarschaft hat zuletzt vor allem Österreich gezeigt, dass die Zeit begonnen hat, in der sich Testamentsformen diesen Herausforderungen anzunehmen haben, vgl. FamErbRÄG 2004 in öBGBl I 2004/58; dazu Solomon in Burandt/Rojahn, Kurzkom. ErbR, S. 1345 Rn. 53, Abschaffung des mündlichen Dreizeugentestaments und Zulassung des allographischen Zeugentestaments als ordentliche Testamentsform.

2 So auch Görgens, Überlegungen zur Weiterentwicklung des § 2247 BGB, S. 357; siehe auch Reithmann, Kautelarjurisprudenz und Vorsorgende Rechtspflege, in *Festschrift 125 Jahre Bayerisches Notariat,* 208.

§ 2 Gegenwart und Zukunft von Formvorschriften

Formvorschriften sind nicht nur im stark formalisierten öffentlichen Recht, sondern zahlreich auch im Zivilrecht zu finden[3]. Jedoch steht die auf den ersten flüchtigen Blick als *Selbstverständlichkeit* erscheinende jeweilig im Gesetz angeordnete zivile Form schon lange unter kritischer Beobachtung.

A. Die Formen aus bisheriger Sicht

Gelegentlich wird sogar von einem Trend zu „Weg von den Formen" gesprochen[4]. Bei genauer Betrachtung wird allerdings deutlich, dass keine grundsätzlich neue Epoche zum „Heraus aus den Formen" begonnen hat, sondern vielmehr eine Änderung der allgemeinen Einstellung zur Form, eine Justierung nämlich dahingehend, Formen als solche nur noch im Hinblick auf ihre konkrete Nützlichkeit für eine konkrete Zweckverwirklichung zuzulassen und sie auf ihren diesbezüglichen Erfolg zu überprüfen[5]. Das war nicht immer so. Dem gesellschaftspolitischen Zeitgeist der Unterordnung des Individuums entsprechend wurden Formen lange Zeit[6] als Werkzeug gegenüber dem Individuum zu Gehorsam gegenüber dem Gesetz und der öffentlichen Gewalt instrumentalisiert[7]. Daneben werden bis heute als vordringlichste Begründungen der Form der Schutz des Individuums vor Übereilung (Warnung), die Abgrenzung der Vorverhandlung zum Abschlussakt

---

3 Vgl. die Aufstellung zu Formvorschriften bei Winkler, Karl: *Kommentar Beurkundungsgesetz*. 17. Auflage, München 2013, § 40 Rn. 4; Ellenberger in Palandt, KurzKom. BGB, § 125 Rn. 7; Mansel in Jauernig/Stürner, BGB Kom., § 125 Rn. 2.

4 In diese Richtung Di Fabio, Udo: „Form und Freiheit". *DNotZ* 2006, S. 342; wohl auch Breitschmid, S. 53; Röthel, Form und Privatautonomie, S. 33(35) m.w.N.; Schlüter/Röthel, ErbR Kurzlehrbuch, § 17 Rn. 3, zitiert es als „flight from formalities".

5 Breitschmid, S. 73, formuliert, dass der Zweck der Form nun ihren Wert bestimmt.

6 Vgl. dazu schon die Darstellung in Fünfter Teil § 4.

7 Auch wenn Jhering, *Der Kampf um´s Recht*, S. 471, noch heute zutreffend formuliert, „Die Form ist die geschworene Feindin der Willkür, die Zwillingsschwester der Freiheit", spiegelt auch sein Werk dieses Formverständnis wieder; vgl. dazu derselbe weiter auf S. 471 „Feste Formen sind die Schule der Zucht und Ordnung und damit der Freiheit selber [...]" und S. 478 „[...] ergibt sich daraus die Lehre: mit der Formlosigkeit allein kann das Recht nicht bestehen, mit dem Formalismus wohl".

(Rechtssicherheit) und die Erleichterung des Beweises (Beweissicherung)[8] angeführt, gern auch dabei alles subsumiert unter den Oberbegriff der Solennität als Merkmal der Ordnung und Ernsthaftigkeit sowie Feierlichkeit des Rechtsaktes[9].

B. Formen im neuen Licht

Das moderne rechtsstaatliche Denken mit seiner Förderung einer verbraucherfreundlichen Privatautonomie hat inzwischen jedoch einen Wandel im Formverständnis eingeleitet[10]. Die Formvorschrift darf heute keine überflüssige oder unbequeme den Rechtsverkehr behindernde Voraussetzung des Rechtsaktes mehr sein[11]. Sie definiert sich neu aus dem zunehmenden Zweck „Schutz des Verbrauchers"[12] und aus der Freiheit des einzelnen bei Wahrnehmung seiner Privatauto-

---

8 So schon Nipperdey, Hans Carl: *Lehrbuch bürgerlichen Rechts. Allgemeiner Teil.* 15. Auflage, Tübingen 1960, § 154 II, S. 954, der auf diese Begründung verweist und auf den mit der Form erreichten Zweck der „Erschwerung oder Kontrolle im Gesamtinteresse", was den obrigkeitsähnlichen Charakter der Form gegenüber dem gehorsamen Rechtsindividuum verdeutlicht. Zu den üblicherweise genannten Zwecken auch Schmidt, Eike / Brüggemeier, Gert: *Grundkurs Zivilrecht.* 7. Auflage, Bremen 2006, S. 78 Rn. 188; Reimann in Reimann/Bengel/Mayer, Testament und Erbvertrag, Syst.A Rn. 79–81.

9 Ebenso Beck, Norminhalt und Formenstrenge im Recht der Nottestamente, S. 35; Kuchinke/Lange, Lehrb. Erbrecht, S. 280; Breitschmid, S. 93; generell Ebel, Wilhelm: *Recht und Form – Vom Stilwandel im deutschen Recht.* Tübingen 1975, S. 13 ff. Deutlich wurde diese als Feierlichkeit verstandene Solennität z. B. an der inzwischen abgeschafften Form der eigenhändigen Zeichnung von Firma und Unterschrift durch den neubestellten Prokuristen. Heute finden wir dieses Merkmal der Feierlichkeit als Element der Solennität noch im Grundstücksrecht bei der für den Laien antiquiert wirkenden Form der *Erklärung der Auflassung* (im Unterschied zu dem quasi formlosen Akt des Eigentumswechsels bei –oft auch hochwertigeren – beweglichen Sachen).

10 Deutlich dazu Breitschmid, S. 102, wenn er zum Ausdruck bringt, es komme auf den niedergelegten individuellen Charakter der Willenserklärung und nicht auf formmäßigen „Firlefanz" an.

11 Malzer, Hans Michael: „Die öffentliche Beglaubigung". *DNotZ* 2000, S. 169(180); schon Jhering, S. 480, weist auf die Wirksamkeitsgefährlichkeit und Unbequemlichkeit von Formen hin.

12 Malzer, Die öffentliche Beglaubigung, S. 169 f., weist insoweit zu Recht darauf hin, dass in Rechtsbereichen, bei denen keine *Formvorschriften* existieren, sich besondere gesetzliche Maßnahmen für den Verbraucherschutz entwickelt haben; siehe z. B. die inzwischen umfangreichen Verbraucherschutzvorschriften des BGB zum (formlosen) Verbrauchsgüterkauf. Hagen, Horst: „Die Form als ‚Schwester der Freiheit'". *DNotZ*

nomie[13]. Die Form ist also *nicht* obsolet oder unmodern geworden, hat jedoch ihre über jede Rechtfertigung erhabene Akzeptanz verloren oder anders ausgedrückt, sie muss ihre *Existenzberechtigung* für ihr betreffendes Rechtsgebiet, für das sie eine Schwelle zur Rechtswirksamkeit vorsieht, stets durch eine Förderung der Rechtssicherheit beweisen[14]. Umgekehrt verliert die Form ihre Daseinsberechtigung dort, wo sie keinen Gewinn (mehr) für die Sicherheit oder den Rechtsverkehr erbringt. Hier wird die Form bald als lästiges die Freiheit der Privatautonomie beschneidendes Übel oder veraltetes Relikt vergangener Zeiten empfunden, was dann das Verlangen zu einer „Flucht" aus dieser Form hervorruft[15].

I. Ein Begründungsversuch der Form

Die Daseinsberechtigung der Form in Gegenwart und Zukunft kann sich demzufolge nicht mehr *vorrangig* auf die eingangs genannten seit jeher bestehenden Primärbegründungen[16] stützen. Zur Begründung der Form bedarf es einer nach innen, also besonders auf die Rechtswirksamkeit der niedergelegten Willenserklärung ausgerichteten Form, die sich damit in die heutige Tendenz eines früh einsetzenden Schutzes des Rechtsanwenders um nicht zu sagen Verbrauchers

---

2010, S. 644(647), sieht ebenfalls einen Zusammenhang zwischen Verbraucherrecht, Formvorschriften und Vertragsfreiheit.

13 Dazu Hagen, Die Form als „Schwester der Freiheit", S. 644(649); Häsemeyer, Die gesetzliche Form der Rechtsgeschäfte, S. 164, spricht von der Rationalität der heutigen gesetzlichen Form, was die hier vertretene Meinung unterstreicht. Auer, Eigentum, Familie, Erbrecht, S. 239(270), weist ebenfalls in die hier vertretene Richtung, wenn sie das Erbrecht durch Anerkennung der Testierfreiheit untrennbar mit der Privatautonomie verbunden sieht.

14 Dazu Mankowski, Peter: „Formzwecke". *JZ* 2010, S. 662 f.

15 Di Fabio, Form und Freiheit, S. 342 f.

16 Diese sind Solennität (Warnung und Feierlichkeit), Klarheit und Beweis. Zusätzlich lassen sich diese drei Hauptgründe katalogartig weiter untergliedern, vgl. dazu Breitschmid, S. 87 f.; ferner Mankowski, Formzwecke, S. 662(665), der als Formzwecke neben Beweis-, Warnzweck und Übereilungsschutz noch Informationszweck, Authentizitätszweck, Indizzweck, Finalisierungszweck, Belehrungszweck, Gläubigerschutz nennt. Für das in der Untersuchung gefundene Ergebnis ändert diese zusätzliche Formzweckaufgliederung grundsätzlich jedoch nichts, da es sich nur um eine Untergliederung der bisherigen klassischen Formgründe handelt. Ellenberger in Palandt, Kurzkom. BGB, § 125 Rn. 5 f., nennt für die öffentliche Form als besonderen Formzweck noch die Beratungsfunktion und Kontrollfunktion, die aber nach hier vertretener Auffassung nur eine Unterart der Warnfunktion ist. Siehe auch dieser Teil unter C.

einfügt[17]. Dieser Tendenz folgend hat der Gesetzgeber bestehende Formvorschriften entweder aufgehoben, zum Beispiel die Form der Zeichnung von Firma und Unterschrift für Einzelkaufleute, Prokuristen, bei OHG und KG[18], oder als minder schweren Eingriff in eine Form deren Ausgestaltung entscheidend verändert, wie deutlich wird an den neuen Formvorschriften des Gesetzes zur Modernisierung des GmbH-Rechts durch Einführung einer Gründung der GmbH oder Unternehmergesellschaft (haftungsbeschränkt) nach Musterprotokoll und schließlich durch die nun vorgeschriebene elektronische *Anmeldungsform*[19]. Auch wurden Formen neu eingeführt wie z. B. im Umwandlungsgesetz vom 28.10.1994[20] oder verschärft wie in § 17 Abs. 2a BeurkG[21] zum Abschluss notariell zu beurkundender Verträge nach § 311b BGB über Grundstücke oder das Vermögen. Aus den genannten Normen wird deutlich, dass die Form in neueren Vorschriften immer stärker „nach innen" auf den Schutz des Erklärungsinhalts und auf die Unterstützung bei dessen Abfassung ausgerichtet ist, um den Anwender in schwierigen oder bedeutsamen Rechtsmaterien vor Erklärungsfehlern oder Missdeutungen aus Unkenntnis oder Unbedarftheit zu schützen[22].

---

17 Ebenso bei Breitschmid, S. 53. Beispiel für den Verbraucherschutz durch Form ist die neu eingeführte Textform des § 126b BGB, auf die das Gesetz z. B. in den §§ 312 c Abs. 2 S. 1, 355 Abs. 1 S. 2 BGB für Verbraucherverträge Bezug nimmt.

18 Durch Handelsrechtsreformgesetz v. 22.06.1998, BGBl. I S. 1474, und darauf aufbauend später EHUG v. 10.11.2006, BGBl. I S. 2553. Zum Ganzen auch Limmer in Limmer et al.: *Würzburger Notarhandbuch*. 4. Auflage, Kempten et al. 2015, Teil 1, Kap. 4, Rn. 421; Hertel in Staudinger, Kom. BGB, § 129 Rn. 7.

19 MoMiG v. 23.10.2008, BGBl. I S. 2026, zu § 2 Abs. 1a GmbHG n. F. sowie EHUG v. 10.11.2006, BGBl. I S. 2553.

20 UmwG BGBl. I S. 3210, dort z. B. §§ 6, 13 Abs. 3, S. 1, 16 Abs. 1 S. 1 in Verbindung mit §12 Abs. 1 HGB, die über die Form der Beurkundung bzw. öffentlichen Beglaubigung die Einhaltung der erforderlichen Erklärungen der Beteiligten *inhaltlich* sicherstellen soll.

21 OLG-VertrÄndG v. 23.07.2002, BGBl. I S. 2850; dazu Eickelberg in Armbrüster, Christian / Preuß, Nicola / Renner, Thomas: *Beurkundungsgesetz und Dienstordnung für Notarinnen und Notare. Kommentar*. 7. Auflage, Bonn 2015, § 17 BeurkG Rn. 160.

22 Hier wird die These *der Inhalt bestimmt die Form* aus diesem neueren Formverständnis heraus bestätigt.

II. Ergänzungen zum Zweck der Form

Die Form erweist sich somit als ein für den *formellen und materiellen Inhalt* der niederzulegenden Willenserklärung dienendes Werkzeug und nicht als Wirksamkeitshindernis der Willenserklärung[23]. Aus dieser Sicht erhält die Form heute Rechtfertigung und Akzeptanz[24]. Jede Form greift in die Freiheit der Rechtssubjekte, zu der auch die Testierfreiheit zählt, ein[25]. Sie schreibt der privatautonom frei gebildeten Willenserklärung die Einhaltung eines bestimmten Rituals[26] vor, will diese Willenserklärung nicht nur Existenz, sondern für den Rechtsverkehr auch Rechtswirksamkeit und damit Verbindlichkeit erlangen[27]. Dabei hat sie gleichzeitig – wie bisher schon – das Allgemeininteresse an geordnetem Rechtsleben in Rechtsfrieden zu berücksichtigen[28].

---

23 Ähnlich Muscheler, Karlheinz: „Das eigenhändige Testament – gestern, heute und morgen". *Successio. Schweizerische Zeitschrift für Erbrecht* 2014, S. 24(32). Entgegengesetzt hierzu verhält sich aber die Form des Testaments, wie den Ausführungen bei Röthel, Form und Privatautonomie, S. 33 ff., zu entnehmen ist, wenn diese von einer *Formschwelle* spricht.

24 Ebenso Breitschmid,S. 53 und S. 73 „der Zweck der Form bestimmt ihren Wert"; ähnlich Burkart, Das eigenhändige Testament, S. 253 f.; Häsemeyer, Die gesetzliche Form der Rechtsgeschäfte, S. 24 „Formzwang, der […] einer besonderen Rechtfertigung bedarf, um in der Rechtsordnung bestehen zu können". Zu Recht kritisiert Häsemeyer auf S. 147 deshalb auch die Andeutungstheorie, weil diese gerade umgekehrt darauf hinauslaufen kann, dass die Form den Inhalt bestimmt.

25 Deshalb betont Häsemeyer, Die gesetzliche Form der Rechtsgeschäfte, S. 159, völlig zu Recht bei der Form die entstehende problematische Verbindung von sozialem Ordnungsdenken und privatautonomem Eigeninteresse des Erklärenden.

26 Formen sind kein Naturgesetz, sondern entsprangen gem. ihrer Herkunft menschlicher Intellektualität, die sich insofern in der Errichtung von Ritualen äußerte, die später in Formen übergingen, vgl. dazu die historischen Betrachtungen im Fünften Teil.

27 Folgegemäß ist nach dem Gesetz eine einer Form unterworfene Willenserklärung bei Nichteinhaltung der Form nichtig (§ 125 Satz 1 BGB), sofern nicht das Gesetz ausnahmsweise wie u. a. in § 311b Abs. 1 Satz 2 BGB oder § 15 Abs. 4 Satz 2 GmbHG eine Heilungsmöglichkeit vorgesehen hat, dazu für viele Nipperdey, Lehrb. bürgerl. Rechts, § 154 III., S. 957. Im Gegensatz dazu wird inzwischen allerdings die Berufung auf die Formnichtigkeit von Fall zu Fall als Verstoß gegen Treu und Glauben bewertet, siehe Schwab, Dieter / Löhnig, Martin: *Einführung in das Zivilrecht. Kurzlehrbuch.* 20. Auflage, Regensburg 2016, S. 235 ff.; Ellenberger in Palandt, KurzKom. BGB, § 125 Rn. 22 m.w.N.

28 Häsemeyer, Die gesetzliche Form der Rechtsgeschäfte, S. 161, formuliert dazu: „[…] prägen überindividuelle Zwecksetzung und individuelle Selbstbestimmung zusammen

Die Form ist dadurch abhängig von dem mit der Willenserklärung verfolgten materiellen Recht. Je schwieriger oder gefährlicher die Ausformulierung dieses Rechts ist und je komplexer oder problematischer die dabei zu berücksichtigenden formellen und materiellen Voraussetzungen sind, umso überzeugender belegt die Form ihre Daseinsberechtigung und umso spezifischer muss sie gleichzeitig ausgestaltet sein[29]. Dies wird bei der nachfolgenden Ausarbeitung neuer Testamentsformen von erheblicher Bedeutung sein.

Wo trotz eben genannter inhaltlicher Herausforderungen, die grundsätzlich für eine Formeinrichtung sprechen, kein Formzwang besteht, greift die Staatsgewalt ein durch gesetzliche Beschränkungen der Privatautonomie wie zum Beispiel im Schuldrecht über die Bestimmungen zu Allgemeinen Geschäftsbedingungen nach §§ 305 ff. BGB oder im Mietrecht über §§ 543 ff., 549 ff. BGB. Wo andererseits eine zu einfache Form gemäß ihrer Leistungsbilanz versagt hat, versucht die Rechtsordnung die Korrektur des Defizits durch nachfolgende richterliche Kontrolle[30]. So gesehen erscheint eine am *Inhalt* der Erklärung ausgerichtete Form plötzlich in einem neuen Licht, nämlich als das aus der Sicht der Privatautonomie, zu der auch die Testierfreiheit gehört, *mildere* Eingriffsmittel[31]. Die Form ist dann nicht nur antiquiertes Rechtsüberbleibsel oder Hemmnis, sondern hat ihren berechtigten Platz innerhalb einer funktionierenden Privatautonomie[32].

Bezogen auf diese Untersuchung sind deshalb in den vorausgegangenen Teilen besonders die aktuellen und zukünftigen inhaltlichen Herausforderungen an das Testament, aber auch die bisherige Leistungsbilanz der Formen de lege lata

---

die gesetzliche Form", und beschreibt auf S. 166 ff. die Funktionsbezogenheit der Form auf die Privatautonomie.

29 Anschaulich belegen dies beispielsweise die umfangreichen Formvorschriften des UmwG, vgl. z. B. §§5 f. UmwG zur Form des Verschmelzungsvertrages, § 8 Abs. 3 S. 2 UmwG zum Verzicht auf Verschmelzungsbericht und § 13 Abs. 3 S. 1 UmwG zum Verschmelzungsbeschluss und den Zustimmungen einzelner Anteilseigner. Der Hinweis Hagens, Die Form als ‚Schwester der Freiheit', S. 644(647), dass Formen im Prozess der Materialisierung des Vertragsrechts eine spezifische Rolle spielen, zeigt in diese Richtung.

30 Zutreffend dazu Di Fabio, Form und Freiheit, S. 342(347), sowie in dieser Arbeit Vierter Teil § 1 B.

31 Ebenso Di Fabio, Form und Freiehit, S. 342(350); Mankowski, Formzwecke, S. 662 ff.; Malzer, Die öffentliche Beglaubigung, S. 169(180).

32 Auch Röthel, Anne: „Form und Freiheit der Patientenautonomie". *AcP* 211, 2011, S. 196(203), bescheinigt gesetzlichen Formen und Errichtungsregeln die Eigenschaft als Funktionsvoraussetzungen von Privatautonomie.

herausgestellt worden[33]. Nachdem in Ergänzung dazu soeben die fortbestehende Aktualität gesetzlicher Formen aus ihrer inhaltlichen Verantwortung heraus begründet werden konnte, muss nun der Frage nachgegangen werden, welche Formtypen das BGB überhaupt anbietet und welche neuen Formen daraus zur besseren Befriedigung der dargestellten Formzwecke entwickelt werden können.

C. Überblick zu den Formtypen des BGB

Das BGB gibt in §§ 125 bis 129 BGB die grundsätzlichen Formen für das Zivilrecht vor[34]. Dies sind die Textform, die Schriftform, die öffentliche Beglaubigung und die notarielle Beurkundung[35]. Als hinzukommende besondere Formen werden angesehen die Auflassung, das eigenhändige Testament, die Eheschließung und die Begründung der Lebenspartnerschaft[36]. Als besondere Formen sollte man dieser Klassifizierung folgend aber auch die elektronische Form des § 126a BGB ansehen[37] sowie außerhalb des BGB die neue Form der Gesellschaftsgründung im vereinfachten Verfahren nach Musterprotokoll des § 2 Abs. 1a GmbHG[38].

Unabhängig davon, welcher Formentyp durch das Gesetz im Einzelfall vorgeschrieben ist, steht über jeder Verletzung der Form die Negativfolge der Nichtigkeit der Willenserklärung nach § 125 Satz 1 BGB[39]. Bei vordergründiger

---

33 Vgl. Zweiter bis Vierter Teil dieser Untersuchung.

34 Hertel in Staudinger, Kom. BGB, § 125 Rn. 1; Heinrichs in Palandt, KurzKom. BGB, § 125 Rn. 7.

35 Wobei sich aus dem Gesetz eine ausdrückliche Hierarchie der Formen nur für die Form der notariellen Beurkundung entnehmen lässt, vgl. §§ 126 Abs. 4, 129 Abs. 2 BGB.

36 Wie hier Mansel in Jauernig/Stürner, BGB Kom., § 125 Rn. 2; Heinrichs in Palandt, KurzKom. BGB, § 125 Rn. 3. Diese Einstufung als besondere Formen erfolgt zu Recht, weisen doch alle diese Formen gemeinsam Besonderheiten auf wie z. B. bei Auflassung die gleichzeitige Anwesenheit beider Teile, jedoch ohne vorgeschriebene Schriftform (dazu Bassenge in Palandt, Kurzkom. BGB, § 925 Rn. 3), beim holographischen Testament die eigenhändige Niederschrift des gesamten Textes.

37 Vielfach wird die elektronische Form nach § 126a BGB nicht als eigenständige Form, sondern nur als Unterfall der Schriftform angesehen, vgl. Ellenberger in Palandt, Kurzkom. BGB, § 126a Rn. 1. Konsequent erscheint das jedoch nicht: erstens führt das BGB selbst die elektronische Form als besondere Form im Katalog seiner Formvorschriften auf, zweitens müsste man sonst bei enger Auslegung die Form der öffentlichen Beglaubigung und Beurkundung ebenso als Sonderfälle der Schriftform einstufen. Ähnlich wie hier wohl Hertel in Staudinger, Kom. BGB, § 126 Rn. 166.

38 Dazu noch in diesem Teil § 3 B.

39 Die Rechtsfolge der Nichtigkeit muss nicht unvermeidbare Kerrseite der Formverletzung sein. So führt z. B. ein Formverstoß in England nicht zur Nichtigkeit, sondern

Betrachtung scheint es, als ob mit dieser Sanktion der bereits dargestellte alte Hauptzweck der Form geschützt werden soll, nämlich die rein formal korrekte Textniederlegung in Solennität[40]. Mit Recht wird bei Formverletzungen von § 125 BGB auch kaum Dispens erteilt[41], sollen Formvorschriften nicht ihrer Funktion bzw. ihrem berechtigten Zweck entkleidet werden[42]. Welche Funktion und welchen Zweck kann man den im Zivilrecht vorhandenen Formen zuordnen?

I. Die Textform

Die einfachste Form ist die Textform des § 126b BGB[43]. Im auffallenden Unterschied zu den anderen Formen muss der Text nicht zwingend auf Papier festgehalten sein und bedarf vor allem – fast schon eine Sensation im deutschen Recht[44] – keiner eigenhändigen Unterschrift[45]. Die relativ neue Formvorschrift des § 126b BGB ist im Rahmen der Untersuchung deshalb interessant, weil sie erstens belegt, dass die bisherigen traditionellen Formen zu eng abgestimmt waren und der Vielzahl der Herausforderungen nicht mehr genügten[46]. Der Gesetzgeber sah sich aus Anwender- bzw. Verbrauchergründen genötigt, eine weitere Form einzuführen, wie deren Einsatz zum Beispiel bei den Fernabsatzverträgen (§ 312c Abs. 2 BGB), der Ausgestaltung des Widerrufsrechts bei Verbraucher-

---

nur zum Ausschluss als Beweismittel, ähnlich in Frankreich, dazu Köbl, Bedeutung der Form im heutigen Recht, S. 207 ff.

40 Wie hier Schmidt/Brüggemeier, Grundkurs Zivilrecht, S. 77 Rn. 186.

41 Vgl. BGHZ 48, 396(398); BGHZ 138, 339(348), wonach Formvorschriften im Interesse der Rechtssicherheit nicht aus reiner Billigkeitserwägung unbeachtlich bleiben dürfen, ausgenommen hiervon deshalb nur Fälle der Existenzgefährdung oder der schweren Treueverletzung des anderen Teils. Ebenso Schwab/Löhnig, Einf. Zivilrecht, Kap. 3, S. 239, Rn. 527.

42 Siehe schon Jhering, S. 471: „Die Form lenkt die Freiheitssubstanz in feste Bahnen, […] sie kräftigt sie nach innen, schützt sie nach außen."

43 Diese Form wurde erst später zusammen mit der elektronischen Form durch Gesetz v. 13.07.2001, BGBl. I, S. 1542, eingeführt. Sie ist nach der Form der Gesellschaftsgründung nach Musterprotokoll im GmbH-Recht die zweitjüngste Form in unserem Zivilrecht.

44 In Europa kennt das Testamentsrecht für England und Wales schon seit langem den Verzicht auf eigenhändige Unterschrift, dazu Odersky in Süß, Erbrecht in Europa, Großbritannien, Rn. 48.

45 Schwab/Löhnig, Einf. Zivilrecht, Kap. 3, S. 237, Rn. 520. Jedoch muss der Erklärende genannt sein und ein Abschluss des Urkundentextes in geeigneter Weise erkennbar sein, dazu Ellenberger in Palandt, KurzKom. BGB, § 126b Rn. 4, 5.

46 Ebenso Köbl, Bedeutung der Form im heutigen Recht, S. 207(217).

verträgen (§ 355 Abs. 1 BGB) oder der Abfassung der Garantieerklärung (§ 477 Abs. 2 BGB) beweist[47].

Zweitens belegt die neue Formvorschrift die hier vertretene These, der Inhalt bestimmt die Form aus der in § 126b herauszulesenden Bedeutung der Form für die Herstellung des Verbraucherschutzes[48].

II. Die Schriftform

Im Unterschied zur Textform verlangt die Schriftform nach § 126 BGB die eigenhändige Unterzeichnung mit dem Namen des Ausstellers[49]. Der Schriftform kommt dabei neben den klassischen Schutzzwecken des Übereilungsschutzes, der Klarheit und der Beweissicherung[50] inzwischen auf der Linie der hier vertretenen Meinung zum Verbraucherrecht zunehmend eine besondere *Informationsfunktion* gegenüber den Anwendern zu[51].

Dass dieser Formzweck aber nicht nur im Verbraucherrecht gilt, sondern sogar für andere Rechtsgebiete, kann man an der Ausgestaltung der Patientenverfügung nach § 1901a BGB[52] verdeutlichen. Diese Verfügung schreibt über ihre Schriftform für die Verbindlichkeit ihres Inhalts eine schriftliche Festlegung[53] auf *bestimmte* Untersuchungen, Heilbehandlungen oder Eingriffe vor. In der Voraussetzung der Norm auf die *Bestimmung* konkreter Behandlungsmaßnahmen

---

47 Dazu Alexander, Christian: *Verbraucherschutz. Lehrbuch*. Jena 2015, S. 12 ff.; weitere Anwendungsbeispiele bei Ellenberger in Palandt, Kurzkom. BGB, § 126b Rn. 2.

48 Auf diese Verbindung zwischen Form und Verbraucherschutz weisen auch die Ausführungen bei Ellenberger in Palandt, Kurzkom. BGB, § 125 Rn. 4, hin.

49 Sie stellt aber im Übrigen die Niederlegung der Schriftzeichen hinsichtlich der Technik der Errichtung, der Person des Textverfassers und des Materials der Urkunde völlig frei, Schmidt/Brüggemeier, Grundkurs Zivilrecht, S. 77 Rn. 186; Einsele in MüKo, BGB, § 126 Rn. 14.

50 Dazu Hertel in Staudinger, Kom. BGB, § 126 Rn. 6.

51 Ellenberger in Palandt, KurzKom. BGB, § 125 Rn. 4; ebenso Wolf, Manfred / Neuner, Jörg: *Allgemeiner Teil des Bürgerlichen Rechts*. 10. Auflage, München 2012, § 27 Rn. 4; dazu auch Alexander, Lehrb. Verbraucherschutz, S. 13 Rn. 52.

52 3.Gesetz zur Änderung des Betreuungsrechts v. 29.07.2009, BGBl I, S. 2286.

53 In den Beratungen zum Gesetz war dabei durchaus umstritten, ob die Patientenverfügung wegen der Gefahr mangelnder Informiertheit des Anwenders nicht der Beglaubigung oder sogar der strengeren Form der notariellen Beurkundung unterworfen sein müsste. Man sah jedoch in strengeren Formen die Gefahr zu hoher Hürden und unzumutbarer Kosten für die Patientenverfügung, vgl. dazu die Ausführungen bei Lemmerz, Anna-Luisa: *Die Patientenverfügung*. Hamburg 2013, S. 86 f.

kommt die Wechselbeziehung zwischen der angeordneten *Schriftform* und dem Schutzzweck *Information des Anwenders* zum Ausdruck.

Auch das privatschriftliche Testament entspringt der Schriftform des § 126 BGB, dabei allerdings mit zwei wichtigen Ausnahmen:

- die Testamentsform lässt nur eigenhändig und damit nicht maschinell errichtete Texte zu[54];
- beim handschriftlichen Testament wird als Unterzeichnung des Erblassers seit dem TestG[55] nicht nur die Namensunterschrift zugelassen[56].

III. Die öffentliche Beglaubigung

Die öffentliche Beglaubigung ist mit § 129 BGB an die letzte Stelle der Formvorschriften im Allgemeinen Teil des BGB gesetzt worden[57]. Vom allgemeinen Verständnis her ist entscheidendes Merkmal die Beglaubigung der Unterschrift des Erklärenden durch einen Notar[58]. Dabei wird nach noch h.M. vertreten, dass der Notar lediglich die *Überprüfung der Identität* des den Text Unterzeichnenden, noch nicht einmal aber die des Textverfassers und schon gar nicht die Überprüfung der materiellen Richtigkeit oder Wirksamkeit der Urkunde von Amtswegen durchzuführen hat[59]. Das mag zunächst dogmatisch folgerichtig klingen, da die

54 Dazu gehört auch, dass eine elektronische Errichtung entsprechend § 126a BGB ausscheidet. Die elektronische Errichtung, noch im Anfangsstadium befindlich, setzt auf der Rechtsgrundlage des Signaturgesetzes v. 16.05.2001, BGBl. I S. 876, den Besitz geeigneter Soft- und Hardware beim Anwender voraus sowie dazu dann einen Signaturschlüssel (§ 2 Nr. 2 SigG). Mangels Vorliegen dieser Voraussetzungen beim privaten Anwender soll auf diese Form in vorliegender Untersuchung nicht weiter eingegangen werden. Vgl. zur elektronischen Form auch Hertel in Staudinger, Kom. BGB, § 126 Rn. 166 f.; Ellenberger in Palandt, KurzKom. BGB, § 126a Rn. 4.

55 Dazu bereits Fünfter Teil § 3 B.

56 Kritisch dazu Weber in Damrau, Praxiskom. ErbR, § 2247 Rn. 38.

57 Dies besagt nichts über ihre zahlreiche Verwendung in Gesetzen, vgl. Winkler, Kom. BeurkG, § 40 Rn. 4, mit einer Auflistung der vom Gesetz vorgeschriebenen Unterschriftsbeglaubigung.

58 Schmidt/Brüggemeier, Grundkurs Zivilrecht, S. 78 Rn. 187.

59 BGHZ 37, 79(86); BGH, *ZNotP* 2005, S. 73; OLG Celle, *DNotZ* 1959, S. 666; OLG Karlsruhe, NotBW 2003, 73; LG München I, *Rechtspfleger* 1972, S. 255: Grziwotz in Grziwotz, Herbert/ Heinemann, Jörn: *Beurkundungsgesetz Kommentar*, 2. Auflage, Neumarkt/ Regen 2015, § 40 Rn. 1; Winkler, Karl: „Anmerkung zu LG München I". *Rechtspfleger* 1972, S. 256, und *DNotZ* 1971, S. 140; Eisele in MüKo, BGB, § 129 Rn. 5; Lerch, Klaus: *Beurkundungsgesetz. Kommentar*. 5. Auflage, Frankfurt/Main 2016, § 40 Rn. 13 f.; Hertel in Staudinger, Kom. BGB, Buch 1: AT, § 129 Rn. 90; Waldner,

Beglaubigung am *Charakter* des Textes als Privaturkunde nichts ändert und deshalb nur der Beglaubigungsvermerk Teil einer öffentlichen Urkunde ist, die den vollen Beweis der in ihr bezeugten Tatsachen beanspruchen darf[60]. Außerdem ist § 129 BGB im Zusammenhang mit § 40 Abs. 2 BeurkG zu lesen. Nach dem Wortlaut letztgenannter Norm hat der Notar bei der Unterschriftsbeglaubigung eine Prüfungspflicht allein dahingehend, ob Versagungsgründe nach §§ 3, 4, 6 und 7 BeurkG für seine Amtstätigkeit vorliegen[61].

1. Prüfungspflichten bei der Unterschriftsbeglaubigung?

Diese dem Wortlaut nach eingeschränkte Prüfungspflicht wird jedoch schon de lege lata nicht konsequent durchgehalten, wie ein Blick in das Handels- und Gesellschaftsrecht offenbart. Speziell nach den im AktG und GmbHG anzuwendenden Normen zur Anmeldung von Vertretungsorganen der Gesellschaft[62] ist nämlich über die reine Unterschriftsbeglaubigung des Notars hinaus noch die notarielle Belehrung der neuen Vertreter der Körperschaft gesetzlich vorgesehen[63]. Das HGB sieht im Gegensatz dazu derartige Belehrungen nicht vor, aber durch die Anmeldungspflicht bei OHG/KG durch *alle* Gesellschafter[64] kommt dort praktisch keine zu beglaubigende Anmeldung an einer zusätzlichen Belehrungs- und Aufklärungsfunktion des Notars vorbei. Der Gesetzgeber setzt im HGB, GmbHG und AktG die Form des § 129 BGB also über die Identitätsfest-

---

Wolfram: *Beurkundungsrecht für die notarielle Praxis*. Bayreuth 2007, Ziff. 6.6 Rn. 136. Zur Klarstellung sei angemerkt, dass es hier nicht um die vom Notar selbst *entworfenen* unterschriftsbeglaubigten Urkunden geht. Sobald der Notar einen Entwurf selbst verfasst hat, trifft ihn wegen § 17 BeurkG uneingeschränkt die Verantwortung für die materielle Richtigkeit und Wirksamkeit seines beglaubigten Entwurfes, vgl. Hertel in Staudinger, Kom. BGB, Buch 1: AT, § 129 Rn. 3; Hertel in Eylmann/Vaasen, BNotO/BeurkG Kom., § 24 BNotO Rn. 17.

60 BGH, *NJW* 1980, S. 1048; OLG München, *Rechtspfleger* 2010, S. 668; wie hier Winkler, Kom. BeurkG, § 40 Rn. 78; Seebach in Reibold/Seebach/Dahlkamp, Praxis des Notariats, § 2 S. 34. Hier offenbart sich auch der Unterschied zur amtlichen Beglaubigung einer Unterschrift zur Vorlage bei einer Behörde. Die Beweiskraft dieser Beglaubigung bezieht sich nach § 65 S. 2 BeurkG nur auf den im Vermerk genannten Verwendungszweck, dazu Preuß in Armbrüster/Preuß/Renner, BeurkG u. Dienstordnung, § 40 Rn. 35.

61 KG, *Rechtspfleger* 1974, S. 400; Hertel in Staudinger, Kom. BGB, Buch 1: AT, § 129 Rn. 89 f.; Grziwotz in Grziwotz/Heinemann, BeurkG Kom., § 40 Rn. 26.

62 Siehe §§ 37 Abs. 2, 81 Abs. 3 AktG, 8 Abs. 3, 39 Abs. 3 GmbHG.

63 Grziwotz in Grziwotz/Heinemann, BeurkG Kom., § 40 Rn. 7.

64 Vgl. §§ 106 Abs. 2 Nr. 4, 108, 161 Abs. 2, 175 S. 1 HGB.

stellung der Unterschriftsbeglaubigung hinaus spezialisiert als eine Möglichkeit zur Vorprüfung oder Vorfilterung des zu unterschreibenden Textes durch den Notar ein[65], um den Rechtsvollzug im jeweiligen Register sicherzustellen und zu beschleunigen unter Entlastung der Gerichtsbarkeit[66]. In der notariellen Praxis führt das dazu, dass bei der Unterschriftsbeglaubigung im Handels- und Gesellschaftsrecht der Notar nicht „Augen und Ohren" vor dem ihm bei der Unterschriftsbeglaubigung vorgelegten Text verschließt, sondern den Textinhalt auf seine formelle und materielle Wirksamkeit *überprüfen* wird. Diese Loslösung von den eigentlichen Vorgaben des § 40 Abs. 2 BeurkG wird noch gefördert durch die neuen Formvorschriften zur zwingenden elektronischen Anmeldung durch den Notar[67], da gem. § 8 HGB das Handelsregister nunmehr elektronisch geführt wird und die elektronische Anmeldungsmaske gewisse Essentialien im Anmeldetext voraussetzt. Eine ähnliche Entwicklung hat im Liegenschaftsrecht inzwischen wegen des zunehmend elektronisch geführten Grundbuchs bei der elektronischen Einreichung unterschriftsbeglaubigter Grundbucherklärungen begonnen[68].

2. *Herleitung einer Prüfungspflicht*

In der notariellen Praxis bewirkt die zu beglaubigende Erklärung des Unterzeichners über den Wortlaut des § 40 Abs. 2 BeurkG hinaus zunehmend eine überschlägige *Überprüfung des Urkundeninhalts* auf formelle oder materielle Unwirksamkeitsgründe und damit auf Vollzugshindernisse, auf die der Notar ggf. hinweisen wird. Diese Tendenz in der Praxis wird inzwischen von vielen Vertretern der h.M.[69] aufge-

---

65 So beim Entwurf Hertel in Staudinger, Kom. BGB, §129 Rn. 17; Malzer, Die öffentliche Beglaubigung, S. 169(172); wie hier Limmer in Eylmann/Vaasen, BNotO/BeurkG Kom., § 40 BeurkG Rn. 1; kritisch zu dieser „Inkonsequenz" des Gesetzgebers Preuß in Armbrüster/Preuß/Renner, BeurkG u. Dienstordnung, § 40 Rn. 4, 26.

66 Malzer, Die öffentliche Beglaubigung, S. 169(173).

67 Vgl. das Gesetz über das elektronische Handelsregister und Genossenschaftsregister sowie das Unternehmensregister v. 10.01.2006 – EHUG – BGBl. I S. 2553; dazu Winkler, Kom. BeurkG, § 41 Rn. 3.

68 Vgl. Gesetz zur Einführung des elektronischen Rechtsverkehrs und der elektronischen Akte im Grundbuchverfahren, ERVGBG v. 11.08.2009 in BGBl. I S. 2713, zu §§ 135 ff. GBO. Von der Ermächtigung zur Einführung des elektronischen Grundbuchverkehrs haben bereits Gebrauch gemacht ab 01.07.2012 Baden-Württemberg, ab 01.04.2014 Sachsen und ab 01.09.2014 Schleswig-Holstein. Andere Bundesländer werden bald folgen, dazu BNotK, notarnet, online verfügbar unter http://www.elrv.info/de/software/xnotar/XNotar_GB.php; letzter Abruf 07.08.2016.

69 Limmer in Eylmann/Vaasen, BNotO/BeurkG Kom., § 40 Rn. 2, spricht sogar von einer ganz h.M.

griffen und zur Begründung einer zumindest *überschlägigen* notariellen Prüfung bei Unterschriftsbeglaubigung herangezogen[70]. Darüber hinaus hat sich eine Meinung verfestigt, die in konsequenter Weiterverfolgung der Entwicklungen im Bereich der unterschriftsbeglaubigten Erklärungen unter dem Eindruck der geschilderten allgemeinen Zweckveränderungen im Recht der Form eine Vollprüfung des unterzeichneten Textes, wenn auch mit zum Teil unterschiedlicher Begründung, bei allen Unterschriftsbeglaubigungen für zwingend erachtet[71].

Ähnlich uneinheitlich stellt sich die Beurteilungssituation zur Frage der Prüfung der Geschäftsfähigkeit des Unterschreibenden durch den Notar dar[72]. Dies ist umso erstaunlicher, als nach Erkenntnissen aus der Praxis in der Regel kein Notar bei *ihm aufgefallener* Geschäftsunfähigkeit des Unterzeichners die Unterschrifts-

---

70 Nicht ganz eindeutig BGH, *DNotZ* 2005, S. 286, der aber immerhin von einer betreuenden Belehrungspflicht des Notars aus § 14 Abs. 1 S. 2 BNotO spricht; LG München, *MittBayNot* 1972, S. 181, danach Ablehnungspflicht des Notars bei offensichtlich materieller Unwirksamkeit. Für eine überschlägige Überprüfung Hertel in Staudinger, Kom. BGB, § 129 Rn. 90; Preuß in Armbrüster/Preuß/Renner, BeurkG u. Dienstordnung, § 40 Rn. 26; Limmer in Eylmann/Vaasen, BNotO/BeurkG Kom., § 40 Rn. 2, der formuliert, die Beglaubigung führe durch die Amtsperson des Notars zu einer Warnfunktion; nicht eindeutig hingegen Lerch, BeurkG Kom., § 40 Rn. 13 f.; Seebach in Reibold/Seebach/Dahlkamp, Praxis des Notariats, § 2 S. 37; a.A. zur Überprüfung Grziwotz in Grziwotz/Heinemann, BeurkG Kom., § 40 Rn. 27, der diese Art von einer *Evidenzkontrolle* für gesetzlich nicht gerechtfertigt erachtet und eine Prüfung des Notars insoweit allenfalls als nobile officium ansieht.

71 So Malzer, Die öffentliche Beglaubigung, S. 169(179); Ganter, Hans-Eberhard / Hertel, Christian / Wöstmann, Heinz: *Handbuch der Notarhaftung*. 3. Auflage, 2014, Rn. 1202, die eine betreuende Belehrungspflicht bei reiner Unterschriftsbeglaubigung schon aus § 14 BNotO folgern; ebenso Weingärtner, Helmut / Gassen, Dominik: *DONot für Notarinnen und Notare mit Praxisteil zum elektronischen Rechtsverkehr. Kommentar.* 12. Auflage, Dortmund 2013, zu § 14 BNotO Rn. 6; Limmer in Eylmann/Vaasen, BNotO/BeurkG. Kom., § 40 Rn. 2, 19 f., hält eine Evidenzprüfung auf offensichtliche materielle Unwirksamkeit für richtig; Seger in Diehn, Thomas: *Bundesnotarordnung. Kommentar*. 1. Auflage, Hamburg 2014, § 16 Rn. 49; Sandkühler in Sandkühler, Gerd / Arndt, Herbert / Lerch, Klaus: *Bundesnotarordnung Kommentar*. 8. Auflage, Frankfurt-Main/Münster 2016, § 40 Rn. 3 ff., abstellend auf die betreuende Belehrungspflicht des Notars; nicht eindeutig Preuß in Armbrüster/Preuß/Renner, BeurkG u. Dienstordnung, § 40 Rn. 4, der von einer Basisprüfung des Notars spricht; dagegen aber Haug, Karl H. / Zimmermann, Stefan / Zimmermann, Christian: *Die Amtshaftung des Notars*. 3. Auflage, Köln 2011, Rn. 416; Seebach in Reibold/Seebach/Dahlkamp, Praxis des Notariats, § 2 S. 37.

72 Dazu Malzer, Die öffentliche Beglaubigung, S. 169(175); Limmer in Eylmann/Vaasen, BNotO/BeurkG Kom., § 40 Rn. 21.

beglaubigung durchführen und so die Gefahr eines unwirksamen Rechtsgeschäfts oder einer unwirksamen Willenserklärung mit Haftungsrisiken des Notars auf sich nehmen wird. Im Ergebnis wird also regelmäßig auch eine Überprüfung der Geschäftsfähigkeit des Unterzeichners zumindest in dem Umfang praktiziert, wie sie bei einer Beurkundung von einseitigen Willenserklärungen stattfindet[73]. Die Auseinandersetzung über eine Prüfungspflicht zur Geschäftsfähigkeit mag deshalb mehr akademischer Natur sein und ist in der notariellen Praxis längst entschieden.

Im Übrigen befasst sich die Bundesnotarkammer bereits seit 1999 mit dem Prüfungsumfang bei notariellen Unterschriftsbeglaubigungen. Die Bundeskammer neigt dabei zu der Position, den Pflichtumfang bei Unterschriftsbeglaubigung durch eine Neufassung des § 40 BeurkG zum Schutz rechtlich Unerfahrener und zur Möglichkeit einer sachdienlichen Filterfunktion zugunsten der Registergerichte zu erweitern[74].

Der im Vordringen befindlichen Meinung ist insoweit zu folgen, dass eine Prüfung des Notars auf *offensichtliche* Unwirksamkeitsgründe der Urkunde stattzufinden hat. Man kann das als eine Art *Evidenzkontrolle* im Rahmen der allgemeinen notariellen Betreuungspflicht[75] verstehen. Diese Meinung kann sich auf die praktizierte Übung zur Unterschriftsbeglaubigung berufen, anlässlich der der Notar im Interesse seines Klienten und zur erfolgreichen Abwicklung des Rechtsgeschäfts, aber auch zur Vermeidung eigener Haftungsprobleme über den Wortlaut des § 40 Abs. 2 BeurkG hinaus Prüfungen und Belehrungen zur Geschäftsfähigkeit sowie zur formellen und materiellen Wirksamkeit des *Textes* vornimmt. Dabei noch zu unterscheiden zwischen einer bloß „groben“ Evidenzprüfung und einer gründlichen Vollprüfung des Textes[76], wie teilweise vertreten wird, scheint dabei mehr eine theoretische Frage zu sein, denn die vom Gesetz zur reinen Unterschriftsbeglaubigung vorgesehenen Rechtsvorgänge liegen regelmäßig im Bereich überschaubarer für den Fachmann unmittelbar erkennbarer

73 Hertel in Staudinger, Kom. BGB, § 129 Rn. 80 verlangt eine „positive Feststellung“ fehlender Geschäftsfähigkeit des Beteiligten, was aber im Ergebnis auf das Gleiche hinausläuft.

74 Vgl. Bericht der BNotKammer für 1999, *DNotZ* 2000, S. 564(567); Hertel in Staudinger, Kom. BGB, § 129 Rn. 18. Die Diskussion ist, wie man hört, inzwischen wieder Gegenstand einer Anhörung beim BMJV, Berlin, über die Bedeutung und den Einsatz der Unterschriftsbeglaubigung im Rahmen einer Vorprüfung von Eintragungen in Register/Grundbücher durch den Notar.

75 Armbrüster in Armbrüster/Preuß/Renner, BeurkG u. Dienstordnung, § 17 Rn. 6.

76 Siehe dazu bereits in diesem Teil § 2 C. III.2.

Rechtsfragen, weshalb sich die Evidenzfrage tatsächlich kaum stellt. Im Ergebnis und für diese Arbeit von Bedeutung ist damit eine *Prüfungsbegleitung* des Notars auch bei einer Unterschriftsbeglaubigung vertretbar und deshalb einzufordern.

Unterstützt wird diese These dadurch, dass allein schon durch das Aufsuchen des Notars und durch den vorgeschriebenen Beglaubigungsvorgang bei dem Unterzeichner ein besonderer Vertrauenstatbestand entsteht. Aus diesem leitet der Unterzeichner für sich eine Betreuungsverantwortung des Notars ihm gegenüber ab[77], die sich gegenüber dem Notar häufig in entsprechenden Fragen des Klienten offenbart. Dabei übernimmt der Notar allerdings keine Verantwortung für den Text als solchen (anders bei der Beurkundung oder einem Textentwurf durch den Notar). Es finden nämlich nicht die Vorschriften des § 17 BeurkG Anwendung, sondern es erfolgt nur eine *Einsichtnahme in den Text zur Überprüfung* auf etwaige formelle oder materielle Unwirksamkeit.

3. *Eingeschränkte Prüfungspflicht*

Diese weitere Aufgabe der notariellen Unterschriftsbeglaubigung liegt auf der Linie der bereits eingangs des Kapitels dargestellten Interpretation der Formvorschriften als ein Rechtsinstitut, das seine Daseinsberechtigung inzwischen rechtfertigen muss aus seiner Mitverantwortung für die formelle und materielle Wirksamkeit der schriftlichen Willenserklärung[78]. Die hier vertretene Prüfungspflicht des Notars muss allerdings zwei Einschränkungen erfahren:

(1) So muss man die Prüfungspflicht zunächst beschränkt sehen auf den dem Notar vorgelegten Text, was bedeutet, dass der Notar im Rahmen der Unterschriftsbeglaubigung seine Überprüfung nicht auf die Urkunden zu erstrecken hat, auf die der zu beglaubigende Text lediglich verweist[79].

(2) Weiterhin sind in die Prüfungspflicht nur vorgelegte Texte einzubeziehen, die kraft gesetzlicher Vorgabe der Unterschriftsbeglaubigung bedürfen[80]. Andernfalls könnte der Notar verpflichtet werden, jeden vom Laien abgefassten Text allein aufgrund eines rein privaten Beglaubigungsbegehrens rechtlich überprüfen zu müssen, was vom Ergebnis her zu weit führt.

---

77 Ebenso Malzer, Die öffentliche Beglaubigung, S. 169(178); Limmer in Eylmann/Vaasen, BNotO/BeurkG Kom., § 40 Rn. 2.

78 Dazu bereits Siebter Teil § 2 B.

79 Andernfalls würde der die Unterschrift einer Genehmigung beglaubigende Notar sonst noch die zu genehmigende Bezugsurkunde zu überprüfen haben, was gewiss zu weit führt.

80 Vgl. dazu die Aufzählung bei Winkler, Kom. BeurkG, § 40 Rn. 4.

Im Ergebnis kann als These festgehalten werden, dass bei einer *gesetzlich vorgesehenen* Unterschriftsbeglaubigung eine Pflicht zur Prüfung des Notars hinsichtlich der Geschäftsfähigkeit des Unterzeichners *und* auf offensichtlich formelle sowie materielle Unwirksamkeit des zu unterzeichnenden Urkundentextes angenommen werden darf.

Dieses Zwischenergebnis ist für den weiteren Verlauf der Untersuchung insofern interessant, weil sich daraus eine *Prüfungsbegleitung bei der Unterschriftsbeglaubigung* unterhalb der umfangreicheren Beurkundung nach § 128 BGB in Verbindung mit § 17 BeurkG herleiten lässt. Diese Methodik der Prüfungsbegleitung gewinnt damit Bedeutung für die Weiterentwicklung der bereits skizzierten neuen Form eines beratungsbegleiteten Testaments.

IV. Die notarielle Beurkundung

Die im Vergleich zur Unterschriftsbeglaubigung höhere Formstufe nach dem BGB ist die Beurkundung nach § 128 BGB. Man darf sie als intensivste Form bezeichnen, weil sie äußerlich betrachtet als einzige Form über ihre speziellen Vorschriften im Beurkundungsgesetz eine umfangreiche Evaluation vorgelegter Texte bzw. die Entwurfserstellung durch den Notar verlangt und inhaltlich gesehen dadurch die am stärksten beratende und beaufsichtigende Funktion erfüllt[81]. Für die Beurkundung sind grundsätzlich nur die Notare zuständig[82], wobei im Ausland vielfach die Beurkundungstätigkeit des Notars noch durch die Zuziehung von Zeugen unterstützt, vielleicht sogar „überwacht" wird[83]. Die Beurkundungsform ist im Gesetz überwiegend dann vorgesehen, wenn es neben den bereits erwähnten Formzwecken besonders auf die fachliche (notarielle) Beratungsgewähr und damit die Gültigkeitsgewähr ankommt[84].

Wegen ihrer kaum zu überbietenden ausführlichen Ausgestaltung im BeurkG erfordert die Form der Beurkundung als solche keine weitere Analyse. Interessant ist allerdings für diese Untersuchung die neue Beurkundungsform nach sog. *Musterprotokoll*, die der Gesetzgeber speziell für das Recht der GmbH-Gründung in § 2 Abs. 1a GmbHG nebst Anlage durch Gesetz vom 23.10.2008 eingeführt hat[85]. Dabei ist die Einführung dieser neuen Form nur Hilfsmittel zu dem ei-

81 Ellenberger in Palandt, KurzKom. BGB, § 128 Rn. 1.

82 Vgl, §§ 1, 56 BeurkG.

83 Dazu bereits Sechster Teil § 2 A. und § 2 C.

84 Grüneberg in Palandt, KurzKom. BGB, § 311b Rn. 2.

85 Gesetz zur Modernisierung des GmbH-Rechts und zur Bekämpfung von Missbräuchen (MoMiG) v. 23.10.2008, BGBl. I, S. 2026.

gentlichen Zweck, mit der gesamten Modernisierung des GmbH-Rechts die GmbH-Gründung bei unkomplizierten Fällen zu erleichtern und somit die Wettbewerbsfähigkeit der deutschen GmbH gegenüber ausländischen Rechtsformen wie der englischen Limited zu verbessern[86]. Dieser neue Formentypus der vorgeschriebenen Einhaltung eines gesetzlichen Musterinhalts bestätigt einmal mehr die Erweiterung der Aufgaben der Form, hier namentlich in seiner Erweiterung in Richtung Sicherstellung der Vermeidung von Formfehlern und Inhaltsfehlern durch Einbindung in eine Form durch Musterprotokoll[87].

Die Einführung eines Musterprotokolls als Form zur Gründung soll dabei sowohl bei der Errichtung einer GmbH als auch bei deren „kleinen Schwester", der Unternehmergesellschaft, (haftungsbeschränkt) verfahrenserleichternd und -beschleunigend wirken[88], weshalb die Formeinhaltung keine individuellen Abweichungen oder Gestaltungsspielräume zulässt[89].

Die gerade im Recht der GmbH starke Typisierung der materiellen Gestaltungsmöglichkeiten gab dem Gesetzgeber die Möglichkeit, das Musterprotokoll quasi als Auffangtyp für Gründungsbeschluss, Geschäftsführerbestellung und Gesellschafterliste einzuführen. Dadurch konnte der Gesetzgeber gleichzeitig ein weiteres bisher nicht als Formzweck definiertes Ziel erreichen, nämlich den Einsatz der Form zur Kostensenkung. Konkret wird dies bei der GmbH-Gründung

86 Dazu Bayer in Lutter, Marcus / Hommelhoff, Peter: *GmbH-Gesetz. Kommentar.* 19. Auflage, Jena/Heidelberg/Bielefeld 2016, § 2 Rn. 51.

87 Dem steht nicht entgegen, dass nach h.M. unzulässige Abweichungen vom Musterprotokoll nicht zur Unwirksamkeit der Gründung führen, sondern lediglich das vereinfachte Verfahren zur Gründung ausschließen, vgl. Schmidt-Leithoff in Rowedder, Heinz / Schmidt-Leithoff, Christian: *Gesetz betreffend die Gesellschaften mit beschränkter Haftung. Kommentar.* 5. Auflage, München 2013, § 2 Rn. 89; Fastrich in Baumbach, Adolf et al.: *GmbHG Kurzkommentar.* 20. Auflage, Düsseldorf et al. 2013, § 2 Rn. 53; nach Bayer in Lutter/Hommelhoff, GmbHG Kom., § 2 Rn. 70 liegt ein Fall der Umdeutung vor.

88 Schäfer in Bork/Schäfer, GmbH-Kommentar, § 2 Rn. 86.

89 Bayer in Lutter/Hommelhoff, GmbHG Kom., § 2 Rn. 52. Etwas unglücklich in § 2 Abs. 1a S. 3 GmbHG formuliert, dürfen „keine vom Gesetz abweichenden Bestimmungen getroffen werden", was aber nur bedeutet, dass vom *Musterprotokoll* der Anlage nicht abgewichen werden darf, will man deren Vorteile nutzen, dazu Fastrich in Baumbach et al, GmbHG Kurzkom., § 2 Rn. 50. Dabei war für die ursprüngliche Gründungsvereinfachung zunächst die Errichtung durch privatschriftlichen Mustervertrag mit Unterschriftsbeglaubigung der Gründer-Unterschriften vorgesehen, was jedoch zugunsten der notariellen Beurkundung zur Absicherung des gesetzlichen Mustertextes wieder fallen gelassen wurde, dazu Schmidt-Leithoff in Rowedder/Schmidt-Leithoff, GmbH-Kom., § 2 Rn. 89; Bayer in Lutter/Hommelhoff, GmbHG Kom., § 2 Rn. 50.

nach Musterprotokoll erreicht durch die kostenneutrale Aufnahme der Geschäftsführerbestellung und der Gesellschafterliste in das gesetzliche Musterprotokoll[90].

Ob damit eine neue Formenära begonnen hat, kann derzeit nicht mit Sicherheit beurteilt werden. Ausgeschlossen wäre es jedenfalls nicht, wenn gerade in Bereichen von statusbegründenden Willenserklärungen zu stark typisierten Rechtsgebieten über die Form eine gesetzliche „Vermusterung" der Erklärungstexte künftig stattfinden würde[91]. Dies läge auf der Linie des bereits angesprochenen Verbraucherschutzes und entspräche zusätzlich dem zunehmenden Prinzip der elektronischen Urkundenübermittlung und der registermäßigen Übernahme von Standardtexten in manchen Rechtsbereichen[92].

Auch die Verfügungen von Todes wegen befinden sich in einem stark typisierten Rechtsbereich und sind damit durchaus Mustertexten zugänglich. Es bietet sich deshalb an, diese Erkenntnisse aus der neuen Musterform im GmbH-Recht bei der Entwicklung einer Form des Testaments nach Mustertext zu berücksichtigen.

D. Problemfeld ordentliche Testamentsformen

Die Ausführungen der vorangegangenen Kapitel haben ausführlich sowohl die vorhandenen Testamentsmängel als auch die künftigen Herausforderungen an das Testament und seine ordentlichen Formen dargestellt[93]. So verwundert es nicht, dass seit Inkrafttreten des BGB die ordentlichen Testamentsformen immer wieder Gegenstand der juristischen Diskussion waren. Überlegungen zur Verbesserung der Leistungsbilanz der Testamentsformen endeten allerdings bisher

90 Dazu Pfisterer in Saenger, Ingo / Inhester, Michael: *GmbHG Handkommentar.* 2. Auflage, Münster/München 2013, § 2 Rn. 44; Fastrich in Baumbach et al., GmbHG Kurzkom., § 2 Rn. 63. Ungeachtet dieses Vorteils begegnet die Gründung nach Musterprotokoll aber auch Kritik, insb. wegen ihrer Inflexibilität und fehlender wichtiger Regelungen gerade zu den Mehrpersonengesellschaften, dazu Schmitz in Gehrlein, Markus / Ekkenga, Jens / Simon, Stefan: *GmbH Kommentar.* Lindau/Gießen/Köln 2012, § 2 Rn. 26 und 32.

91 Zu denken wäre z. B. an die Vermusterung bei der Bestellung dinglicher Rechte im Liegenschaftsrecht.

92 Gerade im Bereich des Handels-, Partnerschafts- und Gesellschaftsrechts wird über die elektronische Anmeldung der Urkundenvorgänge mittels XNotar an das Registergericht schon heute überwiegend per Mustertext gearbeitet. Zu XNotar siehe Bundesnotarkammer: *XNotar/SigNotar*, online verfügbar unter http://www.elrv.info/de/software/technische-anforderungen.php; letzter Abruf 06.08.2016.

93 Siehe Dritter Teil und Vierter Teil in dieser Untersuchung.

mit dem Dilemma, zwischen der Unabänderlichkeit vorhandener Formen und der Abschaffung des holographischen Testaments wählen zu müssen, so dass im Ergebnis seit über 100 Jahren die angeblich nicht besserbaren Formen unverändert blieben[94].

I. Besonderheiten bei Testamentsformen

Ebengenannte Erkenntnisse folgen überwiegend daraus, dass Testamentsformen als Gültigkeitsformen sui generis[95] eine besondere Situation betreffen: sie kleiden den zu Lebzeiten geäußerten Willen des Erblassers in eine Rechtskonstruktion, deren Rechtsgültigkeit sich erst *nach dem Tod* des Erblassers herausstellen wird[96]. Eine Nachbesserung durch den Erklärenden selbst ist somit nicht möglich, eine Heilung, wie bei anderen Willenserklärungen durch Vollzug bekannt, ist vom Gesetz nicht vorgesehen[97] und ein rechtliches Übergehen von Formmängeln aus besserer Erkenntnis über den „wahren" Erblasserwillen wird nicht zugelassen[98].

Dabei betreffen Testamente einen Lebensbereich, mit dem jeder nicht völlig vermögenslose Rechtsbürger unvermeidbar in Berührung kommen wird, oft noch verbunden mit starkem emotionalem Hintergrund. Gleichwohl sind auf Erblasserseite meist nur rudimentäre Rechtskenntnisse zu erwarten[99], die primär beim eigenhändigen Testament zu häufig eine Antimetrie zwischen tatsächlich schriftlich niedergelegter Testierung und erwartetem Testiererfolg verursachen[100]. Testamentsformen erweisen sich damit als *strenge* Zwangsformen[101], die Verstöße gegen sie unnachgiebig mit der Ungültigkeit der Verfügung strafen und deshalb den privat Testierenden überfordern[102]. Die dem

---

94 Vgl. Burkart, Das eigenhändige Testament, S. 253 f.; Görgens, Überlegungen zur Weiterentwicklung des § 2247 BGB, S. 357; Breitschmid, S. 488. Zu kleineren Änderungen siehe Fünfter Teil § 3 B. Zu bisherigen Formvorschlägen sogleich noch in diesem Teil.

95 Dieser Begriff wird erstmalig von Breitschmid, S. 72, verwendet.

96 Leipold, Erbrecht, § 11 Rn. 290.

97 Siehe Häsemeyer, Die gesetzliche Form der Rechtsgeschäfte, S. 88 ff.

98 BGH, *NJW* 1981, S. 1900 f., wonach Formmängel nicht unschädlich seien, nur weil der bessere Wille des Erblassers feststehe.

99 Breitschmid, S. 492.

100 Ähnlich schon Burkart, Das eigenhändige Testament, S. 253 f.

101 Ebenso Sieghörtner in Hausmann/Hohloch, Handbuch des Erbrechts, Teil 3, Kap. 5, Rn. 80.

102 Häsemeyer, Die gesetzliche Form der Rechtsgeschäfte, S. 196, sieht diese Voraussetzungen zur Zwangsform bereits bei der Geschäftsform erfüllt, bei der aber im Unterschied zur Testamentsform eine Nachbesserung oft möglich ist.

Testierer zur Verfügung stehenden zwei ordentlichen Formen, einerseits das öffentliche Testament, andererseits das eigenhändige Testament, stehen sich in diesem Dilemma diametral gegenüber[103]. Die eine Testamentsform ist umfangreich fachberatend, nötigt aber zur Unbequemlichkeit eines notariellen Termins, der mitunter noch mit erheblichen Kosten verbunden sein kann. Die andere private Testamentsform ist für den Erblasser kostenfrei und jederzeit bequem auszuführen, lässt aber den Erblasser „auf gut Glück" allein in einem schwierigen Rechtsgebiet, das stark typisiert und dadurch mit hohen Hürden ausgestattet ist[104].

II. Die Fehlbesetzung holographisches Testament

Aus diesem Blickwinkel erscheint die eigenhändige Testamentsform als „Fehlbesetzung", denn gerade in besonders vorstrukturierten Rechtsbereichen wie etwa dem Eherecht, auf den Gebieten des Gesellschaftsrechts nach AktG, GmbHG oder UmwG oder beim Eigentumswechsel von Grund und Boden hat sich der Gesetzgeber bewusst für die beurkundete Form entschieden und somit für eine durch Gesetz verordnete Rechtsberatung und Rechtsbegleitung des Rechtslaien[105]. Dieser Widerspruch bei der einfachen Testamentsform nach § 2247 BGB lässt sich nur historisch mit deren Einführung quasi „in letzter Minute" erklären[106], die also keiner tiefen dogmatischen Grundlage ihre Existenz verdankt, sondern eher den politisch freiheitlichen Einstellungen der damaligen gesetzgeberischen Mehrheit im Reichstag. So mag die private Testamentsform zu jener Zeit als progressiv und befreiend und damit als modern angesehen worden sein[107]. Aus dem bereits

---

103 Obwohl beide Formen nach allgemeiner Sicht gleiche Formzwecke bedienen sollen, vgl. OLG Frankfurt/Main, *FamRZ* 2013, S. 1423 f.; Sieghörtner in Hausmann/Hohloch, Handbuch des Erbrechts, Kap. 5, Rn. 84 f.; Walter Zimmermann, S. 78 Rn. 84; Beck, Norminhalt und Formenstrenge im Recht der Nottestamente, S. 42; Mankowski, Formzwecke, S. 662 ff.; differenzierter Muscheler, Das eigenhändige Testament, S. 29 f.; Wolf, Manfred/ Gangel, Alfred, "Der nicht formgerecht erklärte Erblasserwille und die Auslegungsfähigkeit eindeutiger testamentarischer Verfügungen". *JUS* 1981, S. 663 ff.

104 Vgl. Sieghörtner in Hausmann/Hohloch, Handbuch des Erbrechts, Teil 3, Kap. 5, Rn. 84 f. Dazu schon Dritter Teil § 3 B. II.

105 Wie man beim Gesellschaftsrecht sieht, gilt dies sogar, wenn der Rechtsuchende nicht Verbraucher, sondern Unternehmer ist.

106 Dazu Fünfter Teil § 3 A.

107 Vgl. Otte, Das eigenhändige Testament, S. 39.

dargestellten besonderen Zweck der Testamentsform heute[108] erschließt sich aber, dass dies für eine Form de lege ferenda nicht mehr genügen kann.

Gewiss darf nicht verkannt werden, welche bereits in dieser Arbeit dargestellten üblichen Formzwecke wie Beweissicherheit, Abgrenzung zum Entwurf, Warn- und Übereilungsfunktion usw.[109] nicht nur der öffentlichen, sondern mit Recht ebenso der privatschriftlichen Testamentsform nach wie vor zukommen. Aber schon beim Begriff der *Warn- und Übereilungsfunktion* zur Begründung der privaten Testamentsform offenbart sich die mehr theoretische Rechtfertigung dieser Form, wenn sie denn allein auf diesen „üblichen" Formzwecken beruht[110]. Nach hier vertretenem Formverständnis erfordert die Rechtfertigung einer Testamentsform, die vom Laien zunächst als Erschwerung der gewährten Testierfreiheit empfunden wird[111], mehr als die soeben wiederholten bekannten Formzwecke. Ordentliche Testamentsformen müssen heute *vorsorgend* wirken[112], sie müssen dem Erblasser ähnlich dem Prinzip des Verbraucherschutzes[113] schon bei Testamentserrichtung einen Schutz zur Verwirklichung seines wahren Testierwillens anbieten, ohne ihn aber übermäßig durch Aufwand oder Kosten zu belasten. Gerade die in der ersten Hälfte der Arbeit herausgestellten neuen Herausforderungen an den Erblasser[114] erfordern dies ganz besonders[115]. Zudem sind die im Vierten Teil der Untersuchung aufgeführten Leistungsdefizite beim holo-

---

108 Vornehmlich als Sicherung gegen formelle oder materielle Fehler, dazu in diesem Teil.

109 Siehe bereits Nipperdey, Lehrb. bürgerl. Rechts, § 154 II, S. 954; Wolf/Gangel, S. 663 ff.

110 Wovor soll eigentlich der Testierer nach seiner Entscheidung, ein Testament aufzusetzen, noch gewarnt und vor Übereilung geschützt werden, wenn sein Entschluss zur Verfügung von Todes wegen ja bei Beginn der Niederschrift schon gefallen ist? Warnung und Übereilung können sich also nur auf den Inhalt beziehen, und da ist der privat Testierende ganz auf sich allein gestellt. Zur Warn- und Übereilungsfunktion auch Mankowski, Formzwecke, S. 662(665).

111 Dazu bereits in diesem Teil unter § 2.

112 Zum neuen Rollenverständnis von Formen auch Muscheler, Das eigenhändige Testament, S. 24(30).

113 Auch bei Röthel, Form und Privatautonomie, S. 33(57), kommt diese Verbindung zum Gedanken des Verbraucherschutzes zum Ausdruck.

114 In Dritter Teil der Untersuchung.

115 Anders wohl Grundmann, Stefan: „Favor Testamenti, Zu Formfreiheit und Formzwang bei privatschriftlichen Testamenten". *AcP* 187, 1987, S. 429(476), der die Zeit zu Reformen noch nicht gekommen sieht.

graphischen Testament[116] nicht weiter hinnehmbar. Zwar werden Fehlleistungen beim eigenhändigen Testament immer wieder durch gerichtliche Entscheidungen korrigiert. Dennoch zeigt gerade diese Situation, dass von einer sicheren Testamentsgestaltung mittels dieser Form schon bisher nicht und erst recht nicht mit Blick auf die neuen Herausforderungen ausgegangen werden darf[117].

Soweit ein handschriftliches Testament seine rechtliche Anerkennung erst durch eine erstrittene gerichtliche Entscheidung erfährt, muss man sich vergegenwärtigen, dass dieser langwierige Beweisaufnahmen mit mehr oder weniger glaubhaften Zeugen, Analysen zum Charakter, zur Ausdrucksfähigkeit, Intellektualität und Geschäftsfähigkeit des Erblassers sowie zur Einstellung des persönlichen Umfelds zum Erblasser vorausgegangen sind. Die gern gepriesene Intimität bei der privaten Testamentsform verliert sich dann post mortem schnell in einer öffentlichen Begutachtung und Bewertung des Erblassers. Das am Prozessende erhaltene Auslegungsergebnis des Testaments können wir hinsichtlich seiner Übereinstimmung mit dem Erblasserwillen indes nur vermuten, aber nicht vom Erblasser bestätigt erhalten[118]. Das wegen fehlerhaftem Testament gerichtliche Überprüfen und Bewerten des Erblassers und seines Testaments birgt somit die Gefahr einer schleichenden Entziehung der Testierfreiheit des Erblassers.

III. Neujustierung der ordentlichen Testamentsformen

Gleichwohl erlaubt die besondere Bedeutung des Testaments keine voreiligen Schlüsse in der Entwicklung und Ausgestaltung der Formen, sondern verlangt ein sensibles Vorgehen[119]. Als Quintessenz zum Gesagten übereilig zu vertreten, nur das öffentliche Testament sei sachgerecht, kann schnell zur Unterdrückung gewillkürter Erbfolge und zur Ablehnung der Testamentsform führen. Neue Formen müssen sich unter Einbeziehung aller bereits dargestellten Herausforderungen

116 Siehe Vierter Teil § 2 und § 3.

117 Der Ansicht von Beck, Norminhalt und Formenstrenge im Recht der Nottestamente, S. 47, es läge im „Normalfall“ eine sichere Ausgestaltung der ordentlichen Testamentsformen vor, kann somit heute nicht mehr uneingeschränkt gefolgt werden.

118 Hier setzt zu Recht die Kritik von Häsemeyer, Die gesetzliche Form der Rechtsgeschäfte, S. 147, an, wenn er formuliert, dass die Andeutungstheorie den Inhalt formgebundener Rechtsgeschäfte der Form unterwirft.

119 So auch Leipold, „Wandlungen in den Grundlagen des Erbrechts?“. *AcP* 180, 1980, S. 161(211); Görgens, Überlegungen zur Weiterentwicklung des § 2247 BGB, S. 357(361), der vor zu kompliziertem Testamentsrecht warnt.

und Leistungsdefizite behutsam ausrichten[120], um dem Doppelzweck[121] auf Unterstützung und Begleitung bei Testamentserrichtung im Interesse des Erblassers *und* gleichzeitig auf Herstellung einer geordneten Rechtspflege aus Sicht der Allgemeinheit zu genügen[122]. Infolgedessen muss es deshalb flexibler ausgerichtete ordentliche Testamentsformen geben

- für im hohen Alter Testierende ohne Bedenken gegen deren Testierfähigkeit,
- für Testierende mit fremdsprachlichem Hintergrund,
- für die Klarheit und Rechtswahl zum Erbstatut und Errichtungsstatut nach der EU-ErbVO,
- für Schreibbehinderte sowie für moderne maschinelle Schreibtechniken,
- für einfache Testamente ohne großen Aufwand und große Kosten,
- für gemeinschaftliche Testamente ohne Ungewissheit über deren Vorliegen und deren Bindungswirkung,
- für komplizierte gewillkürte Erbfolgen.

---

120 In diese Richtung Muscheler, Das eigenhändige Testament, S. 24(31 f.); ähnlich schon Zitat der Einleitungsworte zum Gesetz v. 31.07.1938 bei Vogels, Walter: „Das eigenhändige Testament nach dem Gesetz vom 31.07.1938". *JW* 1938, S. 271.

121 So schon zum öffentlichen Testament Sieghörtner in Hausmann/Hohloch, Handbuch des Erbrechts, Teil 3, Kap. 5, Rn. 82. Ähnlich Grundmann, Formfreiheit und Formzwang, S. 429(439), wenn er von den widerstreitenden Prinzipien der Rechtssicherheit und der Einzelfallgerechtigkeit beim Testamentsformrecht spricht.

122 Vgl. Görgens, Überlegungen zur Weiterentwicklung des § 2247 BGB, S. 357 f., Grundmann, Formfreiheit und Formzwang, S. 429(439). Die Herstellung der geordneten Rechtspflege bezieht sich dabei besonders auf die herkömmlichen Formzwecke wie Beweissicherheit, Urheberschaftsnachweis, Ernstlichkeit der Urkunde.

§ 3 Neue Testamentsformen

Unter Verweis auf die soeben aufgestellten Anforderungen können nun die Vorschläge zu neuen Testamentsformen vorgestellt werden. Dabei müssen neue Formen in allen Varianten stets so gestaltet sein, dass der tatsächliche Wille des Erblassers so eindeutig wie möglich aus dem Testamentstext selbst erkennbar wird[123]. Mittels neuer Formen soll der Erblasserwille also nicht nur im Testament lesbar, sondern aus ihm verständlich werden. Neue Formen unter so praktizierter Testierfreiheit haben gleichwohl möglichst unkompliziert und anwenderfreundlich zu bleiben[124], den Wandel in Gesellschaft[125] und im Recht[126] zu berücksichtigen sowie gleichzeitig das im Erbrecht besonders hohe Bedürfnis nach Rechtssicherheit[127] zu befriedigen. Die neuen Formen sind dabei immer nur dienendes Instrument[128] der Testamentserrichtung, worin zum Ausdruck kommt, dass sie in ihrer flexiblen Ausgestaltung vom niederzulegenden Inhalt des Testaments abhängig sind. Ist diese These richtig, bedingen damit unterschiedliche Inhalte unterschiedliche Testamentsformen. Das spricht entgegen der derzeitigen Rechtslage nach § 2231 BGB für mehr als nur zwei Testamentsformtypen nebeneinander[129].

---

123 Schon Jhering, S. 473, verweist darauf, dass die Annahme eines Willen dessen Erkennbarkeit bedingt und letzteres dessen klare Äußerung; vgl. auch Röthel, Form und Privatautonomie, S. 33(57); Görgens, Überlegungen zur Weiterentwicklung des § 2247 BGB, S. 357; Muscheler, Das eigenhändige Testament, S. 24(35).

124 So schon Häsemeyer, Die gesetzliche Form der Rechtsgeschäfte, S. 175; Stumpf, EG-Rechtssetzungskompetenzen, S. 1131, formuliert es als sachgerechten Ausgleich zwischen erblasserischer Freiheit und Formgebundenheit.

125 Dazu für viele Leipold, Wandlungen in den Grundlagen des Erbrechts?, S. 161(175). Siehe auch Dritter Teil § 3 A. und B.

126 Wie z. B. Probleme des digitalen Nachlasses, dazu LG Berlin, ErbR 2016, 223(226); Herzog, Stephanie: „Der digitale Nachlass ist in der Rechtswirklichkeit angekommen". *ErbR* 2016, S. 173. Siehe auch Dritter Teil § 3 A. und B.

127 Dazu BVerfGE 99, 341(355).

128 Muscheler, Das eigenhändige Testament, S. 24(32), spricht vom Herabsinken der Form zum bloßen Attribut des Rechtsgeschäfts.

129 Ähnlich Wolf/Gangel, 663(665); Breitschmid, S. 51.

A. Alternativen und Ergänzungen zu den Formen

Die bisherigen Befunde dieser Untersuchung deuten darauf hin, dass neue ordentliche Testamentsformen wegen ihrer spezifischen Ausgestaltung die ordentlichen Formen de lege lata nicht ersetzen oder sogar verdrängen müssen, sondern in Einklang mit diesen als *zusätzliche* Formalternativen bestehen können. Hinsichtlich des öffentlichen Testaments ist das allein schon wegen seiner umfangreichen fachlichen Beratung keine Überraschung. In Bezug auf das holographische Testament ergibt sich die Notwendigkeit eines *Formennebeneinanders* aus der festen Einbindung dieser Form in Deutschland in die gewillkürte Erbfolge[130] und aus ihrer starken internationalen Verbreitung im inner- und außereuropäischen Testamentsrecht[131]. Eine vollständige Auswechslung dieser Form ist von daher augenblicklich nicht vorstellbar[132].

Was realistisch betrachtet also bleibt, ist die Bereitstellung neuer Formen als Erweiterung der beiden bisherigen Testamentsformen. Bei dieser Lösung muss die Formenzahl freilich überschaubar gehalten werden, um den Laien nicht zu überfordern, sondern für ihn nachvollziehbar zu sein[133].

Aus dieser Sicht heraus ist auch die historisch überlieferte[134] und gelegentlich im Ausland noch anzutreffende inhaltsabhängige Abstufung zwischen verschiedenen Testierformen[135] zu beurteilen. Zum Teil werden in einigen Ländern[136] die Formen heruntergestuft je nach dem, was inhaltlich von Todes wegen verfügt werden soll. Dies sorgt aber eher für Verwirrung beim Laien und zu einer Verkomplizierung der Formenauswahl, als dass es einen Fortschritt darstellen könnte.

---

130 Siehe Erhebungen bei Metternich, Verfügungsverhalten von Erblassern, S. 39; Weber in Damrau, Praxiskom. ErbR, § 2247 Rn. 5.

131 Dazu Hosemann, Bedenken gegen das Testieren, S. 520(529). Zum Formennebeneinander Sechster Teil § 3, S. 195.

132 Ebenso Muscheler, Das eigenhändige Testament, S. 24(34); Otte, Das eigenhändige Testament, S. 43; Görgens, Bernhard: *Die Bindung des Richters an das Gesetz und die Formerfordernisse des eigenhändigen Testaments.* Bochum 1976, S. 102; Röthel, Ist unser Erbrecht noch zeitgemäß?, A13(A64).

133 Mit Recht stellt Jhering, S. 481, schon fest, „je kleiner die Zahl der Formen, [...] umso leichter die Kenntnis und Anwendung derselben, umso geringer die Gefährlichkeit ihres Gebrauchs."

134 Dazu Fünfter Teil § 2 A.

135 Beispiel zum Codizil in Sechster Teil § 2.

136 Länderbeispiele bei Lamarca i Marquès in Süß, Erbrecht in Europa, Katalonien, Rn. 34; van Maas de Bie in Süß, Erbrecht in Europa, Niederlande, Rn. 86; Worthmann in Süß, Erbrecht in Europa, Irland, Rn. 47.

Eine Formenhierarchie innerhalb ordentlicher Testamentsformen ist aus diesem Grunde ohne Ausnahme abzulehnen[137] und mit einer Erhöhung der Anzahl der verwendbaren Testamentsformen auch nicht beabsichtigt.

Was bleiben aber für Formalternativen? Eine Überschau der bisher in der Literatur dazu vorgetragenen Vorschläge soll einen ersten Überblick geben:

(1) Zulassung allographischer Errichtung mit eigenhändiger Unterschrift oder eigenhändige Errichtung ohne Unterschrift des Erblassers[138],
(2) Testament unter Zuziehung von Zeugen[139],
(3) Ergänzung der privatschriftlichen Form durch Zulassung von Zeichnung und Text, der Paraphe als Unterschrift oder der Unterschrift auf dem Umschlag oder Kuvert[140],
(4) der Rechtsgedanke des § 2249 Abs. 6 BGB ausgestaltet als künftige Auffangnorm formnichtiger Testamente[141],
(5) Erweiterung der Testamentshinterlegung auf den Notar oder Rechtsanwalt zur Erweiterung der Möglichkeit der Testamentsberatung durch diese[142],
(6) juristische Beratung als Regelvoraussetzung der Testamentserrichtung[143].

Die genannten Formvorschläge (1) bis (4) betreffen vorwiegend bis ausschließlich Formfehler und deren Behebung, die Formvorschläge (5) und (6) das Problem der Vermeidung inhaltlicher oder formeller Fehler aufgrund mangelnder Rechtskenntnisse. Alle Vorschläge finden ihre Rechtfertigung in einigen in dieser Arbeit bereits herausgestellten Problemen zur Testamentsform und bringen dazu auch jeweils geeignete Lösungsansätze. Allerdings bieten die Vorschläge

---

137 Anders hinsichtlich eines Vorbehalts zu bindenden gemeinschaftlichen Verfügungen zugunsten öffentlicher Testamentsform Röthel, Form und Privatautonomie, 33(58 f.). Zum Ganzen auch Häsemeyer, Die gesetzliche Form der Rechtsgeschäfte, S. 200 und S. 223.

138 Vgl. Ausführungen bei Görgens, Überlegungen zur Weiterentwicklung des § 2247 BGB, S. 357(363).

139 So z. B. Burkart, Das eigenhändige Testament, S. 253(262).

140 Muscheler, Das eigenhändige Testament, S. 24(35).

141 Dazu Beck, Norminhalt und Formenstrenge im Recht der Nottestamente, S. 24; angedeutet bei Muscheler, Das eigenhändige Testament, S. 24(30); ebenso bei Grundmann, Formfreiheit und Formzwang, S. 429(445); klare Ablehnung bei Görgens, Überlegungen zur Weiterentwicklung des § 2247 BGB, S. 357(363) sowie derselbe, Die Bindung des Richters an das Gesetz, S. 144.

142 Dazu Sachsen Gessaphe, Das eigenhändige Testament in Europa und Lateinamerika, S. 154 f.

143 Schmoeckel, Das holographische Testament, S. 18.

(1) bis (3) nur eine Problemlösung beschränkt auf formelle Fehler. Die Überlegungen zu (4) bringen den Nachteil mit sich, dass die Testamentsgültigkeit wie bisher von einem erfolgreichen Gerichtsverfahren mit all seinen Gefahren und Belastungen abhängt, das im Ergebnis zudem zu einer inhaltlichen Kontrolle des Erblasserwillens und zu einer Bewertung seiner Entscheidung führen würde[144]. Die Vorschläge zu (5) und (6) laufen zwar in die bereits in dieser Arbeit angedeutete Richtung der erforderlichen Beratung des Erblassers, führen aber letztlich ohne zusätzliche formmäßige sowie darauf aufbauende kostenmäßige Ergänzungen nur in die Richtung des notariellen Testaments oder des anwaltlich entworfenen Testaments und weisen damit keine deutliche Neuerung zur derzeitigen Rechtslage auf. Da im Übrigen jeder Vorschlag grundsätzlich nur einen Teilaspekt zur Testamentserrichtung aufgreift, würde die Umsetzung *aller* Vorschläge (1) bis (6) einen zu großen Formenkatalog erfordern, was bereits verworfen wurde[145]. Allerdings bleibt festzuhalten, dass alle Vorschläge in ihrer *Zusammenfassung* ein recht breites Spektrum der Lösung vorhandener Testamentsprobleme abdecken und deshalb trotz aller eben genannten Einschränkungen im Ansatz zu bedenken sind.

Somit sind neue Formen zu finden, die die in o.a. Literatur angedachten Lösungsansätze aufnehmen, zudem so weit wie möglich die neuen Herausforderungen gemäß den Darstellungen im Dritten Teil und die Ergebnisse im Vierten Teil dieser Arbeit befriedigend berücksichtigen und gleichzeitig noch überschaubar bleiben.

B. Vorstellung der neuen Testamentsformen

Um Wiederholungen zu vermeiden, wird bezüglich der gegenwärtigen und künftigen Herausforderungen an das moderne Testament auf die vorangegangenen Ausführungen verwiesen[146]. Aufgabe der neuen Testamentsformen muss es jedenfalls sein, als *formales Instrument* der privatautonomen Testierfreiheit des Erblassers seinem jeweiligen Testament zur Durchsetzung zu verhelfen. Um dieses Ziel zu erreichen, wurde bereits erkannt[147], dass es spezifische Formen mit unterschiedlichen Anforderungen geben muss, deren Intensität vom

144 Ebenso Görgens, Die Bindung des Richters an das Gesetz, S. 144.
145 Dazu bereits in diesem Teil § 3 A..
146 Siehe Dritter Teil und Vierter Teil.
147 Siehe dieser Teil § 3 A

jeweiligen Testamentsinhalt abhängt[148]. Aus diesem Grund kann man auch nicht einfach behaupten, die Form des eigenhändigen Testaments sei bereits schlecht und abzuschaffen, weil sie den unerfahrenen Erblasser zu oft „im Stich lasse“[149]. Unhaltbar ist allein, dass trotz fortschreitender Entwicklungen in den Anforderungen und Herausforderungen zum Testamentsinhalt das Gesetz *nur zwei* ordentliche Testamentsformen anbietet, die den Erblasser häufig genug zur falschen Wahl der Testamentsform verführen[150]. Aus heutiger Sicht muss es deshalb mehr als nur zwei Formalternativen für das ordentliche Testament geben.

Es versteht sich fast von selbst, dass neue Formen dabei „bürgerfreundlich“ in der Handhabung zu sein haben[151], auf einen unerlässlichen Textumfang reduziert sein müssen[152] und für den individuellen Erblasser, aber auch für den allgemeinen Rechtsverkehr eine Steigerung des Gesamtnutzens bewirken sollen[153]. Die nun vorzustellenden Formen haben sich daran messen zu lassen.

I. Das Testament nach Mustertext

In diesem Teil der Arbeit wurde im Zusammenhang mit der notariellen Beurkundung[154] bereits die neue Form der Gesellschaftsgründung nach Musterprotokoll vorgestellt. Hintergrund dieser gesetzgeberischen Neuerung ist die Verfahrensvereinfachung und Erleichterung bei der Gesellschaftsgründung in unkomplizierten Standardfällen, aber auch die Kostenreduzierung für den oder die Gründer[155]. Ermöglicht wurde diese neue Form der Gründung ohne Zweifel durch die besonders ausgeprägte materiell-rechtliche Typisierung im Gründungsrecht der GmbH[156].

---

148 Zum Zusammenhang zwischen Intensität des Formzwangs und Inhalt der Erklärung vgl. Häsemeyer, Die gesetzliche Form der Rechtsgeschäfte, S. 200 sowie S. 221.

149 So für viele Breitschmid, S. 63 m.w.N.; Köbl, Bedeutung der Form im heutigen Recht, S. 207(225); Muscheler, Das eigenhändige Testament, S. 24(32).

150 Dies bezieht sich nicht nur auf die Wahl des privatschriftlichen Testaments durch unerfahrene Erblasser. Wiederholt wählen Erblasser auch das öffentliche Testament, weil sie glauben, nur so die gesetzliche Erbfolge nach ihrem Tod einleiten zu können.

151 So schon Hippel, Fritz von: *Formalismus und Rechtsdogmatik*. Frankfurt/Main 1935, S. 168.

152 Ähnlich Breitschmid, S. 84.

153 Mankowski, Formzwecke, S. 662 f.

154 Siehe Siebter Teil § 2 C.IV.

155 Siehe Siebter teil § 2 C.IV.

156 Dazu bereits Schäfer in Bork/Schäfer, GmbH-Kom., § 2 Rn. 85.

1. *Hinführung zur Ausgestaltung*

Auch das Testamentsrecht ist in eine starke Typisierung eingebettet. Deshalb bietet es sich an, eine neue Form des *Testaments nach Mustertext* zu entwickeln[157]. Bewusst sollte im Unterschied zu § 2 Abs. 1a S. 1 GmbHG der Begriff „Muster*text*", nicht jedoch „Muster*protokoll*" verwendet werden, da das Testament die Niederlegung eines Textes mit Verfügungen verschiedener Zielrichtungen darstellt, wohingegen die Errichtungsform nach § 2 Abs. 1a S. 1 GmbHG primär die lebzeitigen Erklärungen der Beteiligten zur vollständigen GmbH-Gründung protokolliert.

Entsprechend den weiteren Vorgaben nach dem GmbHG ist auch die Form des Testaments nach Mustertext der notariellen Beurkundung zu unterwerfen, weshalb man durchaus hinterfragen kann, ob es sich tatsächlich um eine neue Form oder nur um eine Variante zum öffentlichen Testament nach § 2232 BGB handelt[158]. Letztlich ist dies allerdings nur eine terminologische Frage, die zu der Einführbarkeit sowie dem Sinn und Zweck dieser neuen Form nichts aussagt. Da das öffentliche Testament des § 2232 BGB als solches unverändert bleiben soll, empfiehlt es sich, das Testament nach Mustertext als *neue,* weil zusätzliche Form zu bezeichnen[159].

2. *Der Inhalt*

Die zunächst hier als *Einzeltestament nach Mustertext* darzustellende neue Form soll bewusst nur den *einfachen Standardfall* der gewillkürten Erbfolge erfassen[160] und hat sich somit textumfänglich zurückzuhalten. Sie soll dem Inländer wie Ausländer aber sprachlich bedingte Formulierungsprobleme abnehmen. Die Form nach Mustertext soll gleichzeitig die neuen Standards der EU-ErbVO zum Erbstatut berücksichtigen durch Angaben zum gewöhnlichen Aufenthaltsort bzw. durch die Möglichkeit einer Gesamtrechtswahl nach Art. 22 EU-ErbVO[161]. Dabei

---

157 Aus dogmatischen Gründen wird an dieser Stelle zunächst das Einzeltestament behandelt. Zum gemeinschaftlichen Testament später unter III. in diesem Abschnitt.

158 Dazu allgemein Breitschmid, S. 521.

159 Genau genommen gibt es nach dem Wortlaut in § 2231 BGB sowieso nur die *eine* ordentliche Form, nämlich die zur Niederschrift des Notars oder durch Erklärung nach § 2247 BGB.

160 Zu einem Mustertext vgl. Haegele, Karl: *Das Privattestament*. 5. Auflage, Neuenstadt a.K. 1976, S. 2. Dass selbst die einfache Erbeinsetzung dem Laien Schwierigkeiten bereitet, belegt die Entscheidung des OLG Hamburg, *ZEV* 2016, S. 384 ff. Dazu auch Hahn, Erbeinsetzung, S. 360 ff.

161 Dazu Kroll-Ludwigs, Rechtswahl- und Gerichtsstandsvereinbarungen, S. 75 ff.; ferner Zweiter Teil § 3 D.

ist zu berücksichtigen, dass diese Form auf das Erbrecht nach BGB abstellen muss, weshalb für Ausländer diese Form deren gewöhnlichen Aufenthalt in Deutschland voraussetzt und im Übrigen eine Rechtswahl nur für deutsche Staatsbürger vorsehen kann, dabei dann als Gesamtrechtswahl zum Erbstatut nach Art. 22 EU-ErbVO.

Sodann soll sie die Einsetzung des oder der Erben festhalten und weiterhin die Bestimmung des oder der Ersatzerben[162]. Den Vorgaben zur Testamentshinterlegung und zur zwingenden Meldung der notariellen Urkunde zum Zentralen Testamentsregister[163] entsprechend nimmt die Form natürlich auch neben den üblichen Personendaten Angaben des Erblassers zu seinem Familienstand und seinem Geburtsort mit Geburtsregisternummer im Sinne der Art. 4, 21 EU-ErbVO auf. Als notarielle Urkunde besitzt die neue Form nämlich den Vorteil der amtlichen Hinterlegung des Testaments und seiner Anzeige beim Zentralen Testamentsregister[164].

Schließlich soll die Form eine Aussage zur Vererbung des digitalen Nachlasses ermöglichen, die aber nach Wahl des Testierers wegfallen darf[165]. Wenn ein Testament nach Mustertext vorliegen soll, darf ähnlich wie beim GmbH-Recht[166] im Übrigen von der Textvorlage nicht abgewichen werden, um Rechtsklarheit zu schaffen[167] und gleichzeitig die Möglichkeit zu eröffnen, das Testament nach Mustertext als vollen Erbnachweis innerhalb Deutschlands[168] auszugestalten.

Eine generelle Erweiterung des Mustertextes um eine Anordnung der Vor- und Nacherbschaft, eines oder mehrerer Vermächtnisse oder einer Testamentsvollstreckung muss hingegen ausgeschlossen werden, da diese Verfügungen im BGB zwar in gewissem Umfang ebenfalls typisiert sind, gleichwohl aber für eine Vermusterung ungeeignet erscheinen, da sie zu viele Varianten, Bedingungs- und Befristungsmöglichkeiten und sonstige Individualausgestaltungen zulassen. Sie

---

162 Auch hier gibt es oft Unklarheiten, dazu OLG Frankfurt/Main, *FamRZ* 2016, S. 1012.

163 Zum Zentralen Testamentsregister (ZTR), online verfügbar unter http://www.testamentsregister.de/zentrales-testamentsregister/.

164 Seebach in Reibold/Seebach/Dahlkamp, Praxis des Notariats, § 15, S. 786, sowie schon Dritter Teil § 3 A.III.

165 Dies empfiehlt auch Kutscher, Der digitale Nachlass, S. 149.

166 Siehe Schmidt-Leithoff in Rowedder/Schmidt-Leithoff, GmbH-Kom., § 2 Rn. 89.

167 Zur Rechtsklarheit auch Sieghörtner in Hausmann/Hohloch, Handbuch des Erbrechts, Teil 3, Kap. 5, Rn. 81.

168 Die Einschränkung auf Deutschland ergibt sich aufgrund des Europäischen Nachlasszeugnisses, vgl. § 352 FamFG, Art. 62 Abs. 3 EU-ErbVO; dazu Zweiter Teil § 2 B. Zum Vorteil eines derartigen Erbnachweises durch diese neue Form allgemein Bredemeyer, Erbrechtliche Legitimation, S. 65 f.

müssen dem individuellen öffentlichen Testament nach § 2232 BGB, dem privatschriftlichen Testament nach § 2247 BGB oder der sogleich unter II. vorzustellenden weiteren neuen Form vorbehalten bleiben. Es sind auch ähnlich wie bei der GmbH Gründung nach Musterprotokoll Zusätze oder Änderungen zum vorgegebenen Mustertext nicht zuzulassen, da dadurch die mit dem Mustertext zu erreichende Klarheit des Testamentsinhalts gestört würde und zudem für derartige Erweiterungen die Form des öffentlichen Testaments zur Verfügung bleibt.

3. *Die Vorteile und die Nachteile*

Wie sinnvoll ist ein wie soeben ausgeführt inhaltlich beschränktes Testament nach Mustertext?

Aus der Sicht der im Vierten Teil dieser Arbeit angesprochenen Leistungsdefizite bisheriger Testamentsformen, insbesondere des holographischen Testaments[169], und der kommenden im Dritten Teil festgehaltenen Herausforderungen an das Testament[170] ist die Frage eindeutig positiv zu beurteilen. Durch die neue Form des Testaments nach Mustertext werden nämlich folgende Fortschritte erzielt und spiegelbildlich folgende Nachteile bisheriger Formen aufgefangen[171]:

Zunächst werden durch Feststellungen des Notars zur Testierfähigkeit des Erblassers diesbezügliche Streitfälle größtenteils vermieden. Ebenso wird der Erblasser gemäß des nach ihm anzuwendenden Erbstatuts über dessen Bestimmungen und eine mögliche Rechtswahl dazu rechtzeitig belehrt. Eine zulässige Rechtswahl kommt eindeutig zum Ausdruck und erfordert nicht erst die Auslegung des Nachlassgerichtes mit allen dazugehörigen Risiken[172]. Hinzu kommt der Schutz vor Testamentsfälschungen durch die notarielle Niederlegung der Urkunde. Ferner vermeidet das Testament wegen der Textvorgabe eine Auslegungsbedürftigkeit. Die Verhinderung unwirksamer oder auch vom Erblasser eigentlich gar nicht gemeinter Verfügungen wird also vor Niederlegung des Testaments durch die juristische Beratung des Erblassers sichergestellt, denn bei dieser neuen Testamentsform ist die Beratung und Belehrung des Erblassers gem. §§ 14 Abs. 1 S. 2 BNotO, 17 BeurkG durch den Notar obligatorisch[173]. Anlässlich der Beratung wird

169 Vierter Teil § 2.

170 Dazu Dritter Teil § 3 A. und B.

171 Allgemein zu diesbezüglich anzustrebenden Zwecken der Form Zimmermann, Walter: *Erbrecht. Lehrbuch*. 2. Auflage, Passau 2007, S. 78 ff.; Obergfell in Hausmann/Hohloch, Handbuch des Erbrechts, Teil 3, Kap. 6, Rn. 8; Walker/Brox, Erbrecht Lehrbuch, 2. Abschnitt § 10 Rn. 100.

172 Vgl. Dutta in MüKo, BGB, Art. 22, Rn. 13, Art. 24 Rn. 13.

173 BGHZ 2005, 286; Weingärtner/Gassen, DONot Kom., § 14 BNotO Rn. 3 ff.

der Erblasser auch feststellen, ob die einfache Form des Testaments nach Mustertext seinem Testierwillen genügt oder ob er durch ein individuell aufgesetztes Testament besser fährt. Im letzteren Fall stehen dem Erblasser dann die Alternativen zur Verfügung, nach § 2247 BGB holographisch, nach § 2232 BGB durch öffentliches Testament vor dem Notar oder durch die neue noch vorzustellende Form beratungsbegleitetes Testament zu testieren.

Da das Testament nach Mustertext trotz Beratungs- und Belehrungspflicht des Notars[174] dem Grunde nach aufwandsgering ist, sollte diese Form analog der Kostenregelung zur Gründung der GmbH nach Musterprotokoll im GNotKG kostengünstiger eingestuft werden als das notariell entworfene Testament nach § 2232 BGB[175]. Dem Rechtsgedanken der GmbH-Gründung nach Musterprotokoll entsprechend, bei der das Musterprotokoll die Gesellschafterliste und Bestellung des/der Geschäftsführer beinhaltet[176], ist dem Testament nach Mustertext die Eigenschaft als nationaler Erbnachweis kraft Gesetzes zu verleihen. Aus Sicht des Erblassers und der Erben gewinnt das Testament nach Mustertext so eine zusätzliche Attraktivität, indem es eine kostengünstige Variante zu den bisherigen Erbnachweisen darstellt[177]. Damit wird dem oft zu lesenden Argument der hohen Kostennote beim notariellen Testament bei dieser neuen Testamentsform jedenfalls die Grundlage entzogen.

Der Nachteil der neuen Form liegt in der Unbequemlichkeit, einen Notar aufsuchen zu müssen. Nach hier vertretener Ansicht wird dieser Nachteil jedoch durch die erreichten Vorteile verdrängt. Die Vermeidung der angesprochenen Probleme durch die neue Testamentsform kommt im genannten Umfang zunächst dem Erblasser zugute und stärkt damit seine verfassungsrechtlich geschützte Testierfreiheit. Ist dem Erblasser die Bestimmung einer gewillkürten Erbfolge wichtig, kann von ihm dieser Beitrag an Unbequemlichkeit erwartet

174 Dazu allgemein Obergfell in Hausmann/Hohloch, Handbuch des Erbrechts, Teil 3, Kap. 6, Rn. 43.

175 Zur kostenrechtlichen Behandlung näher in Achter Teil.

176 Dazu Siebter Teil § 2 C.IV.

177 Das Kostenargument wird regelmäßig als wichtiges Argument gegen jede amtliche Testamentsform eingesetzt. Dies verwundert eigentlich, da zum erforderlichen Nachweis der gewillkürten Erbfolge im Rechtsverkehr ein fast kostengleicher Erbschein unumgänglich ist, der nur durch notarielles oder eindeutiges handschriftliches Testament (falls eine Vorlage bei öffentlichen Registern nicht angezeigt ist) vermeidbar ist. Insofern erweist sich das Kostenargument schnell als Scheinbegründung, die allenfalls gegenüber dem Erblasser greift. Vgl. auch Voit in Reimann/Bengel/Mayer, Testament und Erbvertrag, § 2231 Rn. 6.

werden, zumal bei der heutigen Notardichte und den allgemein verbesserten Anfahrmöglichkeiten die Anreise kein besonderes Hindernis darstellt. Das mag bei Schaffung der Form des § 2247 BGB noch anders gewesen sein. Für Kranke oder aus anderen Gründen nicht reisefähige Testierer ist der Notar im Übrigen zum Haustermin verpflichtet, wobei diese Zusatzleistung entgegen manchen Fehlvorstellungen nur geringe Zusatzgebühren verursacht[178] und deshalb ebenfalls inzwischen kein kostenmäßiges Gegenargument mehr darstellt.

Das Testament nach Mustertext wird aus nachlassgerichtlicher Sicht viele Verfahren vereinfachen und dadurch beschleunigen[179]. Dies gilt auch für zukünftig mit dem Nachlass befasste Nachlassgerichte im Ausland, denn gerade die Möglichkeit, dass ein ausländisches Nachlassgericht das in Deutschland verfasste Testament gem. Art. 26 Abs. 1 d) in Verbindung mit Art. 24 Abs. 1 EU-ErbVO nach deutschem Recht auszulegen hat[180], verlangt möglichst klare eindeutige Testamente. Dem wird mit dem Testament nach Mustertext entsprochen werden.

Weiterhin bringt die neue Testamentsform, da sie selbst öffentliches Testament ist, den Vorteil ihrer Mitteilung an das Zentrale Testamentsregister[181] und der automatischen Abgabe in besondere amtliche Verwahrung nach § 34 Abs. 1 S. 4 BeurkG, was das oft beim Testament nach § 2247 BGB bemängelte Verschwinden der Urkunde ausschließt.

Nach den weiteren schon aufgestellten Kriterien für neue Formtypen[182] ist schließlich noch von Bedeutung, dass die Testamentsform nach Mustertext für den Laien leicht verständlich wirkt. Die neue Testamentsform stellt also nach den in dieser Arbeit vertretenen Anforderungen an gesetzliche Formen keine überflüssige oder Verbraucher unfreundliche Form dar. Sie schließt vielmehr als Formvariante eine Lücke zwischen den zwei sehr unterschiedlichen bisherigen Testamentsformen des § 2231 BGB.

Ein gesetzlicher Formulierungsvorschlag zum Einzeltestament nach Mustertext wird in diesem Kapitel sogleich unter C. vorgestellt. Zu den mit „*" markier-

178 Vgl. Diehn, BNotO Kom., Rn. 1375. Die Gebühren belaufen sich nach Nr. 26003 Nr. 1 KV GNotKG als Auswärtsgebühr pauschal auf 50,00 Euro.

179 Dies wird von Görgens, Die Bindung des Richters an das Gesetz, S. 120, zu gering bewertet. Wie schon unter Dritter Teil § 2 ausgeführt wurde, steht ein erhebliches Erbvolumen an, das durch Erbscheinsverfahren oder durch geeignete notarielle Testamentsform zu bewältigen ist. Damit liegt ein beschleunigtes Verfahren zum Erbnachweis sowohl im Erbeninteresse als auch im Interesse des Rechtsverkehrs.

180 Vgl. Lagarde in Bergquist et al., EU-ErbRVO Kom., unter Art. 24 Rn. 5.

181 Dazu bereits Dritter Teil § 3 A.

182 Vgl. dieser Teil § 3 A.

ten Stellen wird in den Anmerkungen beim Gesetzestext darauf hinzuweisen sein, dass hier eine Textvervollständigung, Alternativauswahl gem. Vorgaben oder Textweglassung vorzunehmen ist[183].

II. Das prüfungsbegleitete Testament

Bei allen in der Literatur zu findenden Änderungsvorschlägen zu Testamentsformen lässt sich ein Trend feststellen, Verbesserungen primär durch *Formerleichterungen* oder *Formvereinfachungen* bewirken zu wollen[184]. Wie jedoch die Ausführungen zum Testament nach Mustertext belegen, darf sich der Blick nicht auf diese Richtung beschränken. Das Ziel bleibt, jedem im Rahmen der Testierfreiheit niedergelegten Willen des Erblassers möglichst eindeutig[185] zum Erfolg zu verhelfen und das unter Berücksichtigung der mannigfachen aktuellen und künftigen Herausforderungen[186]. Die Formausgestaltung darf dabei nur nachrangiger Reformgrund sein, nicht jedoch die eigentliche Reformursache[187]. Aus dieser Erkenntnis heraus stellt sich die Frage, ob es einer weiteren neuen Form bedarf und wenn ja in welcher Ausgestaltung.

1. Die Ausgestaltung

Nach dem augenblicklichen Stand der Untersuchung gäbe es nun neben der Form des öffentlichen Testaments des § 2232 BGB, das sich besonders für komplizierte Erbverhältnisse empfiehlt, und neben dem eigenhändigen Testament des § 2247 BGB, das jeden beliebigen nicht sittenwidrigen Inhalt zulässt, inzwischen noch die Form des Testaments nach Mustertext, die sich für sog. Standarderbfälle empfiehlt. Es fällt sofort auf, dass mit diesen drei Formen zwei in dieser Arbeit herausgestellte Forderungen, nämlich die Zulassung *moderner Schreibtechniken* bei nicht beurkundeten Testamenten und die Reduzierung formeller sowie materieller Fehler bei *eigenentworfenen* Testamenten[188], noch nicht befriedigt werden.

---

183 Im Formulierungsvorschlag anders als im Gesetz unmittelbar sogleich zur Übersichtlichkeit hinter dem „*“ ausgeführt.

184 Siehe Siebter Teil § 3 A. Vgl. auch Häsemeyer, Die gesetzliche Form der Rechtsgeschäfte, S. 175; Görgens, Die Bindung des Richters an das Gesetz, S. 114. Eine Ursache dafür könnte sein, dass „Startschwierigkeiten“ der eigenhändigen Testamentsform ebenfalls gelöst wurden durch *Formerleichterungen*, dazu Fünfter Teil § 3 B.

185 Malzer, Die öffentliche Beglaubigung, S. 169(178), weist auf dieses Gebot aus Gründen der Rechtssicherheit hin.

186 Ähnlich Görgens, Die Bindung des Richters an das Gesetz, S. 115.

187 In diese Richtung Häsemeyer, Die gesetzliche Form der Rechtsgeschäfte, S. 175.

188 Materielle Fehler z. B. durch Wandlungen in den Lebensformen, dazu Dritter Teil § 3 B.

Bereits im Vierten Teil wurde in diesem Zusammenhang auf eine neue Form hingewiesen, die zunächst als *beratungsbegleitetes* Testament vorgestellt wurde. Auch diese Beratungsbegleitung muss[189] wiederum über den im BGB für das Testament vorgesehenen Berufsträger Notar sichergestellt werden, um die gesetzlich vorgegebene Systematik nicht zu verkomplizieren. Da es sich aber im Vergleich zum öffentlichen Testament und Testament nach Mustertext nur um eine vereinfachte Form handeln soll, die also auf vom Erblasser vorgelegte Entwürfe zurückgreift, bietet sich eine Formeinkleidung in die öffentliche Beglaubigung des Notars nach § 129 BGB an[190].

In dieser Untersuchung[191] wurde schon mit der zunehmenden Meinung in der Lehre begründet, dass bei der Unterschriftsbeglaubigung zumindest eine überschlägige Evidenzprüfung des der Unterschrift vorstehenden Textes vom Notar durchzuführen ist. Ergänzt wird dieses Ergebnis durch die praktische Erfahrung, dass anlässlich der Unterschriftsbeglaubigung häufig genug rechtliche Fragen zum Text gestellt und vom Notar auch beantwortet werden[192]. Das Rechtsinstitut der Unterschriftsbeglaubigung bewirkt insoweit eine Filterfunktion zu fremd errichteten Texten[193]. Dieses Prinzip scheint auf eigenentworfene Testamente übertragbar zu sein. Wie ausgeführt, kann diese Prüfung des Testamentstextes durch den Notar nicht so weit gehen wie die Beratung und Texterstellung bei einer Beurkundung nach § 2232 BGB. Dort entwickelt der Notar den Text gemäß den Angaben des Erblassers. Beim beratungsbegleiteten Testament hingegen nimmt der Notar anlässlich der Unterschriftsbeglaubigung durch Prüfung dem privat entworfenen Testament nur die Gefahr des offensichtlich formellen oder materiellen Rechtsverstoßes. Sollte der Notar also Wirksamkeitsdefizite des vorgelegten Testamentsentwurfs feststellen, wird er den Erblasser „begleitend" auf diese Gefahren hinweisen, nicht mehr und nicht weniger. Es bleibt im Übrigen dem

189 Unabhängig von der jederzeit möglichen Rechtsberatung bei *allen* Testamentsformen durch eine Rechtsanwältin oder einen Rechtsanwalt.

190 Zur öffentlichen Beglaubigung Siebter Teil § 2 C.III.

191 Vgl. in diesem Teil § 2 C.III.

192 Vgl. auch BGH, *DNotZ* 2005, S. 286; Ganter/Hertel/Wöstmann, Handbuch Notarhaftung, Rn. 1202; Preuß in Armbrüster/Preuß/Renner, BeurkG. u. Dienstordnung, § 40 Rn. 5; Limmer in Reimann/Bengel/Mayer, Testament und Erbvertrag, Syst. A Rn. 273, der auf eine allgemeine Belehrungspflicht gerade bei Verfügungen von Todes wegen hinweist.

193 Anders noch BGHZ 37, 79(86); Winkler, Karl: „Urkunden in Vermerkform nach dem Beurkundungsgesetz". *DNotZ* 1971, S. 140(146); wie hier mit Hinweis auf die Filterfunktion Hertel in Staudinger, Kom. BGB, Buch 1: AT, § 129 Rn. 17.

Erblasser überlassen, sich dann für einen rechtswirksamen Entwurf des Notars durch öffentliches Testament nach § 2232 BGB oder Testament nach Mustertext zu entscheiden und diese Gebühren auf sich zu nehmen oder auf eigenes Risiko privatschriftlich zu Hause einen neuen Entwurf zu versuchen[194]. Da ähnlich wie beim Testament nach Mustertext ein Kostenvorteil für die Wahl dieser neuen Form geschaffen werden muss[195], sollten auch die Beglaubigungsgebühren entsprechend moderat ausfallen[196].

In der Ausarbeitung wurde bisher für diese Form der Arbeitstitel „beratungsbegleitetes Testament" eingesetzt. Wie sich gezeigt hat, beruht der Hauptzweck dieser neuen Form jedoch in der *Überprüfung* des vorgelegten Testamentsentwurfes auf offensichtliche formelle und materielle Fehler verbunden mit einem entsprechenden Hinweis des Notars darauf vor Ausführung seiner Unterschriftsbeglaubigung. Der Begriff der Beratungsbegleitung würde demgegenüber den Eindruck erwecken, durch den Notar im Rahmen der Begleitung sogar einen Entwurf oder Teilentwurf zu erhalten, was jedoch in konsequenter Abgrenzung der Formen untereinander nur dem öffentlichen Testament bzw. Testament nach Mustertext vorbehalten bleiben soll. Infolgedessen empfiehlt es sich, für diese neue Form ihrem Zweck der Prüfung entsprechend die zutreffende Formbezeichnung *prüfungsbegleitetes Testament* zu wählen. Diese Bezeichnung wird deshalb im weiteren Verlauf nun für diese Testamentsform verwendet.

2. *Die Vorteile und die Nachteile*

Wie bei der holographischen Testamentsform erstellt der Erblasser bei dieser neuen Form seinen Testamentsentwurf für sich allein[197]. Indem aber der Erblasser diesen Entwurf dem Notar vorlegt und den Text vor dem Notar im Rahmen

194 Im Ergebnis bewirkt diese neue Form somit einen bedeutenden Zuwachs an Gestaltungssicherheit und Rechtssicherheit; allgemein bei Ausdehnung des Formzwangs, Hagen, Die Form als „Schwester der Freiheit", S. 644(647).

195 Häsemeyer, Die gesetzliche Form der Rechtsgeschäfte, S. 210, stuft das Kostenproblem zu leicht ein, wenn er pauschal von „regelmäßiger Erschwinglichkeit" der Kosten spricht. Nicht grundlos hat der Gesetzgeber für die Gründung nach Musterprotokoll gebührenmäßige Vorteile festgelegt, vgl. Pfisterer in Saenger/Inhester, GmbHG Handkom., § 2 Rn. 44. Dazu auch Zimmermann, ErbR Lehrbuch, S. 82 Rn. 92.

196 Nach Nr. 25100 KV GNotKG beträgt die Gebühr für die Unterschriftsbeglaubigung mindestens 20,00 Euro und höchstens 70,00 Euro. Zur Kostengestaltung im Achten Teil dieser Arbeit.

197 Zur Stellung des holographischen Testaments zwischen Schriftform und öffentl. Beglaubigung schon Häsemeyer, Die gesetzliche Form der Rechtsgeschäfte, S. 2.

der Unterschriftsbeglaubigung unterzeichnen oder seine bereits unterfertigte Unterschrift als seine anerkennen muss, wird eine Verbindung zwischen dem Erblasser und seiner schriftlichen Erklärung öffentlich manifestiert und der Entwurf zur Testamentsurkunde[198]. Das kommt auch darin zum Ausdruck, dass der Notar mehrseitige Texte im Rahmen der Beglaubigung nach § 44 BeurkG zu einer Testamentsurkunde zusammensiegeln wird. Gerade dieser Vorgang bewirkt bei mehrseitigen Testamenten mehr Rechtssicherheit.

Der Notar wird die Unterschriftsbeglaubigung regelmäßig verweigern, wenn er Zweifel an der Testierfähigkeit des Erblassers hat[199]. Damit mindert die neue Form erheblich die Zahl von Rechtsstreitigkeiten über die Testierfähigkeit des Erblassers. Die Pflicht des Notars zur Unparteilichkeit[200] eröffnet dabei die Möglichkeit, die Testierabsichten des Erblassers ohne Einflussnahme „interessierter" Dritter nochmals unter neutraler Aufsicht zu überdenken.

Außerdem kann durch die durchgeführte Identitätsfeststellung des Notars zur Person des Erblassers die umständliche und antiquiert wirkende eigenhändige Niederschrift vermieden werden[201], denn zur Feststellung der Urheberschaft ist ein handgeschriebener Urkundentext für den Schriftvergleich nun nicht mehr erforderlich. Somit eröffnet die neue Form eine *sichere* Möglichkeit[202], das Testament mit Schreibtechniken wie Schreibmaschine und PC, aber auch durch Dritte niederzuschreiben[203], womit zu den heute und zukünftig gebräuchlichen modernen Schreibtechniken und Lebensgewohnheiten aufgeschlossen wird. Die allographische Errichtung kommt zudem den Schreibeinschränkungen älterer

---

198 Ebenso Malzer, Die öffentliche Beglaubigung, S. 169(172).

199 Limmer in Eylmann/Vaasen, BNotO/BeurkG Kom., § 40 Rn. 21; Hertel in Staudinger, Kom. BGB, Buch 1: AT, §129 Rn. 80; Sieghörtner in Hausmann/Hohloch, Handbuch des Erbrechts, Teil 3, Kap. 5, Rn. 82.

200 Diese gilt auch bei der Unterschriftsbeglaubigung, vgl. dazu Seger in Diehn, BNotO Kom., § 16 Rn. 49.

201 Ebenso Grundmann, Formfreiheit und Formzwang, S. 429(451).

202 Nach Görgens, Die Bindung des Richters an das Gesetz, S. 132 ff., soll die reine Unterschrift unter Maschinentext ohne Beglaubigung und ohne Bestätigung durch Zeugen genügen. Dies ist zu unsicher. Zum einen wird es durch Veränderungen im Schriftbild im Laufe des Lebens und durch die Tatsache, dass viele gar keine ausgeprägte Unterschrift führen, schwierig sein, die Urheberschaft allein durch die Unterschrift festzustellen. Zum anderen eröffnen die sich zunehmend erweiternden Techniken schnell die Möglichkeit, Fälschungen zu bewirken, dazu Dritter Teil § 3 B.

203 Schon Röthel, Form und Privatautonomie, S. 33(45), weist auf diese veränderten Schreibgewohnheiten hin; für allographische Errichtungsmöglichkeit auch Görgens, Die Bindung des Richters an das Gesetz, S. 128 f.

Testierer oder zum Teil Schreibbehinderter entgegen, die zwar noch unterzeichnen, aber keinen längeren Text eigenhändig niederschreiben können. Dies und die weitere Möglichkeit, seine Unterschrift im Rahmen des § 2247 Abs. 3 Satz 2 BGB recht großzügig sogar in Paraphe vor dem Notar zu zeichnen[204], belegt die Sozialverträglichkeit dieser neuen Form[205], die zudem durch die Verwendung des Eigenentwurfs des Erblassers diesem etwaige psychische Hemmungen nimmt und schreibeingeschränkten Erblassern eine kostengünstige[206] Alternative zur Form des § 2232 BGB bietet.

Besonders aber zeichnet sich diese neue Form durch den Vorteil der Evidenzprüfung des vorgelegten Entwurfs auf Formfehler, materielle Fehler oder Widersprüche aus. Von dieser speziellen Funktion der Prüfung ist die Bezeichnung der neuen Form abgeleitet, womit der Testierer auf diesen besonderen Vorteil hingewiesen und für diese Form gewonnen werden soll. Eine Anmeldung des prüfungsbegleiteten Testaments zum Zentralen Testamentsregister wie beim Testament nach Mustertext scheidet hingegen aus, ausgenommen es wird die amtliche Hinterlegung vom Erblasser ausdrücklich gewünscht. Eine Registrierung von Testamenten, die nicht amtlich verwahrt und damit gesichert auffindbar sind, würde auch praktisch keinen Vorteil bringen[207].

3. *Abgrenzung zum Zeugentestament*

Da vereinzelte Vorschläge in der Literatur und manche Testamentsformen im Ausland[208] die mit der Form des prüfungsbegleiteten Testaments erzielbare Bestätigung der Urheberschaft und der Testamentserrichtung alternativ über eine

---

204 Der Notar kann für die Unterschriftsbeglaubigung die Unterschrift in Paraphe genügen lassen; vgl. zum Problem der Paraphe als Unterschrift BGH, *NJW* 1967, S. 2310.

205 Freilich muss der Erblasser seine Unterschrift noch wenigstens in eigener Willenskraft durchführen; dazu BGH, *NJW* 1981, S. 1900.

206 Dazu im Achten Teil der Untersuchung.

207 Zur Verwahrung Seebach in Reibold/Seebach/Dahlkamp, Praxis des Notariats, § 15 S. 773 ff. Gleichwohl besteht bei der neuen Form zum einen der Vorteil, dass der Notar auf die Möglichkeit der amtlichen Verwahrung durch Hinterlegung hinweisen kann. Zum anderen hat der Notar eine Abschrift des prüfungsbegleiteten Testaments zu seiner Urkundensammlung zu nehmen; zu diesem Neuerungsvorschlag näher sogleich unter 4. in diesem Teil.

208 Vgl. nochmals Burkart, Das eigenhändige Testament, S. 253(263); Solomon in Burandt/Rojahn, Kurzkom. ErbR, Bd. 65, S. 1345 Rn. 55; Breitschmid, S. 182 ff. Ferner zu Zeugen Sechster Teil § 3 A.

private Zeugenzuziehung erreichen, ist an dieser Stelle zu prüfen, ob dies nicht die überlegenere Formalternative zum Vorschlag von eben ist[209].

Der/die Zeugen erfüllen von den unter Ziff. 1 herausgestellten Vorteilen des prüfungsbegleiteten Testaments immerhin die Bestätigung der Identität des Erblassers, die Bekräftigung seiner Testamentserrichtung in Abgrenzung zum Entwurf und das Bekenntnis des Erblassers zu dem den Zeugen bekannten oder unbekannten Testamentstext. Mittels dieser Zeugenform wird zudem in einigen Ländern eine allographische Errichtung des Testaments ermöglicht[210]. Dennoch sprechen die stärkeren Gründe gegen das Zeugentestament und für das hier vorgeschlagene prüfungsbegleitete Testament[211]:

Die Form des Zeugentestaments als eine Art Beglaubigung durch Private ist den Formvorschriften des BGB fremd[212] und würde deshalb als Systembruch oder Fremdkörper empfunden werden. Zudem würde sich die Testamentsaufnahme verkomplizieren, indem der Erblasser erst einmal bereite Zeugen (in der Regel werden zwei bis drei Zeugen verlangt) finden müsste. Diese wollen nach allgemeiner Erfahrung zumindest teilweise inhaltlich im Bilde sein, was sie bestätigen sollen, so dass eine geheime Errichtung des Testaments genauso gefährdet erscheint wie die anschließende Verschwiegenheit zum Testamentsinhalt. Hinzu kommen noch Probleme bzgl. der Angreifbarkeit der zugezogenen Zeugen, z. B. wegen deren möglicher Parteilichkeit, Verwandtschaftsstellung zum Erblasser, Geschäftsunfähigkeit. Alles dies wird bei der Errichtung mittels prüfungsbegleitetem Testament mit Unterschriftsbeglaubigung durch einen neutralen amtlich zur Verschwiegenheit verpflichteten Notar vermieden. Außerdem fehlt bei einer Form mittels Beglaubigung durch Privatzeugen die wichtige Möglichkeit der fachlich fundierten objektiven Beratung, was gerade für die hier vorgeschlagene neue Form einen besonders herausragenden Vorteil darstellt.

4. Streichungen, Nachträge und Verweisungen

Auch mit Blick auf etwaige Streichungen und Einschübe im Testamentstext erweist sich die Form des prüfungsbegleiteten Testaments als der richtige Weg.

---

209 Siehe bereits Ausführungen dazu in Siebter Teil § 3 A.

210 Z.B. für Österreich Haunschmidt in Süß, Erbrecht in Europa, Österreich, Rn. 51.

211 Die Zeugenform ablehnend auch Görgens, Überlegungen zur Weiterentwicklung des § 2247 BGB, S. 357(360).

212 Dazu Siebter Teil § 2 A. Dies darf nicht verwechselt werden mit der Zeugenzuziehung auf Verlangen nach § 29 BeurkG, vgl. Baumann in Eylmann/Vaasen, BNotO/BeurkG Kom., § 29 BeurkG Rn. 3.

Nachträgliche Streichungen oder Einschübe sowie Verweisungen im Testament auf andere Schriftstücke bewirken in der Praxis zu oft die Unwirksamkeit des holographischen Testaments, da diese Vorgänge[213] vielfach zu einer Formverletzung wegen fehlender Eigenhändigkeit oder mangelnder eigenhändiger Unterschriftsleistung führen[214]. Bei der Unterschriftsbeglaubigung des Notars ist regelmäßig eine *Abschrift(Ablichtung) der Urkunde* oder alternativ ein Vermerkblatt zu dem Vorgang zur Urkundensammlung des Notars zu bringen[215], was bei Einsatz von Privatzeugen nicht der Fall ist. Mit der neuen Form prüfungsbegleitetes Testament soll eine Ergänzung des § 19 Abs. 2 Satz 1, 2 DONot einhergehen, die die 2. Alternative „Aufnahme eines Vermerkblatts zur Urkundensammlung" für die Unterschriftsbeglaubigung beim *prüfungsbegleiteten Testament* ausschließt, so dass der Notar stets eine Abschrift(Ablichtung) des beglaubigten Testaments zu seiner Urkundensammlung nimmt. Da die meisten Notare in Zeiten des Fotokopierers eher eine Kopie zu ihrer Urkundensammlung nehmen als ein Vermerkblatt anzufertigen, ist dieses sachlich vertretbar[216]. Durch spätere Beiziehung der bei der Urkundensammlung des Notars vorhandenen Abschrift der Testamentsurkunde kann so der vom Erblasser stammende Text zum Zeitpunkt der Beglaubigung leicht festgestellt werden[217]. Der beim Notar in der Abschrift enthaltene Text belegt also die Willensentscheidung des Erblassers. Einschübe und Streichungen auf dem unterschriftsbeglaubigten Testament benötigen deshalb der neuerlichen abzeichnenden Unterschrift des Erblassers in notariell beglaubigter Form. Der mit

---

213 Vgl. Vierter Teil § 2 B. mit Nachweisen aus der Rechtsprechung.

214 Dazu BGH, *NJW* 1974, S. 1083 f.; *FamRZ* 1974, S. 302; BayObLG, *NJW* 1974, S. 314; Baumann in Staudinger, Kom. BGB, Buch 5, § 2247 Rn. 61 f.; Hefermehl in Soergel, Kom. BGB, § 126 Rn. 5; Stumpf, Cordula: „Postscripta im eigenhändigen Testament". *FamRZ* 1992, S 1131 ff.; Voit in Reimann/Bengel/Mayer, Testament und Erbvertrag, § 2231 Rn. 6.

215 So DONot, § 19 Abs. 2, die als bundeseinheitliche Verwaltungsverfügung der Landesjustizverwaltungen in den einzelnen Ländern erlassen und verkündet wurde, dazu Bundesnotarkammer unter https://www.bnotk.de/Notar/Berufsrecht/DONot.php; letzter Abruf 25.06.2016; dazu Kersten in Limmer et al., Würzburger Notarhandbuch, Teil 1, Kap. 4, Rn. 414.

216 In diese Richtung Eickelberg in Armbrüster/Preuß/Renner, BeurkG u. Dienstordnung, § 19 DONot Rn. 7; Ellefret in Eylmann/Vaasen, BNotO/BeurkG Kom., § 19 DONot Rn. 5.

217 Zur Problematik BayOblG, *NJW* 1975, S. 314; Mayer in Soergel, Kom. BGB., § 247 Rn. 29 f.; eine Zusammenstellung der rechtlichen Einordnung der Einschübe bei Stumpf, Postscripta im eigenhändigen Testament, S. 1131 ff.

der beglaubigten Unterschrift versehene Text mit allen Streichungen und Einschüben gewinnt so gemäß § 440 Abs. 2 ZPO die Vermutung der Echtheit für sich[218].

Für Korrekturen und Einschübe bei einem prüfungsbegleiteten Testament, gleichgültig ob der Text eigenhändig vom Erblasser erstellt wurde oder allographisch, gilt für alle Streichungen und Einschübe *vor Unterschriftsbeglaubigung* demzufolge der Nachweis der Echtheit über die zur Urkundensammlung des Notars nach Unterschriftsbeglaubigung genommene Ablichtung. Einschübe und Streichungen in handschriftlicher Weise oder in maschineller Schrift *nach Unterschriftsbeglaubigung* bedürfen hingegen nach dem bisher Gesagten der zusätzlichen Unterschrift des Erblassers in beglaubigter Form[219].

Wie sich erweist, trägt die unterschriftsbeglaubigte Form des prüfungsbegleiteten Testaments auch bei Streichungen und Einschüben zur Rechtssicherheit bei. Bei einer „Beglaubigung" durch Privatzeugen wäre dieses Ziel nicht erreichbar, da beim Zeugen keine Abschrift der Testamentsurkunde verwahrt wird. Die Komplexität der schwierigen Rechtslage bei Streichungen und Einschüben wird im Übrigen für den Erblasser kompensiert durch entsprechende Hinweise und Belehrungen des Notars anlässlich des Beglaubigungsvorgangs.

Schließlich lässt sich mittels dieser neuen Form auch das Problem der Verweisung auf nicht eigenhändig geschriebene Texte lösen. Ist der allographisch errichtete Text nämlich vom Erblasser im Rahmen der neuen Testamentsform oder im anderen Zusammenhang unterschrieben und seine Unterschrift notariell beglaubigt worden, macht der Erblasser diesen Text zu seiner eigenen Erklärung. Damit besteht kein Grund mehr, in einem ordentlich errichteten Testament eine Verweisung auf andere maschinell errichtete oder von dritter Seite errichtete Dokumente nicht zuzulassen. Voraussetzung ist nur, dass das Dokument vom Erblasser in notariell beglaubigter Form unterschrieben wurde oder beurkundet wurde.

218 Dazu OLG Frankfurt/Main, *DNotZ* 2006, S. 767; LG Düsseldorf, *MittbayNot* 1984, S. 207; Winkler, Kom. BeurkG, § 40 Rn. 17a; ähnlich Preuß in Armbrüster/Preuß/Renner, BeurkG u. Dienstordnung, § 40 Rn. 35 ff.

219 Für nach Unterschriftsbeglaubigung aufgebrachte Einschübe oder Streichungen kommt es dann nicht mehr auf die Abwägung Korrektur/Streichung oberhalb oder unterhalb der Unterschrift des Erblassers und auch nicht darauf an, ob die Korrektur nach dem festgestellten Willen des Erblassers von seiner bisherigen Unterschrift noch gedeckt ist. Zur bisherigen Problematik BGH, *NJW* 1974, S. 1083; Preuß in Armbrüster/Preuß/ Renner, BeurKG u. Dienstordnung, § 40 Rn. 35 ff.

III. Das gemeinschaftliche Testament und die neuen Formen

Das gemeinschaftliche Testament weist, dabei besonders für die neue Testamentsform nach Mustertext, Besonderheiten auf, die bei den neuen Formen Beachtung finden müssen.

Schon die Annahme, wann überhaupt ein *gemeinschaftliches* Testament vorliegt, bereitet Schwierigkeiten, was wohl darauf zurückzuführen ist, dass das BGB selbst anders als beim Einzeltestament in § 1937 bzw. beim Erbvertrag in § 1941 den Begriff als solchen nirgendwo definiert[220]. Mit der h.M. und deren Auslegung des Begriffes muss sich jedoch wenigstens aus dem Text des Testaments selbst eine Andeutung ergeben, dass Eheleute oder Lebenspartner ein gemeinschaftliches Testament im Sinne der §§ 2265 ff. BGB errichten wollen[221] und nicht jeder für sich in gemeinsamer Urkunde ein Einzeltestament. Von Relevanz für diese Arbeit ist deshalb die *erste Erkenntnis*, dass neue Formen für Klarheit zu sorgen haben zu der Frage, ob ein gemeinschaftliches Testament gegeben ist.

Die *zweite Erkenntnis* für diese Untersuchung ist, dass das gemeinschaftliche Testament nach hier vertretener Ansicht als Testamentsform einzustufen ist[222]. Im Ausland sieht das zum Teil anders aus, indem dort diese Form gar nicht existiert oder als zum materiellen Recht gehörend angesehen wird[223]. Demzufolge gibt es Länder wie z. B. Italien oder Portugal, die die Wirksamkeit des gemeinschaftlichen Testaments als materiell-rechtliche Frage betrachten und mangels materiellrechtlicher Zulässigkeit eines gemeinschaftlichen Testaments nach ihrem Erbrecht dieser Form ihre Wirksamkeit versagen[224]. Aufgrund der neuen Regelungen zum

---

220 Wie hier Braun in Burandt/Rojahn, Kurzkom. ErbR, § 2265 Rn. 2; Mayer in Reimann/Bengel/Mayer, Testament und Erbvertrag, Vor § 2265 Rn. 14 ff. mit den vertretenen Meinungen. Anders die neue EU-ErbVO, die immerhin in Art. 3 Abs. 1 c) eine Minimaldefinition wagt, nur leider im übrigen Text der Verordnung nicht weiter darauf eingeht. Nach wohl vordringender Meinung sollen deshalb wegen dieser Lücke die Vorschriften des Art. 25 EU-ErbVO zum Erbvertrag analog für das gemeinschaftliche Testament Anwendung finden, vgl. Lagarde in Bergquist et al., EU-ErbVO Kom., Art. 25 Rn. 1.

221 BGH, *NJW* 1953, S. 698; OLG München, *ZEV* 2008, S. 485; Braun in Burandt/Rojahn, Kurzkom. ErbR, § 2265 Rn. 10; Pfeiffer, Das gemeinschaftliche Ehegattentestament, S. 1266(1269); noch abstellend allein auf die äußere Form RGZ 72, 204; zum Meinungsstand auch Musielak in MüKo, BGB, Vor § 2265 Rn. 5 ff.

222 Nachweise in Dritter Teil § 3 A.

223 Dazu Sechster Teil § 3.

224 Vgl. C. Wiedemann in Süß, Erbrecht in Europa, Italien Rn. 54; Huzel/Wollmann in Süß, Erbrecht in Europa, Portugal, Rn. 37.

Errichtungsstatut durch die EU-ErbVO und der entsprechenden Anpassung im EGBGB durch Art. 25 n. F. besteht auch hierzu ein Berücksichtigungsbedarf bei neuen Testamentsformen.

Als *dritte Erkenntnis* erweist sich beim gemeinschaftlichen Testament die Problematik der möglichen wechselbezüglichen Verfügungen nach §§ 2270 f. BGB[225]. Leider verhält es sich nämlich nicht immer so einfach, wie das OLG Zweibrücken in seiner Entscheidung vom 28.10.1991[226] annimmt: „Wenn Eheleute gemeinsam testieren, rechnen sie in der Regel damit, dass ihre tragenden Verfügungen sie gegenseitig binden". Vielmehr beschäftigt die Gerichte[227] und Literatur in ausgiebigem Maße und stets von neuem die Frage der Bindungswirkung einzelner Verfügungen im gemeinschaftlichen Testament mit entsprechenden Folgen für die Wirksamkeit späterer Einzelverfügungen des Längerlebenden[228]. In diesen Kontext gehört ebenso die häufig anzutreffende unklare Formulierung im eigenhändig errichteten gemeinschaftlichen Testament zur Erbeinsetzung Dritter (meist der leiblichen Kinder) „für den Fall des gemeinschaftlichen Versterbens" oder des „gleichzeitigen Ablebens"[229]. Auch dies wird bei den neuen Formen zu berücksichtigen sein[230].

Die vorgenannten drei Erkenntnisse tangieren die neuen Testamentsformen. Die Frage muss dabei sein, ob und wenn ja, inwieweit die unter Ziff. I. und II. vorgestellten neuen Testamentsformen *Testament nach Mustertext* und *prüfungsbegleitetes Testament* die genannten Probleme aufnehmen und lösen können.

225 Das Problem liegt schon darin, dass das gemeinschaftliche Testament nicht zwingend wechselbezügliche Verfügungen beinhalten muss. Wie hier Führer in Dt. ErbRKom., § 2265 Rn. 5.

226 OLG Zweibrücken, *FamRZ* 1992, S. 608 ff.

227 Vgl. aus jüngster Zeit OLG Bamberg, ErbR 2016, 89. Weitere Nachweise in Vierter Teil § 2 B.

228 Dazu BGH, ErbR 2012, 218; OLG Bamberg, ErbR 2016, 89; Führer in Dt. ErbRKom., § 2270 Rn. 3; Pfeiffer, Das gemeinschaftliche Ehegattentestament, S. 1266(1272).

229 Dazu ein jüngstes Beispiel in OLG Frankfurt/Main, ErbR 2016, 37.

230 Dabei muss hier auf eine Auseinandersetzung über Pro und Contra der Bindungswirkung wechselbezüglicher Verfügungen als solcher verzichtet werden, da dies nicht Thema dieser Arbeit ist. Vgl. dazu Röthel, Ist unser Erbrecht noch zeitgemäß?, A13(A73), die bindende Verfügungen nur öffentlichen Testamenten vorbehalten möchte; ebenso Otte, Das eigenhändige Testament, S. 40; zum Ganzen ferner Breitschmid, S. 444 f.

1. *Lösung durch das Testament nach Mustertext*

Für das Einzeltestament nach Mustertext wurde bereits dessen Inhalt umschrieben[231]. Auch für das gemeinschaftliche Testament ist ein derartiger Mustertext vorstellbar[232].

Die Besonderheit beim gemeinschaftlichen Testament liegt jedoch gem. der soeben formulierten ersten und der dritten Erkenntnis darin, dass das *gemeinschaftliche* Testament nicht bloßes gemeinsames Testament ist, sondern entweder reziproke Verfügungen enthält, die aber in ihrer Wirksamkeit unabhängig voneinander stehen (testamentum reciprocum) oder derartige Verfügungen beinhaltet, die in ihrer Geltung voneinander abhängig sind (testamentum correspectivum), also wechselbezüglich sind[233]. Zu diesem Komplex kommt vielfach noch die in § 2269 Absatz 1 BGB enthaltene Auslegungsregel für eine Einbeziehung eines Dritten in die Erbfolge des Überlebenden hinzu[234], die ihrerseits zusätzlich die Frage nach der rechtlichen Erbenstellung der Verfügenden und des Dritten als letztem Erben aufwirft[235]. Gerade zu § 2269 BGB neigt der Laie im holographischen Testament nämlich gern dazu, die Begriffe Vollerbe und Vorerbe falsch zu begreifen und damit entgegen seinem wahren Willen falsch einzusetzen.

Um vorgenannte Problemkomplexe zu lösen, muss das Testament nach Mustertext also rechtlich eindeutige Aussagen beinhalten zum Eintritt der Erbfolge zwischen den beiden lebzeitig Verfügenden und fakultativ ebenso für eine Vererbung an einen Dritten nach Ableben beider Eheleute/Lebenspartner sowie schließlich zur Frage der Bindungswirkung der gemeinsamen Verfügungen. Entsprechend den Ausführungen zum Einzeltestament muss sich das Muster allerdings auf die Aufnahme des Standardfalls beschränken. Dieser liegt nach all-

231 Siehe Siebter Teil § 3 B.I.

232 Der Gesetzgeber hat bei der Gründung nach Musterprotokoll in § 2 Abs. 1a GmbHG ebenfalls eine auf bis zu drei Personen beschränkte Mehrpersonenvariante vorgesehen.

233 Musielak in MüKo, BGB, Vor §2265 Rn. 15 f.; Stürner in Jauernig/Stürner, BGB Kom., § 2270 Rn. 2 f.

234 Nach allg. Ansicht handelt es sich um eine Auslegungsregel und nicht um eine gesetzliche Vermutung, dazu Klessinger in Damrau, Praxiskom. ErbR, § 2269 Rn. 1; Musielak in MüKo, BGB, § 2269 Rn. 5.

235 Vgl. Weidlich in Palandt, KurzKom. BGB, § 2269 Rn. 2 ff.; Klessinger in Damrau, Praxiskom. ErbR, § 2269 Rn. 11 ff. Namentlich handelt es sich um die Frage Vor- und Nacherbfolge (Trennungslösung) oder Voll- und Schlusserbfolge (Einheitslösung).

gemeinen Erfahrungen[236] eher in der gegenseitigen Alleinerbenstellung der Eheleute/Lebenspartner als Vollerben und Erbeinsetzung eines Dritten oder mehrerer Dritter als Schlusserben[237]. Der Mustertext zum Standardfall wird gleichzeitig die Rechtsfrage der Wechselbezüglichkeit und Bindungswirkung der Verfügungen und deren möglicher Abänderbarkeit durch den Längerlebenden[238] beinhalten müssen.

Was die zweite Erkenntnis anbelangt, wird bereits vieles erreicht, wenn gem. den Ausführungen zum Einzeltestament[239] eine Aussage zum Erbstatut und einer möglichen Rechtswahl der Testierer im Mustertext vorgesehen wird. Dazu empfiehlt sich beim gemeinschaftlichen Testament im Muster ein Hinweis darauf, dass die Möglichkeit der Unwirksamkeit des gemeinschaftlichen Testaments durch gewöhnlichen Aufenthalt bei mindestens einem Ehegatten im Ausland besteht. Dies ist aufgrund der Einwanderungszunahme in das Geltungsgebiet des BGB, aber auch wegen der Verlegung des Lebensmittelpunktes durch viele Inländer im Alter ins Ausland unumgänglich[240].

Auf der Grundlage dieser Lösungen ist für das gemeinschaftliche Testament ebenfalls ein Mustertext in das Gesetz aufzunehmen (siehe dazu das Muster sogleich unter C.).

2. *Lösung durch das prüfungsbegleitete Testament*

Bei dieser neuen Testamentsform ist es einfacher als beim Testament nach Mustertext, die genannten drei Erkenntnisse zum gemeinschaftlichen Testament zu berücksichtigen, da diese Form besonders auf die Überprüfung der Rechtswirksamkeit abstellt.

Wie ausgeführt wurde, liegen die Probleme bei dem vom Laien verfassten gemeinschaftlichen Testament in Unsicherheiten zur Frage der Wechselbezüglichkeit und der Abänderbarkeit bindender Verfügungen durch den Längerlebenden, aber auch in ungenauen Formulierungen zur Erbeinsetzung Dritter nach

---

236 Dazu Metternich, Verfügungsverhalten von Erblassern, S. 70. Deren Erhebungen bestätigen den in dieser Arbeit zugrunde gelegten Eindruck, dass deutlich mehr als die Hälfte die sog. Einheitslösung wählt.

237 Dieser praktisch häufigste Fall wird im Volksmund gern als „Berliner Testament" verstanden, vgl. Klessinger in Damrau, Praxiskom. ErbR, § 2269 Rn. 7; Weidlich in Palandt, KurzKom. BGB, § 2269 Rn. 1.

238 Musielak in MüKo, BGB, § 2270 Rn. 4 (Wechselbezüglichkeit) und § 2271 Rn. 32 (Abänderungsvorbehalt).

239 Dazu § 3 B.I. in diesem Teil.

240 Siehe dazu Dritter Teil § 3 A.

dem Tod beider Erblasser[241]. Ähnlich dem Einzeltestament wird der Notar auch beim gemeinschaftlichen Testament überschlägig Missverständnisse aufklären können und auf Fehlformulierungen hinweisen müssen, um dadurch spätere Rechtsstreitigkeiten möglichst auszuschließen. Im Übrigen bleibt es dann wie beim Einzeltestament den Erblassern überlassen, ob sie dem Notar anschließend den Auftrag zum Entwurf des gemeinschaftlichen Testaments oder Testament nach Mustertext erteilen mögen oder sich mit dem Hinweis des Notars begnügen und ihr handschriftliches Testament noch einmal selbst neu aufsetzen wollen.

In jedem Falle können über das prüfungsbegleitete Testament die genannten drei Fehlerquellen beim gemeinschaftlichen Testament beseitigt werden.

C. Alte und neue Testamentsformen im Nebeneinander

Gemäß den vorangegangenen Ausführungen werden zwei neue Testamentsformen aufgelegt, nämlich das Testament nach Mustertext, das die beiden Varianten Einzeltestament und gemeinschaftliches Testament umfassen muss, und das prüfungsbegleitete Testament[242].

Da die beurkundete Testamentsform nach Mustertext bei schwierigen Sachlagen der Vererbung das öffentliche Testament nach § 2232 BGB nicht ersetzen kann, ist sie eine Ergänzung dieser notariellen Testamentsform de lege lata. Aus diesem Grunde und zur Wahrung der Überschaubarkeit bietet es sich an, die neue Form des Testaments nach Mustertext einzugliedern in die Vorschriften des § 2232 BGB. Dies ist folgerichtig, da das Testament nach Mustertext in beiden Varianten aufgrund seiner Beurkundungspflicht öffentliches Testament im Sinne der §§ 1 Abs. 1, 27 ff. BeurkG ist[243].

Das prüfungsbegleitete Testament verwendet demgegenüber den vom Erblasser selbst vorgelegten Text, dabei entweder als eigenhändig verfasstes Testament nach § 2247 BGB oder als maschinell von ihm oder dritter Hand geschriebene Textvorlage. Die Begleitung des Notars beginnt bei dieser Form mit der Textprüfung und schließt mit der notariellen Beglaubigung der Unterschrift

---

241 Hierzu Führer in Dt. ErbRKom., § 2265 Rn. 5, der deshalb zu Recht klarstellende Verfügungen anmahnt.

242 Das Formenangebot wird damit um zwei neue Typen erweitert. In diese Richtung Röthel, Form und Privatautonomie, S. 57, wenn sie den Bedarf an differenzierteren Formeln und Sichten auf das Verhältnis von Testierformen und Testierfreiheit anmahnt.

243 Auch die Form der GmbH-Gründung nach Mustertext ist in der Vorschrift des § 2 GmbHG zur öffentlichen Beurkundung durch den Absatz 1a hinzugefügt worden.

des Erblassers ab. Nachdem also über den Weg der im Gesetz bekannten notariellen Unterschriftsbeglaubigung die Prüfungsbegleitung mit ihren genannten Vorzügen erreicht wird, liegt es nahe, diese Form ähnlich wie beim Testament nach Mustertext zur Erhaltung der Überschaubarkeit aller Testamentsformen in bestehende Normen zu integrieren. Wegen der sachlichen Nähe zum selbst entworfenen eigenhändigen Testament bietet sich dazu eine Einfügung in § 2247 BGB an.

Ergänzend kommt hinzu, dass im Unterschied zum inhaltlich standardisierten Testament nach Mustertext die neue Form „prüfungsbegleitetes Testament" durchaus das eigenhändige Testament mit all seinen von einfach bis schwierig gelagerten Konstellationen zwar ersetzen könnte, andererseits aber dazu keine Veranlassung besteht. Es mag sich aus dem künftigen allgemeinen Testierverhalten erweisen, ob das holographische Testament durch die neue Form des prüfungsbegleiteten Testaments im Laufe der Zeit verdrängt wird. Nach hier vertretener Meinung wäre eine Abschaffung der allgemein beliebten, wenn auch problematischen Form des holographischen Testaments jedenfalls momentan noch zu früh[244]. Sie ist überdies wegen der bereits festgestellten Möglichkeit und Zulässigkeit der Bereitstellung mehrerer Testamentsformen gleichrangig nebeneinander auch nicht erforderlich[245].

Die neuen Testamentsformen fügen sich in ihrer Ausgestaltung, indem sie auf den international anerkannten Grundformen der Beurkundung und der notariellen Unterschriftsbeglaubigung aufbauen, im Übrigen in den internationalen Istzustand vorhandener Formmöglichkeiten ein. Dies ist schon deswegen wichtig, um im Falle einer Liberalisierung der Formvorschriften auf internationaler Ebene[246] keine zur Isolierung führenden „Sonderformen" zum Testament errichtet zu haben.

D. Die Textvorschläge

Die Untersuchung führt somit zu folgenden Textvorschlägen zu den Formvorschriften ordentlicher Testamentsformen (die erforderlichen Neuerungen sind dabei durch Unterstreichung hervorgehoben):

244 In diese Richtung für die Erhaltung der Form des eigenhändigen Testament Sachsen Gessaphe, Das eigenhändige Testament in Europa und Lateinamerika, S. 154; Röthel, Form und Privatautonomie, S. 56; Muscheler, Das eigenhändige Testament, S. 24(35); Görgens, Die Bindung des Richters an das Gesetz, S. 145.

245 Dazu bereits Sechster Teil § 3 und Siebter Teil § 3 A.

246 Dazu Zimmermann, Kulturelle Prägung des Erbrechts?, S. 321(326).

Im **BGB:**

*„**§ 2232 Öffentliches Testament.** (1) Zur Niederschrift eines Notars wird ein Testament errichtet, indem der Erblasser dem Notar seinen letzten Willen erklärt oder ihm eine Schrift mit der Erklärung übergibt, dass die Schrift seinen letzten Willen enthalte. Der Erblasser kann die Schrift offen oder verschlossen übergeben; sie braucht nicht von ihm geschrieben zu sein.*
(2) Ein Testament oder gemeinschaftliches Testament kann vor dem Notar im vereinfachten Verfahren errichtet werden. Für die Errichtung im vereinfachten Verfahren ist der in der Anlage bestimmte Mustertext zu verwenden. Darüber hinaus dürfen keine Änderungen oder Zusätze bei dem Mustertext vorgenommen werden.
(3) Das Testament nach Absatz 2 gilt zugleich als Erbnachweis. Die Bestimmungen der EU-ErbVO bleiben davon unberührt.

§ 2247 Privatschriftliches Testament. (1) Der Erblasser kann ein Testament durch eine eigenhändig geschriebene und unterschriebene Erklärung errichten.
(2) Die Unterschrift des Erblassers soll öffentlich beglaubigt werden. Soweit es sich nicht aus einer öffentlichen Beglaubigung ergibt, soll der Erblasser in der Erklärung angeben, zu welcher Zeit (Tag, Monat, Jahr) und an welchem Ort er die Erklärung niedergeschrieben hat.
(3) Die Unterschrift soll den Vornamen und den Familiennamen des Erblassers enthalten. Unterschreibt der Erblasser in anderer Weise und reicht diese Unterzeichnung zur Feststellung der Urheberschaft des Erblassers und der Ernstlichkeit seiner Erklärung aus oder ist seine Unterschrift öffentlich beglaubigt worden, so steht eine solche Unterzeichnung der Gültigkeit des Testaments nicht entgegen.
(4) Der Erblasser kann ein Testament auch durch eine Niederschrift Dritter oder mit technischen Hilfsmitteln errichten. Das Testament ist vom Erblasser nach Maßgabe von Absatz 3 zu unterzeichnen. Seine Unterschrift ist öffentlich zu beglaubigen.
(5) Wer minderjährig ist oder Geschriebenes nicht zu lesen vermag, kann ein Testament nicht nach obigen Vorschriften errichten.
(6) Enthält ein nach Absatz 1 errichtetes Testament keine Angabe über die Zeit der Errichtung und ergeben sich hieraus Zweifel über seine Gültigkeit, so ist das Testament nur dann als gültig anzusehen, wenn sich die notwendigen Feststellungen über die Zeit der Errichtung anderweit treffen lassen. Dasselbe gilt entsprechend für ein Testament, das keine Angabe über den Ort der Errichtung enthält.

__§ 2267 Gemeinschaftliches privatschriftliches Testament.__ Zur Errichtung eines gemeinschaftlichen Testaments nach § 2247 genügt es, wenn einer der Ehegatten das Testament in der dort vorgeschriebenen Form errichtet und der andere Ehegatte die gemeinschaftliche Erklärung eigenhändig mitunterzeichnet. Für die Mitunterzeichnung finden die Vorschriften des § 2247 Abs. 2 bis 4 Anwendung.

Anlage zu § 2232 a) Mustertext für ein Einzeltestament[247]

UR.Nr. ....

Heute, den......... erschien vor mir, Notar/in mit Amtssitz in........................

*Herr/Frau..., geboren am...in...(GeburtsregisterNr.../..), wohnhaft...****Daten sind zu vervollständigen***

Aus meiner Unterhaltung mit der erschienenen Person habe ich, der/die Notar/in, mich von der erforderlichen Geschäftsfähigkeit dieser Person überzeugen können.

Der/die Erschienene erklärt folgendes

Testament

1. *Ich bin nicht verheiratet/verheiratet im Güterstand der/lebe in Lebenspartnerschaft im Güterstand der... und habe keine/folgende Abkömmlinge****Daten sind alternativ u. zu vervollständigen****. Ich besitze folgende Staatsbürgerschaft(en):............. ****Daten zu vervollständigen****. Meinen gewöhnlichen Aufenthalt habe ich in Deutschland in.../außerhalb Deutschland in... und wähle deshalb für die Rechtsnachfolge von Todes wegen in mein gesamtes Vermögen sowie für Fragen der Rechtswirksamkeit dieses Testaments das deutsche Recht als mein Staatsangehörigkeitsrecht. ****Wahl zu Alternativangaben u. Hinweis des Notars auf das Errichtungsstatut und Erbstatut****.*

Ich bin durch frühere Verfügungen von Todes wegen, insbesondere durch ein gemeinschaftliches Testament oder einen Erbvertrag, nicht beschränkt. Vorsorglich widerrufe ich alle etwaigen früheren Verfügungen von Todes wegen von mir.

2. *Hiermit setze ich zu meinem Alleinerben...........ein/zu meinen Erben zu nachfolgenden Erbteilen ein a).......zu Erbteil von....... ****Alternativen vervollständigen***

b), c) usw.....zu Erbteil von........

*Von meiner Erbeinsetzung wird mein digitaler Nachlass einschließlich aller meiner Rechte und Daten dazu an und in allen elektronischen Medien, mein Recht über den Zugang zu diesen Medien und mein Recht zur Löschung meiner Daten in elektronischen Medien erfasst. ****Absatz kann alternativ weggelassen werden****.*

3. *Zum/Zu Ersatzerben für den Alleinerben unter 2./den Miterben unter 2. ...*

*bestimme ich.... * ***Alternativen vervollständigen oder Absatz weggelassen****.*

4. *Das Anfechtungsrecht nach § 2079 BGB schließe ich vollständig aus/nicht aus. ****Alternativwahl****.*

Ich bitte um eine Ablichtung des Testaments für mich. Eine beglaubigte Ablichtung soll der Notar in offene Verwahrung nehmen. Den Reinwert meines Vermögens teile ich besonders mit.

5. *Der Notar hat mich über die amtliche Verwahrung des Testaments beim Nachlassgericht sowie über die Mitteilung der Urkunde an das Zentrale Testamentsregister sowie darüber belehrt, dass.... ****Ergänzungen nach Ermessen des Notars.***

247 Das Zeichen „*“ gibt jeweils ähnlich dem Muster bei der GmbH den Hinweis zur Streichung bzw. Vervollständigung bzw. Ausübung des Wahlrechts zu vorgegebenen Verfügungsalternativen.

Anlage zu § 2232 b) Mustertext für ein gemeinschaftliches Testament

UR.Nr. ....

Heute, den......... erschienen vor mir, Notar/in mit Amtssitz in........................

1. Herr/Frau........, geboren am..............in................(GeburtsregisterNr... / ....), wohnhaft................

*2. Herr/Frau........, geboren am..............in................(GeburtsregisterNr... / ....), wohnhaft...** ***Daten sind zu vervollständigen.***

Aus meiner Unterhaltung mit den erschienenen Personen habe ich, der/die Notar/in, mich von deren jeweils erforderlicher Geschäftsfähigkeit überzeugen können.

Die Erschienenen erklären folgendes

Gemeinschaftliches Testament

1.

*Wir sind verheiratet im Güterstand der.../leben in eingetragener Lebenspartnerschaft im Güterstand der.../und haben keine/folgende Abkömmlinge.... ** ***Daten sind alternativ u. zu vervollständigen***. *Wir besitzen folgende Staatsbürgerschaften:............. ** ***Daten zu vervollständigen***. *Unseren gewöhnlichen Aufenthalt haben wir beide in Deutschland in......./Den gewöhnlichen Aufenthalt hat der Ersch. Ziff. 1 in......und der Ersch. Ziff. 2 in........, weshalb der Ersch. Ziff..../beide Erschienenen für die Rechtsnachfolge von Todes wegen in das gesamte eigene Vermögen sowie für Fragen der Rechtswirksamkeit dieses gesamten Testaments das deutsche Recht als das Recht der eigenen Staatsangehörigkeit wählt/wählen. ** ***Wahl zu Alternativangaben u. Hinweis des Notars auf das Errichtungsstatut und Erbstatut***.

Keiner von uns ist durch frühere Verfügungen von Todes wegen, insbesondere durch ein gemeinschaftliches Testament oder einen Erbvertrag, beschränkt. Vorsorglich widerruft ein jeder alle etwaigen früheren Verfügungen von Todes wegen von ihm.

2.

Hiermit setzen wir uns gegenseitig zum unbeschränkten Alleinerben ein.

3.

Für den Fall unseres gleichzeitigen Todes sowie auf Ableben des Letztversterbenden von uns bestimmen wir zu unserem(n) Erben und Schlusserben........../zu nachfolgenden Erbteilen: a)... zu Erbteil von......./

*b),c) usw. ....zu Erbteil von...** ***Alternativen vervollständigen***.

*Als Ersatzerben des/der..... setzen wir ein...** ***Alternativen vervollständigen oder Absatz weggelassen***.

4.

*Alle Erbeinsetzungen umfassen den digitalen Nachlass eines jeden von uns einschließlich aller seiner Rechte und Daten dazu an und in allen elektronischen Medien, sein Recht über den Zugang zu diesen Medien und sein Recht zur Löschung seiner Daten in elektronischen Medien** ***Absatz kann alternativ weggelassen werden***.

Sämtliche Verfügungen unter Ziff. 2 und 3 sind wechselbezüglich getroffen und können deshalb nur zu Lebzeiten von uns gemeinsam oder durch notariell beurkundeten Widerruf aufgehoben werden. Nach dem Tod des Erstversterbenden ist der Letztversterbende nicht befugt, anderweitig zu verfügen/befugt zu beliebigen anderweitigen Verfügungen innerhalb des Kreises der unter Ziff. 3 genannten Erben und deren Ersatzerben/befugt, beliebig

*und ohne Einschränkung anderweitig zu verfügen** ***Wahl zu Alternativangaben u. Hinweis des Notars auf die Rechtsfolgen****.*
*Das Anfechtungsrecht nach § 2079 BGB schließen wir vollständig/nicht aus ** ***Alternativwahl****.*
5.
Wir bitten um eine Ablichtung des Testaments für uns. Eine beglaubigte Ablichtung soll der Notar in offene Verwahrung nehmen. Den Reinwert unseres Vermögens teilen wir besonders mit.
6.
*Der Notar hat uns über die amtliche Verwahrung des Testaments beim Nachlassgericht sowie über die Mitteilung der Urkunde an das Zentrale Testamentsregister sowie darüber belehrt, dass…** ***Ergänzungen nach Ermessen des Notars.***

In der **Dienstordnung für Notarinnen und Notare (DONot):**

§ 19 *(1) unverändert*
*(2) Bei Urkunden, die gemäß § 8 Abs. 1 in die Urkundenrolle eingetragen werden, die aber weder in Urschrift noch in Abschrift bei der Notarin oder dem Notar zurückbleiben, z. B. bei Unterschriftsbeglaubigungen und sonstigen einfachen Zeugnissen (§45 Abs. 3 BeurkG), ist eine einfache Abschrift der Urkunde einschließlich der Kostenberechnung (§ 154 Abs. 3 KostO) oder ein Vermerkblatt zu der Urkundensammlung zu bringen. Das Vermerkblatt muss die Nummer der Urkundenrolle, die Angaben nach § 8 Abs. 4 und 5** und die Abschrift der Kostenberechnung enthalten und ist von der Notarin oder dem Notar zu unterschreiben. Bei unterschriftsbeglaubigten Testamenten ist stets eine einfache Abschrift der Urkunde einschließlich der Kostenberechnung (§ 154 Abs. 3 KostO) zu der Urkundensammlung zu bringen.*
(3) Unverändert
(4) Unverändert.

§ 4 Zusammenstellung der Formenentwicklung

Nachdem im Verlauf der Untersuchung die verfassungsrechtliche Zulässigkeit neuer Testamentsformen sowie deren grundsätzliche Notwendigkeit wegen künftiger Herausforderungen und negativem Leistungsbild bisheriger Formen herausgefunden wurden, stellt sich zunächst die Frage nach der Daseinsberechtigung gesetzlicher Formen. Dabei lässt sich schnell ausmachen, dass es grundsätzlich keine allgemeine Tendenz zum Heraus aus den Formen gibt, andererseits die jeweilige Form ihre Akzeptanz aber nur erfahren kann, wenn sie bezogen auf eine konkrete Zweckverwirklichung ihre dazu vorhandene Nützlichkeit erfolgreich unter Beweis stellt. Dieser Beweis zur Existenzberechtigung der Form erfordert mehr als die bisher ihr zugeschriebene Solennität mit dem Schutz vor Übereilung, der Abgrenzung zum Entwurf oder der Herstellung der Beweissicherung. Ausgehend von dem modernen gesetzgeberischen Ziel eines früh einsetzenden Verbraucherschutzes muss sich die Form heute mehr als dienendes Werkzeug erweisen, will sie nicht als bloße Beschneidung der Privatautonomie Ablehnung erfahren. Positiv ausgedrückt ist die Form dann im Vergleich zu gesetzlichen Verboten oder gerichtlichen Eingriffen das mildere Mittel zur Rechtssicherheit, wenn durch sie die formelle und materielle Wirksamkeit der Willenserklärung oder des Rechtsgeschäfts frühestmöglich unterstützt wird.

Das BGB gibt als Grundformen die Textform, die Schriftform, die öffentliche Beglaubigung und die notarielle Beurkundung vor. Zunächst ist die öffentliche Beglaubigung interessant, da sie nach der im Vordringen befindlichen und berechtigten Meinung eine Prüfung der zur Unterschriftsbeglaubigung vorgelegten Texte auf offensichtliche Unwirksamkeitsgründe durch den Notar unterstellt. Dies kann aber nur für die vom Gesetz zur Unterschriftsbeglaubigung vorgesehenen Willenserklärungen gelten. Im Bereich der Beurkundung ist die neue Form der GmbH-Gründung nach gesetzlichem Musterprotokoll für neue Formen von Interesse. Bei vergleichbarer Situation wie im Erbrecht macht sie sich die Typisierung im GmbH-Recht zunutze und gibt Erklärungsform und -text vor.

Die bisherigen beiden ordentlichen Testamentsformen kennen für den rechtlich unbewanderten Laien nur die vollständige notarielle Texterrichtung (das mystische Testament ausgenommen) oder die ungeprüfte Texterrichtung durch den Laien selbst. Aus der herausgearbeiteten heutigen Existenzberechtigung der Form ergibt sich aber, dass diese Auswahl nicht mehr genügt. Ohne die Formen de lege lata zu verdrängen, müssen diesen deshalb zwei neue Testamentsformen zur Seite gestellt werden, das Testament nach Mustertext in Anlehnung an das Beispiel im GmbH-Recht und das prüfungsbegleitete Testament unter Aufgriff der beschränkten Prüfungspflicht des Notars bei der Unterschriftsbeglaubigung.

Das Testament nach Mustertext soll die Standardvererbung für den inländischen wie ausländischen Erblasser vereinfachen und hinsichtlich der Wirksamkeit der Testamentsurkunde absichern. Es umfasst in der Variante Einzeltestament neben den Personendaten die Feststellung der Geschäftsfähigkeit, erforderliche Angaben zur und ggf. eine Rechtswahl nach der EU-ErbVO, Erbeinsetzungen sowie Verfügungen zum digitalen Nachlass, Erklärungen nach § 2079 BGB und die Testamentshinterlegung und Meldung zum Zentralen Testamentsregister. Die Form ist so ausgestaltet, dass sie kraft Gesetzes als inländischer Erbnachweis gelten soll. In der Mustervariante gemeinschaftliches Testament kommen Aussagen zur Problematik dieser Form nach EU-ErbVO, zur Erbeinsetzung von Schlusserben, zur Wechselbezüglichkeit und zur Bindung bzw. Abänderbarkeit hinzu.

Das prüfungsbegleitete Testament will demgegenüber mittels der Unterschriftsbeglaubigung dem Laien die Möglichkeit eröffnen, sein Testament handschriftlich, maschinell oder durch dritte Hand zu verfassen und formell wie materiell sodann vom Notar auf die die Rechtswirksamkeit beeinflussenden Fehler überprüfen zu lassen. Folglich überlässt die neue Form dem Erblasser die Entwurfserstellung, gibt ihm aber gleichwohl die Möglichkeit, für den Laien rechtlich schwieriger gelagerte Testamente überprüfen zu lassen. Sollte der Text Wirksamkeitsdefizite aufweisen, stehen dem Erblasser dann notarielle Textentwürfe über das öffentliche Testament oder das Testament nach Mustertext zu Angebot.

Beide Testamentsformen sind in §§ 2232 bzw. 2247 BGB einzugliedern und greifen dabei zugleich auf im Ausland allgemein anerkannte und bekannte Formtypen zurück.

Achter Teil
Die neuen Formen im Kostenrecht

Bei der Vorstellung der neuen Testamentsformen Testament nach Mustertext und prüfungsbegleitetes Testament wurde bereits mehrfach darauf hingewiesen, dass die Akzeptanz beider Formen eine Anpassung des Gebührenrechts erfordert[1]. Gebührenrechtliche Regelungen sind grundsätzlich keine Sternstunde der Rechtsdogmatik. Jedoch besteht eine nicht zu übersehende Relevanz der Kostengestaltung für die Entwicklung neuer Testamentsformen, da die *Kosten* gerade im Konkurrenzverhältnis zwischen dem öffentlichen Testament und dem eigenhändigen Testament nur allzu gern als das schlagende Argument für die Existenzberechtigung der holographischen Form angeführt werden[2]. Gleichwohl wurde in der bisherigen rechtswissenschaftlichen Betrachtung gerade dieser Aspekt eher vernachlässigt[3]. Es ist jedoch eine kostenrechtliche Einordnung der neuen Testamentsformen unumgänglich. Bevor aber die kostenrechtliche Einordnung der neuen Formen vorgestellt werden kann, ist die kostenrechtliche Situation de lege lata zu skizzieren.

---

1 Siehe S. Siebter Teil § 3 B.I.3.

2 Weber in Damrau, PraxisKom. ErbR, § 2247 Rn. 2; Hagena in MüKo, BGB, § 2231 Rn. 25; Voit in Reimann/Bengel/Mayer, Testament und Erbvertrag, § 2231 Rn. 6; Esser in Groll/Steiner, Praxis-Handbuch Erbrechtsberatung, B II Rn. 88, S. 124; W. Zimmermann, ErbR Lehrbuch, S. 82 Rn. 92; Burandt, Wolfgang / Eberhardt, Jan: *Beratung im Erbrecht*. 2. Auflage, Hamburg/ Bremen 2006, S. 36 Rn. 183; Mayer in Soergel, Kom. BGB, § 2231 Rn. 6.

3 Deutlich angesprochen wird die Verbindung zwischen Kostenrecht und neuen Testamentsformen lediglich bei Schmoeckel, Das holographische Testament, S. 18.

Gebühren der neuen Testamentsformen betreffen wegen ihrer Einbindung in die notarielle Beurkundung bzw. öffentliche Beglaubigung die notarielle Gebührengestaltung nach dem GNotKG[4].

Die Gebührenhöhe hängt einerseits von dem anzusetzenden *Geschäftswert* der Sache, andererseits von der Einstufung des notariellen Geschäfts im in der Anlage 1 zum GNotKG enthaltenen Kostenverzeichnis (KV GNotKG) ab[5]. Der Geschäftswert bestimmt sich in erbrechtlichen Angelegenheiten, wozu auch die Testamentserrichtung gehört, nach § 102 GNotKG[6]. Je höher der Wert des nach dieser Norm berechneten Reinvermögens[7] ist, desto höher fallen dadurch die Notargebühren aus und umgekehrt.

Die Erhebung der Notargebühren ergibt sich sodann aus der *Schlüsselnummer des KV GNotKG*[8], wobei die Nummer 21200 für das Einzeltestament und die Nummer 21100 für das gemeinschaftliche Testament Anwendung finden; der

---

4 Gerichts- und Notarkostengesetz v. 23.07.2013, BGBl. I S. 2586 (GNotKG), dort insb. Kap 3. Rechtsanwaltsgebühren nach dem RVG v. 01. Juli 2004, BGBl. I S. 718, brauchen hingegen in dieser Arbeit nicht berücksichtigt zu werden, weil sie keinen Einfluss auf die Gebührenabrechnung notarieller Beurkundungen oder Beglaubigungen nehmen, selbst wenn dem notariellen Testamentsvorgang ein Entwurf des Rechtsanwalts zugrunde liegen sollte. Nimmt der Erblasser für sein eigenhändiges Testament nach § 2247 BGB also rechtsanwaltschaftliche Hilfe in Anspruch, sind dies reine, weil die Hilfe freiwillig in Anspruch genommen wurde, formunabhängige Kosten des Erblassers. Zur Problematik der Gebührenabrechnung beim Rechtsanwalt, vgl. Bonefeld/Littig in Bonefeld, Walter / Wachter, Thomas: *Der Fachanwalt für Erbrecht*. 3. Auflage, München 2013, § 2 C. I., S. 63 ff.

5 Diehn, BNotO Kom., S. 2 Rn. 11 ff.

6 Maßgebend ist § 102 Abs. 1 bis 3 GNotKG, wonach der Wert des Vermögens, über das verfügt wird, anzusetzen ist, von dem allerdings Verbindlichkeiten des Erblassers max. bis zur Hälfte des Vermögens abzuziehen sind. Bei Verfügungen über künftiges Vermögen des Erblassers ist dieses ebenso schon im Wert anzusetzen, vgl. Streifzug: *Streifzug durch das GNotKG*. Hrsg. von der Notarkasse München. Anstalt des öffentlichen Rechts, München. 11. Auflage, München 2015, S. 190, Rn. 693 ff.

7 Relevant ist also das modifizierte Reinvermögen, da Verbindlichkeiten des Erblassers bis zu 50 % des Aktivvermögens abziehbar sind, dazu Streifzug, GNotKG, S. 596 Rn. 2156; Esser in Groll/Steiner, Praxis-Handbuch Erbrechtsberatung, B II Rn. 173, S. 140.

8 Seebach in Reibold/Seebach/Dahlkamp, Praxis des Notariats, § 15, S. 677.

dort genannte Gebührensatz wird dann zur Gebührenermittlung bezogen auf die Wertgebühren der Tabelle B zu § 34 GNotKG[9].

Die Gebühren für die Unterschriftsbeglaubigung sind nach der KV GNotKG unter Nr. 25100 zwar mit einem Gebührensatz von 0,2 anzusetzen, allerdings eingebunden in einen Mindestbetrag von 20,00 Euro und einen Höchstbetrag von 70,00 Euro[10]. Daraus wird sofort ersichtlich, dass nach derzeitigem Kostenrecht ein erheblicher Gebührenunterschied zwischen einem beurkundeten Testament und einer reinen Unterschriftsbeglaubigung auf einem vorgelegten Testamentstext besteht, was bei den neuen Testamentsformen zu bedenken ist.

---

9 Diehn, BNotO Kom., S. 237, Rn. 1123 ff. So kostet bei einem Geschäftswert des Nachlasses vom 400.000,00 Euro das Einzeltestament nach KV-GNotKG Nr. 21200 (1,0 Geb.Satz) 785,00 Euro und das gemeinschaftliche Testament bei einem gleichen Geschäftswert KV-GNotKG Nr. 21100 (2,0 Geb.Satz) 1.570,00 Euro jeweils zzgl. MWSt. nach KV-GNotKG Nr. 32014. Hinzu kommen Kosten von 15,00 Euro bzw. 30,00 Euro (KV-GNotKG Nr. 32015) für die Verauslagung der Anmeldungskosten der Urkunde zum Zentralen Testamentsregister.

10 Dazu Seebach in Reibold/Seebach/Dahlkamp, Praxis des Notariats, § 2, S. 44.

§ 2 Ausblick auf eine kostenrechtliche Einordnung

Würde man die vorgeschlagenen neuen Testamentsformen *Testament nach Mustertext* und *prüfungsbegleitetes Testament* unter das bestehende Kostenrecht subsumieren, würde kostenrechtlich betrachtet für die erstgenannte Form kein besonderer Kostenvorteil für den Erblasser bestehen[11] und für die zweitgenannte Form wiederum ein der Überprüfungsverantwortung[12] des Notars nicht angemessener Gebührenansatz zum Tragen kommen. Beides könnte der Akzeptanz der vorgeschlagenen neuen Formen sowohl beim Erblasser als auch beim Anwender (Notar) zuwiderlaufen und damit derartige Formen von Anfang an ihrer Durchsetzbarkeit berauben. Das Kostenrecht ist demzufolge dem Sinn und Zweck der neuen Formen entsprechend für diese anzupassen.

A. Kosten des Testaments nach Mustertext

Zusammengefasst bringt diese neue Form den Vorteil, in für Erblasser und Notar gleichermaßen schneller und aufwandsgeringer Art und Weise ein standardisiertes Einzeltestament bzw. gemeinschaftliches Testament zu errichten, das zudem kraft Gesetzes als im Inland gesetzlich gesicherter Erbnachweis fungieren soll. Diese Testamentsform wird dabei *inhaltlich* gesehen einen Großteil der öffentlichen sowie holographischen Testamente übernehmen können. Gleichzeitig sichert sie die formelle und materielle Wirksamkeit des Testaments, insbesondere auch aufgrund der notariellen Feststellungen zur Geschäftsfähigkeit des Erblassers. Ähnliche Überlegungsansätze veranlassten den Gesetzgeber bereits im Be-

11 Die in dem Entwurf zu § 2232 Abs. 3 BGB enthaltene Erbnachweisfunktion ist insofern auch kein neuer Vorteil, denn sie schreibt nur die bestehende Rechtsprechung zum öffentlichen Testament fest, vgl. Walker/Brox, Erbrecht Lehrbuch, 2. Abschnitt § 10 Rn. 100; Obergfell in Hausmann/Hohloch, Handbuch des Erbrechts, Kap. 6, Rn. 75.

12 Die neue Form soll ja gerade formelle wie auch materielle Fehler des Testaments durch notarielle Überprüfung ausschließen. Insoweit trägt der Notar auch das Haftungsrisiko für seine prüfende Tätigkeit, dazu BGHZ 80, 242; 17, 70; Kegel, Gerhard: „Die lachenden Doppelerben: Erbfolge beim Versagen von Urkundspersonen". In: *Festschrift für Werner Flume zum 70. Geburtstag.* Bd. I. Köln 1978, S. 557 f.

reich der vereinfachten GmbH-Gründung nach § 2 Abs. 1a GmbHG zu den für jene Form eingeführten Gebührenvorteilen für den Gründer[13].

Nachdem diese neue Form aus Sicht des Notars auf Standardverfügungen und Feststellungen bzw. auf eine Rechtswahl zum Erbstatut gem. EU-ErbVO beschränkt ist und zudem dem Notar noch gesetzliche Mustertexte vorgegeben werden, ist hier der Aufwand und das Beratungsrisiko des Notars deutlich geringer als beim „normalen" öffentlichen Testament. Dies rechtfertigt eine gebührenrechtliche Herabstufung dieser Testamentsform im KV GNotKG im Vergleich zum individuell vom Notar entwickelten öffentlichen Testament. Eine derartige Gebührenermäßigung beim *Testament nach Mustertext* würde gleichzeitig die beabsichtigte Bevorzugung dieser Testamentsform beim Erblasser fördern, indem das Argument der Gebührenbelastung des öffentlichen Testaments hier sein Gewicht verliert. Der Erblasser erhält jetzt ein der Form und dem Inhalt nach wirksames öffentliches Testament zu erschwinglichen Gebühren, die überdies noch wirtschaftlich gesehen vollständig beim Erben durch die gesetzlich festgelegte Eignung dieser Testamentsform als innerstaatlicher Erbnachweis nahezu neutralisiert werden. Dies käme außerdem *schreibbehinderten* wie auch gering verdienenden oder in geringer Rente lebenden Erblassern[14] entgegen, die de lege lata bisher ausschließlich auf das öffentliche Testament mit seinen höheren Gebühren selbst bei einfachen Standardtestamenten angewiesen sind. Ihre vielfach inhaltlich einfach gestalteten Testamente können sie also künftig in einem Testament nach Mustertext gebührenvergünstigt errichten, womit eine sozial bisher schwer erträgliche Benachteiligung Schreibbehinderter oder Geringverdienender (Rentner)[15] auf ein unvermeidbares Maß gemildert würde.

Ein Gebühreneinnahmeverlust der Nachlassgerichte durch weniger Erbscheinausstellungen wird einerseits kompensiert durch die Vermeidung eines mitunter aufwendigen Erbscheinverfahrens, das grundsätzlich nicht kostendeckend ist,

---

13 Fastrich in Baumbach et al., GmbHG Kurzkom., § 2 Rn. 63, es entfallen die Gebühren für die Gesellschafterliste und die Geschäftsführerbestellung; kritisch aber Schäfer in Bork/Schäfer, GmbH-Kom., § 2 Rn. 85.

14 In der Praxis kommen immer wieder Fälle vor, in denen ältere Menschen, die über wenig Barkapital verfügen, wegen vorhandenem Grundbesitz testieren wollen, sich aber ein eigenhändiges Testament nicht zutrauen trotz rechtlich einfach zu regelnder Erbfolge.

15 Nicht selten verfügen in Rente lebende Erblasser zwar über nennenswertes unbewegliches Grundvermögen. Gleichwohl ist ihre zur Verfügung stehende Rente vielfach so gering, dass sich die Begleichung notarieller Testamentsgebühren oft als ein Hemmnis zur Testamentserrichtung des schreibgeschwächten Erblassers erweist.

und andererseits durch die Vermeidung erheblicher Personalaufstockung, die sonst in Anbetracht der Zunahme im Erbvolumen[16] auch für einfach gelagerte Verfahren künftig nicht zu vermeiden wäre.

Die genaue Bezifferung des auf das Testament nach Mustertext festzulegenden Gebührensatzes nach KV GNotKG muss und soll nicht weiterer Gegenstand dieser Arbeit sein. Es soll – wie bei der Fassung gebührenrechtlicher Neuerungen im Beurkundungsrecht unerlässlich – der Praxis unter Anhörung der Beteiligten in Politik, Gerichtsbarkeit und Notarwesen überlassen bleiben, einen angemessenen Satz zu entwickeln. Im Ergebnis sollte sich dieser Gebührensatz jedoch deutlich unter dem 1,0 bzw. 2,0-Hebesatz des „normalen" öffentlichen Testaments bewegen; zu denken wäre z. B. an eine Halbierung des Hebesatzes auf einen Wert von 0,5 für das einfache bzw. 1,0 für das gemeinschaftliche Testament. Darin kommt gleichzeitig das kostenrechtliche Prinzip zum Ausdruck, dass – wie auch sonst im GNotKG – die Beurkundung nach Mustertext eines *gemeinschaftlichen* Testaments das Doppelte der Gebühr für das einfache Testament nach Mustertext betragen sollte. Das gemeinschaftliche Testament nach Mustertext regelt nämlich Verfügungen von Todes wegen von *zwei* Erblassern.

B. Kosten des prüfungsbegleiteten Testaments

Diese Testamentsform erhält seine Rechtfertigung durch die notarielle Prüfung der formellen und materiellen Wirksamkeit des vorgelegten Testamentsentwurfes. Bewirkt wird diese Funktion durch die Vornahme der notariellen Unterschriftsbeglaubigung am Urkundenende[17]. Nach hier vertretener Ansicht führt die Unterschriftsbeglaubigung zwar nicht zum unanfechtbaren Beweis der Testierfähigkeit bzw. Geschäftsfähigkeit des Erblassers, sie indiziert diese aber und wirkt deshalb in vielen Fällen von vornherein streitvermeidend[18]. Aber auch die Überprüfung auf formelle und materielle Fehler anlässlich der Unterschriftsbeglaubigung zeichnet diese neue Form aus. Diese Überprüfung erfordert einen höheren Leistungsaufwand des Notars und bewirkt Haftungsrisiken für den Notar[19], insbesondere

16 Dazu bereits Dritter Teil § 2 A.

17 Dazu auch Reithmann, Christoph: „Kautelarjurisprudenz und Vorsorgende Rechtspflege". In: *Festschrift 125 Jahre Bayerisches Notariat.* Hrsg. vom Bayerischen Notarverein e. V.. München 1987, S. 167 ff.

18 Vgl. dazu Zimmermann, ErbR Lehrbuch, S. 82 Rn. 92.

19 Zur Erstreckung der Haftung des Notars sogar auf die testamentarisch Bedachten vgl. Lauck in Burandt/Rojahn, KurzKom. ErbR, § 2231 Rn. 8.

wenn man sich bewusst macht, dass im Rahmen dieser Testamentsform auch aufwändige oder komplizierte Testamente zur Vorlage kommen dürfen[20].

Infolgedessen erscheint die Beglaubigungsgebühr nach KV GNotKG Nr. 25100 für das prüfungsbegleitete Testament nicht sachgerecht und zu niedrig. Andererseits ist der Notar bei dieser neuen Form aber nur zur *Prüfungsbegleitung* angehalten, was bedeutet, er ist nicht zum neuen ganzen oder teilweisen Textentwurf/-vorschlag verpflichtet. Verlangt der Erblasser also im Rahmen dieser Testamentsform nach der Feststellung von Unwirksamkeitsproblemen in seiner Urkunde vom Notar Textvorschläge, steht dem Erblasser nur das Recht zu, einen Textentwurf als Testament nach Mustertext oder ein sonstiges öffentliches Testament unter dementsprechender Gebührenhöhe zu verlangen. Aus alledem lässt sich folgern, dass der Gebührensatz dieser neuen Testamentsform einerseits nicht die Höhe von 1,0 bzw. 2,0 wie beim öffentlichen Testament erreichen darf, andererseits aber wegen der Bedeutung dieser Form und dem mit dieser Form erzielbaren Gewinn für den Erblasser durchaus dem Gebührensatz für die Testamentsform nach Mustertext der Höhe nach nicht nachstehen muss. In jedem Falle ist die Gebührendeckelung der Nr. 25100 KV GNotKG unangemessen, da sie nicht dem für den Erblasser mit dieser Form erzielbaren Vorteil entspricht, der durch die Überprüfungsleistung des Notars erzielt wird.

Man kann deshalb vertreten, dass der Gebührensatz für diese Testamentsform sich mindestens im Bereich des heutigen Gebührensatzes von 0,2 und höchstens bis zum Satz für das Testament nach Mustertext bewegen sollte, wobei in jedem Fall auf eine Gebührendeckelung zu verzichten wäre. Letzteres und die Staffelung der Gebühren in Abhängigkeit vom Reinvermögen des Nachlasses vermeiden Ungereimtheiten der Gebühren, indem der höherwertige Nachlass höhere Gebühren und der geringere Nachlass entsprechend niedrigere Gebühren verursacht[21], damit aber immer noch Gebühren, die deutlich unter dem Ansatz des bisherigen öffentlichen Testaments liegen. Durch diese Gebührengestaltung werden wie bereits soeben beim Testament nach Mustertext Anreize für die Wahl dieser Testamentsform geschaffen und damit letztlich die Aufnahmebereitschaft für diese Form verfestigt. Entsprechend den Ausführungen zu den Kosten für das gemeinschaftliche Testament nach Mustertext sollte auch beim prüfungs-

---

20 Insofern ist die Haftungslage vergleichbar der, die bei Übergabe einer offenen Schrift an den Notar gem. § 2232 BGB entsteht, dazu Esser in Groll/Steiner, Praxis-Handbuch Erbrechtsberatung, B II Rn. 167, S. 139. Im Unterschied dazu muss beim prüfungsbegleiteten Testament der Notar aber keine Textvorschläge oder Entwürfe erstellen und verantworten.

21 Zur Zumutbarkeit höherer Gebühren, siehe Breitschmid, S. 61.

begleiteten gemeinschaftlichen Testament die soeben definierte Gebühr verdoppelt werden.

Dass es für den Fall, dass der Erblasser *nach* notarieller Prüfung des vorgelegten Testamentstextes von der Unterschriftsbeglaubigung Abstand nimmt, ebenfalls bei der Gebührenpflicht in vorgeschlagener Höhe verbleiben muss, versteht sich fast von selbst. Es gilt zu vermeiden, dass die durch die neue Form geschaffenen Vorteile missbräuchlich ausgenutzt werden können[22], zumal der Notar im genannten Fall den wichtigsten Teil seiner Dienstleistung erbracht hat. Im Übrigen sollte die durch das prüfungsbegleitete Testament ausgelöste Gebühr bei einem Übergang zum öffentlichen Testament oder Testament nach Mustertext bei deren Gebühren angerechnet werden können.

22 Der Erblasser lässt unter dem Vorwand der gewünschten Unterschriftsbeglaubigung seinen Entwurf überprüfen und verzichtet dann aus irgendwelchen vorgegebenen Gründen auf die Unterschriftsbeglaubigung in der Hoffnung, so eine kostenlose Beratung erhalten zu haben.

§ 3 Zusammenfassende Betrachtung

Einmal mehr erweist sich, dass heute neue Formen aus unterschiedlichen Aspekten zu betrachten sind, wollen sie beim Erblasser wie auch beim Notar als erforderlichen Dienstleister nicht durchfallen. Zu dieser damit angesprochenen Akzeptanz gehören auch die Gebühren, die durch die neu aufgelegten Formen ausgelöst werden. Insofern ist es nur folgerichtig, dass die neuen Formen des Testaments nach Mustertext und des prüfungsbegleiteten Testaments einer gebührenrechtlichen Bewertung zu unterziehen sind, was bisher in der Literatur kaum gewürdigt wurde.

Das Testament nach Mustertext sollte sich erheblich unter der Gebühr des sonstigen öffentlichen Testaments bewegen; das prüfungsbegleitete Testament sollte gebührenmäßig ebenso behandelt werden. Die Gebühren können damit zusätzliche Anreize für die Wahl dieser zur größeren Rechtssicherheit beitragenden beiden Testamentsformen geben.

Dies ist schon deswegen wichtig, da nach hier vertretenem Vorschlag insbesondere die bisherige holographische Testamentsform nicht abgeschafft werden, sondern neben den neuen Formen fortbestehen soll. Ob im Ergebnis die neuen Formen eines Tages dann das heute mehrheitlich bevorzugte holographische Testament verdrängen können, mag deshalb nicht zuletzt eine Frage der gebührenrechtlichen Einordnung der neuen Testamentsformen sein. Eine Einführung der neuen Formen unter allgemein zumutbarer Herabsetzung ihrer Gebührensätze ist jedenfalls folgerichtig, denn insbesondere das prüfungsbegleitete Testament schließt die beim holographischen Testament vorgesehene Eigenerrichtung nicht aus, sondern sichert diese hinsichtlich ihrer Rechtswirksamkeit besser ab und erweitert dabei gleichzeitig die Eigenerrichtung um die Möglichkeit der technisch modernen Niederschrift durch PC oder Schreibmaschine.

Neunter Teil
Übersicht und Zusammenfassung

In dieser Übersicht zu der Untersuchung sollen zunächst die herausgefundenen Probleme der Testamentsformen als Ergebnisse in elf Aussagen zusammengefasst werden. Anschließend werden diesen die entwickelten neuen Testamentsformen als Lösungen gegenübergestellt.

§ 1 Die Ergebnisse der Untersuchung

1. Seit Einführung der zwei ordentlichen Testamentsformen öffentliches und handschriftliches Testament im BGB hat sich ein erheblicher Wandel in der Gesellschaft und teilweise auch im Erbrecht vollzogen. Dabei führt die Hinwendung zur Leistungsgesellschaft zunehmend zur kritischen Hinterfragung der Legitimität des Erbens als eine Vermögensübertragung ohne messbare Gegenleistung.

2. Diese Veränderungen bewirken im Ergebnis allerdings keine Aufhebung oder Beschränkung des Rechts auf Vererbung, da dieses über Art. 14 GG als Fortsetzung des Eigentumsschutzes institutionell garantiert wird. Diese Garantie umfasst zugleich die Testierfreiheit, die sich zu ihrer vom Willen des Erblassers abhängigen Umsetzung des Testaments bedienen muss. Die Aufrechterhaltung und Durchsetzung der parteiautonomen Vererbung ist somit auch eine Frage der Ausgestaltung der Testamentsformen.

3. Die Herausforderungen an das Recht der Vererbung sind durch willensunabhängige und willensabhängige Vorgaben erheblich gesteigert und anspruchsvoller geworden.

Bei den willensunabhängigen Vorgaben sind namentlich zu beobachten Veränderungen in den Lebens-, Vermögens- und Wohlstandssituationen sowohl beim Erblasser als auch bei den Erben, im Bereich sozialstaatlicher Leistungen zu Rückforderungsansprüchen gegen Erben, im zunehmenden Alter aller Beteiligten bis zum Erbfallseintritt, in der Zuwanderung aus dem Ausland und schließlich in rechtlichen Neuerungen zu Erb- und Pflichtteilsansprüchen sowie zum Erbstatut und Errichtungsstatut durch die EU-ErbVO.

Willensabhängige Herausforderungen ergeben sich aus dem sog. digitalen Zeitalter in Form der Veränderung der Schreib- und Kommunikationsgewohnheiten und der Vererbbarkeit des digitalen Nachlasses, aber auch aus der Testierfähigkeit wegen zunehmender Testierung im fortgeschrittenen Alter, aus den Veränderungen in der Übernahmeperson zur Alterspflege des Erblassers, in Fragen der Umverteilung des Nachlasses aus familiären, unternehmensrechtlichen oder steuerlichen Gründen.

4. Alle diese Herausforderungen betonen die zunehmende Bedeutung der inhaltlich richtigen dem Erblasserwillen entsprechenden Abfassung des Testaments und verlangen deshalb eine stärkere Begleitung des Erblassers schon bei seiner Testamentserrichtung. Der Inhalt bestimmt somit die Form des Testaments, indem er eine Beratungsbegleitung des Erblassers voraussetzt. Dies führt zu Überlegungen über eine den Erblasser in dieser Hinsicht besser schützende, nämlich ihn begleitende Form des Testaments.

5. Parallel zu den genannten Herausforderungen verlangen die bereits bei einfach zu formulierenden Testamenten geltenden Typenvorgaben des Erbrechts vom Erblasser die Kenntnis dieser generalisierenden Musterelemente der Testamentsgestaltung. Diese Kenntnis ist grundsätzlich beim Rechtslaien auch für einfache Testamente kaum vorhanden. Ausgehend von diesem Befund ergibt sich die Begründung für die Ausarbeitung einer zusätzlichen Testamentsform nach Mustertext, die auch „normale" Testamente aufgreifen und in ihrer formellen sowie materiellen Wirksamkeit sicherer machen soll.

6. Neue Testamentsformen bedürfen allerdings zu ihrer Rechtfertigung des Nachweises einer verbesserungsbedürftigen Rechtslage. Dies ist die Frage nach der Leistungsbilanz der Testamentsformen de lege lata, insbesondere des holographischen Testaments. Die Untersuchung belegt sowohl zahlreiche formelle echte Formfehler, denen eine unmittelbare Verletzung der Form zugrunde liegt, als auch viele materielle unechte Formfehler, die aus dem Inhalt heraus durch Verletzung der generalisierenden Gestaltungsvorgaben des Gesetzes entstehen. Die von der Gerichtsbarkeit in derartigen Fällen angewandte Testamentsauslegung im Rahmen der Andeutungstheorie kann zu oft das mangelbehaftete Testament nicht vor dessen Unwirksamkeit bewahren oder führt nach einer aufwendigen Begutachtung des Erblasserwillens zu einem Ergebnis, bei dem Zweifel an der Vereinbarkeit mit dem wahren Erblasserwillen bestehen bleiben.

7. Das steigende Erbvolumen und die ansteigenden bereits erwähnten Herausforderungen an das Testament lassen auf eine Zunahme dieser aufgefundenen Schwierigkeiten schließen, die durch die bisherigen Testamentsformen jedenfalls nicht ausreichend beseitigt werden können.

8. Der aufgezeigte Befund hat vor allem seine Ursache in der holographischen Testamentsform. Diese oft schon kritisierte Testamentsform wird gleichwohl wegen ihrer Gebräuchlichkeit und Volkstümlichkeit für gleichsam unersetzbar erachtet. Die Untersuchungen zur historischen Verankerung dieser Form belegen jedoch, dass diese Form sich nur neben weiteren Formen wie dem Zeugentestament und dem öffentlichen Testament entwickelt hat und keineswegs als eine über anderen Formen stehende Urform des Testaments bezeichnet werden darf. In der Geschichte erweisen sich Testamentsformen überdies nur als ein durch Politik und Gesellschaft beeinflusstes Hilfsmittel zur Umsetzung der gewillkürten Erbfolge. Insofern kann auch der Form des holographischen Testaments, dabei im Unterschied zur Testierfreiheit und zum Testament als solchem, nicht der

Status eines Elements der Rechtskultur des Erbrechts zuerkannt werden, so dass aus dieser Sicht heraus diese Testamentsform keinen besonderen Bestandsschutz besitzt. Infolgedessen stehen weder die öffentliche noch die holographische Testamentsform der Einführung weiterer neuer Testamentsformen entgegen.

9. Der Einblick in die Testamentsformen außerhalb des BGB bestätigt, dass von Land zu Land verschiedene Testamentsformen in unterschiedlicher Ausgestaltung zugelassen werden und gebräuchlich sind. In nicht wenigen Ländern ist dabei schon heute die allographische Testamentserrichtung zugelassen. Viele Länder stellen zudem im Gegensatz zum BGB mehr als nur zwei ordentliche Testamentsformen zur Verfügung. Die Einführung zusätzlicher Testamentsformen mit der Möglichkeit allographischer Errichtung in der Ausgestaltung als beratungsbegleitetes Testament bzw. als Testament nach Mustertext würde das Testamentsrecht des BGB folglich international gesehen nicht isolieren.

10. Das BGB gibt im Allgemeinen Teil in den §§ 126 ff. verschiedene Formtypen vor, innerhalb deren gesetzliche Formen in den verschiedenen zivilen Rechtsbereichen ausgebildet worden sind. An diesen Formtypen hat sich die Ausgestaltung neuer Testamentsformen zu orientieren. Dabei muss sich unter Berücksichtigung der Tendenz zum vorverlagerten Verbraucherschutz auch der Formenzweck neu ausrichten, nämlich dahingehend, dass Formen über die bisherigen Zwecke hinaus einen möglichst frühen Schutz vor formeller und materieller Unwirksamkeit der Willenserklärung gewährleisten müssen. Hieraus gewinnen Formen ihre aktuelle Daseinsberechtigung und die Akzeptanz ihrer grundsätzlich die Privatautonomie einschränkenden Wirkung.

11. Neue Testamentsformen müssen diesem Postulat nachkommen. Dabei haben sie gleichzeitig die herausgearbeiteten Herausforderungen zum Recht der Vererbung und die vorgefundenen Leistungsdefizite bisheriger Testamentsformen aufzugreifen und zu bewältigen. Neue Testamentsformen dürfen dabei jedoch nicht zu einem unangemessenen Zeitaufwand oder zu gesteigerten Kosten führen. Allerdings ist ein im Verhältnis zu den erzielbaren Vorteilen angemessener Kostenaufwand bei Formen durchaus zulässig und vertretbar. Insbesondere die vom Gesetz zur GmbH bereits eingeführte Form der Beurkundung nach Musterprotokoll sowie die zur notariellen Unterschriftsbeglaubigung im Vordringen befindliche Evidenzüberprüfung auf Fehler der zu unterschreibenden Urkunde zeigen in diesem Zusammenhang Möglichkeiten für neue Testamentsformen auf.

§ 2 Die Lösungen

Die bisherigen in der Literatur vorgetragenen Reformvorschläge zur Testamentsform haben jeweils nur einzelne Teilaspekte der in dieser Arbeit gefundenen Ergebnisse gem. vorstehend § 1 aufgegriffen und in einem Änderungsvorschlag umsetzen können. Da einerseits durchaus mehr als nur zwei Testamentsformen vertretbar sind, andererseits aber die Zahl der Formen überschaubar bleiben muss, besteht die Forderung nach wenigen neuen Formen, die alle Erkenntnisse gemäß § 1 möglichst umfassend und zugleich erfolgversprechend verwerten und einer Lösung zuführen können.

1. Hierzu bietet sich zunächst für die testamentarisch einfach gelagerte gewillkürte Erbfolge die neue Form des Testaments nach Mustertext an. Diese neue beurkundete Form bewahrt das Testament vor Unwirksamkeit, indem sie Feststellungen zur Geschäftsfähigkeit des Erblassers und zum Erbstatut nach EU-ErbVO sowie Festsetzungen zur gewillkürten Erben- und Ersatzerbenbenennung enthält. Die Form umfasst die beiden Varianten Einzeltestament und gemeinschaftliches Testament, wobei sie in der letztgenannten Variante auch die Problematik wechselbezüglicher Verfügungen und deren Bindungswirkung aufgreift und dem Testierwillen gerecht werdend löst. Da die Form auf einem gesetzlichen Mustertext aufbaut, soll diesem Testament unmittelbar durch Gesetz die Wirkung als Erbnachweis im Inland zugewiesen werden.

2. Als Verbesserung zum bisherigen fachlich unkontrollierten holographischen Testament ist daneben ein prüfungsbegleitetes Testament einzuführen. Bei diesem Testament wird über den Weg der Unterschriftsbeglaubigung durch den Notar erreicht, dass der Erblasser zwar wie bisher seinen eigenen Textentwurf als Testamentsgrundlage verwenden darf, der Text allerdings vor der Unterschriftsbeglaubigung vom Notar einer Überprüfung auf formelle und materielle Unwirksamkeitsgründe (sog. Evidenzprüfung) unterzogen wird. Anschließende Textberichtigungen bleiben hingegen dem Erblasser überlassen, um nicht in Kollision mit dem öffentlichen vom Notar entworfenen Testament zu geraten. Bei dieser Form können auch umfangreicher ausgestaltete Testamente, insbesondere solche mit Vor- und Nacherbschaft, mit Anordnungen von Vermächtnissen oder einer Testamentsvollstreckung, berücksichtigt und überprüft werden, um auf diese Weise zahlreiche intensive Rechtsstreitigkeiten zu vermeiden. Durch den Weg über die Unterschriftsbeglaubigung erhält der Erblasser zugleich die Möglichkeit, sein Testament auch maschinell oder durch Niederschrift Dritter (allographische Form) errichten zu dürfen.

3. Da beide Testamentsformen im notariellen Leistungsumfang hinter dem öffentlichen Testament stehen, ist es vertretbar, für diese Formen einen moderaten unter dem öffentlichen Testament liegenden Gebührenansatz im Kostenverzeichnis des GNotKG einzurichten. Damit wird der dem öffentlichen Testament nachgesagte Nachteil der hohen Gebühren beseitigt.

4. Da die neuen Testamentsformen sich sowohl im Rahmen der bisherigen innerstaatlichen Formvorschriften (insb. nach BGB, GmbHG) als auch der im Ausland bekannten Formentypen bewegen, ist nicht zu befürchten, dass das in § 2232 BGB zu integrierende beurkundete Testament nach Mustertext oder das in § 2247 BGB einzufügende prüfungsbegleitete beglaubigte Testament das deutsche Testamentsrecht isolieren oder international ausgrenzen werden. Zudem besteht wegen der zusätzlichen Bereitstellung dieser beiden Formen neben dem öffentlichen und dem holographischen Testament kein Bedarf, schon heute über die Aufrechterhaltung der holographischen Testamentsform entscheiden zu müssen.

5. Beide Testamentsformen sind in ihrer Ausgestaltung nicht gegen, sondern für die Privatautonomie, indem sie aus der Sicht des Erblassers eine heimliche bzw. unerkannte Testamentsunwirksamkeit vermeiden helfen. Die Feststellung der Unwirksamkeit eines Testaments, das der Erblasser im guten Glauben und Vertrauen auf seine unangreifbare Rechtwirksamkeit für sich allein errichtet hat, ist schließlich nichts anderes als ein Angriff auf die testamentarische Privatautonomie des Testierers.

Forum Unternehmens-, Steuer- und Bilanzrecht
Deutsche, europäische und internationale Rechtsfragen
Herausgegeben von Oliver Fehrenbacher / Michael Stöber

Band 1 Patrick Hoor: Verdeckte Gewinnausschüttung und freigebige Zuwendung einer GmbH. 2016.

Band 2 Stephan Kappes: Ertragsteuerliche Behandlung von Sanierungsgewinnen. 2016.

Band 3 Franziska Stahmann: Sonstige Sonderbetriebseinnahmen im Abkommensrecht. Kapitalgesellschaftsbeteiligungen im notwendigen Sonderbetriebsvermögen II. 2017.

Band 4 Suzanne Wagner: Spekulative Optionsgeschäfte aus vertragsrechtlicher, handelsbilanzrechtlicher und steuerrechtlicher Sicht. 2017.

Band 5 Stephan Randt / Oliver Fehrenbacher: Neue ordentliche Testamentsformen. 2018.

www.peterlang.com

www.ingramcontent.com/pod-product-compliance
Ingram Content Group UK Ltd.
Pitfield, Milton Keynes, MK11 3LW, UK
UKHW021125041026
8980IPUK00026B/496

9 783631 732274